I CHING

O LIVRO DAS MUTAÇÕES
SUA DINÂMICA ENERGÉTICA

ALAYDE MUTZENBECHER

GRYPHUS

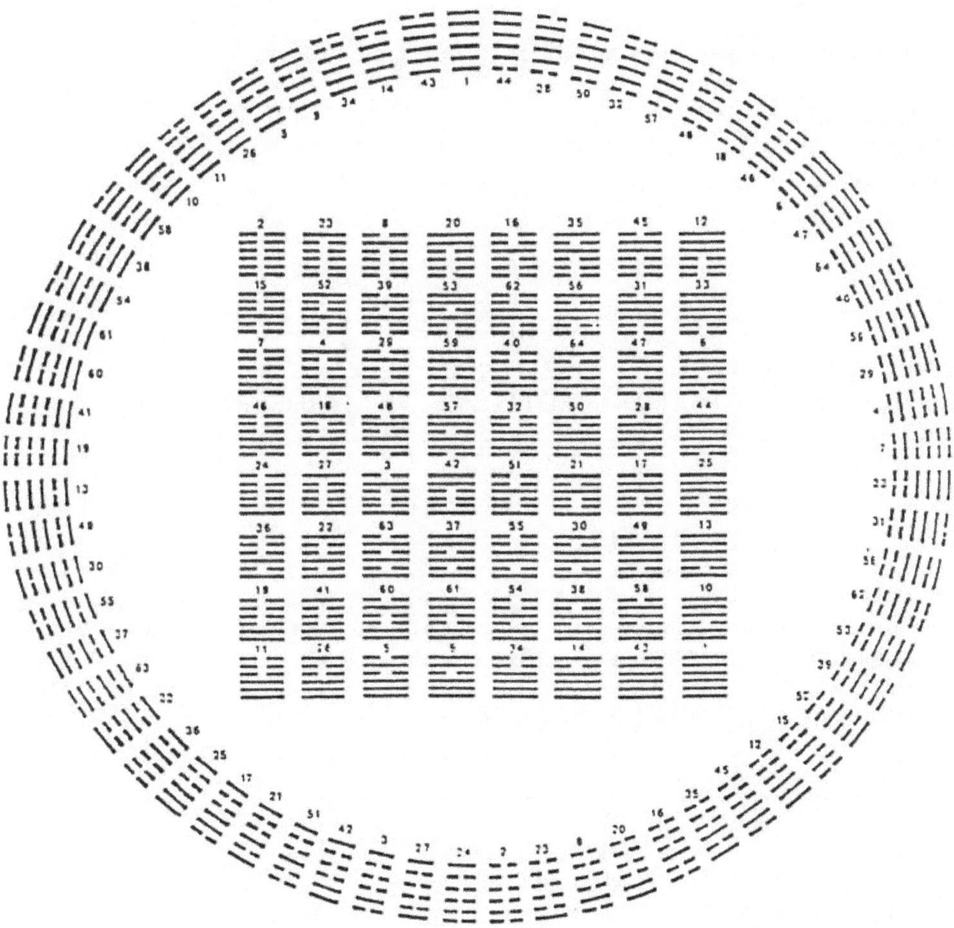

Coordenação Editorial
Gisela Zincone

Capa, projeto gráfico e editoração eletrônica
Victor Hugo Cecatto

Revisão
Maria Helena da Silva

Adequado ao novo acordo ortográfico da língua portuguesa

1ª edição – 2002
2ª edição – 2003
3ª edição – 2010

CIP-BRASIL. CATALOGAÇÃO-NA-FONTE
SINDICATO NACIONAL DOS EDITORES DE LIVROS, RJ

M988i
3.ed.

Mutzenbecher, Alayde
I Ching : o livro das mutações : sua dinâmica energética / Alayde Mutzenbecher. - 2.ed. - Rio de Janeiro : Gryphus, 2010.

ISBN 978-85-60610-39-6

1. I Ching. I. Título.

10-2069. CDD: 299.51482
CDU: 221.3

06.05.10 13.05.10 01898

GRYPHUS EDITORA
Rua Major Rubens Vaz, 456 – Gávea – 22470-070
Rio de Janeiro – RJ – Tel.: (0XX21) 2533-2508
www.gryphus.com.br – e-mail: gryphus@gryphus.com.br

SUMÁRIO

AGRADECIMENTOS

A Gustavo Corrêa Pinto,
quem primeiro apontou o Caminho.
A Kristopher Schipper,
que tão sabiamente orientou as pesquisas do meu
mestrado de Antropologia Religiosa, na Universidade de Sorbonne.
A Cyrille Javary,
cuja generosa acolhida no Centro Djohi me incluiu no grupo restrito de estudo
e preparação das aulas.
A Jean-Marc Eyssalet,
pela transmissão da incomparável riqueza dos ensinamentos que permeiam a
dinâmica energética da antiga tradição chinesa.
A Maria Cristina Vidal e a Maria Helena da Silva
pela colaboração primorosa e inteligente na redação final do texto.
A Victor Hugo Cecatto pela criatividade artística
na diagramação das páginas.
Aos meus alunos que, com o tempo,
converteram-se nos meus melhores Mestres.

Alayde Mutzenbecher

DEDICATÓRIA

Dedico este livro aos meus alunos. Disseminados pelo Brasil afora, a eles devo o incentivo e a inspiração. O incentivo de continuar pesquisando este Manual de Estratégias. A inspiração soprada pelas suas perguntas, pelo seu interesse constante. Todos, e cada um deles em particular, contribuíram de certa forma para a composição destas páginas. A carinhosa dedicação da sua escuta atenta, a cada hexagrama, a cada linha, foi desbloqueando todas as passagens. Nos momentos difíceis, eles me encorajaram com o entusiasmo do verdadeiro interesse. Esta obra é fruto deste apoio incondicional. São eles os verdadeiros autores deste livro.

O desafio de tentar transmitir um vislumbre-síntese do imensurável potencial contido no I Ching é justamente o de resumir cada uma das 64 dinâmicas energéticas em poucas linhas. Porém, se os grandes sábios da China se debruçam sobre as Mutações há milênios – desde antes da fundação da dinastia Zhou, em 1150 a. C., quando começaram a dar às suas imagens dinâmicas uma forma escrita ordenada – , seria absurdo pretender abarcar todo o seu imenso manancial neste pequeno livro. Na realidade, um livro inteiro poderia ser escrito sobre cada hexagrama. O *Centre Djohi* de Paris tomou essa iniciativa há alguns anos, mas infelizmente não foi possível dar sequência a este trabalho.

Nosso objetivo consiste apenas em esclarecer o sistema energético nele contido da maneira mais simples e fácil – como recomenda o próprio I Ching – , para os leitores desejosos de uma compreensão mais nítida.

Dedico este livro aos meus alunos. Impossível agradecer com palavras o seu generoso afeto estimulante, a cada curva-palavra do caminho. E, com toda a Modéstia ensinada pelo glorioso hexagrama que a resplandece, digo a cada um deles, o meu imenso muito obrigada.

Alayde

PREFÁCIO

Conheci Alayde Mutzenbecher durante o inverno de 1987, em Paris, por ocasião das primeiras reuniões do *Centre Djohi* (este é o nome chinês do I Ching), Associação para o estudo e utilização do I Ching que eu havia fundado dois anos antes, e que congrega pessoas apaixonadas pelo Livro das Mutações do mundo inteiro.

Dois anos mais tarde, quando Alayde veio morar em Paris para completar seu Mestrado em Antropologia Religiosa na Universidade de Sorbonne, sob a direção do professor Kristopher Schipper, tornou-se membro ativo da associação *Djohi*. Assistia regularmente às sessões de trabalho sobre os hexagramas e participava da elaboração coletiva da versão francesa do método tradicional chinês de análise e de consulta do I Ching.

Foi também nessa época que ela traduziu para o português o pequeno livro de introdução ao I Ching que eu havia escrito, em 1989, para a *Éditions du Cerf* francesa, que foi publicado pela Editora Pensamento, de São Paulo, sob o título *I Ching, o Livro do Yin e do Yang*. Nessa época, trabalhávamos juntos particularmente sobre os ideogramas chineses que constituem os títulos de cada um dos 64 hexagramas. O objetivo era juntar este ponto de vista tipicamente chinês numa obra sobre as Mutações. A volta de Alayde ao Brasil, assim como o fato de que eu tive de me atrelar à realização de uma tradução completa do texto primordial do I Ching, acrescentada de comentários, impediram que este projeto se efetivasse dessa forma. Porém, através de uma virada muito condizente com a dialética do Yin-Yang, este contratempo produziu um resultado feliz, pois Alayde foi levada a escrever esta obra, em que, com todo o seu primoroso requinte de tradutora, soube exprimir a sensibilidade dos hexagramas numa linguagem moderna, assim como o rigor com o qual eles são construídos e agenciados.

Esta nova versão alegra-me sobremaneira, primeiro porque constitui uma das primeiras obras sobre este tema escrita por uma mulher, e por alguém cuja longa convivência com as Mutações se alia ao fato de estar acostumada a erigir pontes entre línguas diferentes. Alayde soube imprimir com suas próprias palavras este tesouro do pensamento chinês que vem nos ajudar a dirigir a nossa vida cotidiana de tão longe no tempo e no espaço.

Cyrille Javary
Les Gobelins, Paris

I CHING
O LIVRO DAS MUTAÇÕES
SUA DINÂMICA ENERGÉTICA

INTRODUÇÃO

Esta *não* é mais uma tradução do incomparável Livro das Mutações. Tive o privilégio de verter este texto do alemão de Richard Wilhelm para o português, há quase trinta anos, junto com Gustavo Corrêa Pinto, numa experiência extremamente enriquecedora. Uma nova tradução seria tarefa para um exímio sinólogo, já que o chinês arcaico é uma linguagem cheia de sutilezas e paradoxos, – sem pontuação, sem singular ou plural e sem tempos verbais, cada palavra pode se converter em substantivo, adjetivo ou verbo, dependendo do sentido da frase. Mais do que vocábulos, os ideogramas sugerem ideias e significados, transmitidos através de imagens de rico teor.

Entretanto, nesses trinta anos de convivência com os textos do I Ching, li e reli inúmeras outras versões, em alemão, inglês, francês e espanhol. Os sete anos de estudos na França, ao lado de mestres sinólogos a nível universitário, também contribuíram para vislumbrar o enfoque que sempre privilegia o aspecto energético da pulsação das linhas. Quanto mais aprendia, mais me convencia de que a sua verdadeira leitura reside na sua estrutura palpitante.

Priorizar a dinâmica contida no I Ching, com seus fluxos ininterruptos, permite o vislumbre do entrelaçar de sua riquíssima rede energética. Este é o verdadeiro "texto" fundador, anterior a qualquer outra escrita, pois foi concebido antes da grafia chinesa. Por isso, reproduzimos na primeira página deste livro esta extraordinária síntese da sua mensagem primordial que são os 64 hexagramas ordenados no quadrado e no círculo.

Composto apenas de duas forças – opostas *e* complementares – reconhecidas como primordiais desde o assentamento dos primeiros grupos tribais às margens do Rio Amarelo, no alvorecer da civilização chinesa, o fluxo do yin-yang admiravelmente sintetizado nas seis linhas ou etapas de cada hexagrama se constituía então dos traços impressos nas carapaças das tartarugas ou nos ossos dos animais.

Impossível precisar uma data em que os chineses iniciaram a captação desta dinâmica energética. O par de forças inaugurais nas suas concatenadas variações, forma uma totalidade de possibilidades (8 x 8) resultando nos 64 hexagramas.

Configura as energias vigentes entre céu e terra, codificadas apenas por linhas, em que as inteiras são denominadas yang __________ e as partidas yin ___ ___ bem como todas as composições delas decorrentes.

O quadro a seguir mostra as energias interligadas:

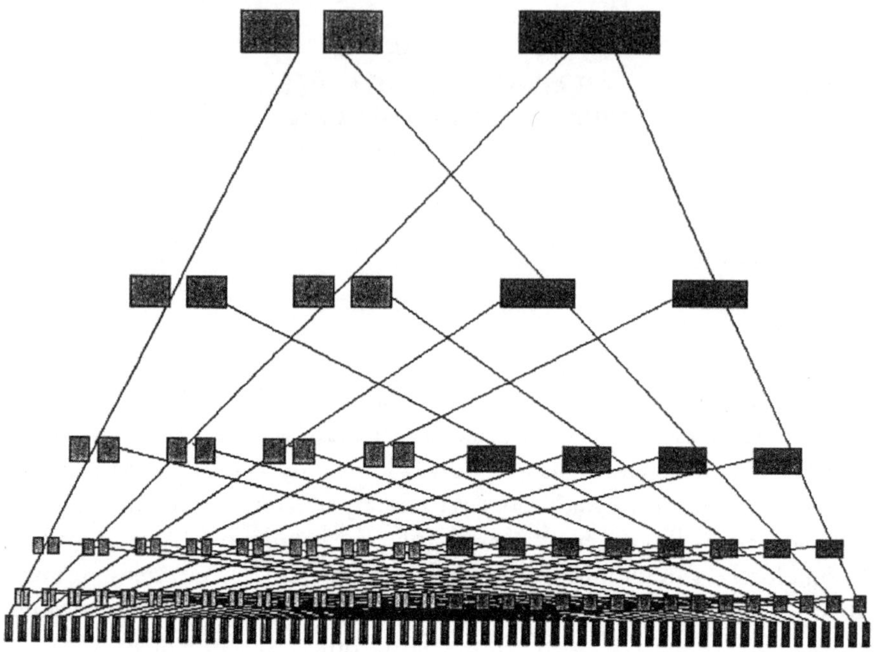

Tudo se resume, em última instância, à malha de conexões dos polos positivo e negativo, em todas as variações possíveis. Este foi também o texto fundador das ciências e das artes chinesas, incluindo a percepção das vibrações do corpo humano ressaltadas na sua medicina, e dos espaços e construções habitadas, enfatizadas no *feng shui*. Este mesmo fluxo energético constituiu as bases da caligrafia e da pintura chinesas, e de todas as artes marciais do Oriente. As implicações das mútuas repercussões dos polos positivo (yang) e negativo (yin) constam das ciências mais modernas, pois se evidenciam na dinâmica da eletricidade e dos computadores, para citar apenas dois exemplos.

A riqueza dos conteúdos pulsantes em constante Mutação amplia as conotações de cada hexagrama-contexto. Miríades de recados velados perpassam cada capítulo. O próprio Confúcio, um pouco antes da sua morte, declarou que se dispusesse de mais cinquenta anos de vida, certamente os dedicaria ao estudo do I Ching. Imbuídas de metáforas, as Mutações sugerem e aconselham, em cada um dos seus 64 capítulos, qual a maneira mais eficiente a ser adotada na circunstância que estiver em pauta. Uma compreensão aprofundada permite constatar que este jogo palpitante se reflete no entretecer de cada vida humana, a cada passo. E, mais fascinante ainda, é a percepção destas manifestações de luz e sombra que se vão desdobrando desde os primórdios dos tempos porque são a própria vida, em eterna dança ininterrupta.

Na realidade, I Ching não encerra nenhum significado;
é a vida, a cada momento, que lhe confere significados.

Gostaria de ressaltar que a tentativa de captar a dinâmica das Mutações neste livro consiste do enfoque de apenas alguns aspectos entre as imensas possibilidades contidas no I Ching, escolha esta que evidentemente deixa de lado muitas outras facetas que poderiam ser evocadas. Obras inteiras poderiam ser escritas sobre cada capítulo, contendo análises detalhadas das múltipas implicações de cada hexagrama-contexto, de cada trigrama e de cada linha, em integração correta ou falha, levando em conta a posição que ocupam no hexagrama e as suas repercussões entre si, entre tantos outros escopos. Um dos estudos mais detalhados foi brilhantemente feito por Jean Philippe Schlumberger no seu inteligente livro intitulado *I Ching – Princípios, Prática e Interpretação*[1], e a maravilhosa obra redigida pelo Lama Anagarika Govinda, *The Inner Structure of the I Ching,* como também nas obras dos meus queridos amigos, o mestre taoísta Alfred Huang, no seu magnífico *The Complete I Ching*[2], e Cyrille Javary e Pierre Faure, no extraordinário *Yi Jing, le Livre des Changements*, publicado na França[3].

Richard Wilhelm traduziu o I Ching entre as décadas de vinte e trinta do século XX e, portanto, não teve acesso a muitos conhecimentos revelados posteriormente sobre a China arcaica. Apesar da sua grande abertura cultural, sua condição de pastor europeu enviado como missionário à China ao início do século passado, restringiu forçosamente alguns aspectos do seu enfoque. As menções repetidas de "Deus" ou de "Senhor", assim como de "culpa", se inserem no contexto cristão de uma deidade todo-poderosa que julga os homens, entidade esta que inexiste na China.

A expressão do sagrado muitas vezes denominada "Senhor do Céu" se refere à poderosa força unitiva das energias vigentes, às junções das emanações celestes e terrestres que transcendem os seres humanos e que devem ser respeitadas enquanto expressão viva primordial. Chamado "Filho do Céu", o imperador era reverenciado como representante do céu sobre a terra. Sua figura centralizadora constituía emblema vivo da coesão de forças do reino, daí as extremas precauções tomadas com relação a tudo que o envolvia, – as suas atitudes, as suas viagens e o seu repouso. Cada um de seus gestos cotidianos era cercado de cuidados, assim como havia uma enorme preocupação quanto à harmonia da sua morada e da sala do trono, porque do posicionamento perfeito da sua pessoa e dos seus aposentos dependiam os benefícios de prosperidade coletiva disseminados por todo o reino.

Inexiste também no pensamento chinês uma suposta "culpa", que poderia ser traduzida por falha energética ou erro de avaliação. Partindo do princípio que ninguém erra de propósito, julgavam os sábios chineses de antanho que as dúvidas ou tropeços derivam da ignorância, de enfoques estreitos ou mesquinhos que tantas vezes obstruem a visão humana. A falha geralmente resulta do posicionamento incorreto dentro de uma determinada situação. É questão de se reposicionar e de reencontrar o centro de harmonia, e nada tem a ver com a conotação culposa ou a exigência de punição.

Se toda a estrutura social e política era baseada no correto posicionamento

1-St. Jean de Braye, Éditions Dangles,1987, e traduzido para o português para a Editora Pensamento, São Paulo, 1992.
2-Rochester, Inner Traditions, 1998. (New York, Wheelwright Pressbook,1981)
3-Paris, Albin Michel, 2002.

central do soberano, devido às repercussões inequívocas que representa, do mesmo modo todo o sistema de vida de uma pessoa depende intrinsecamente da sua postura correta – ou incorreta – dentro do meio em que vive. Essa ênfase sobre o centro, igualmente presente em todo estudo do sagrado de outras tradições, permeia os conceitos ideais da nação que se autodenomina "o país do meio" – e, evidentemente perpassa o I Ching, que os inaugurou.

A cerimônia mais importante da China arcaica era o culto aos ancestrais, a reverência a eles devida em todos os momentos e, em especial, em certas datas precisas. O templo dos ancestrais, a colina dos ancestrais, a sabedoria fonte e os Antigos Reis que a simbolizavam desempenhavam um papel primordial, pois dessa conexão com as origens dependia, em última instância, a fertilidade, as boas colheitas e as relações harmônicas entre os seres. As cinzas dos ancestros, guardadas em lugar de honra dentro da casa, eram regularmente celebradas, pois sem as bênçãos transmitidas às novas gerações, nada seria alcançado. Na concepção chinesa, essas emanações protegem e dão consistência à vida, e constituem as verdadeiras divindades, pois são cultuadas como tal.

Enquanto arquétipo, o potencial sem dúvida transmitido pelos antepassados – e aí está a ciência genética de ponta para comprová-lo –, é o alicerce sobre o qual a vida individual é erigida. Estas são as bases imutáveis que o ser humano carrega consigo, em todas as suas trajetórias, e que só se desfazem com a morte.

Em qualquer circunstância, a posição centrada, – do ser soberano em primeiro lugar, dos seus altos funcionários (colaboradores e amigos) e até dos mais humildes campesinos, que precisam de amparo, – consiste sempre do perfeito equilíbrio yin-yang. E nos momentos de dificuldade ou de risco, a este alicerce se deve recorrer, no mergulho às profundezas aonde se encontram todas as soluções. As repercussões concretas, sociais, pessoais e científicas deste princípio são inesgotáveis e, evidentemente, vão muito além do alcance das pretensões deste livro.

Alayde Mutzenbecher

Mutação

Tudo é Mutação, e nada existe sem ela, – assim a China concebe o mundo. E nessa visão abrangente do Cosmo como um todo flutuante, um imenso caleidoscópio, como se processa a Mutação?

Não pergunte quem sou; pergunte quem estou sendo.

Inexiste, no Oriente, o conceito de entidade, de coisa, ou a noção de substancialidade, mas sim processos do vir a ser que se desenvolvem entre nascimento e morte. O fascínio de tudo o que brilha sobre a terra realça a função de reflexo a conduzir os seres humanos para além dessas formas imperfeitas que constituem as suas moradas.

Momentos de dificuldade e de perda interagem com momentos de encontros, e de ganhos. Ora nos aproximamos, ora nos afastamos, em ciclos contínuos e intermináveis. Quem descobre como sobreviver em situações limite e muito difíceis, sai das perdas acrescido. Quem se insufla de prepotência pelo sucesso conquistado, sai da prosperidade diminuído.

Ao contrário do Ocidente, que pensa o universo em termos materiais, o Oriente o pensa em termos de fluxos mutantes. Na realidade, não há quem mude; há apenas a Mutação.

Autoria do I Ching

Incontáveis eruditos chineses se debruçaram sobre o sistema energético contido no I Ching, contribuindo com valiosas abordagens. A composição do *Clássico* (Ching) *das Mutações* (I) foi se desenrolando no decorrer de grandes espaços temporais, obra conjunta dos maiores sábios da antiguidade chinesa. Um só homem não poderia tê-lo escrito, pois comporta uma percepção energética contínua e aprofundada, no decorrer de milênios. Assim, poderíamos considerar este Livro que fundamenta todo o pensamento da China como fruto de um crescimento orgânico.

Antes de tornar-se um *Clássico*, ***Ching***, era este o livro inaugural da dinastia *Zhou*. Nele conta-se também – para quem sabe ler nas entrelinhas –, os fatos importantes das origens dessa tribo, um pequeno povo de campesinos que se fundiu aos poderosos *Shang*, por volta de 1150 a. C., tomando a liderança. A rivalidade dinástica torna-se também uma questão familiar e transparece como exemplo em várias passagens das Mutações.

Foram quatro os seus principais autores.

Anterior a qualquer outro "texto", a interação das linhas que compõem os 64 hexagramas mostra as energias vitais atuantes dentro de cada contexto. A "captação" dessa primeira vibração energética pelos antigos sábios remonta aos primórdios dos tempos e pertence ao registro lendário. Alguns atribuem essa extraordinária percepção aos Antigos Reis[4], outros a Fu Xi, personagem que personifica a própria emanação da sabedoria ancestral, suposto fundador da civilização chinesa. Enquanto mito originário, Fu Xi constitui a essência da humanidade. Ao investigar a natureza, ele

4-Os "Antigos Reis" tantas vezes mencionados no I Ching – sempre em maiúscula – se referem aos três soberanos originais da dinastia XIA- detentores da Sabedoria primordial cósmica.

reconhece os sinais dos espaços e do tempo, e vislumbra vínculos entre céu e terra. Ao seguir os sinais do céu e aplicá-los às atividades terrestres, percebe que a esfera celeste determina, a cada momento, a sua relação com a terra. Assim também o ser humano, movido por forças invisíveis, deve aprender como convertê-las num semear fecundo.

Quando os povos tribais se deslocavam pelas estepes e montanhas da Ásia antes de constituir ainda um país, Fu Xi teria supostamente inaugurado todas as artes: a caça e a pesca, a agricultura e as elaborações artesanais e industriosas, até os primórdios da escritura e da medicina, ensinando que cada atividade deve ser exercida no seu espaço e circunstância oportuna, para obter melhores resultados. O plantio supõe a ocasião propícia, e a colheita implica na espera da maturação dos frutos.

Conta a lenda que Fu Xi viu os traços das energias primordiais no dorso de um cavalo-dragão que saía das águas, símbolo da emergência da própria vida a brotar das águas. Esta disposição inicial dos oito trigramas foi chamada a Ordem do Céu Anterior ou Primordial. Como vemos abaixo, as emanações dispostas numa sequência de opostos complementares assinalam quatro pares de energias enlaçadas num perfeito equilíbrio de forças:

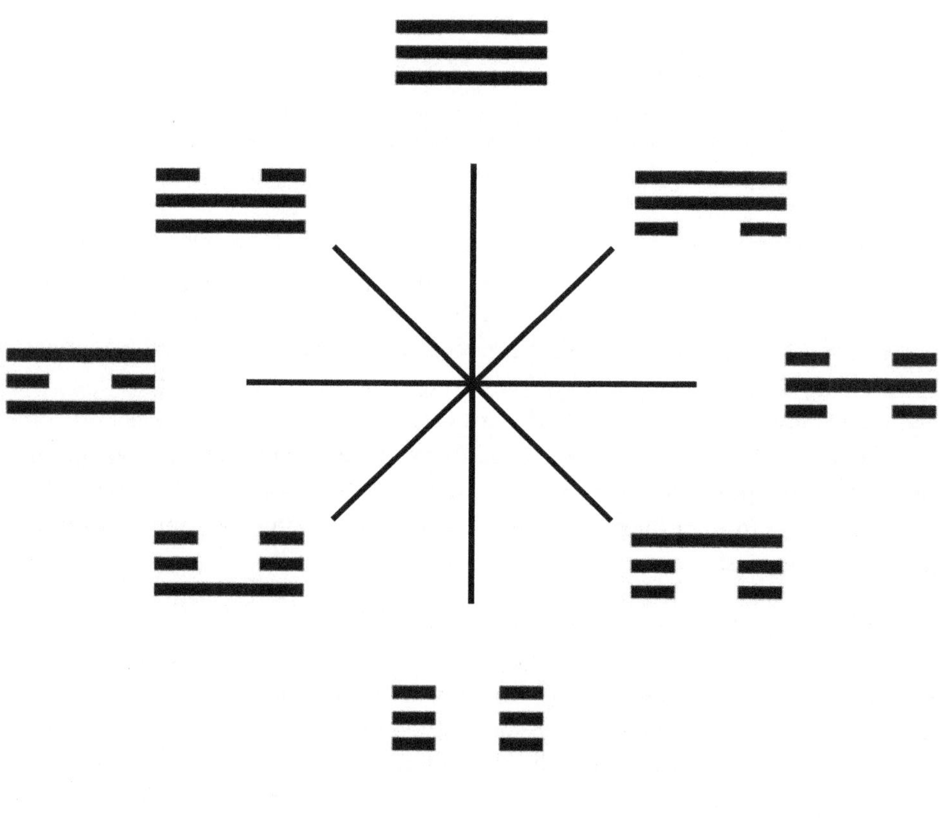

A composição do texto propriamente – já escrito em ideogramas chineses – data do início da primazia da dinastia *Zhou*. São os chamados *Julgamento (Tzu)* e às vezes também *Decisão (T'uan)* de autoria do Rei Wen, literalmente o "Rei Cultura". Apesar de nunca ter sido de fato coroado, Wen é reverenciado como fundador soberano. É interessante notar que ele compôs os 64 textos-síntese de cada configuração energética nos sete anos de permanência na prisão, onde fora confinado por um parente tirano. O trabalho de resumir as implicações das vibrações provenientes das seis linhas unidas de cada contexto constituiu numa tarefa de rara percepção e discernimento.

Também se atribui ao Rei Wen a composição energética dos trigramas denominada Ordem do Céu Posterior, em que estes aparecem como forças pulsantes manifestas, já não dispostas em pares de opostos perfeitos, porém, seguindo o ciclo de fenômenos tal como se manifestam na natureza:

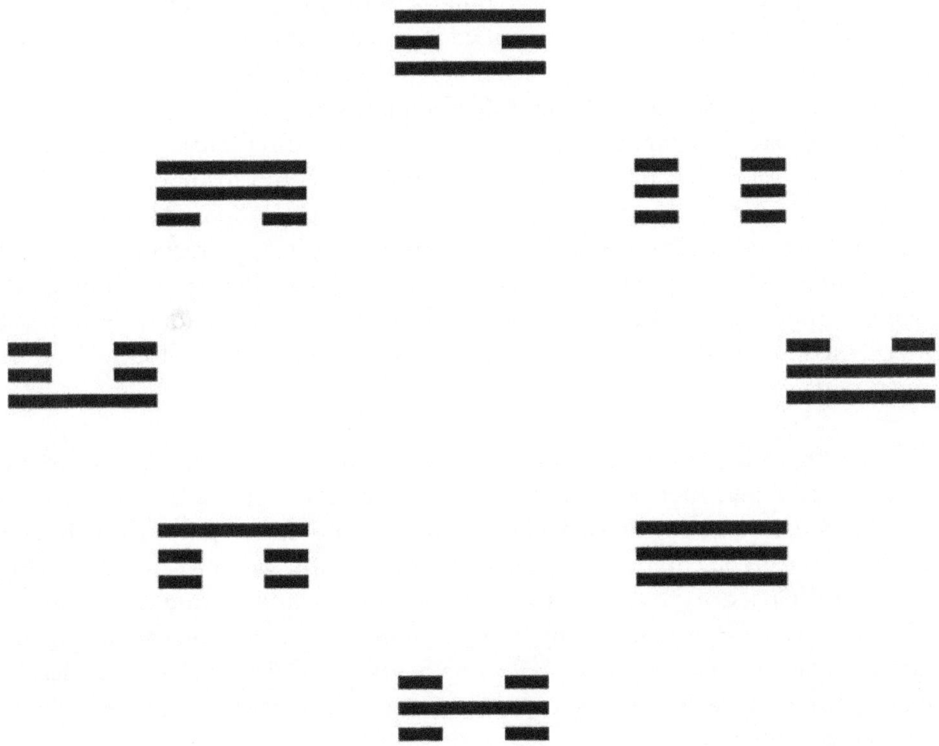

O terceiro erudito a participar da elaboração do I Ching foi o Duque de Zhou, sobrinho do Rei Wen, que foi por ele instruído e incumbido de elucidar as seis etapas constitutivas de cada hexagrama. Acredita-se que o Duque de Zhou tenha redigido os 384 comentários (64 x 6) do desenvolvimento hexagramático potencial uns vinte anos após os *Julgamentos* escritos pelo seu tio, Wen. Ou seja, por volta de 1130 a. C. Ambos utilizaram episódios específicos ocorridos durante a sua época para ilustrar e esclarecer as conotações energéticas em Mutação. Estas referências antigas devem ser entendidas como eloquentes arquétipos pulsantes que ampliam a abrangência de dinâmicas sempre renovadas no decorrer dos séculos, por serem inerentes à própria vida. As implicações históricas passam a enriquecer a evolução das 64 vibrações, pois as exemplificam concretamente. Cabe a nós, leitores do terceiro milênio, saber transferir as implicações deste sistema para o nosso mundo.

Finalmente, o quarto autor do I Ching foi Confúcio, o mais eminente e celebrado de todos os sábios da China. Baseado nos 64 textos primordiais de Wen, Confúcio e a sua escola os retomaram, acrescentando vários textos intitulados de Anexos que enriquecem o significado das Mutações. Um deles passou a se chamar *Comentário sobre o Julgamento,* ou *Comentário sobre a Decisão.* Apesar de terem sido redigidos vários séculos após os *Tzu* ou *T'uan* originais, estes Comentários acrescentam e elucidam a compreensão do tema.

No que se refere aos textos das linhas, Confúcio acrescentou o seu parecer às recomendações do Duque de Zhou, em cada etapa. Para distinguir claramente os textos destes dois comentaristas, apresentamos, a cada uma das 384 linhas, o texto de Zhou primeiro, seguido dos acréscimos de Confúcio em itálico.

Hoje, passados tantos séculos, torna-se difícil dizer quais foram os textos redigidos pelo grande Mestre, e quais os comentários compostos por seus discípulos. A orientação de Confúcio se faz presente em cada frase, e o seu ideal de "*homem superior*" ou "*ser superior*" – o famoso *shen ren* confucionista – permeia todas as linhas. De certa forma, o I Ching foi escrito para a parcela mais lúcida e generosa de cada ser humano, – pois quem ainda está tumultuado por emoções menores, se desvia em errâncias inconsequentes e, portanto, não é capaz de entender a profunda beleza e pertinência da sua mensagem.

Os textos da *Imagem* ou *Grande Imagem,* como os chamam alguns, redigidos bem mais tarde – pelo menos 800 anos após os *Julgamentos* – por autor desconhecido, provavelmente durante a dinastia Han, – onde se notam as pinceladas da escola confucionista –, repetem uma mesma composição, nos seguintes moldes: sempre parte citando os dois trigramas que compoem o hexagrama em pauta e a confluência das suas energias. Em seguida, definem qual a maneira mais sábia de proceder e, portanto, como o *ser superior* atua dentro dessa disposição energética, para melhor aproveitar os seus aspectos harmônicos e ao mesmo tempo se proteger das suas influências prejudiciais.

Esta maneira ideal e mais inteligente de agir, dentro da dinâmica configurada pelos trigramas potencialmente presentes, comprova uma percepção nítida e aguçada. Convém ressaltar, mais uma vez, que cada hexagrama apresenta um contexto ou descreve uma situação, e analisa a sua gestão (ideal). Esta gestão mais inteligente – indicada nos textos das 64 imagens – é a adotada pelo *ser superior,* que segue as indicações sutis da confluência das energias em vigor à sua volta em relação à circunstância que está sendo vivenciada.

Títulos dos hexagramas

Nomear cada um dos 64 capítulos em mutação é uma tarefa de implicações paradoxais, pois se a tradução de uma imagem, – a escolha de um vocábulo que sintetize o significado de um desenho ideogramático –, já encerra um desafio, o título atribuído a um contexto repercute no ânimo do leitor. E o predispõe a uma expectativa.

Ideograma, como o diz a sua própria etimologia, é a representação de uma ideia. Poderia chamar-se de pacotes (gramas) de ideias, ou conjuntos de traços que transmitem ideias. A exemplo das versões recentes do I Ching, de autoria do Mestre Alfred Huang e de Cyrille Javary, já citadas, tentamos mostrar ao leitor o significado do conjunto de traços e de imagens que constituem o ideograma de cada hexagrama, a fim de melhor esclarecer o seu sentido.

A escrita emblemática do yin-yang em tantas escalas de variações poderia ser comparada à partitura musical, com seus ritmos e acordes próprios. Alguns hexagramas são mais lentos, de toques suaves, outros incluem escalas aceleradas, bem mais fortes. Os conjuntos de signos tornam-se evidentes para aqueles que estão familiarizados com essa caligrafia, embora ilegível para quem não a conhece.

Se a caligrafia ou desenho dos ideogramas reflete a dança do pensamento, a captação desse fluxo esvoaçante se torna difícil para o ocidental educado sobre concretudes. Pois cada conjunto de seis linhas contém uma incrível gama de energias entrançadas à complexa riqueza de possibilidades interpretativas. E como o título pode influenciar a interpretação, optamos por tentar revelar as conotações simbólicas dos traços ideogramáticos, ao início de cada hexagrama, no item denominado "Nome e dinâmica."

Citamos os títulos escolhidos por seis autores conceituados, grandes conhecedores do I Ching, em ordem alfabética: Blofeld, Dongliang, Huang, Javary, Wilhelm e Wing.

John Blofeld, erudito que traduziu o I Ching para o inglês e aprimorou os seus textos, no título original *The Book of Change,* publicado pela primeira vez em 1913, (Londres, John Calthorpe).

Wang Dongliang escreveu um texto elucidativo sobre a origem mítica dos signos, na China, e a evolução do I Ching à luz das descorbertas arqueológicas de *Mawangdui*, e os trabalhos de pesquisa mais recentes. O famoso manuscrito de *Mawangdui* contém o mais antigo texto do I Ching, redigido sobre seda, encontrado numa das tumbas da dinastia Han, na província de Hunan. Seu livro, intitulado *Les Signes et les Mutations* (Paris, l'Asiatèque, 1995), tem como subtítulo *Une approche nouvelle du Yi King - histoire pratique et textes,* apresenta, ao lado da tradução para o francês, a versão chinesa arcaica e a moderna.

O Mestre Alfred Huang mora atualmente em Mauí. Passou dezessete anos confinado numa prisão durante a Revolução Cultural na China e, aos 82 anos, goza de imenso prestígio nos Estados Unidos, onde sua obra, já citada na página 10, tornou-se referência obrigatória sobre as Mutações, tendo vendido mais de dez mil exemplares nos últimos anos.

Cyrile Javary é conferencista especializado na cultura chinesa e no Livro das Mutações, além de fundador e diretor do *Centre Djohi*, em Paris, uma associação dedicada ao estudo do I Ching. Seu livro, recentemente publicado pela Editora Albin Michel, contém mil e cem páginas de uma análise primorosa acerca dos hexagramas, talvez a obra mais completa escrita sobre o I Ching.

Richard Wilhelm dedicou mais de vinte anos de sua vida traduzindo o I Ching para o alemão. Seu trabalho tornou-se mundialmente famoso, principalmente após a versão inglesa de Caryl F. Baynes, (Princenton University Press, primeira edição 1950, contendo um magnífico prefácio de C. G. Jung).

Robert L. Wing é um erudito chinês que publicou um belíssimo texto moderno, *The Illustrated I Ching*, nos Estados Unidos, em 1992, (Immedia) e na Inglaterra em 1997 (Londres, Butler & Tanner Ltda). Esta obra tornou-se extremamente popular, pela simplicidade e beleza, assim como seu *I Ching Workbook*, e o *The Tao of Power* (Immedia, 1986).

Se algumas opções de títulos se repetem, – e as repetições são eloquentes –, as variações revelam nuances desapercebidas, contidas num mesmo hexagrama. O leitor tem assim, ao seu dispor, um leque maior de possibilidades de interpretação.

Ao nos referirmos ao tema central de cada capítulo-hexagrama, tentamos alternar os diferentes títulos fornecidos. Além de evitar a reprodução repetitiva de um mesmo nome, as diversas conotações são assim ressaltadas.

Cabe enfatizar que não existem hexagramas "melhores" ou "piores." Dentro de um contexto de prosperidade, por exemplo, há facetas de retenção ou de bloqueio. Assim como num contexto de luta ou de opressão, há momentos de alegria e de sucesso, – enfatizando que o progresso total, assim como o conflito absoluto seriam impensáveis. O conceito do bem e do mal está tão enraizado no Ocidente, que temos dificuldade em dele nos libertar. O pensamento da China concebe a trama da vida inexoravelmente tecida por incontáveis matizes de circunstâncias melhores e piores intercaladas. Assim, uma queda ou uma estagnação de energias obriga a uma reflexão e a uma concentração que constitui o germe da nova possibilidade de florescer.

Os hexagramas intitulados o *Conflito*, a *Retirada* ou o *Obscurecimento da Luz* podem ser extremamente benéficos se as suas vibrações são corretamente entendidas, e aproveitadas. O *Conflito* (6) que mostra na realidade como *resolver* o conflito, tem a menção de *boa fortuna* em quatro linhas! Do mesmo modo, o *Grande Poder* ou o *Progresso* pode anuviar a visão e, na sua culminância, requer extrema cautela, pois a potência em excesso conduz a grandes perigos para quem não sabe lidar com ela de modo inteligente. Por isso, o ***Julgamento*** do hexagrama da Abundância e da Plenitude (55) adverte textualmente: *"a Abundância tem sucesso. O soberano atinge a Plenitude. Não fique triste. Seja como o sol ao meio-dia."* Pois ao meio-dia e um minuto – ou seja, no instante após a sua culminância –, o sol começa a declinar, – mas nem por isso deixa de repartir o seu brilho.

O Ser Superior

Mencionado em todos os hexagramas – explícita ou implicitamente –, o *ser superior* ou o "nobre" como o chama Richard Wilhelm, encarna a sabedoria, a percepção sensível de cada momento e, em decorrência, a maneira mais inteligente de atuar dentro da circunstância em pauta. Optamos por usar o termo *ser superior* porque a conotação genérica inclui também a mulher.

Este admirável *ser superior* que mantém a serenidade e consegue sucesso em todas as situações, sai ileso até dos piores desafios em virtude da sua plena atenção e flexibilidade, a cada passo. Atua em perfeito acordo com as exigências do tempo-espaço que vivencia, – recua quando reconhece que não dispõe de suficiente força para avançar, reverte o ataque inimigo em proveito próprio, e segue adiante quando o caminho se abre, facilitando o seu passar. Ao se amoldar aos fluxos vigentes, o *ser superior* não desperdiça energias. Perfeitamente centrado no seu eixo, não há tempestade que o consiga derrubar. Muitas vezes também é chamado *príncipe* ou *soberano,* pois reflete a atuação dos Antigos Reis mencionados em tantas páginas do I Ching, símbolos históricos da sabedoria. Se a generosidade o distingue, todo ser magnânimo é um *príncipe.* Cada pessoa possui uma faceta superior dentro de si. E o I Ching recomenda este "ser superior" que vive no interior de cada ser humano.

Soberano é aquele que ocupa a posição que lhe corresponde, trilhando o caminho de equilíbrio central, perfeitamente coerente e feliz, ao repartir harmonia –, a si mesmo e a todos à sua volta.

Hexagramas

Cada figura emblemática que no Ocidente passou a se chamar "*hexagrama*" contém uma multiplicidade de significados possíveis, a se desdobrarem, como vimos, em seis níveis. A leitura pessoal verifica as propensões presentes naquele determinado momento, ao passo que a leitura prática do que está ocorrendo concretamente faz uma analogia com as forças da natureza, construindo metáforas de riquíssimo teor.

Cada hexagrama descreve uma situação, analisando-a e propondo como se conduzir na sua gestão mais eficiente.

Ao revelar um momento dinâmico, todo hexagrama patenteia tendências que facilitam ou que dificultam o avanço dentro das condições em vigor naquele tema. Por isso, situações consideradas *favoráveis* contêm etapas ou linhas problemáticas; do mesmo modo, alguns hexagramas que à primeira vista se apresentam como *desfavoráveis,* compreendem etapas harmônicas que anunciam a boa fortuna. A longo prazo, algumas experiências duras comprovam terem sido de grande valia.

A ciência chinesa foi baseada nos princípios de analogia. Por isso, tantas alusões se referem a animais e as constantes metáforas com os ciclos da natureza.

Assim como as plantas, cada ser humano tem o seu tempo próprio para florescer.

Todas as instruções se dirigem ao *ser superior,* ou seja, à faceta mais lúcida e hábil que cada ser humano possui dentro de si, às vezes tão escondida que nem ele mesmo a percebe, oculta sob incontáveis exigências menores. O Livro das Mutações mostra como superar os obstáculos do modo mais eficiente e, ao mesmo tempo, indica como conter a arrogância ou a ambição desmedida uma vez alcançados a meta e o poder.

A única exceção a essas tendências díspares inerentes à dinâmica das Mutações é o hexagrama da Modéstia (15), onde não há nem uma única menção de *infortúnio.* Assim, o I Ching indica que esta é a qualidade por excelência, que exalta desde os mais humildes até aos mais poderosos monarcas.

Atribuições estratégicas das linhas

Convém enfatizar que a expansão energética sempre ocorre de baixo para cima, – do mesmo modo como o crescimento das plantas. Ou seja, a primeira linha encontra-se abaixo e a sexta, acima. As quatro do miolo, – a segunda, a terceira, a quarta e a quinta –, constituem o núcleo do hexagrama.

As seis linhas retratam seis etapas distintas dentro de uma mesma configuração energética. São processos do vir a ser. Surgem numa determinada hora, no seu ritmo próprio, – períodos, facetas ou níveis distintos, e cada uma faz vibrar uma tendência que desponta naquele momento no horizonte. Na leitura de um hexagrama, a posição de cada nível possui atribuições próprias que ajudam a entender as ramificações dinâmicas que estão ocorrendo.

A primeira e a sexta linhas se encontram fora do núcleo do hexagrama, introduzindo e encerrando o tema.

A primeira linha, na posição mais baixa, *anuncia* o assunto a surgir. Constitui uma etapa preliminar, introdutória. Pode se revestir de importância maior quando dá impulso a uma nova situação, como por exemplo a primeira e única linha yang do hexagrama 24, o Retorno.

A sexta linha, na posição mais alta, *encerra* as vibrações prevalecentes no momento. Dada a sua visão mais abrangente, de cima, a postura ideal seria a do sábio que, já afastado do mundo e com a missão cumprida, aconselha e presta ajuda, inclinando-se em devoção aos que ainda se encontram abaixo, emaranhados no turbilhão de enredos. Porém, a culminância pode ser extremamente perigosa, pois nela corre o risco de aferrar-se às posses e privilégios adquiridos. Imbuído do poder, este pode subir-lhe à cabeça em arrogância e descaso em relação aos de baixo. Neste caso, a queda seria inevitável, – como bem mostra o texto da sexta ou última linha do Criativo (1) e do Receptivo (2).

A segunda e a quinta linhas representam os dois centros de comando,– interno e externo. A segunda constitui o centro do trigrama de baixo, portanto, guarda o comando interno, e a quinta ocupa o centro do trigrama de cima, portanto, detém o comando externo. O ideal é que os dois comandos se correspondam e trabalhem juntos, em parceria complementar, um sendo yin e o outro yang. A cumplicidade favorável ocorre quando a índole e os desejos de uma pessoa correspondem plenamente às tarefas que lhe cabe realizar no mundo. Ou vice-versa, se as atribuições externas correspondem por inteiro aos seus talentos intrínsecos.

Do ponto de vista estratégico, – e cabe enfatizar que o I Ching é sobretudo um manual de estratégias –, os dois comandos atuando em uníssono trazem imensos benefícios. Esta seria a correspondência perfeita entre a diretoria de uma empresa e os seus funcionários, o convívio harmônico entre os pais e os filhos, o entrosamento perfeito entre o soberano e ministros que dirigem o país, a harmonia amorosa entre marido e mulher, a correspondência excelente entre o treinador e a sua equipe. Quando as diretivas internas e externas se apoiam mutuamente, acrescem consideravelmente as chances de sucesso, em qualquer âmbito.

Geralmente a quinta linha é a soberana, pois, como o rei, detém o poder da maturação e já se encontra próxima do sábio ocupante da posição mais elevada, a sexta.

A terceira linha costuma ser a mais problemática, na maioria dos casos, por ocupar uma posição transitória entre as inquietudes internas e as possibilidades externas. Muitas vezes hesita e permanece em dúvida, sem saber como atuar, pois a passagem de nível envolve um desafio.

A quarta linha representa a conexão entre o comando – a quinta – e o povo ou as massas, simbolicamente o trigrama inferior. Seria o emissário que também leva os anseios internos aos dirigentes. Muitas vezes esta posição é chamada de ministro, pelo papel de transmissor e mediador que desempenha. A situação ideal é quando a quarta e a quinta se apoiam –, uma sendo yin e a outra yang –, pois esta complementariedade repercute de modo favorável no seu campo de atuação.

Algumas etapas são consideradas prioritárias e por isso são marcadas com um círculo ou um quadrado ao lado. As linhas assim assinaladas lideram as outras:

○

O círculo ao lado de uma linha ressalta a sua importância dentro do contexto, como linha **governante**. Considerada como de peso maior dentro do hexagrama em pauta, tem primazia sobre as outras linhas.

□

O quadrado ao lado de uma linha também enfatiza a sua importância como linha **dirigente**, porém, secundária, em relação à governante assinalada pelo círculo.

Trigramas, seu sentido e posicionamento

Os atributos particulares de cada um dos oito trigramas que compoem o *baguá* (nome atribuído ao conjunto de oito trigramas dispostos em círculo), assim como as suas tendências energéticas, - ascendentes ou descendentes -, evidenciam uma rica dialética dinâmica reunindo as oito energias. Cada trigrama conota uma série de faculdades particulares, e conhecê-las facilita enormemente a compreensão dos textos, que muitas vezes evocam as suas variadas analogias.

As características sobressalentes das oito energias principais são:

☰	☷	☳	☴
CÉU	**TERRA**	**TROVÃO**	**VENTO-MADEIRA**
Criativo	Receptivo	Irrupção	Suavidade
Redondo	Quadrado	Intempestivo	Penetrante
Movimento	Repouso	Rápido	Lento
Dinamismo	Devoção	Nascimento	Desenvolvimento
Luminoso	Obscuro	Mensagens bruscas	Mensagens amenas
Ascendente	Descendente	Rupturas	Mediações
Vertical	Horizontal	Detonar	Crescer orgânico
Abertura	Recolhimento	Atuação curta	Atuação prolongada
Aparecer	Concentrar	Quebra o inflexível	Dissipa a rigidez

☵	☲	☶	☱
ÁGUA	**FOGO**	**MONTANHA**	**LAGO**
Abismal	Aderir	Quietude	Alegria
Perigoso	Exuberante	Resguarda	Rompe
Melancolia	Generosidade	Fechamento	Abertura
Úmido, frio	Seco, calor	Solidez	Fragilidade
Meia-noite	Meio-dia	Elevação	Profundidade
Emboscadas	Escancarado	Segurar, reter	Falar, comunicar
Furtivo	Sinceridade	Guardar	Doar
Fluir dos líquidos	Crepitar das chamas	Meditação	Expansão
Preenche vazios		Próximo do céu	Espelha o céu
	Ilumina		

Quando posicionados abaixo, ou seja, nas três primeiras linhas, chamam-se trigramas inferiores e se referem geralmente à face interna de uma situação ou às etapas preliminares. Os trigramas posicionados acima, geralmente falam dos setores ou dinâmicas externas, e também das etapas que culminam e concluem uma situação.

O posicionamento de cada trigrama dentro de um hexagrama é fundamental. Assim, é bem diferente a trama de uma situação em que, por exemplo, o *Fogo* se encontra *acima da Montanha,* que se refere ao Viajante – (56), quando as chamas se espraiam sem barreiras desde um ponto elevado, iluminando novos panoramas, num percurso que abre caminhos desconhecidos, – daquela situação em que a energia atua no posicionamento inverso, quando o *Fogo* se encontra *abaixo da Montanha,* que se refere à Beleza (22). Neste hexagrama, o alcance das chamas é delimitado pela Montanha e, assim, favorece um aprimoramento interno, ocasionando o requinte da elaboração de coisas belas e graciosas que de outro modo seriam perdidas. Em resumo, a confluência de vibrações presentes no Viajante (56) favorece aberturas externas, ao passo que a Beleza (22) volta-se para o aprimoramento interno, pois o foco luminoso – o trigrama Li, emblema do fogo e da clareza,– encontra-se no interior.

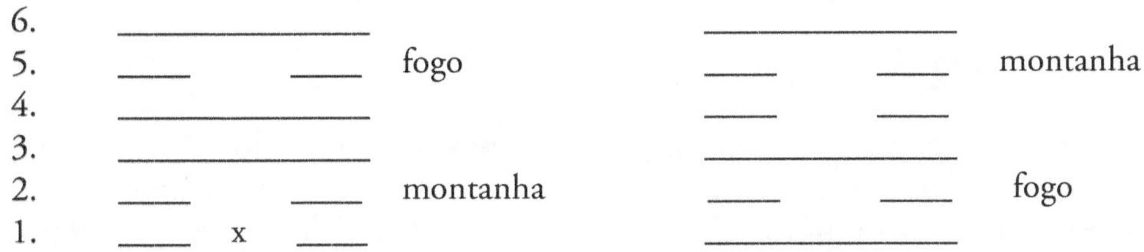

hxg. 56 O Viajante — hxg. 22 Beleza

HEXAGRAMAS DERIVADOS

Os hexagramas surgem, correm e evanescem, - como as águas de um rio. Desponta então um novo hexagrama, outra vez a fluir, solidificando-se e evaporando-se, e mais outro, em ciclos ininterruptos. Cada qual deriva para uma das 64 direções possíveis. Nos próprios textos das linhas encontramos a passagem para o próximo hexagrama, pois estas constituem as vias da mutação.

Derivado é o hexagrama obtido pela mutação de uma linha. Estas configurações, – que *derivam* justamente do hexagrama-fonte –, compoem a *perspectiva* na qual se deve também ler o hexagrama em questão. O derivado denota a coloração apropriada ao contexto em pauta naquele momento e mostra como enfocar o problema.

O derivado seria a tonalidade
- o modo de execução em música.
- o modo de leitura no I Ching.

A linha em mutação constata um segundo potencial também presente, aflorando. A mutação de cada uma das linhas num determinado hexagrama indica, com clareza, qual a perspectiva latente naquele nível. Não o que ocorrerá depois – o *I Ching só funciona no presente* e não faz futurologia.

Vejamos um exemplo prático para elucidar este ponto:

A mutação da primeira linha do hexagrama nº 2 que concatena a Receptividade da terra, resulta no hexagrama nº 24, denominado o Retorno.

	hxg. 2		hxg. 24	
6.	____ ____		____ ____	
5.	____ ____	terra	____ ____	terra
4.	____ ____		____ ____	
3.	____ ____		____ ____	
2.	____ ____	terra	____ ____	trovão
1.	____ x ____		__________	

Por isso, os chineses chamam esta linha mutante "o 24 do 2." Como tudo o que reinicia, o movimento ascendente do trovão ☳ a irromper no interior da terra ☷ implica no primeiro sinal, ainda imperceptível, de um novo ressurgir.

O potencial desta primeira etapa é bem diferente daquele que surge da mutação da quinta linha, por exemplo, deste mesmo hexagrama, a que os chineses chamam "o 8 do 2" porque esta mutação resulta na energia da água ☵ caindo sobre a terra ☷ e, portanto, a fertilidade da chuva, símbolo de um momento de realizações possíveis, favorável para pôr mãos à obra:

	hxg. 2		hxg. 8	
6.	____ ____		____ ____	
5.	____ x ____	terra	__________	água
4.	____ ____		____ ____	
3.	____ ____		____ ____	
2.	____ ____	terra	____ ____	terra
1.	____ ____		____ ____	

Como as mutações das linhas são vitais para a apreensão do potencial em pauta, nos textos referentes a cada mutação, no estudo a seguir, colocamos o número do hexagrama derivado junto com a sua configuração, ao lado do texto de cada linha, para facilitar a captação dessa dinâmica energética[5].

O aprofundamento da leitura do I Ching consiste principalmente de uma captação de ondas. Qualquer onda, seja ela grande ou pequena, vai se formando até à culminância, e então se inclina em curva, cai, e passa. Poderíamos fazer uma analogia entre o leitor do I Ching e o surfista que se mantém sobre a sua prancha, sentindo as ondulações sobre as quais está a flutuar, até se decidir a pegar uma delas para chegar até à sua praia. É claro que não pode embarcar em todas as ondas; seria demasiado cansativo e, além disso, muitas não lhe convêm.

A sabedoria do I Ching poderia proporcionar ao observador atento um ajuste apropriado, - sem ficar aquém, nem além da situação. A adequação das atitudes a

5-Essa numeração aparece ao lado da análise das linhas dos hexagramas, a partir do primeiro da página 43.

serem tomadas, no momento oportuno, resulta em resoluções sábias. O equilíbrio consiste em não projetar nada a título imperativo. A posição rígida é sempre desaconselhável, pois a evolução ideal segue o curso dos acontecimentos pertinentes, sem se antecipar, ou retardar. A perspectiva permanece aberta e, assim, irá coincidir com a totalidade do processo que se está vivendo.

Seríamos todos surfistas, a flutuar no grande oceano da vida!

O propósito da leitura dinâmica abre esta nova perspectiva, – a de melhor sentirmos as flutuações que ocorrem no nosso espaço vital interno e externo. E dentro deste espaço-tempo que nos é dado viver, somos capazes de perceber quais as opções mais favoráveis.

O I Ching seria então um instrumento útil para medir as ondas em que vivemos, – semelhante à tomada de pulso na acupuntura, ou à captação das forças latentes numa morada, pelo mestre de *Feng Shui.*

Enquanto instrumento hábil para sintonizar as potências ao seu redor, seria interessante mencionar que a palavra "eficiência" ou "eficiente" em chinês se escreve  - como uma rede de linhas mutantes  inscritas dentro de uma carapaça de tartaruga 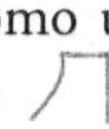 - ou seja, a própria imagem do I Ching, uma vez que para a China, o I Ching é um instrumento eficiente por definição.

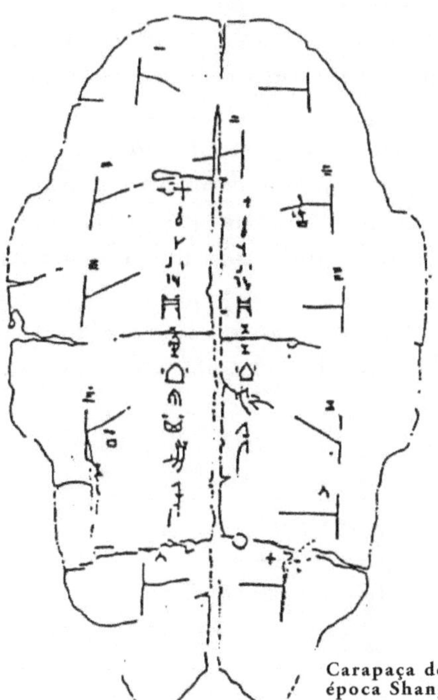

Carapaça de tartaruga com inscrições da época Shang

Para quem quiser aprofundar o seu conhecimento sobre a dinâmica do Livro das Mutações, fornecemos alguns elementos de análise úteis. Cabe ressaltar que o *hexagrama nuclear* e o *hexagrama oposto*, assim como o *hexagrama proveniente do Céu Anterior*, – explicados a seguir – fazem parte da trama energética que se vai formando e desfazendo a cada instante. Ao mostrar as emanações presentes em potencial, essas considerações enriquecem a compreensão das Mutações.

São nuances energéticas extremamente importantes a serem consideradas num estudo aprofundado das Mutações, pois revelam aspectos insuspeitos à primeira vista. Estas nuances mostram correspondências energéticas e sutilezas de grande sabedoria. Neste livro apenas apontamos para elas, pois são objeto de um estudo a ser publicado posteriormente.

Hexagramas nucleares

Além de uma primeira leitura energética levando em conta os dois trigramas básicos que constituem cada hexagrama e as suas seis etapas, a importância dos dois trigramas nucleares contidos no âmago de cada hexagrama é inegável. Juntos constituem o cerne – justamente o núcleo – da situação em pauta.

Essa leitura das linhas ao centro de cada hexagrama é extremamente útil para se perceber qual é a chave de cada contexto. Como os chineses atribuem muita importância ao centro de todas as coisas, a leitura nuclear pode ser de grande valia para a interpretação da dinâmica atuante.

Além disso, os trigramas nucleares têm uma utilidade prática imediata: indicam como vencer as dificuldades inerentes a cada hexagrama. Se contêm energias suaves e de moderação, esta seria a melhor maneira de agir para obter bons resultados. Se, ao contrário, são trigramas de força e de movimento, ações mais decididas ou enérgicas devem ser tomadas.

Para obter o nuclear de um determinado hexagrama, não se considera a primeira e a última linhas, para levar em conta apenas as quatro linhas centrais. Ora, quatro linhas não podem jamais formar um *hexagrama* que, por definição e à raiz da origem grega do termo, se configura de seis linhas. Para converter as quatro linhas centrais em seis e, assim, formar o hexagrama nuclear, os chineses desdobraram o núcleo em dois trigramas, o primeiro sendo constituído da segunda, da terceira e da quarta linhas, e o segundo sendo formado da terceira, da quarta e da quinta linhas. Assim temos, por exemplo:

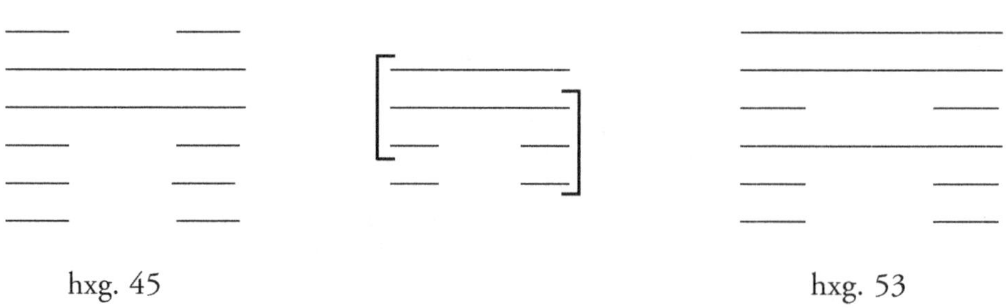

hxg. 45
Reunião

cujo núcleo se desdobra em:

hxg. 53
Progresso Gradual

Ou seja, o hexagrama nuclear da Reunião (45) é o hexagrama do Progresso Gradual (53), o que significa que o centro de uma Reunião sólida e duradoura não pode ser logrado rapidamente, porém requer um desenvolvimento enraizado e gradualmente conquistado.

O leitor atento notará que vários hexagramas têm um mesmo núcleo. Isto decorre do fato de haver um cerne compartilhado por cada quatro hexagramas e, como são um total de 64, são 16 os núcleos compartidos. Estes 16 nucleares, por sua vez, também contêm um centro, – o mesmo para cada quatro, ou seja, seguindo o mesmo procedimento, há quatro núcleos dos núcleos.

Os quatro hexagramas que estão no âmago dos outros sessenta são evidentemente primordiais. O primeiro par é formado pelo yin-yang em sua manifestação pura, cuja fusão inaugura todas as Mutações – o Criativo (1) todo-yang e o Receptivo (2) todo-yin. O segundo par é formado pelos dois últimos hexagramas, em que os yin-yang primordiais estão perfeitamente intercalados: Completude ou Após a Conclusão (63) em que cada linha ocupa o lugar perfeito que lhe corresponde, e a Incompletude ou Antes da Conclusão (64), em que cada linha se encontra no lugar indevido, que *não* lhe corresponde e, por isso mesmo, deste caos total em que terminam as Mutações, surge o recomeço de todas as energias, abrangendo mais uma vez, todas as possibilidades.

O tema dos nucleares é de grande beleza e contém ensinamentos valiosos. Merece um livro inteiro a respeito. Para dar uma ideia da complexidade das suas interligações, reproduzimos a seguir, uma mandala-síntese dessas extraordinárias conexões:

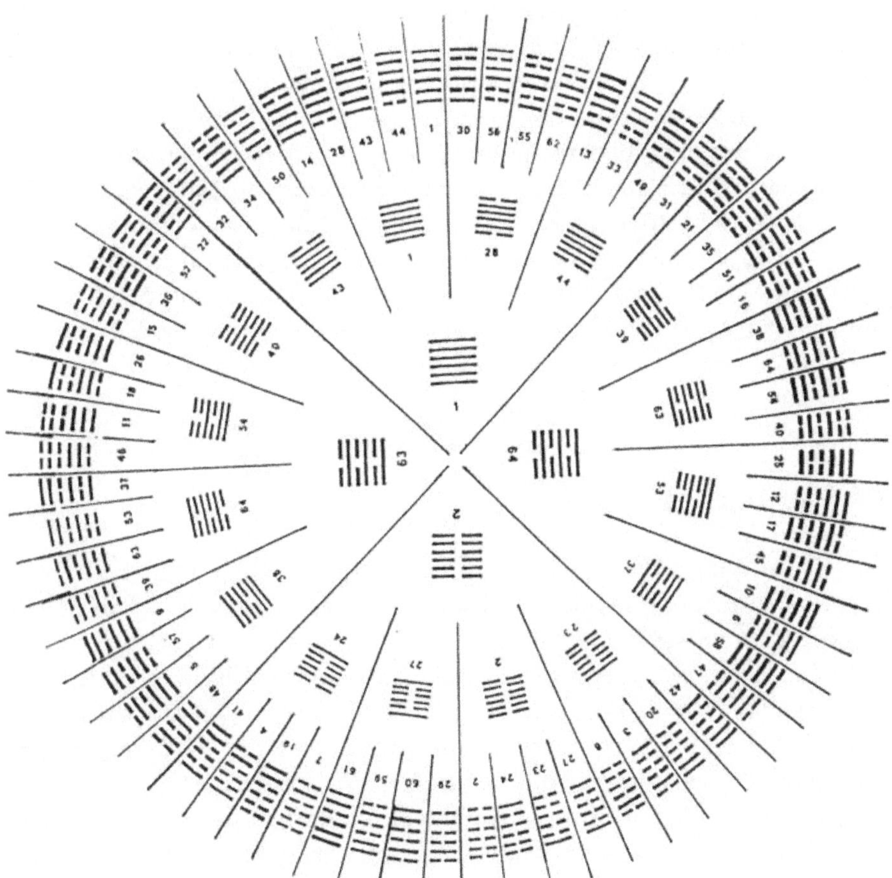

Hexagramas opostos

Muitas vezes também é útil considerar quais são as energias contrárias ou o hexagrama oposto, que reflete a ação ou o enfoque **des**aconselhável naquele determinado contexto. Ou seja, a maneira como **não** se deve atuar naquela situação.

E como se obtém o hexagrama oposto? Muito simples: é só mudar todas as linhas, ou seja, cada linha yin converte-se em yang, e vice-versa.

Vejamos um exemplo:

hxg. 61 hxg. 62

Porém um estudo avançado das Mutações implica numa compreensão mais ampla do potencial operante oposto, visando à incorporação da sua faceta complementar. Este entendimento abrange a integração do oponente que ao mesmo tempo completa a energia do seu parceiro contrário. Ao captar a dinâmica complementar dos parâmetros adversos entre si, vão se abrindo perspectivas cada vez mais amplas de leitura.

A partir dessa sábia incorporação do oposto, percebemos outra força substancial da cultura chinesa, uma vez que toda a dicotomia do bem e do mal, que tanto ocupa o Ocidente, é irrelevante no universo do I Ching, onde inexiste o conceito de escuro ou claro absolutos. Para a China, toda a dinâmica da vida seria sempre o entrelaçar de claros-escuros, em miríades de nuances. Por isso, a compreensão do seu oposto complementar é de suma importância, pois quando o ser humano é capaz de aceitar o oponente e integrá-lo, está prestes a abrir o portal da sabedoria.

Céu Anterior

O hexagrama presente no *Céu Anterior* resulta da configuração energética que antecede o contexto dinâmico de cada hexagrama, ou seja, de onde provém a dinâmica vigente neste momento.

Céu Anterior é o potencial latente, não expresso visivelmente. *Céu Posterior* é a expressão manifesta de uma configuração energética. Dá-se um diálogo contínuo entre o interior e o exterior, que se respondem de imediato, e se correspondem. Uma tensão invisível emana do centro, impulsionando a periferia.

Ambos os Céus formam uma unidade cíclica. Um fluxo condutor os perpassa, como uma tela de fundo sobre a qual atua uma energia que vai se expressando nas diversas trajetórias.

Para encontrar o *Céu Anterior* de um hexagrama, basta verificar *em que posição* se encontram os dois trigramas que o compoem na Ordem do Céu Posterior e, em seguida, procurar os dois trigramas que lhe correspondem nessa mesma posição na Ordem do Céu Anterior.

Vejamos um exemplo: se quisermos saber qual é o *Céu Anterior* do hexagrama 55, denominado Abundância, formado pelo trovão acima do fogo, temos de procurar aonde estes dois trigramas estão posicionados na ordem do *Céu Posterior*, para então verificar que trigramas se encontram nessa mesma posição na ordem do *Céu Anterior.*

Vejamos na configuração dos dois Céus superpostos, colocando a ordem do *Céu Anterior* ao centro e a ordem do *Céu Posterior* na periferia :

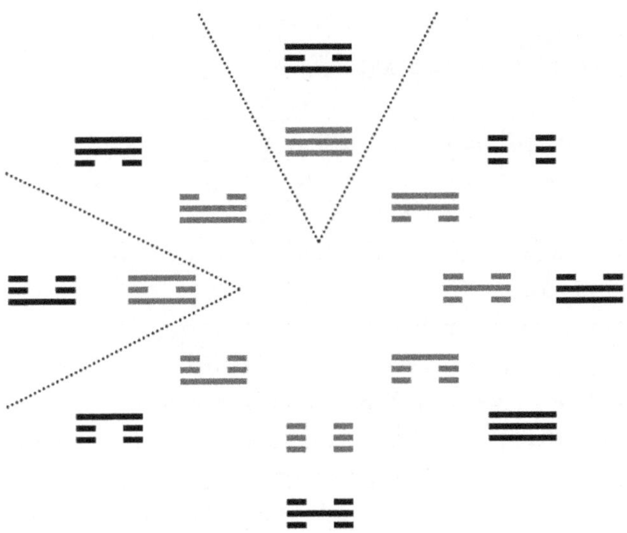

O **trovão** ocupa, no Céu Posterior, a mesma posição do **fogo** no Céu Anterior:

55 14

O **fogo** ocupa, no *Céu Posterior*, a mesma posição do **céu** no *Céu Anterior.*

Assim, o *Céu Anterior* da Abundância (55) seriam as Grandes Realizações ou Grandes Posses (14), semelhante ao fogo-sol que brilha no alto do céu, beneficiando a todos com seu calor e luz, desdobrando-se então em Abundância ou Plenitude.

Talvez o principal propósito da combinação das duas facetas seja a ilustração das qualidades de excelência cultivadas pelos *seres superiores,* que se aprimoram no centro para depois regularem a periferia – ou seja, partem do centro, apoiados nos princípios da própria interioridade, para enfrentar as ocorrências do mundo. Os seres menos lúcidos, ao contrário, dão primazia à superfície mundana e através dela tentam acalmar o centro da sua interioridade, – uma tarefa quase impossível.

O retorno periódico ao centro implica na restauração das forças primordiais. Por isso, o sábio ou *ser superior* sempre permanece no seu eixo, por mais distúrbios e desequilíbrios que o circundem, – ele sempre está no lugar que intrinsecamente lhe corresponde.

Considerações complementares

Vimos que os primeiros autores dos textos do I Ching, fundadores da dinastia Zhou, expressaram as ocorrências mais importantes da sua época em alguns hexagramas. Estes episódios históricos atuam como arquétipos vibrantes que exemplificam concretamente a dinâmica contida em certas situações, repetidas nos ciclos das vidas humanas.

O exemplo histórico mais expressivo citado por Wen e seu sobrinho, o da jovem princesa Shang que se casa com o herdeiro dos Zhou, foi sinalizado no hexagrama intitulado *a Jovem que se Casa* ou o *Casamento da Caçula* (54). Pois a moça selou com o seu amor e através dos seus herdeiros, um longo período de paz e de prosperidade. O relato é contundente porque o fruto – o filho – realmente nasceu; aliás, os frutos no plural, porque foram três príncipes nascidos deste segundo casamento sem as formalidades oficiais do primeiro, porém, consumado com paixão. Esta união definiu uma solução extraordinária para uma rivalidade de longa data, e marcou o início dos trezentos anos de prosperidade da dinastia Zhou do Oeste.

Da transposição deste episódio verídico, ocorrido há milênios, para ocasiões comuns, podemos deduzir que as segundas opções podem ser as mais eficientes, por exemplo, ou que os segundos escalões de uma empresa podem apresentar soluções melhores que a diretoria, ou ainda que um ramo menor de um projeto pode resultar ser o mais produtivo. Toda a orientação vai no sentido de se ter a lucidez de não descartar o secundário ou os detalhes mas, ao contrário, dar-lhes maior atenção, pois de minúsculos germes podem nascer os melhores frutos. Outra interpretação desta mesma ocorrência seria a extrema importância dos fatores de menor monta que, se negligenciados, podem se transformar em problemas graves. E, ao contrário, do detalhe de um gesto ou de palavras proferidas – de forma gentil, no momento oportuno, ou ríspida, mediante pressão, – pode depender o encadear de toda uma evolução, e da sua culminância feliz, – ou infeliz.

No decorrer de todo o desenvolvimento das seis etapas de cada hexagrama, a reiterada tentativa de transpor os parâmetros sintetizados pelos sábios de antanho para a nossa realidade atual, constitui uma fonte de inesgotável sabedoria tornada legível para este terceiro milênio tão carente de harmonia!

E à medida que a compreensão desta leitura energética se amplia, vamos constatando a persistência de dinâmicas humanas repetidas, ao longo das não menos incessantes Mutações. Através dos milênios transcorridos, as engrenagens humanas são as mesmas, do mesmo modo como se reproduzem as estações, os dias e as noites, a vida que se estende da infância à velhice, transmitindo a mesma rede pulsante da dança cósmica que, no entanto, sempre se renova. Este é o fascínio do Livro das Mutações, através de incontáveis gerações, sempre acrescentadas de infindáveis coreografias.

Instruções para a consulta oracular

Desde épocas imemoriais, a usança do I Ching como solenização de um momento demarcava um instante de reflexão imbuído de comemoração. Cada questionamento diante das energias vigentes encerra um ritual, um mergulho no interior de si mesmo, onde o remédio-resposta é passível de ser vislumbrado. Orientadas pelos sábios de antanho, profundos conhecedores da interação dos fluxos mutantes na natureza, as consultas oraculares eram celebradas. E as respostas, cuidadosamente guardadas, como atestam milhares de carapaças de tartarugas encontradas em escavações arqueológicas recentes.

A função oracular do I Ching foi a mais difundida no Ocidente, embora esta seja na realidade a sua função menor. Porém, a maioria das pessoas que o consultam, por não conhecerem a simbologia arcaica nem a sua lógica, não conseguem entender as implicações da resposta. Embora simples, o conhecimento do funcionamento das Mutações requer uma introdução abalizada.

Antes de mais nada, é preciso esclarecer certos pontos chave. Como já vimos, o I Ching não prediz o futuro, porém, é capaz de captar as vibrações do presente. E, dependendo das tendências atuantes, aconselha a maneira mais inteligente de agir. Seria pretensioso aspirar a resumir nestas breves linhas, toda a dinâmica deste mecanismo complexo. Porém, algumas orientações podem ser úteis para aquele que deseja interrogar as Mutações.

A consulta através das varetas é muito mais precisa e eficaz, pois toda a sua simbologia e duração – uns trinta minutos – ajudam a concentração e o aprofundamento que um questionamento importante requer. Se não dispõe do tempo necessário, é sinal de que a questão não é realmente relevante e, portanto, é melhor nem indagar.

A pergunta deve ser simples e clara, pois a formulação já contém, intrínseca, a sua resposta. Quanto mais clara a pergunta, mais transparente a resposta. Aconselha-se a escolha de um momento e um lugar calmos, sem interrupções. Lembre-se que esta ocasião requer interiorização e convém dedicá-la exclusivamente a esta solenidade.

Recomenda-se escrever a pergunta, anotando a data e o local, como uma tomada de pulso ou um registro daquele instante a ser guardado. Transformar um contexto ou uma problemática numa questão precisa, organizando as energias yin-yang, encerra uma coerência analógica: o problema que até então paira como uma preocupação abstrata, toma forma escrita e se transforma numa questão concreta, visível, – a ser catalogada como dado importante, como assim faziam os sábios de antanho, ao preservarem as "bibliotecas de carapaças" descobertas nas últimas décadas.

Na China, a consulta é investida de um sentido ritual. Costumam guardar o Livro e as varetas envoltos num pano de seda, numa estante acima do nível dos olhos. Lavam as mãos antes de tocá-lo. Ao tirá-lo do seu invólucro, o colocam sobre uma mesa, junto com as varetas, em cima do pano de seda que os continha. O ideal é que esta mesa se encontre no centro de um aposento ou da casa, e que o consulente se volte para o sul, direção de maior luz e calor no hemisfério norte. Assim, as costas são protegidas pelo norte, símbolo do repouso e das energias ancestrais, de modo a melhor captar as instruções daquele momento. O Livro deve ficar à esquerda e a folha para anotação da questão, à direita; três incensos devem ser acesos na frente do consulente antes de ser formulada a pergunta.

Como enfocar a leitura energética

A postura correta, considerada praticamente como imbatível no decorrer das 64 Mutações, é a tranquilidade centrada de quem sabe se posicionar no lugar que lhe corresponde. Esta recomendação repetida – direta ou indiretamente - em tantos hexagramas, reflete a visão chinesa da primazia absoluta do perfeito equilíbrio ao centro. Quem ocupa a posição que lhe corresponde em cada momento, nunca tropeça, pois nada o afasta do seu eixo. Esta noção preponderante, inaugurada explicitamente no I Ching, com o decorrer dos séculos passou a vigorar em todas as artes do Oriente.

A compreensão profunda a emanar deste centro vazio poderoso é constantemente realçada, assim como determinadas influências cujas engrenagens invisíveis são vivenciadas, mais do que definidas em conceitos, numa dosagem muito delicada entre o indistinto e o evidente. Há forças impalpáveis interagindo o tempo todo, inclinações sutis difíceis de reconhecer. Por isso, se recomenda fazer sempre uma análise da experiência interna, junto com as suas manifestações concretas.

As Mutações tratam da situação existente na medida em que nela estamos involucrados, pois em última instância, examina a nós mesmos naquele determinado instante para, em seguida, indicar a estratégia mais apropriada dentro das circunstâncias.

Em várias ocasiões, o Duque de Zhou, redator do texto das linhas, optou pela referência a um tema principal, analisando o seu desdobramento em seis etapas. E por isso, da primeira até à última linha segue um fio condutor. Assim, o hexagrama Progresso Gradual (53), por exemplo, que denota uma escalada paulatina, porém, constante, enfoca os gansos, emblema de fidelidade na China. Na primeira linha, o ganso se aproxima da margem, na segunda, se dirige aos rochedos, na terceira, sobe ao planalto, na quarta, encontra um galho plano onde pousar, na quinta etapa ele se dirige ao cume e, finalmente, no sexto e derradeiro nível, ele levanta voo e alcança a altura das nuvens, lançando as suas plumas para baixo, como ajuda para os que enveredarem pelo mesmo caminho luminoso.

O hexagrama da Espera (5), para citar um outro exemplo, também analisa um processo em andamento: a primeira linha retrata a espera na planície, seguida pela espera na areia, a espera no lodo e a perigosa espera no sangue da quarta, até chegar finalmente à espera prazerosa – no vinho e no alimento – antes de cair no abismo na última etapa, numa advertência para quem não sabe esperar com a devida paciência.

Nunca é demais enfatizar que a evolução desses diferentes níveis não é obrigatória. No caso da Espera, por exemplo, pode-se passar apenas pela quinta etapa, a melhor espera que acontece na fartura, sem passar necessariamente por nenhuma das outras linhas mais difíceis.

Mas nem todos os hexagramas denotam evoluções semelhantes às acima citadas. Alguns tomam um tema central, e cada linha evoca um enfoque a respeito do mesmo. As diferentes linhas da Liberação (40) ou da Verdade Interior (61), por exemplo, constituem diferentes perspectivas de um mesmo tema.

Estes desdobramentos nos parecem uma maneira inteligente encontrada pelo Duque de Zhou para mostrar como as tensões mudam dentro de um mesmo contexto. Também denotam com clareza que o início de uma evolução energética, ainda insegura e não bem exposta, difere bastante da culminância madura do mesmo processo.

A FUNÇÃO ORACULAR

Em primeiro lugar, é preciso entender em que consiste o oráculo chinês, que foge completamente aos parâmetros da tradição grega a que estamos familiarizados, e cujas primícias provêm do vocábulo *mantiké*, de onde deriva *mania, delírio*, e corresponde a um pressentimento ou a uma visão do futuro. No canto VII da *Ilíada*, Homero cita o adivinho troiano Helenos que "*em seu coração conhece subitamente o plano que meditam os deuses*". O Tratado de Cícero "*Sobre a Adivinhação*" trata da *ciência das coisas futuras.* Em sua raiz etimológica latina, o *divinatio* implica um elemento *divino* que escapa ao alcance humano.

"Adivinhação" seria então, o conhecimento sobrenatural do desconhecido, uma faculdade superior, um dom extraordinário, pois só à divindade seria dada a capacidade de conhecer o futuro. Esta suposta "revelação" baseia-se na crença de uma providência divina tutelar que "cuida" da humanidade, consentindo em lhe revelar, em determinados momentos especiais, o que ela ignora. Portanto em última instância, a *adivinhação* antevê e antecipa o tempo, – como um destino inexorável, ou infalível e, assim, a humanidade estaria irremediavelmente sujeita a uma ordem superior todo-poderosa.

As premissas do oráculo chinês são bem distintas.

Não implica, de modo algum, em qualquer interferência de deus, nem do elemento divino, que na China praticamente inexiste. Não se trata, em absoluto, de uma interferência de um ser externo onipotente que, de um lugar longínquo, estaria manipulando os seres humanos. A única relação à palavra sânscrita *div*, a *luz*, é o fato de permitir ver as coisas com maior clareza; pois, de fato, a consulta oracular joga uma luz mais forte – como um holofote – sobre a circunstância e as motivações em vigor naquele momento.

O oráculo chinês nada tem a ver com uma revelação do futuro, porém, com um retrato lúcido e fidedigno do *presente*. Semelhante a uma radiografia, a um eletrocardiograma ou a uma tomografia computadorizada que revela a condição do paciente com maior clareza, ao médico que é capaz de interpretar a linguagem destes exames.

Não se trata absolutamente de algo irracional, de uma "adivinhação" fortuita ou de algo que escapa à lógica. Porém, ao incluir uma parte racional importante, reconhece a interferência de parcelas que escapam à razão, refletindo um pulsar mais profundo, – como as batidas do coração.

Apenas o fluir, a vibração presente.

Há uma distância infinita que nos separa do passado, – para sempre perdido.

E uma distância imensurável que nos separa do futuro, – para sempre inatingível.

Os hexagramas seriam momentos infinitesimais de estados latentes que vão surgindo, evoluindo e terminando, dando lugar a outros estados emergentes. Cada situação só existe porque aquele ser humano está aí, agora, a vivenciá-la!

O primeiro astrônomo que predisse um eclipse da Lua, Thales de Mileto, na Grécia arcaica, fez a sua previsão à raiz das respectivas posições do sol, da lua e da terra. Conhecendo o movimento desses astros, ele pôde fazer o cálculo, sem interferência alguma de elemento "milagroso".

Do mesmo modo, o discernimento inteligente desempenha um papel primordial na função oracular do I Ching. Trata-se de uma observação equilibrada com o intuito de captar os fluxos predominantes a fim de lograr uma *estratégia*. Para a China, o segredo do sucesso consiste em atuar dentro das leis inerentes ao yin-yang, pois de todos os modos elas ocorrem naturalmente, sendo impossível contrariá-las: à noite, o corpo anseia por deitar-se, alinhando-se na horizontalidade da terra-yin, para se restaurar. E ao raiar o dia, o corpo anseia por levantar-se, alinhando-se na verticalidade que aponta para o céu-yang, a desdobrar-se em atividades.

Esta dualidade em interação ininterrupta – ativa-passiva, de defesa-ataque – fundamenta todas as artes marciais e todo o treinamento de equipes esportivas. Só se pode atacar quando a sua defesa está coesa e forte, garantindo a retaguarda. Senão, o avanço deixa brechas por onde o adversário pode se inflitrar. A compreensão das Mutações evidencia que o sucesso ou o insucesso de cada momento depende da adequação à tendência dominante.

O sábio chinês, semelhante ao general experiente, sabe que para poder delinear a ação eficiente durante a batalha, precisa saber alguns dados essenciais:

1. quais são as forças com as quais ele pode contar,
2. quais são os pontos fracos – e os fortes – do seu oponente,
3. em que território e circunstância se dá o combate.

Do mesmo modo, o primeiro passo de quem consulta o Livro das Mutações é saber com clareza aonde se encontra, em que circunstância está inserido. Se o rumo que as coisas estão tomando não o satisfaz, cabe questionar. A compreensão das energias latentes auxilia a pessoa a se situar. Uma vez conhecidas as energias vigentes no contexto em que se está atuando, – as próprias motivações internas e as exigências em jogo no mundo externo –, ou seja, os ventos que estão soprando na sua vida, pode calcular aonde eles o estão levando.

O segundo passo é saber aonde quer chegar, para poder finalmente delinear o percurso mais simples, mais fácil e direto para atingir o objetivo. Para que a verdadeira vocação de uma pessoa possa se realizar, é preciso lucidez para perceber o que lhe corresponde. Se uma vontade sua não está centrada na sua essência, é evidente que há uma dissociação interna. A percepção aguçada, atenta aos indícios, é fundamental, – pois tudo o que ocorre à sua volta sinaliza as encruzilhadas que se abrem, ensejando "*boa fortuna*", e as que se fecham, gerando "*infortúnio*". O oráculo instaura apenas um diálogo inteligente do ser humano consigo mesmo, que estivera temporariamente bloqueado.

Antes de mais nada, o I Ching pressupõe *dirigir-se a um adulto*, a alguém que sabe o que quer. Este ser lúcido e equilibrado, representa a faceta maior – o *ser superior* já mencionado, a parte mais sábia que toda pessoa possui dentro de si, tantas vezes oculta sob as artimanhas do *ser inferior* em estreita convivência, – a parcela insegura, impaciente e tola que em tantas ocasiões prevalece.

Um outro aspecto importante enfatizado pelo Livro das Mutações, é que nada deve ser imposto, – nem mesmo uma ajuda. As imagens devem reverberar numa autoleitura, voltada para a própria intuição e sensibilidade. Sugestões ou palpites externos dificilmente podem captar as inquietudes que motivam o questionamento. Ao apresentar os diferentes enfoques de um momento particular, as Mutações encerram correntezas que as atravessam esclarecendo a situação, de modo a poder agir com maior eficiência. Ao aumentar a informação a respeito das energias atuantes, o I Ching amplia também a liberdade de escolha, permitindo que cada pessoa seja coautora do seu próprio destino. E fornece a resposta na medida exata da sua compreensão.

As respostas surgem do interior do próprio ser. Em última instância, aquele que pergunta é também quem responde. Pois na articulação do questionamento e na sua pertinência já está embutida a solução. Daí a importância crucial da formulação da pergunta. O valor da questão é o que dá conteúdo à resposta.

O I Ching não é uma bola de cristal. Não diz o que vai ocorrer, mesmo porque o que vai ocorrer depende da opção pessoal, da trilha que se escolhe percorrer! Os textos do Livro mostram as possibilidades e as dificuldades de determinada situação. Pois o "velho sábio chinês", há tantos milênios sobre a terra, conhece todos os caminhos e os labirintos do coração-mente humano. Já trilhou tantas e tantas vezes todas estas sendas, já percorreu todas as rotas, todos os atalhos, – e sabe onde se encontram os bloqueios que dificultam o avançar.

Se os grandes estrategistas basearam-se no I Ching para o planejamento das suas campanhas, também perceberam que cada vitória encerra um desafio, o de saber que uso dar àquilo que conquistaram. Todas as nossas conquistas são instrumentos hábeis que a vida coloca ao nosso dispor. Como melhor utilizar os nossos sucessos?

O método das varetas de milefólio foi articulado de modo a que não haja a menor possibilidade de intervenção propositada. As varetas se dividem sempre ao acaso, totalmente livres para trazer à tona o ângulo significativo, isento de distorções. Indicam em que espaço a pessoa se encontra, em que tempo-estação. Assinalam quando é favorável *atravessar as grandes águas* (as situações perigosas e dúbias), e tomar iniciativas diretas para enfrentar o problema. E indicam quando não é favorável *atravessar as grandes águas,* pois não havendo possibilidade de êxito, este seria um esforço inútil que resultaria apenas num desgaste de energias.

Se há algo que não se está percebendo, e que se gostaria de saber, talvez o oráculo não responda à questão diretamente, porém, pode revelar um fator relevante pertinente, que não está sendo levado em conta.

Temos dúvidas porque ignoramos quem somos. Quando não entendemos a resposta das Mutações, não faz sentido repetir a pergunta, pois a resposta está ali, completa, simbolicamente inteira, e direta. Inútil seria então indagar de novo; porém, isto sim, repetir a leitura tantas vezes quanto seja necessário até entender a sua mensagem sutil e subliminar.

Cada pergunta oracular coloca um espelho num ângulo determinado, permitindo vislumbrar aquele canto obscurecido. O texto fornece apenas uma imagem. Pois no plano da manifestação visível, nunca se encontra um arquétipo,– porém, apenas o seu reflexo –, tecendo um fio tênue que conduz o ser humano por entre os labirintos da sua vida.

Uma referência sutil não percebida não aponta para uma falha do recado, porém, para a incapacidade de leitura daquele que não alcança, – ou que prefere não ver –, o seu conteúdo verdadeiro. Há algumas respostas que talvez não queiramos saber.

Muitas vezes reagimos agressivamente às moléstias, porque supomos que a aceitação de uma perda significa uma submissão, algo que nos diminui, sem percebermos que seguir o movimento daquela derrapagem que a vida nos propicia talvez seja o único modo de recuperar o equilíbrio.

Cada perspectiva nova e inusitada escancara possibilidades. São os frutos da expansão do verão que fornecem as provisões que garantem o sustento do inverno. E do período introspectivo do inverno emanam os planejamentos a serem concretizados na próxima estação solar. A sabedoria das Mutações mostra que a atitude do *ser superior* extrai fontes de enriquecimento mesmo da adversidade.

Uma coerência perfeita permeia o I Ching, desde a sua estrutura até às emanações que a partir dela surgem. Para a China, não poderia ser de outro modo, visto considerar que existe uma harmonia intrínseca no grande caos da existência. E, por isso, a faceta inteligente do ser humano é capaz de vislumbrá-la.

Ao tematizar um contexto – como a Família (37), por exemplo, o Progresso (35) ou a Obstrução (39) – toda a estrutura do hexagrama se articula para ressaltar as forças vigentes naquela situação, e fazendo analogias no entretecer das linhas em suas posições mutantes, assim como os trigramas e suas correspondências, patenteiam uma extraordinária coerência, fruto da longa e detalhada observação dos fenômenos atuantes na natureza.

Convém fazer primeiro uma leitura pessoal, vasculhar dentro si para ver se a mensagem é dirigida a uma postura equivocada, ou a uma atitude pouco, – ou muito – recomendável. Em segunda instância somente, deve se fazer a leitura externa, investigar em que ponto a questão está inserida na vivência pela qual se está passando.

Nada no I Ching é por acaso. C. G. Jung baseou-se no I Ching para elaborar a sua teoria da Sincronicidade. Se a primeira linha está abaixo, é porque diz respeito às raízes profundas ou a algo ainda oculto, prestes a se manifestar. Do mesmo modo, a sexta ou derradeira linha configura o possível desenlace de uma situação. As três primeiras linhas, de baixo, em cada hexagrama (o trigrama interno) concernem o mundo interior invisível, porém, presente de modo significativo. E as três linhas de cima (o trigrama externo) fornecem uma imagem das energias visíveis em vigor.

O potencial que permeia as Mutações sublinha um constante equilíbrio de forças, espelho do proceder da natureza. Para quem percebe o dinamismo em pauta e a ele se amolda, não existe situação sem saída. Existe somente a incapacidade de vislumbrar as implicações dos sopros que nos circundam, e de lidar com eles.

A solução sempre se encontra no equilíbrio, e o fluxo das Mutações o destaca com clareza. Quando a estrutura de uma situação aplainada se desdobra, de modo fácil e simples, este é um sinal de avançar, para aproveitar ao máximo esta harmonia favorável; o movimento yang exterioriza as energias. Quando, ao contrário, há bloqueios e a situação tropeça em dificuldades ou envolve riscos, é questão de se recolher para buscar ajuda, ou para se fortalecer antes de enfrentá-la. Juntar forças equivale a aprender a se concentrar num movimento yin de interiorização que reabastece o ânimo e aprimora, preparando para o momento de desbloqueio.

Dizem os manuais de estratégia chineses que o mau general entra numa batalha esperando vencer; e que o bom general só entra em combate quando sabe que a vitória já é sua.

É nas sementes que se atua com maior eficiência. Quanto antes se compreendem os influxos presentes, melhor se pode atuar. Das atitudes internas vão brotando as brisas suaves ou os ventos tempestuosos, que configuram as vivências. As forças benéficas nascem da interiorização imposta pelas dificuldades externas; e dessa introspecção, do convívio mais íntimo com nós mesmos, emanam as dádivas da profunda reflexão. As contrariedades amadurecem o ser humano, e ensinam como frutificar.

Sábio é aquele que discerne as riquezas ocultas, e o Venerável Ancestral das Mutações é um verdadeiro Mestre nesta arte!

Separar uma vareta que, simbolicamente, por ser a 50ª, representa a Sabedoria ou o Tai Chi e mantê-la, de preferência, à sua frente, até o final da consulta.
Dividir as 49 varetas restantes em 2 grupos, que representam a dualidade yin-yang., ou Céu, na mão esquerda e Terra, na mão direita. Mantenha-as nas posições direita e esquerda da mesa.
Do grupo à direita, retirar 1 vareta e colocá-la entre os dedos mínimo e anular da mão esquerda., ela estará representando o homem.
Do grupo à esquerda, separe de 4 em 4, e ao final coloque as restantes, que podem ser 1, 2, 3, ou 4 varetas, entre os dedos anular e médio da mão esquerda.
Voltar ao grupo da direita e dividi-lo e separá-lo, do mesmo modo, de 4 em 4, colocando sempre ao final as restantes entre o dedo médio e o indicador.
O total de varetas que resulta dessa 1ª operação, que pode ser 5 ou 9, é o primeiro número-resultado.
Essas varetas ficam separadas e você repete a operação, por mais duas vezes. Nas 2ª e 3ª operações, os resultados são 4 ou 8.
Deixando as varetas resultantes das três operações, uma ao lado da outra, de acordo com a ordem em que você foi obtendo o resultado, você formará um número que corresponderá à primeira linha.
Voltar a unir as 49 varetas e reiniciar a mesma operação, até obter as 6 linhas.
Os números devem ser transformados em linhas para a obtenção do hexagrama, de acordo com a seguinte tabela:

548
584] linhas yin
944

988 linhas yin em mutação

948
984] linhas yang
588

544 linhas yang em mutação

Consulta com moedas

Além do método de consulta oracular através das varetas de caule de milefólio, utiliza-se também um método abreviado que emprega moedas. Em geral, usam-se antigas moedas chinesas de bronze, que têm um orifício no meio e uma inscrição gravada nas duas faces. Estabelecer o lado Yin (com menos inscrições) e o lado Yang com mais inscrições) Tomam-se as três moedas, que são sacudidas entre as mãos para embaralhar e lançadas juntas. A cada vez que são atiradas, obtem-se uma linha. A face considerada como yin tem valor 2, enquanto a face considerada como yang tem valor é 3. Disso resulta o caráter da linha. Quando as 3 moedas são todas yang, a linha é 9; se elas são todas yin, a linha é um 6. O que significa o yang puro ou maduro e o Yin puro ou maduro respectivamente. Pois tem seus valores absolutamente ímpares ou pares de acordo com a natureza do Yang e do Yin. Essas serão as mutantes do hexagrama resposta.

Duas linhas yin e uma linha yang formam um 7 e duas linhas yang e uma linha yin formam um 8. Neste caso são consideradas linhas JOVENS E PORTANTO IMUTÁVEIS, pois a energia YIN e YANG está mesclada, isto é ainda não atingiu a maturidade e/ou pureza necessária, para ser considerada de fato YIN ou YANG e portanto atingir o ponto de mutação.

Para se encontrar o hexagrama, procede-se do mesmo modo que no método das varetas.

Considera-se então que o números ímpares são linhas Yang e os números pares são linhas Yin, incluindo naturalmente a soma dos valores de cada grupo de 3 moedas. Ou seja:

2+2+2= 6 = Yin maduro/velho ou Grande Yin - Linha mutável
3+3+3= 9 = Yang maduro/velho ou Grande Yang – Linha mutável
Ao passo que:
3+3+2= 8 = Jovem Yin ou Pequeno Yin – Linha imutável
2+2+3= 7 = Jovem Yang ou Pequeno Yang – Linha imutável

Para obter a resposta final, leia-se apenas cada uma das linhas mutáveis, quando forem uma ou duas e, quando passarem de três troque-se o hexagrama a partir de cada linha mutável para o seu oposto e leia-se apenas o Julgamento e Imagem de cada um dos hexagramas obtidos. Sem ler as linhas per si, mesmo as que levaram a esta mutação.

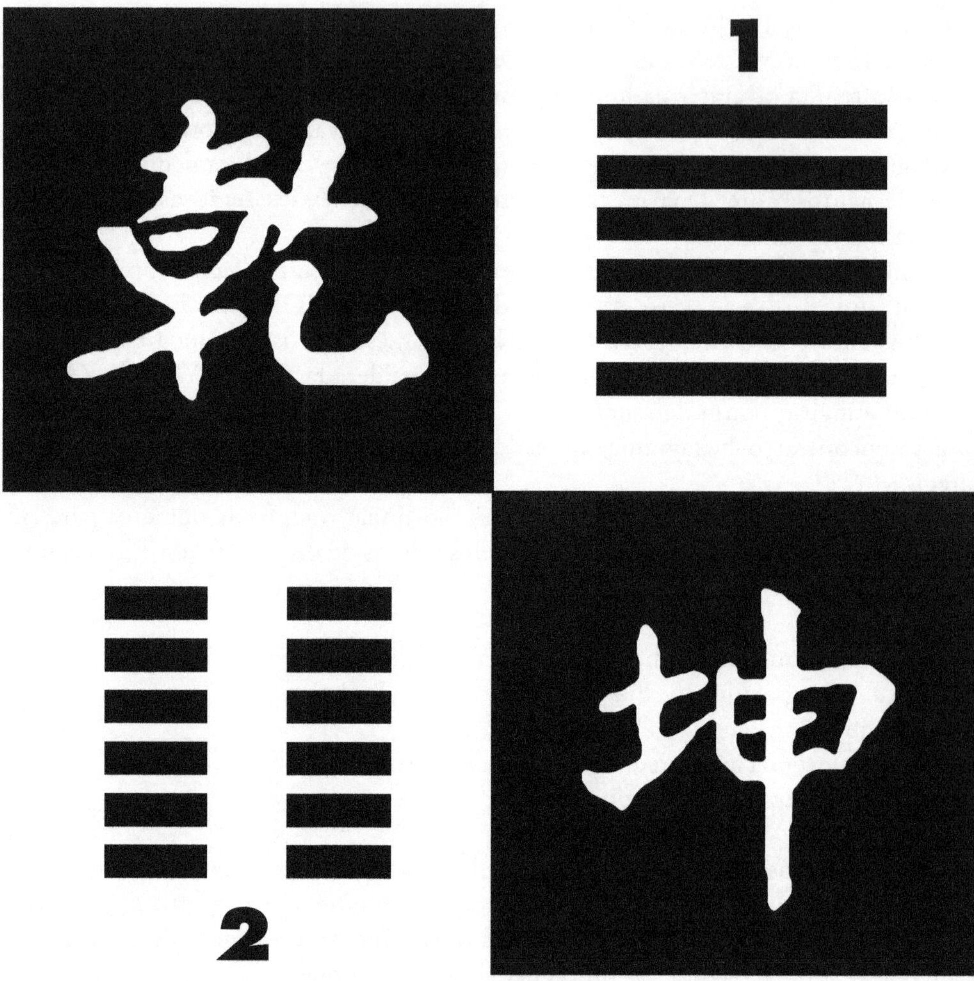
乾
1
2
坤

T'IEN E K'UN - CÉU E TERRA

O conceito das polaridades complementares atuantes no entrelaçar de todas as Mutações merece uma explicação suplementar. Os dois princípios à base da vida não significam propriamente Céu e Terra, como entendido no Ocidente, porém, constituem o par de energias – abstrata e concreta, efêmera e corpórea – que perpassa a todos os seres, mantendo-os vivos.

T'ien não corresponde ao céu cristão, um lugar de recompensa e de mérito, mas é o sopro criativo que emana quando menos se espera, e que infunde os seres de ideias, de fantasia e de criatividade. Contudo, este sopro inspirador seria inútil e se perderia sem a sua contraparte *K'un*, que acolhe a sua faísca e a molda até à maturação. Do mesmo modo, *K'un* é muito mais do que o húmus escuro, é o repouso regenerador, a flexibilidade paciente que leva à maturação, o recolhimento necessário ao surgimento da vida. É a devoção que faz crescer em seu seio e que faz surgir, na concretude, todos os germes semeados pela sua contraparte Criativa.

Os símbolos animais escolhidos para manifestar estes dois princípios latentes demonstram nitidamente as suas potencialidades: o dragão, imaginário, invisível, impalpável e totalmente imprevisível lembra o céu e nunca se sabe quando surge, nem quando desaparece. Evoca o tempo, a centelha que irrompe com mais frequência entre os seres superiores, detentores de maior sensibilidade para captá-la, – sábios, artistas e poetas.

A égua simboliza a terra, pois a percorre em todas as direções. O cavalo na sua versão feminina, reverenciado como o animal mais nobre e cobiçado. O objetivo principal das primeiras caravanas que forjaram a longa trilha que, com o tempo, passou a se chamar de Rota da Seda, conduzia até ao Afeganistão buscando cavalos nessas regiões longínquas. Na antiga China, receber um cavalo significava uma grande honra.

O movimento do Criativo-Céu é o avançar (a leste) e seu estado de repouso é o parar, o imobilizar-se (ao norte). O movimento do Receptivo-Terra é o abrir-se (ao sul) e seu estado de repouso é o fechar-se (a oeste).

Longe de constituir apenas um conceito arcaico, as polaridades opostas e complementares estão na base da ciência de ponta da atualidade – o polo positivo interagindo com o polo negativo – passando por todas as gamas da biologia e da física mais avançadas. A genialidade chinesa foi justamente a de reconhecer essas duas potências primordiais sem abribuir a primazia a nenhuma delas: luz e trevas, verão e inverno, movimento e repouso, masculino e feminino se abraçam desde sempre em danças retumbantes, milênios afora.

Os textos das seis etapas de *T'ien* e de *K'un* são muito mais extensos do que os dos outros hexagramas. Compêndios inteiros foram redigidos a respeito destes dois princípios vitais da manifestação. O eminente sinólogo russo Iulian Shchutskii escreveu um livro magnífico só sobre estes dois hexagramas que abrem as outras 62 mutações[1]. Estopim de todas as Mutações, o par de potências iniciais simboliza uma complementariedade indissociável. Nas primeiras versões, o I Ching começava com *K'un,* e *T'ien* vinha em segundo lugar. Mas a ordem em que aparecem não importa, pois os dois parceiros necessitam um do outro visceralmente. Sem a devoção a modelar em formas as suas infindáveis abstrações, estas se perderiam sem se concretizarem. E sem as faíscas inspiradoras a impulsioná-las, não haveria formas a serem criadas. O germe Criativo hibernado com devoção no seio do Receptivo irrompe na imensurável beleza de todas as formas constitutivas do universo e isto o I Ching descreve magnificamente.

1- ***Researches on the I Ching,* Londres, Routledge & Kegan Paul, 1980.**

C É U

C É U

乾

1 T'IEN

J. BLOFELD **O Princípio Criativo**
W. DONGLIANG **O Céu (A Polaridade Yang)**
A. HUANG **Iniciando**
C. JAVARY **Élan Criativo**
R. WILHELM **O Criativo**
R. WING **O Poder Criativo**

Nome e dinâmica.

O ideograma tem o sol ao centro, entre a raiz e o florescer de uma planta, irradiando luz e energia, acionando o crescimento da seiva vital e, à direita, o germe enraizado luta por crescer, num impulso simbólico do florescer de todas as espécies.

O dragão enquanto símbolo do Criativo se imbebe de água durante o inverno, quando repousa no fundo do lago. Sua potência yang desperta na primavera e, em sua passagem pela terra, reparte seu sopro antes de subir aos céus na culminância do verão, espalhando fertilidade. Mobiliza-se em sentido vertical e abrange esferas desconhecidas.

O dragão passa com a velocidade da luz infinita, e se perde num instante. A sua ação imensurável não tem princípio nem fim. O Criativo repetido denota uma força poderosa interna e externa. Enquanto representação do tempo, sua repetição perpetua os ciclos da criação. Sua ação consiste em avançar, seu repouso reside em retroceder, porém, está sempre em movimento. Quando desaparece, o mundo dos homens fica às escuras, à espera do seu novo ressurgir. Quando a criatividade se ausenta, não há clareza. Por isso o ano do dragão é tão festejado na China.

Diante do poder criativo do pleno yang, o ser humano se inclina.

JULGAMENTO

O Criativo promove sublime sucesso
e favorece através da perseverança.

O céu representa o impulso criativo, a luminosidade e também a firmeza e a soberania, o masculino e o ativar. Seu símbolo, o dragão, animal aquático-terrestre-volátil, surge e desaparece de forma misteriosa. É impossível reter o elemento Criativo, apreendê-lo ou mesmo compreendê-lo em toda sua clareza. Sua mobilidade se dá em todos os espaços e se perde com a mesma rapidez com que desponta. O poder do Criativo reside na sua imprevisibilidade: nunca se sabe ao certo de onde emana, nem quando ou para onde parte.

Os quatro atributos primordiais do céu aparecem em sua pureza imaculada. A todos vivificam, sem por nada se deixar contaminar e surgem em sua fórmula original, *sublime, sucesso, favorecer e perseverança. Sublime* significa igualmente *origem, cabeça* enquanto faísca propulsora da vida, intrinsecamente móvel. Estímulos poderosos se desenvolvem incessantes, incansáveis. Seu contínuo desenvolver permeia todos os espaços e a tudo percebe.

Seu poder e lucidez sabem discernir o que a cada ser corresponde, pois cada qual retém e se apega à centelha que faz eco com a sua própria essência. O Criativo ressoa de modo imensurável, pois suas infindáveis facetas nunca se repetem. Por isso cada ser é único, e reflete uma parcela do poder celestial que o perpassa.

T'ien representa a Unidade, é o espírito que surge e desaparece sem seguir nenhuma trilha perceptível a nível humano. Impalpável, só é distinguido através dos seus efeitos.

Por onde passa, implode faíscas; muitas são perdidas por falta de um elemento *K'un*-devoção que as recolha, e as desenvolva até à maturação.
A forma redonda simbólica do céu em todas as luminárias da abóbada celeste, girando em círculos ininterruptos e intermináveis, delineia espirais em eterno movimento. Suas fagulhas jorram, múltiplas, em eternas cascatas, como fogos de artifício.

COMENTÁRIO SOBRE O JULGAMENTO

Realmente sublime é a grandeza do Criativo.
Fonte de todos os seres, permeia a todas as criações debaixo do céu.
As nuvens passam, a chuva cai. Todos os seres se completam em suas formas.
Extremamente luminoso do começo ao fim, as seis etapas se completam em seu devido momento, como dragões voando rumo aos céus.
O Criativo atua através da mutação e da transformação,
conferindo a cada ser a sua verdadeira natureza e destino,
preservando uma grande união e harmonia.
O Criativo eleva-se sobre a multidão de seres, unindo todas as terras na paz.

IMAGEM

A ação do céu é poderosa.
Assim, o ser superior torna-se forte e incansável.

Em seus momentos Criativos, o ser humano se imbebe da luz da qual brotam todos os seus gestos. A criatividade nunca se exaure nem se esgota, pois dela emana o poder intrínseco a espelhar-se em todas as partes.
Este potencial deve ser conduzido com sabedoria. Saber quando agir ou não agir denota maestria. Quando surge o Duplo Céu no horizonte, tudo está ao seu alcance. Este é um momento excepcional em termos de inspiração, de energia e força de vontade. Pode exercer a liderança, pois todos seguem a quem toma iniciativas confiantes. A capacidade de percepção está excepcionalmente aguçada durante a passagem do Criativo.

Nuances energéticas

nuclear 1

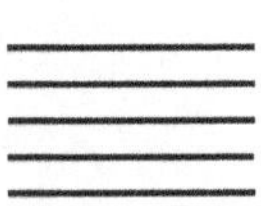

céu
céu

Só o Criativo pode estar no cerne da própria criatividade, é a luminosidade no âmago da própria luz. Toda a dinâmica deste contexto diz respeito ao movimento yang, o princípio da ação que insufla vida a todos os seres.

oposto 2

terra
terra

Sem a sua contraparte yin que os retêm, que os nutrem e desenvolvem, os impulsos criativos se perderiam, sem alcançar a maturação. A complementariedade do par de opostos essenciais constitui a essência da própria vida.

O céu anterior é a misteriosa quietude da Dupla Montanha (52) na sua serena firmeza. O elemento Criativo no mundo surge portanto do silêncio e do poder de concentração interna. A imobilidade está na origem do movimento porque é a sua condição necessária.

6

Dragão arrogante terá motivo de arrependimento.

Dragão arrogante terá motivo de arrependimento, pois o que está completo não pode perdurar.

43

5 ○

Dragão voando nos céus.
É favorável ver um ser superior.

O dragão voando nos céus indica o ser superior em pleno trabalho.

14

4

Voo hesitante sobre o abismo. Nenhuma falha.

Voo hesitante sobre o abismo. O progresso não implica em erro.

09

3

O ser superior permanece Criativo o dia todo. Ao anoitecer, ele continua vigilante para se prevenir do perigo. Nenhuma falha.

O ser superior permanece Criativo o dia todo. Ele vai e vem pelo caminho certo.

10

2

Dragão aparecendo no campo.
É favorável procurar o ser superior.

Dragão aparecendo no campo. O caráter já exerce uma influência de grande alcance.

13

1

Dragão oculto. Não atue.

Dragão oculto. Não atue, pois o poder luminoso encontra-se ainda abaixo.

44

Todas as linhas são mutantes: Aparece uma revoada de dragões. Nenhum está à cabeça. Boa fortuna.

6. A arrogância não admite uma diminuição de poder quando passa a sua culminância. Perde o contato com os subalternos se, em seu desmedido orgulho, acredita deles prescindir, como se já nada mais tivesse a ver com as esferas inferiores. Este seria justamente o início da sua queda. Quem se encontra em posição elevada sem o apoio dos seus alicerces, forçosamente cai. Quem sabe avançar, deve também saber retroceder no devido momento.
A alternância para a Determinação (43) ressalta a pretensiosa insistência de manter-se acima, separado dos demais seres. Se esta rigidez persiste, haverá motivo de arrependimento.

5. O voo em pleno céu alcança o comando absoluto da situação. Encontra-se junto à esfera celeste, na mais elevada manifestação. Aqui se atinge o comando de si mesmo, no pleno poder de todas as suas faculdades. A recomendação de se dirigir a um ser superior denota sabedoria, pois por mais elevada que seja a sua posição, sempre haverá alguém mais sábio a quem pedir conselho. Manter-se na posição eminente só é possível na perfeita integração com os demais seres a voarem juntos, eclodindo numa única e sublime sinfonia, cada qual tocando a plenitude da sua partitura.
O dragão governante pode voar absoluto, pois se integra ao próprio céu. Por isso a mutação dessa linha resulta em Grandes Realizações (14).

4. Hesitante ao sobrevoar as profundezas, convém redobrar os cuidados para não incorrer em falhas. Mesmo à beira do abismo, o movimento do dragão não retrocede, pois vislumbra panoramas distantes e exerce a sua liberdade de escolha. Ser capaz de sobrevoar precipícios sem cometer erros demonstra ter aprendido a arte de voar. Ao se insuflar de coragem, logra superar todas as lacunas à frente.
A transição resulta no Poder de Domar do Pequeno (9), pois ao aprimorar os detalhes da sua tarefa criativa, ocorre um refinamento interno que redunda numa verdadeira maestria.

乾

01

3. O movimento do dragão continua vigilante quando a luz diminui. Seria desastroso esmorecer neste momento obscuro em que pairam dúvidas. Apesar do apagar das luzes externas, é capaz de ver com clareza, pois a luminosidade do Criativo é intrínseca. Deve manter uma vigilância constante e a mais plena atenção nessa posição difícil de transição.
A grandeza consiste em afirmar a sua Conduta (10) correta em todo momento, e principalmente durante as horas difíceis. Esta é a postura do lago que reflete em seu espelho d'água o próprio céu. Se continuar nessa atitude alerta, não comete nenhuma falha.

2. O dragão que aparece nos campos significa a primeira percepção palpável de uma proposta criativa. Quando esta possibilidade se patenteia, a iniciativa de procurar a orientação de um ser superior prenuncia sucesso. Ao reconhecer que não tem suficiente experiência para mover-se sozinho, busca se integrar entre aqueles que constituem o seu novo espaço de atuação.
Esta mutação, entre tantas linhas poderosas, procura uma orientação segura e uma Comunidade (13) à qual possa se integrar em solidariedade.

1. Ao pressentir a primeira manifestação do Criativo prestes a se manifestar, é melhor aguardar. Seu poder jaz latente no fundo da terra e como não aparece claramente, ainda não é chegado o momento de agir. Nesta posição encoberta, é preciso saber que, se atuasse agora, pouco ou nada realizaria. Poderia até perder uma boa oportunidade. Por isso convém permanecer quieto.
A perspectiva de Ir ao Encontro (44) do caminho luminoso prestes a se delinear e só pressentido por tênues sinais, evidencia uma criatividade ainda encoberta, a ser resguardada.

TERRA

TERRA

坤

2 K'UN

J. BLOFELD **O Princípio Passivo**
W. DONGLIANG **A Terra (A Polaridade Yin)**
A. HUANG **Respondendo**
C. JAVARY **Élan Receptivo**
R. WILHELM **O Receptivo**
R. WING **A Resposta Natural**

Nome e dinâmica.

O ideograma mostra a planta que brota sobre a terra e evoca a fecundidade, ao lado de um quadrado, a forma simbólica da terra, pois os corpos se espalham nas quatro direções e os espaços são assim demarcados para melhor aproveitamento dos campos. As plantas a brotarem sobre a terra significam o florescer da vida.

A abertura central de yin representa a docilidade que a tudo abrange, – a resposta ao apelo feminino e a acolhida receptiva da terra. As duas linhas partidas representam a polaridade inerente a todas as manifestações, abertas à espera de uma faísca do Criativo que as fecunde. Esta é a essência do Receptivo e sua garantia de supremo sucesso é estar em infinito acordo com a sua contraparte complementar. As seis linhas abertas emanam o poder primordial obscuro, maleável e receptivo por excelência que completa o Criativo e nunca o combate.

A riqueza da natureza é sua capacidade de nutrir a todos os seres e seu poder de conferir beleza. Sua atitude de dócil aceitação combina a tenacidade com a devoção, pois a maleabilidade constitui a essência do seu poder. Não age por si, e por isso nunca se exaure. Também o desenvolvimento humano se dá em plenitude sendo receptivo às forças inspiradoras que por ele fluem. Algo maior o perpassa. Sem a generosa acolhida da terra que concretiza cada sopro a infundir-lhe vida, as faíscas criativas se perderiam. E no lugar do mundo haveria um deserto.

JULGAMENTO

O Receptivo promove sublime sucesso,
favorecendo através da perseverança de uma égua.
O ser superior sabe onde ir.
Se tentar dirigir, ele se desvia,
porém se ele seguir, encontra orientação.
É favorável encontrar amigos a oeste e ao sul,
evitar amigos a leste e ao norte.
Uma tranquila perseverança traz boa fortuna.

Em sua essência pura, a terra apresenta os mesmos quatro atributos primordiais do céu: *sublime, sucesso, favorável* e *perseverança.* A receptividade imensurável da terra não julga, e acolhe a multiplicidade de seres de modo equânime. Pois até as parcelas mais ínfimas da manifestação, as mais modestas e obscuras, contêm uma fagulha de beleza.

Nas manadas, as éguas seguem os garanhões com dócil velocidade, percorrendo as amplas extensões da terra. Restrita ao percurso horizontal, a égua simboliza a nobreza e a força vital a galopar em todas as direções, assim como todas as formas brotam sobre o solo fértil e Receptivo da terra. Seguindo, encontra orientação, ou seja, permanecendo aberto e receptível, atrai aquilo que lhe corresponde.

O sul simboliza a região do calor e do sol e o oeste, o crepúsculo, a região da verdadeira morada, pois a passagem pelo obscuro remete ao potencial de origem. Lá se encontra a família original (a dinastia Zhou era originária do oeste da China). O norte representa a região inóspita do frio, e o leste aciona as atividades (onde desponta o sol), região habitada pelos inimigos (a dinastia Shang). Simbolicamente, dirigir-se ao oeste e ao sul significa ficar em casa, em repouso, restaurando as suas forças, sem sair para realizar grandes obras externas, que agora estariam desfavorecidas.

COMENTÁRIO SOBRE O JULGAMENTO

Realmente perfeita é a grandeza do Receptivo.
Todos os seres lhe devem seu nascimento, pois recebe o celestial com devoção.
Em sua riqueza, sustenta a todos os seres. Sua essência atua em harmonia ilimitada.
Sua amplitude abrange todos os seres e a tudo ilumina.
A égua é criatura da terra e sobre ela cavalga sem fronteiras.
Maleável e dedicada, a tudo favorece através da perseverança.
Deste modo, o ser superior orienta a sua conduta.
Tomar a liderança traz confusão porque perde o caminho.
Ao seguir, encontra o curso apropriado.
Encontra amigos a sudoeste, evita amigos a nordeste.
Alcança a boa fortuna através do repouso e da perseverança,
de acordo com a natureza ilimitada da terra.

IMAGEM

A força potencial da terra é a devoção receptiva. Assim, a atitude aberta e cordial do ser superior sustenta todos os seres vivos.

A ação da terra é interna, seu reino é o repouso, o obscuro e o sonho. São a conscientização e a vivência internas que, na realidade, abrigam e impulsionam todas as ações. Quando os caminhos externos se fecham no solstício do inverno, abrem-se as poderosas vias internas, abrigando o novo florescer.
Em seu repouso, a terra acolhe dentro de si todas as sementes, sem discriminar nenhuma delas. E a cada ser confere a sua forma. Nunca repetida. A fantasia de *K'un* é infinita. Na noite dos tempos, nenhum crepúsculo é idêntico, nem nenhum amanhecer. Nunca se repete um verão, nem uma primavera. A cada qual concede o sabor e o perfume que lhe são próprios. A magia do acasalamento yin-yang é incomensurável. Sua plena abertura molda todas as formas, como um escultor incansável, a gerar beleza.

Nuances energéticas

nuclear 2

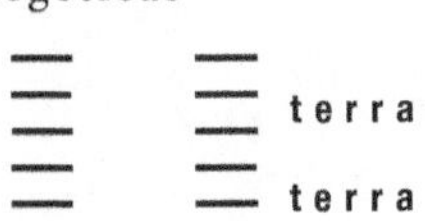

No cerne do Receptivo encontramos a própria receptividade. Durante o repouso da natureza nada deve ser empreendido. A restauração de forças nas profundezas do próprio âmago é de importância primordial.

oposto 1

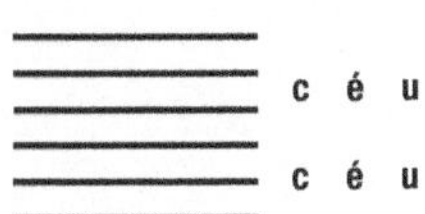

Seu oposto complementar, o movimento yang, vivifica e fecunda a terra. O Criativo faz brotar sua imensa potência de acolher a multiplicidade de seres. *K'un* não age por si, está sempre à espera de uma fagulha celeste incentivadora.

O céu anterior é a suavidade penetrante do Duplo Vento (57), pois o Receptivo se manifesta no mundo através do seu poder de difusão e, assim, vai se desdobrando de modo imperceptível, penetrando em todos os âmbitos.

6

Dragões lutando nos confins do prado.
Sangue amarelo-escuro em abundância.

Dragões lutando nos campos.
O caminho chega a seu término.

23

5

Roupa de baixo amarela. Suprema boa fortuna.

Roupa de baixo amarela. Suprema boa fortuna.
A beleza é interna.

08

4

Saco amarrado. Nenhuma falha, nenhum elogio.

Algo amarrado não implica em falha.
Sendo prudente, estará livre de danos.

16

坤

02

3

Distinção contida. Permanecer perseverante.
Se você está a serviço de um rei, não procure trabalhos porém leve à conclusão.

Ocultar o próprio brilho e permanecer perseverante.
Terminar o trabalho para o rei, sem reivindicar crédito.
Será reconhecido no devido momento.
Essa sabedoria denota grandeza.

15

2 ○

Retitude nas quatro direções. Sem propósitos, porém nada permanece desfavorecido.

A mutação da segunda posição é reta e por ser espontânea, atua sem esforço. Nada é desfavorável, pois a luz está contida na essência da terra.

07

1

Quando se caminha sobre a geada, o gelo sólido não está longe.

A geada é um indício da energia yin em condensação. Seguindo essa tendência natural, o gelo sólido não está longe.

24

Todas as linhas são mutantes: A perseverança constante é favorável.

6. Se na sua culminância, as forças yin, por natureza receptivas e dedicadas, não se conformam com as suas limitações e a próxima finitude, forçando uma subida que não é própria ao contexto no qual se encontra, sofre infortúnios inevitáveis. Após o sucesso alcançado, não aceita a perda da posição. Ao tentar galgar algo que não lhe corresponde, está agindo contra a sua própria natureza e, como Ícaro em sua pretensiosa ambição de voo, sua queda será inevitável. A perspectiva da Desintegração (23) evidencia este colapso.

5. A força suave detém o comando e propicia a beleza interna - *roupa de baixo amarela* representa a equanimidade e a paz, a discrição e a nobreza. Amarelo é a cor da terra, da centralidade, do equilíbrio perfeito e do confiável. Símbolo de riqueza oculta, depura-se em requinte do mais genuíno ser. Será notado por aqueles que são capazes de percebê-lo -, nas expressões indiretas e nos efeitos provenientes do seu ser interno.
A transição para a Solidariedade (8) ocorre naturalmente, como a queda da chuva sobre a terra molha os campos bem cultivados e propicia o brotar espontâneo.

4. A reticência redunda num fechamento total e causa naturalmente um isolamento. Mas a cautela do princípio obscuro em repouso o salva. O afastamento e a imobilidade desta etapa escapam do perigo que de outro modo ameaçaria. Age de acordo ao contexto repousante do hexagrama e conforme à sua tendência natural de recuo. Ao se afastar, se libera de influências e obrigações externas e reencontra a sua verdadeira essência.
A alternância gera o Entusiasmo (16) que embala a união das pessoas em sintonia, na busca daquilo que realmente as motiva.

3. O ofício que lhe é próprio chegará no momento devido. Nessa etapa, se está a serviço de uma causa maior, - simbolizada pelo rei - que lhe confere as tarefas a serem cumpridas. É próprio ao caminho da terra não expor nem fazer alarde de suas obras, mas procurar levá-las à conclusão. A ação correta consiste apenas em aprimorar os trabalhos confiados. Tudo o que a vida encomenda é sagrado. É próprio ao caminho da terra dedicar-se ao aprimoramento.
A perspectiva da Modéstia (15) exalta e eleva o valor interno com discrição.

2. O quadrado é a forma simbólica da terra e significa o cumprimento do mandato. Seu legado é a solidez e a extensão no espaço. Sua base quádrupla permite carregar e preservar tudo o que sobre ela vive. Atento a este comando interno, o ser humano alcança a culminância da sabedoria quando todas as suas ações são tão evidentes quanto os movimentos da natureza. Ele nada força e, por isso, nada deixa de fazer.
A mutação para o Exército (7) manifesta a capacidade de resistência contida em cada ser. Assim alcança seus objetivos com retitude e sem artifícios.

1. A advertência contida nesta primeira etapa é explícita: algo se está consolidando neste momento e, por isso, nenhum detalhe deve ser menosprezado, por menor que seja. Enquanto a forma ainda não está configurada - a geada é isenta de uma forma própria, porém tende a se solidificar em gelo - toda a atenção deve se concentrar na formação da obra que se está modelando no seio da terra.
A transição para o Retorno (24) mostra os primeiros sinais, apenas perceptíveis, que anunciam a volta do calor e da luz já iminentes. Na profundeza da terra jaz o trovão, a faísca que impulsiona e torna a brilhar.

Á G U A

T R O V Ã O

J. BLOFELD **Dificuldade**
W. DONGLIANG **Dificuldades dos Começos**
A. HUANG **Começando**
C. JAVARY **Dificuldades Iniciais**
R. WILHELM **Dificuldade Inicial**
R. WING **Começos Difíceis**

3 ZHUN

Nome e dinâmica.

O ideograma mostra um talo de grama enraizado na terra, tomando impulso para brotar. O movimento horizontal e o vertical a se enlaçarem neste esforço conjunto lutam para atravessar o húmus denso. A seiva vital se afirma nas raízes subterrâneas para elevar-se em busca do seu lugar ao sol.

O primeiro encontro fecundo *T'ien-K'un* sacode a atmosfera como um turbilhão e irrompe através das águas. Essa pulsão que luta por desenvolver a sua própria forma é naturalmente cercada de Dificuldades, pois tudo ainda é frágil ao Início.

O trovão impulsiona, de modo a liberar a passagem do fluxo das águas e define o sentido da implosão que permite o subsequente livre fluir. Por isso, o erudito chinês Wang Pi traduz este hexagrama como as *Contrações do Parto*. Trovão e chuva denotam uma situação tensa em que a atmosfera está carregada. A interação entre movimentos contrários (o trovão sobe, a água desce) é a dinâmica que cria condições para o surgimento de todos os seres e fenômenos. A força propulsora do trovão arremete contra a barreira a obstruir o seu caminho e a confluência das águas dá continuidade ao seu ímpeto primeiro.

Na fase inicial de qualquer processo, todos os seres se deparam com obstáculos. Aquele que recua diante das Dificuldades Iniciais jamais alcança coisa alguma.

JULGAMENTO

Dificuldade Inicial encerra sublime sucesso.
A perseverança é favorável.
Nada deve ser empreendido.
É favorável designar ajudantes.

A perseverança é imprescindível para alcançar o *sublime sucesso*. Ao início dos relacionamentos humanos, somos confrontados com diferenças e se diante delas recuamos, nunca chegaremos a um entendimento.

Ao nascer, todos os seres são frágeis. Todo crescer supõe riscos e crises, inerentes ao próprio processo de crescimento. Devido à fragilidade do talo, a primeira etapa do desenvolvimento é a sobrevivência. O obstáculo maior é o fato da pequena planta, ainda frágil e inexperiente, ser impelida a desenredar-se das suas origens, de modo a iniciar o próprio percurso. A exigência de desemaranhar as tramas é imperativa para que a nova circunstância seja estabelecida.

Nada pode ser empreendido ou inserido de fora, pois a força propulsora germina no interior da forma cuja eclosão está sendo concatenada, e seu desdobrar obedece às suas próprias leis internas.

A Dificuldade a ser encarada é real, exige esforço e impõe uma luta. O ímpeto é o de abrir horizontes e a perspectiva da superação é bastante clara, – a folha de grama não está sendo esmagada, ela apenas tem pela frente uma barreira temporária a vencer. Seu próprio fortalecimento a impele à passagem natural. A pressão contínua – a força interna do trovão aliada à perseverança das águas – faz com que o caos se dissolva: o ímpeto potencial vence os impedimentos. Todos os seres respiram aliviados após a dissolução da tensão. A recomendação de aceitar toda colaboração que facilite a passagem difícil é óbvia. Em sua tentativa de perfurar a terra, a plantinha recebe a assistência da natureza que a cerca para poder ultrapassar as barreiras que impedem o seu pleno florescer.

COMENTÁRIO SOBRE O JULGAMENTO

Dificuldade Inicial.
O firme e o maleável se unem pela primeira vez e o nascimento é difícil.
O movimento do trovão no meio da chuva preenche a atmosfera.
Ao início da criação, o caos e a escuridão prevalecem.
É favorável designar ajudantes para evitar as condições instáveis.

IMAGEM

Nuvens e trovão: imagem da Dificuldade Inicial.
Assim, o ser superior atua desembaraçando e pondo ordem.

A ordem já está implícita dentro da Dificuldade, pois o movimento dos dois trigramas básicos converge, – a água jorra de cima ao encontro do irromper do trovão, que se eleva. Estes elementos denotam a situação tensa de expectativa simbolizada pela atmosfera carregada de chuva e trovão. No momento em que a forma surge na manifestação, o ser superior atua desenredando as tramas originais para que o novo broto possa se desenvolver.

Por ser tão árdua a tarefa de romper amarras ao encontro de si mesmo, necessita que uma ordem – inserida num determinado tempo-espaço – seja assegurada desde o início, visando à futura maturação daquele pequeno embrião ainda frágil. O ofício principal é abrir um espaço para o novo ser. Mas este desembaraçar implica numa separação e, portanto, no começo do sofrimento e da solidão. Só frutifica o germe que anseia por crescer. Crescer significa aprender a vivenciar a própria senda.

Nuances energéticas

nuclear 23

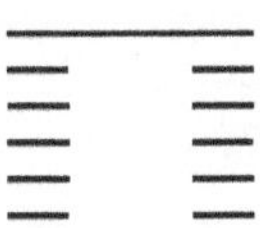

Montanha
Terra

No cerne das Dificuldades Iniciais está a Desintegração (23), a necessidade de um corte, semelhante ao do cordão umbilical. A separação é inerente a todo crescimento na natureza.

oposto 50

Fogo
Vento

O Caldeirão cerimonial (50) constitui a dinâmica oposta, simboliza a culminância de um processo e a capacidadede de doação. A maturação é o encontro do próprio lugar na vida.

O céu anterior, a capacidade de manter a Luz acesa durante o Obscurecimento (36), exige paciência e perseverança. A fagulha ainda invisível no obscuro antecede o primeiro movimento manifesto, quando o impulso Criativo, absorvido pelo Receptivo, dá origem a todos os seres.

6 — —

O cavalo atrelado continua no mesmo lugar.
Derramam-se lágrimas de sangue.

Derramam-se lágrimas de sangue.
Como poderia continuar muito tempo assim?

42

5 ———

Início da fecundidade. Pequenas coisas trazem boa fortuna.
Grandes pretensões geram infortúnio.

Ao Início da fertilidade, o benefício ainda não é reconhecido.

24

4 — —

O cavalo atrelado continua no mesmo lugar. Busque união.
Ir adiante traz boa fortuna. Tudo atua de modo favorável.

Ir adiante apenas quando solicitado indica clareza.

17

3 — —

Ao caçar o veado sem um guarda forestal, perde-se na floresta.
Atento aos sinais, o ser superior desiste.
Continuar seria perigoso.

Caçar sem um guia é sinal de ambição.
Atento aos sinais, o ser superior desiste. Não há saída.

63

2 — —

As Dificuldades se acumulam. O cavalo atrelado não avança.
Não se trata de um malfeitor, porém de um pretendente.
A jovem casta não se compromete. Após dez anos ela se casa.

A dificuldade dessa linha decorre da rigidez.
O casamento após dez anos significa a volta à normalidade.

60

1 ———

Hesitação inicial diante do obstáculo.
É favorável permanecer perseverante e designar ajudantes.

Hesitação inicial bem intencionada.
O ser superior que respeita seus subordinados
conquista o afeto de todos.

08

6. Estando pronto para avançar, espera demais. Intimidado pelas Dificuldades, não usa as forças disponíveis no devido momento e agora só resta chorar pela oportunidade desperdiçada. Lágrimas dolorosas jorram então, ininterruptas, pois não se conforma em ter deixado passar esta chance.
Porém, a perspectiva de Aumento (42) evidencia que a ocasião perdida que tanto lamenta, pode ser uma experiência útil. Convém começar algo novo para sair do isolamento. O conselho é o de renovar a situação o quanto antes.

5. Apesar de ter vencido as primeiras dificuldades, não se deixe empolgar pelo sucesso obtido. Neste contexto ainda Inicial, seria prematuro empreender compromissos maiores, pois o êxito só é possível em menor escala. Este reconhecimento inteligente encerra a boa fortuna dessa etapa.
A mutação para o Retorno (24) enfatiza que é preciso atender às necessidades internas e fortalecer as bases. Em vez de pretender alcançar grandes metas, por enquanto deve voltar-se para a realização de tarefas de apoio.

4. A paciência e a prudência de saber esperar, já estando pronto - o cavalo está atrelado desde a segunda posição – comprova que está bem preparado. Tendo preservado as forças e aguardado a hora oportuna para atuar, agora encontra o que lhe é destinado. Este é o momento certo de agir e deve ir adiante sem hesitar, para não perder esta excelente oportunidade.
A alegria do movimento induz a Seguir (17). Essa mutação indica a necessidade de uma ação rápida e firme para aproveitar a boa ocasião. Este é o instante adequado para ir ao encontro da plena realização.

3. Ao penetrar numa região desconhecida sem um guia experiente, poderia incorrer em riscos desnecessários. Nesse nível de transição para o trigrama superior, convém redobrar a atenção para dar continuidade ao bom andamento das coisas. Mesmo tendo já atingido um estágio intermediário, ainda falta experiência para enveredar em novos projetos sozinho.
Tudo parece completo Após a Conclusão (63), porém é justamente nessa etapa que surge o perigo de se aventurar em dificuldades insuspeitas, onde se poderia deparar com desafios para os quais ainda não está preparado. Advertência para não entrar neles.

2. Ao surgir sobre a superfície da terra, a sua pureza se defronta com dificuldades. O novo ambiente que, à primeira vista, parece constituir uma ameaça, deve pouco a pouco ser integrado numa aliança fértil. Etapa preparatória, sem no entanto avançar.
A imagem da noiva que permanece fiel ao seu amado em meio a conflitos sugere que a imposição de Limitações (60) fortalece o seu desenvolvimento até à maturação. Um compromisso formal seria prematuro, é preciso todo um ciclo completo (dez anos) para que se possa assumir uma aliança verdadeira.

1. Ainda no interior da terra, a semente hesita diante do obstáculo que, neste estágio inicial, lhe parece quase insuperável. Sente-se insegura e indefesa diante da nova realidade desconhecida com a qual se confronta. A indicação é a de se preparar e juntar forças neste momento que precede a ação. Em sua fase embrionária, a vida precisa de apoio e de ajuda.
A transição para a Solidariedade (8) indica a aprendizagem de unir as forças no momento em que a chuva fértil cai. Convém permanecer perseverante no ímpeto que impulsiona a ascensão natural da planta, pois a sua luta por amadurecer é favorável.

MONTANHA
Á G U A

蒙

4 MENG

J. BLOFELD **Imaturidade**
W. DONGLIANG **Educar**
A. HUANG **Infância**
C. JAVARY **Jovem Insensato**
R. WILHELM **Insensatez Juvenil**
R. WING **Inexperiência**

Nome e dinâmica.
O ideograma tem três partes superpostas: plantas florescem acima de um teto que encobre um porquinho mantido dentro de casa para ser alimentado. Esta imagem comum na China arcaica indica simbolicamente a instrução passada às novas gerações ainda inexperientes, sendo nutridas pelos ensinamentos enriquecedores dos mais velhos. O porco era a oferenda mais comum usada no culto dos ancestrais, pois este animal engorda facilmente. Uma potencialidade jovem e frágil está sendo resguardada e aprimorada e todos os esforços devem ser utilizados para a sua instrução. A juventude inexperiente não sabe como agir diante de problemas e esta seria uma fase de aprendizagem e de maturação.
Uma fonte brota ao pé da montanha e não sabe, a princípio, para onde se dirigir; precisa ser orientada. Acima, a montanha aquieta e molda o curso das águas, delineando a passagem pelas suas encostas. Este impulso, ao descer, vai se impregnando da elevação e da quietude da montanha, encontrando naturalmente o seu leito.
Dá-se um mútuo encontro. O Jovem Inexperiente procura o instrutor e este, por sua vez, presta ajuda a quem lhe pede orientação. Esta também pode ser a busca do mestre interno, visando à força serena da faceta humana superior. Ao deixar fluir as próprias tendências profundas, se vencem todas as incertezas e insensatezes que obscurecem e dificultam o caminho.

JULGAMENTO

A Inexperiência tem sucesso.
Não sou eu quem procura o jovem imaturo,
é o jovem inexperiente quem me procura.
À primeira consulta dou informação.
A segunda ou terceira pergunta torna-se importuna.
Ao que se torna importuno não dou nenhuma informação.
A perseverança é favorável.

A insistência nas perguntas tolas e inadequadas comprova ser inútil, pois só os questionamentos pertinentes obtêm respostas. O mestre acolhe o seu discípulo com paciência, porém, ignora em silêncio as perguntas instigadas por dúvidas obscuras. Antes de repetir as indagações, seria melhor desenredar as próprias confusões internas, pois enquanto nelas estiver mergulhado não obtém respostas claras.
As duas linhas yang determinam o movimento de apoio do hexagrama: a segunda sobe, num ímpeto de ir ao encontro do sábio ocupante da sexta posição que, por sua vez, acolhe o impulso de baixo.
O aprendizado resulta de uma relação dinâmica do viver. É impossível repetir uma resposta, pois os momentos são sempre diferentes. A ocasião de cada instrução é sempre única. O tema principal de como alcançar a maestria de um ofício através da constância e da meticulosa disciplina exige persistência.
O Inexperiente pode ter sucesso se age no momento oportuno, com moderação e equilíbrio. Este é o caminho do meio tão buscado no pensamento da China. A iniciativa da busca de uma orientação segura brota da incerteza, e o orientador responde a essa

inquietude. Os dois anseios se correspondem. Na realidade, só se obtêm respostas aos questionamentos formulados a partir de uma posição firme e centrada. Dúvidas repetitivas evidenciam etapas ainda não superadas. A descoberta do potencial latente significa aprender a nutrir a verdadeira natureza, de modo a que floresça.

COMENTÁRIO SOBRE O JULGAMENTO

A Inexperiência mostra um perigo na base de uma montanha.
A imobilidade diante do perigo resulta da ignorância inexperiente.
A Insensatez tem sucesso se atua no momento oportuno.
Não sou eu quem procura o jovem inexperiente, é ele que me procura.
Seus anseios correspondem aos meus.
À primeira consulta dou informação, pois ocupa uma posição firme e central.
A segunda ou terceira pergunta torna-se importuna.
Ao que se torna importuno não dou nenhuma informação.
Importunar denota insensatez.
Descobrir o que está encoberto no invólucro é uma tarefa sagrada.

IMAGEM

Uma fonte surge na base da montanha: imagem da Inexperiência.
Assim, o ser superior fortalece seu caráter
sendo firme e meticuloso em sua ação.

A firmeza da ação e a perseverança meticulosa requerem a força de caráter inerente ao processo de maturação. Este contexto fala ao mestre e ao discípulo ao mesmo tempo. A iniciativa do Inexperiente à procura de uma orientação comprova uma abertura e um desejo de conhecimento. O botão é a possibilidade do fruto. Se bem que os frutos nascem de botões, nem todos os botões desabrocham em frutos. A aprendizagem encerra todo o processo e evidencia a relação biológica da raiz ao fruto, ou seja, das origens até à maturação.
A Insensatez pode ser superada como o constante fluir das águas, preenchendo as lacunas que encontram pela frente. É preciso vivenciar este processo de crescimento, com todas as hesitações e deslizes a ele inerentes. A maturidade consiste basicamente do encontro consigo mesmo.

Nuances energéticas

nuclear 24

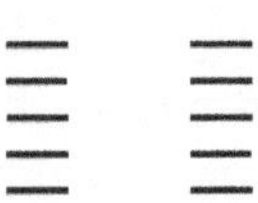

terra
trovão

No cerne da Inexperiência está o Retorno (24), cuja ação acolhe o novo ciclo que recomeça, frágil e imaturo. Este movimento encontra-se ainda oculto embaixo da terra, e precisa enraizar-se para poder crescer.

oposto 49

lago
fogo

A dinâmica oposta da Revolução (49) encerra uma passagem madura, pois sabe o que quer. Descarta os antigos parâmetros ultrapassados e as imposições. De certa forma, todo aprendizado encerra uma revolução.

O céu anterior é o Entusiasmo (16), pois o impulso que move os seres indica a condição ideal que infunde confiança ao aprendiz inexperiente. O estímulo deve ser correspondido pelo orientador, em mútua doação, para que a potência encoberta possa ser plenamente utilizada.

蒙

04

6 Ao castigar o inexperiente, não é favorável cometer abusos. É favorável apenas coibir abusos.

É favorável apenas coibir abusos, pois assim os de cima e os de baixo se submetem às normas.

07

5 A inexperiência traz boa fortuna.

A boa fortuna decorre do consentimento cordato.

59

4 Inexperiência limitada implica em humilhação.

A humilhação da inexperiência decorre de estar afastada da realidade.

64

3 Não se comprometa com uma moça que perde seu controle ao deparar-se com o ouro do marido. Nada é favorável.

Não se comprometa com uma moça pouco decorosa.

18

2 Ocupar-se dos incultos com benevolência traz boa fortuna.
Tomar uma mulher como esposa traz boa fortuna.
O filho está apto para sustentar a família.

O filho pode manter a sua casa, pois o firme e o flexível interagem.

23

1 Ao instruir o jovem inexperiente, é favorável aplicar disciplina.
Os grilhões devem ser removidos.
Continuar assim traz humilhação.

É favorável aplicar a disciplina para estabelecer a norma.

41

6. Crescer implica em conhecer os próprios limites. Quando se atinge a culminância, já não é questão de ser complacente; e, ao prevenir as falhas, não se deve ser excessivo. A força dessa última etapa consiste em saber atuar com tolerância e evitar desvios, corrigindo apenas o necessário. A severidade rígida só provoca ressentimentos.
Lutar como um Exército (7) bem treinado abre os caminhos na vida. Ao término do aprendizado começa uma nova luta, para aplicar as lições com esmero. Este é um incentivo a atuar por conta própria. Crescer é aprender a impor limites, – primeiro a si mesmo.

5. A adaptabilidade amável entre orientador e aprendiz configura mútua empatia e essa reciprocidade incide na abertura que resulta no avanço. A postura de uma pessoa exprime a sua verdadeira natureza, e portanto é mais importante do que a posse de qualquer conhecimento.
A mutação para a Dissolução (59) denota uma atitude aberta de consentimento que favorece o espontâneo fluir das diretrizes. O potencial dinâmico que estivera encoberto agora pode se expressar naturalmente, na culminância de um processo de aprendizagem bem-sucedido. Transparece finalmente o vigor de uma instrução valorosa.

4. Bloqueado pela própria inexperiência, não pode expressar o processo vital, pela ausência de iniciativa. A passividade é incapaz de ultrapassar a limitação, pois o impedimento maior é a falta de compreensão. Seria um erro permanecer emaranhado na insensatez, sem perspectiva. Falta tomar uma atitude firme diante da realidade.
A alternância para Antes da Conclusão (64) envolve uma situação em que nada foi ainda realizado, porém, já existem os germes do potencial prestes a se manifestar. Essa situação rica em possibilidades merece ser ordenada de modo a enveredar por uma meta válida.

3. A atitude yin (a aceitação da moça) dessa etapa de transição pode incorrer num equívoco ou numa ilusão. O bom discernimento é requisito primeiro para superar a inexperiência. Seria mais simples deixar-se levar pelas facilidades representadas por vantagens aparentes, em vez de abrir o próprio caminho. Essa visão destorcida perde de vista aquilo que deveras é o objeto de valor.
A mutação para o Reparo (18) aponta para a necessidade de corrigir a visão equívoca e não se comprometer numa aliança falha. A proposta que, a princípio, parece ser a mais fácil, torna-se insuficiente, pois não condiz com os verdadeiros anseios internos.

2. A iniciativa de buscar apoio parte dessa linha yang firme e luminosa. Sua atitude yin de aceitação de algo que a completa – acolher a esposa supõe acolher a própria contraparte feminina – diz respeito ao vínculo decorrente de uma longa aprendizagem. A dupla menção de boa fortuna se refere à atração mútua entre as partes: o desejo interno de aprender conta com a boa disposição do instrutor.
Para que um tal encontro possa realizar-se, algo se Desintegra (23), – a ingenuidade ou a irresponsabilidade. As experiências válidas só iniciam realmente após os cortes necessários. Por isso o filho – símbolo de um novo broto – torna-se apto para dirigir a casa.

1. A aprendizagem começa impondo disciplina, pois a proposta educativa supõe o autocontrole. Os grilhões a serem removidos se referem às amarras da incompreensão que impedem a abertura às oportunidades no caminho da maturação. Só o exercício constante permite ascender a um nível superior, e chegar a um mestrado.
A transição para a Diminuição (41) ressalta a incapacidade de se expressar com firmeza a princípio. Porém, toda a dinâmica presente torna-se o reflexo (o lago, abaixo) do aquietamento logrado através da aprendizagem da firmeza serena simbolizada pela montanha, acima.

ÁGUA
CÉU

需

5 XU

J. BLOFELD **Inação Calculada**
W. DONGLIANG **Esperar**
A. HUANG **Ter Necessidade**
C. JAVARY **Esperar**
R. WILHELM **A Espera (Nutrição)**
R. WING **Espera Calculada**

Nome e dinâmica.
O ideograma da chuva acima indica nuvens que se acumulam no teto mais elevado, o céu, para suprir uma necessidade premente. Encerra a promessa da fertilidade que garante as boas safras e, portanto, a subsistência. A Espera implica numa expectativa que perdura, impregnando a atmosfera de umidade e de esperança.
A força e a clareza simbolizadas pelo céu no interior indicam uma Espera lúcida e confiante. A água acima implica na fecundidade e, ao mesmo tempo, em perigo – o da precipitação antes do momento devido, sem o prévio preparo do terreno. Toda a dinâmica deste contexto dá primazia a juntar forças enquanto se mantém o compasso de Espera. Esta etapa de preparação encerra a promessa de alimento e de prosperidade, mesmo enquanto a chuva ainda não cai. A abundância implícita que já se delineia enfatiza o perigo de não saber incentivar os recursos internos. Algo frágil em pleno crescimento necessita nutrição constante, em todas as etapas e, por isso, é essencial aperfeiçoar planos e projetos de longo alcance. O sucesso de uma alimentação proveitosa resulta de um processo lento e persistente. Esta é uma prova de paciência.

JULGAMENTO
A Espera. A sinceridade traz sucesso e prosperidade.
A perseverança aporta boa fortuna.
É favorável atravessar as grandes águas.

Quando a firmeza clara do céu se depara com o perigo, toma a precaução de se conter e juntar forças até o momento mais apropriado para enfrentá-lo. A força luminosa percebe nitidamente os riscos pela frente e tem o suficiente autocontrole para retardar o processo todo o tempo que for necessário. Só quem é capaz de ver as dificuldades como realmente são, sabe resistir aos bloqueios perigosos.
Essa dinâmica requer flexibilidade e paciência. Se o desenrolar de um projeto com boas perspectivas já foi acionado, cabe saber diferir, mesmo quando o que se almeja ardentemente está sendo retardado. A sinceridade dos propósitos é de suma importância, pois só os objetivos límpidos e verdadeiros logram superar a difícil provação da Espera. A promessa de um florescer já está latente na atmosfera quando as nuvens se acumulam no céu. Por isso, este é o momento ideal para reflexões transparentes e delinear planejamentos. Esperar significa sobretudo não avançar quando as circunstâncias inibem a ação. É preciso nutrir as suas capacidades e o potencial interno, para estar bem preparado e saber o que plantar quando a ocasião finalmente se apresentar.
A contenção requer persistência e lucidez. Os imprevistos devem ser aceitos com paciência e otimismo, pois fazem parte do aprendizado. A perseverança aliada à aceitação de fatores inesperados propicia a boa fortuna. O primordial é não perder as esperanças. Esperar não significa imobilidade, porém aquietar as tensões e não se irritar pela demora. Se já fez tudo o que está a seu alcance, só resta aguardar que os seus esforços frutifiquem.

As águas vão se acumulando pouco a pouco, até formarem nuvens densas através da sua persistência. Na situação de Espera, é questão de armar-se de um bom discernimento para enfrentar as inquietudes. A clareza interna sabe discernir a perspectiva que se está configurando e se apronta para agir no melhor momento.

COMENTÁRIO SOBRE O JULGAMENTO

Espera implica na confiança de se conter. Há perigo adiante;
sendo firme e forte, não se envolve nele.
Mantendo a conduta acertada evita entrar em apuros.
A Espera sincera obtém a luz e o sucesso.
A perseverança traz boa fortuna, pois se encontra na posição
designada pelo céu. É favorável atravessar as grandes águas.
Ao avançar, a tarefa se realiza.

IMAGEM

Nuvens se elevam no céu: imagem da Espera.
Assim, o ser superior come e bebe
e se fortalece no repouso e na alegria.

Como nada pode ser plantado antes da simbólica queda da chuva, então deve se recolher e fortificar as potencialidades – e se distrair, sem ficar obcecado, querendo avançar a todo custo, tentando forçar a situação. Este é um tempo para comer e beber, para restaurar as suas forças alegremente, sem reclamar ou perder coragem durante o longo período em que os impulsos precisam ser contidos. Talvez a demora seja necessária como etapa preparatória para o plantio subsequente.

O fortalecimento deve dar-se em todos os níveis. Saber esperar com bom humor e alegria, rindo talvez até da própria impaciência, é uma boa maneira de lograr fortalecer o ânimo contra as intempéries.

Talvez a chuva ainda não molhe este jardim porque ele não está realmente preparado para aproveitá-la da melhor maneira. Segundo as leis da dinâmica energética contida em todos os fenômenos, as coisas só acontecem no momento que corresponde, ou seja, quando se está preparado para receber os benefícios tão desejados.

Nuances energéticas

nuclear 38

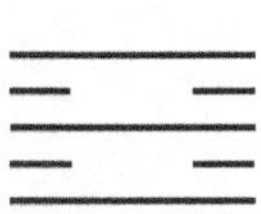

fogo
lago

No núcleo da Espera existem Oposições (38) pois há incertezas e as expectativas latentes divergem. Porém, a alegria confiante do lago interno junto à clareza do fogo externo ajudam a perceber os desacordos e acabam resolvendo as divergências.

oposto 35

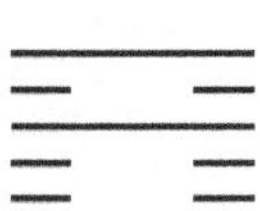

fogo
terra

A dinâmica oposta à Espera é o Progresso (35) cuja rapidez se assemelha à do sol (fogo) a elevar-se sobre a terra, sem hesitações ou empecilhos, descortinando novos horizontes que se apresentam muito claros e sem demora.

O céu anterior é a Modéstia (15), situação ideal de quem sabe esperar confiante. Ao reconhecer que é impossível forçar a dissolução das tensões antes da queda da chuva, ter a humildade de deixar que as coisas sigam o seu curso natural, limitando-se a juntar forças.

6

Cai no buraco. Chegam três hóspedes inesperados.
Respeite-os, e ao final virá a boa fortuna.

Chegam hóspedes inesperados. O respeito traz a boa fortuna.
Mesmo sem estar na posição apropriada, não há grandes perdas.

09

5 ○

A espera junto ao vinho e ao alimento.
A perseverança traz boa fortuna.

A espera junto ao vinho e ao alimento.
A posição é central e correta.

11

4

A espera no sangue. Sair do buraco.

A espera no sangue. Ser flexível e acomodar-se à situação.

43

3

A espera no lodo propicia a chegada do inimigo.

O infortúnio está do lado de fora. Não facilite
a chegada do inimigo. A cautela evita danos.

60

2

A espera na areia. Há alguma maledicência.
Ao final, boa fortuna.

A espera na areia, às margens de um rio.
Apesar da maledicência, boa fortuna ao final.

63

1

A espera na planície. É favorável ser perseverante.
Não há falhas.

Não incorra em riscos que aumentem a dificuldade.
Proceda da maneira habitual.

48

6. Muito enigmática, essa etapa fala de cair no *buraco,* como se tudo estivesse perdido e, no entanto, prevê a chegada de auxiliares inesperados. Se forem bem recebidos, sua ajuda reverte em boa fortuna. Durante essa difícil vigília, o essencial é saber nutrir a paciência pois, em última instância, o que advém a uma pessoa é o que lhe corresponde.
A mutação resulta na Contenção pelo Pequeno (9) que aprimora os gestos cotidianos e as tarefas menores, aceitando com gentileza o que a vida oferece. Essa mensagem de confiança termina o contexto da espera: se souber conservar a força interna diante do perigo, até os imprevistos podem acabar prestando valiosa ajuda.

5. Passado o perigo iminente, chega-se ao comando da situação. A recomendação é apenas de comer, tomar vinho, pois esta é a única ação possível no momento. A esta altura, a espera já não é angustiante nem problemática, porém, tranquila e reconfortante. Existe uma alegre confiança, sem preocupar-se com o que não está ao seu alcance modificar. Surge a expectativa de condições favoráveis.
Mesmo tendo como perspectiva o florescimento da Paz (11) decorrente da mutação dessa linha, se percebe que a contenção demorada ainda não terminou e, por isso, requer perseverança e alimentos fortalecedores para alcançar a meta desejada.

4. Esta é uma etapa extremamente perigosa. Mesmo assim, e principalmente em decorrência da gravidade, a ação possível concerne apenas em dar um pequeno passo para sair do olho do furacão, colocando-se a salvo. Todo o resto é irrelevante. Como não pode avançar nem retroceder, a situação delicada requer toda a tranquilidade para não agravar as coisas. A flexibilidade aliada à cautela é a melhor maneira de evitar riscos e aplainar as arestas.
Cabe apenas tomar a Decisão (43) acertada para afastar o perigo. Porém, a determinação imediata e firme só pode ser acionada quando há uma percepção clara.

3. A cada etapa, a ausência da chuva aumenta o perigo. Aqui, o solo já não é apenas arenoso, também é barrento e resvaladiço, propiciando quedas, tropeços e irregularidades graves, até furtos. Cuidado para que não se apropriem indevidamente de suas ideias ou projetos. Se tentar avançar sobre solo inseguro e desconhecido, arrisca escorregar ou ficar preso. O *inimigo ou ladrão* representa forças adversas ameaçadoras. A mutação dessa linha resulta na percepção de Limitações (60) que impedem o avanço. Tenha cautela. Não entre numa marcha forçada que, a esta altura, de nada adiantaria. Não permita que a possibilidade do futuro plantio lhe seja arrebatada por agir de modo prematuro.

2. Esperar em terreno plano, porém arenoso, indica o ingresso em solo menos firme, às margens das águas, ou seja, próximo ao perigo. Tudo parece estar pronto para receber a chuva, mas a demora gera constrangimento e críticas que refletem uma falta de confiança. Convém ignorar a difamação, para que seu eco emudeça por si só. Saber posicionar-se durante a difícil etapa da Espera é fundamental, enquanto aguarda uma oportunidade favorável.
A alternância para Após a Conclusão (63) envolve algo que se completa. A maneira ideal de enfrentar as ameaças das areias permeáveis que semeiam incertezas é manter a postura correta, atento e firme, sem importar-se com as opiniões alheias.

1. Ao encontrar-se numa superfície plana, esta primeira etapa transcorre sem sobressaltos ou imprevistos. A perseverança aconselhada refere-se a manter o ritmo regular do cotidiano. Há uma indicação no sentido de valer-se das próprias reservas internas, necessárias para encarar a longa espera que já se prenuncia.
A mutação para o Poço (48) indica recorrer à fonte fértil e trazê-la à tona. Esta fonte possui recursos suficientes e como se encontra em solo firme e plano, sem ondulações perigosas, não assume riscos nem incorre em maiores dificuldades.

CÉU
ÁGUA

訟

6 SONG

J. BLOFELD **Conflito**
W. DONGLIANG **O Processo**
A. HUANG **Contenção**
C. JAVARY **Pleitear a sua Causa**
R. WILHELM **Conflito**
R. WING **Conflito**

Nome e dinâmica.

O ideograma mostra palavras jorrando de uma boca aberta, à esquerda, e os traços que dela saem evocam ondas sonoras e indicam discussões veementes; ao lado, dois traços em direções opostas sobre uma base comum assinalam a possibilidade de resolver tendências adversas diante de uma autoridade justa.

O céu elevado confrontado com a água, cujo fluxo desce, aciona perspectivas dificilmente conciliáveis, sentidos opostos indicando dissociações internas provenientes de incompreensões. O perigo resulta da intolerância, da impaciência ou da agressividade. Tais sentimentos devem se submeter à lucidez criativa capaz de resolver estes desentendimentos.

Conflitos ocorrem quando alguém se fixa na sua própria razão; decorrem das certezas e das convicções irrevogáveis, da rigidez das partes implicadas e da insistência em se impor a todo custo. Nada se resolve enquanto perdura essa postura intransigente. Cada visão do mundo constitui uma parcela do mundo e, por isso, cabe debater até encontrar uma base comum.

A disputa requer uma solução justa. Toda a dinâmica deste hexagrama está voltada para resolver as questões pendentes e, portanto é o momento ideal para Pleitear a sua Causa. A discussão e a contenda devem ocorrer agora, expondo a sua reivindicação de modo claro e sincero diante de um árbitro imparcial e sábio. É interessante ressaltar que esta oportunidade de resolver os conflitos contém quatro linhas prenunciando *boa fortuna.*

JULGAMENTO

Conflito. Sincero, porém sendo impedido.
Deter-se a meio caminho traz boa fortuna.
Ir até ao fim causa infortúnio.
É favorável procurar o ser superior.
Não é favorável atravessar as grandes águas.

Mesmo sendo sincero ao expor a sua causa, não consegue avançar. Uma incompreensão deve ser resolvida antes de poder seguir adiante. Os conflitos internos dificultam a vitória sobre os oponentes. A rigidez e a intolerância tornam-se o pivô de todas as desavenças. Portanto, convém parar e reavaliar a sua postura, deter-se a meio caminho e tentar vislumbrar a verdade do outro, que diverge da sua. A solução de neutralidade busca um consenso, sem envolvimento passional.

Só um ser superior imparcial – ou a faceta superior contida no ser humano – é capaz de encontrar o equilíbrio, e a decorrente solução. Ao idear um entendimento, não se deve forçar o próprio ponto de vista, nem insistir até o fim com obstinação. Para lograr a conciliação, o ideal é buscar o meio termo, ou um árbitro justo. Procure reconciliar, perceber o que existe em comum com o adversário. Por mais graves que sejam as dissidências, sempre há um ponto de concórdia. Encontrar este ponto comum significa o início da resolução de todo conflito.

A natureza não gera Conflitos por não ter posições a defender. É o homem quem julga ter posições a defender. Mas quando realmente há injustiças ou ameaças, é preciso saber enfrentá-las com habilidade e maturidade.

Todos os conflitos são solucionáveis quando se sabe encará-los. É questão de expor o perigo simbolizado pelas correntezas e redemoinhos das águas internas diante de um mediador qualificado, simbolizado pela força clara do céu externo. Ao Pleitear a sua Causa, é preciso escutar todas as facetas implicadas; mas só o ser superior é capaz de ouvi-las.

COMENTÁRIO SOBRE O JULGAMENTO

Conflito: acima a força, abaixo o perigo.
Perigo e força geram o conflito.
Quem se encontra no meio do conflito é sincero e está sendo impedido.
Deter-se a meio caminho traz boa fortuna.
O firme chega e ocupa a posição do meio.
Não se deve permitir que um conflito se torne permanente.
É favorável procurar o ser superior, pois a posição central e correta deve ser honrada.
É desfavorável atravessar as grandes águas, pois isto levaria ao abismo.

IMAGEM

Céu e água movimentam-se em sentidos opostos: imagem do Conflito.
Assim, em suas realizações, o ser superior considera
cuidadosamente o começo.

Analisar a faísca que gerou a controvérsia é fundamental para entendê-la. Ao considerar a causa inicial do Conflito com cuidado, se percebe de onde surgiu. Conflitos resultantes de tendências e desejos opostos só podem ser resolvidos por uma arbitragem sábia, capaz de desvendar a origem da discórdia. Esta busca do início da desavença remete a um salto no passado e a um aprofundamento na fonte de onde brotou a situação de discórdia que traz tantos aborrecimentos.
Esta é a intervenção da sabedoria contra a violência.
Os primórdios de uma possível reconciliação surgem da procura de um mediador hábil e diplomata. A questão deve ser resolvida sem tardar, pois quanto maior a demora da intriga, mais acirradas tornam-se as posições antagônicas. Ao elaborar uma renovação frutífera entre as partes implicadas, as razões do oponente devem ser levadas em conta. A compreensão é o primeiro passo para solucionar todo e qualquer Conflito.

Nuances energéticas

nuclear 37

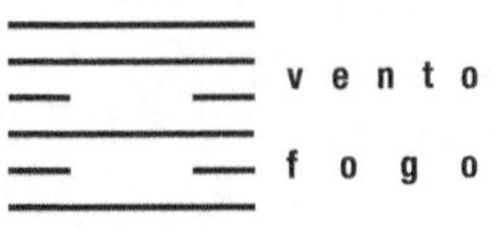

No núcleo do Conflito está a Família (37), por ser no seio das comunidades entre aqueles com quem se tem familiaridade que surgem as disputas. É natural que o contato cotidiano gere controvérsias e desentendimentos.

oposto 36

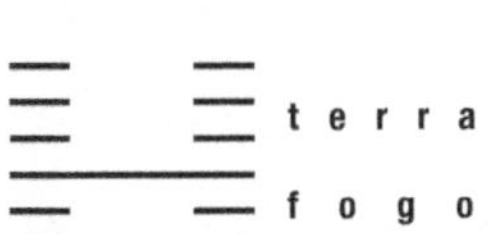

A Luz Oculta (36) contém energias opostas ao Conflito, pois se mantém em silêncio e reclusão, sem ousar expor a sua causa. Esta não seria a ocasião oportuna para pleitear ou discutir, pois de nada adiantaria. Convém manter-se quieto.

O céu anterior é a Desintegração (23), proveniente de desentendimentos prolongados ou problemas mal resolvidos. Agora já não se pode ocultar a discórdia que, ao explodir, força uma discussão em que tudo deve ser colocado às claras, buscando as bases para novas soluções.

6

Mesmo sendo presenteado com um cinto de couro,
ao final da manhã este lhe será arrancado três vezes.

Obter uma distinção através do conflito não inspira respeito.

47

5

Lutar pela sua causa encerra suprema boa fortuna.

Lutar pela sua causa encerra suprema boa fortuna, pois encontra-se na posição central e correta.

64

4

Não podendo lutar, volta e se submete à ordem.
Muda de opinião e encontra a paz. Boa fortuna.

Voltar e contentar-se com a verdade aporta a paz. Assim, nada é perdido.

59

訟

06

3

Viver do patrimônio herdado encerra perigo.
Ao final, boa fortuna. Se está a serviço de um rei,
não procure reconhecimento.

Ao usufruir da herança recebida, deve seguir a quem está acima. Isso traz boa fortuna.

44

2

Não pode lutar: voltar para casa e esquivar a controvérsia.
A população da sua cidade, trezentos lares, permanece livre.

Impedido de lutar, se retira e escapa. Lutar contra um superior a partir de uma posição inferior causa sofrimentos.

12

1

Não perpetuar a questão. Pequena maledicência.
Ao final, boa fortuna.

Não deve perpetuar a questão. Apesar da maledicência, tudo fica claramente decidido.

10

6. A luta conduzida implacavelmente até ao seu fim é contraeficiente. Mesmo se a causa for ganha, esta vitória não dura. A humilhação deixa um gosto amargo que clama por vingança. Por maior que seja a distinção obtida dessa maneira severa, toda recompensa que prejudica demasiado o oponente será *arrancada três vezes,* ou seja, será perdida no decorrer do tempo.
Por maior que seja o seu triunfo, quem não cede em alguns pontos e não adota uma postura reconciliante para com certas reivindicações do oponente, causa uma Opressão (47), e o seu êxito não perdura. O que é conquistado pela violência tambem é arrancado de modo brusco e violento, quando menos se espera.

5. Este é o momento de lutar pela sua causa com todos os meios disponíveis. A linha central do trigrama do céu é soberana e a tudo percebe com clareza. Essa posição dotada de grande força de convicção sabe penetrar nas malhas da discórdia com suavidade e firmeza, daí a suprema boa fortuna. Representa o árbitro que transcende o Conflito, resolvendo-o.
A mutação para Antes da Conclusão (64) evidencia uma etapa ainda incompleta e, no entanto, tudo está perfeitamente equilibrado e preparado: a solução da discórdia está a um passo. Correto e forte, seu equilíbrio proporciona ganho de causa.

4. Um recuo precavido sabe reconhecer que neste momento não pode pleitear a sua causa. Deseja discutir, mas as circunstâncias não o permitem: seu oponente é indiscutivelmente mais forte e por isso é inútil enfrentá-lo. Sua maleabilidade lhe confere a clareza e o discernimento para reconhecer a sua posição desfavorável. Volta-se então à ordem estabelecida e, ao adaptar-se a ela, sofre uma transformação.
A alternância para a Dissolução (59) permite modificar toda rispidez para uma abordagem suave e conciliadora. Essa atitude amena resolve ceder, para não arriscar lutar em vão. A flexibilidade garante a tranquilidade e a boa fortuna.

3. Depender de heranças ou de terceiros para sustentar-se denota fraqueza e encerra perigo. Quando está a serviço de uma causa superior, não convém procurar obter honrarias e reconhecimento pessoais. O próprio envolvimento nesse trabalho é a melhor recomendação e, mais ainda, gera confiança e autoestima. Conte com a própria capacidade.
A perspectiva de Ir ao Encontro (44) evidencia uma ambiguidade, pois passa a depender de conselhos imediatistas ou interesseiros que podem prejudicá-lo. Pelas dúvidas, convém adotar uma postura tranquila, sem procurar tarefas com as quais não sabe lidar.

2. Não podendo enfrentar o adversário mais forte, deve ter o discernimento de esquivar a controvérsia inútil, evitando uma disputa aberta. Diante da adversidade avassaladora, esta é a única postura que protege aqueles que dependem da sua proteção. Esta defesa sábia se estende a tudo aquilo que constitui as suas convicções, o seu terreno e todos os que nele habitam. Saber ceder no momento devido significa salvar a situação para si e para toda a vizinhança à sua volta. Este cuidado bem controlado forma uma trincheira de autodefesa. A alternância para a Estagnação (12) que a ninguém prejudica ensina como ceder diante do inevitável.

1. Quando surge um conflito, advém da eclosão de um longo processo – que, se possível, deve ser cortado desde as raízes, nas suas primeiras manifestações. A pequena maledicência ou discussão sem grande importância, da qual brotam as rupturas, guarda as suas proporções a princípio. Esta luta embrionária já causa tensão, mas ainda é possível contorná-la, ou retroceder antes que a discussão se torne pública.
A transição para a Conduta (10) correta logo de entrada, corta os comentários. Não insistir em vencer a todo custo, nem se importar com as críticas mesquinhas leva à boa fortuna final.

TERRA
ÁGUA

師

7 SHI

J. BLOFELD **O Exército**
W. DONGLIANG **Exército**
A. HUANG **O Exército**
C. JAVARY **Multidão**
R. WILHELM **O Exército**
R. WING **Força Coletiva**

Nome e dinâmica.
O ideograma apresenta à esquerda, o muro de uma fortificação com bandeiras hasteadas – emblema da presença do líder no meio das forças de combate –, o que pressupõe um mestre ou alguém que inspira respeito, capaz de congregar as multidões. Ao lado, um eixo de força atraindo as massas a girar à sua volta.
A figura da água no interior da terra mostra um vigor contido semelhante a uma reserva de fertilidade. Esta energia subterrânea invisível jaz latente entre o povo e, estando sempre disponível, pode ser recrutada em caso de necessidade.[1]
Uma única linha yang dentro de um fluxo de cinco linhas yin aponta igualmente para uma gestão forte no interior do domínio yin receptivo. O comando centrado transmite a noção de disciplina coletiva e, a nível individual, sugere o autocontrole. Energias reunidas em volta de um polo centralizador envolvem força de coesão. O comando interno deve ser priorizado e cuidadosamente resguardado pois, em caso de ameaça ou de ataque inesperado, contar com a influência de comando garante o sucesso. Forças Coletivas[2] ou Exércitos só devem ser convocados em casos extremos e o comando deve ser exercido por uma liderança nobre de prestígio, capaz de se comprometer em defesa de uma causa justa.

JULGAMENTO
A Força Coletiva exige perseverança e correção.
Boa fortuna para um ser experiente e nobre. Sem falhas.

Quando os conflitos não podem ser resolvidos sem recorrer às armas, urge nomear um dirigente experiente e correto para treinar e liderar os Exércitos. Esta é a mão que segura o cetro ou o bastão, detentor do comando.
Em caso de urgência, quando a autonomia e a liberdade de um povo ou a vida de uma pessoa está sendo ameaçada, uma inversão da autoridade torna-se necessária. Neste momento, todos devem obedecer às ordens de quem possui maior experiência e sabedoria. É favoravel se submeter a esta liderança e mostrar-se confiante; desde o rei até o mais humilde campesino devem agir em uníssono, cumprindo fielmente as diretivas de quem é apontado para exercer a chefia. Só o comandante experiente é capaz de levar a luta a bom termo.[3]
Vencer a batalha exige perseverança, pois às vezes é longa e penosa. Não deve perder as esperanças nem abandonar a correção, mesmo nos momentos mais árduos. O ser superior a quem é confiado o comando sabe escolher a melhor estratégia para enfrentar as forças adversas. Se percebe que está perdendo terreno, deve mudar de tática para

1-Dizia Mao Tsé Tung: "O exército vermelho jaz latente no meio do povo, invisível."
2-Na época em que o I Ching foi redigido não havia um exército na China, pois este seria um perigo em potencial cuja manutenção exigiria um custo alto. Diante de qualquer ameaça, a massa de campesinos era convocada para lutar.
3-Às vezes se trata de uma luta jurídica ou da luta contra uma doença grave: é crucial a escolha da orientação do melhor advogado ou médico e a confiança nele depositada.

salvar aqueles que estão sob sua proteção. O que tranquiliza a defesa é a confiança na experiência e habilidade do comando.

COMENTÁRIO SOBRE O JULGAMENTO

Exército significa as massas. A perseverança implica em disciplina.
Quem logra disciplinar a multidão é capaz de alcançar a paz.
Firme e centrado, obtém apoio e, ao enfrentar o perigo, não é impedido.
O povo segue quem conduz o mundo dessa maneira.
Boa fortuna. Que erro poderia haver?

IMAGEM

Água no meio da terra: imagem da Força Coletiva.
Assim, o ser superior abraça o seu povo
e se dedica a todos com generosidade.

As águas representam as reservas internas que devem vir à tona quando solicitadas. Simbolizam também a fertilidade oculta e o sustentáculo necessário, as garantias a serem preservadas durante situações de urgência ou de risco. Quando o território é invadido, convém recorrer de imediato a essas reservas disponíveis, chamando-as para dar apoio, como aliadas.

Diante da ameaça, de nada adianta ser demasiado exigente e implacável consigo mesmo ou com os seus parceiros ou subalternos; esta atitude de rigor pode até ser empregada nos tempos de paz e de tranquilidade, porém nunca quando há urgências. É a tolerância e a generosidade para consigo mesmo e para com os que o rodeiam – a docilidade interna representada pela flexibilidade das águas que se amoldam a todos os recipientes – que permitem superar o agressor.

O abraço generoso e indiscriminado se reveste da maior importância em caso de ataque, pois a dedicação da liderança desperta a força combativa daqueles que o seguem com confiança. O verdadeiro líder conhece as suas tropas em detalhe e sabe com o que pode contar. Só a compreensão e a generosidade – também para com as próprias falhas – permitem vencer as ameaças externas.

Nuances energéticas

nuclear 24

No núcleo das Forças Coletivas está o Retorno (24) que concentra forças invisíveis e sugere renovações que também exigem grandes lutas. Essa reconstrução passa por um resgate das bases que, uma vez afirmadas, sustentam e promovem o crescimento.

oposto 13

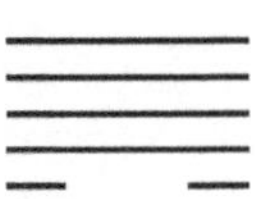

A energia oposta ao Exército é a Comunidade entre os Homens (13), que floresce prazerosa quando não há rivalidades em luta contra forças invasoras antagônicas. Este é o momento em que se realiza um trabalho em conjunto, num ambiente de paz.

O céu anterior é a Contemplação (20), no qual duas linhas yang acima, voltam-se para as quatro yin de baixo. O efeito dessa visão introspectiva partilhada é capaz de mobilizar grandes forças, pois a cuidadosa análise da situação permite a percepção das suas verdadeiras raízes e necessidades.

6

O grande príncipe emite ordens, funda estados e outorga feudos familiares. Não recorrer a pessoas inferiores.

O príncipe emite ordens para recompensar de modo justo. Os inferiores não devem ser empregados para não perturbarem a ordem do país.

04

5

Há pássaros nos campos. Convém capturá-los. Sem falhas. Que o mais velho lidere a Multidão. Se o mais moço assume o comando, infortúnio.

Que o mais velho, central e correto, lidere as forças. Se o mais moço comanda, a questão não é tratada da maneira correta.

29

4

As Forças Coletivas retrocedem. Nenhuma falha.

Se as Forças Coletivas retrocedem, não falham, pois não se desviam do seu caminho habitual.

40

師

07

3

Talvez o Exército assuma a liderança e haja perdas. Infortúnio.

Se o Exército conduz almejando fama e sucesso, não há mérito.

46

2

No meio da Força Coletiva, boa fortuna. Nenhuma falha. O rei concede uma tríplice condecoração.

Ele recebe a graça do céu. O soberano recompensa pensando em todas as regiões.

02

1

Exército controlado ao se movimentar. Se avançar em desordem, ameaça de infortúnio.

Impelir o Exército de modo ordenado. A perda de controle gera infortúnio.

19

6. O tempo de atuação do Exército chega ao fim. As crises desnudam, e mostram a verdadeira índole e o valor das pessoas. Ao término das grandes lutas há necessariamente uma reestruturação de forças, de modo a favorecer um novo florescimento. Este é o momento de recompensar os bons auxiliares e de descartar os de conduta inferior.
A alternância para a Inexperiência Juvenil (4) ressalta a aprendizagem ao término de uma grande luta. Convém recorrer a forças renovadoras bem disciplinadas e educadas para preencherem as fileiras dos antigos combatentes.

5. Os pássaros simbolizam os invasores que querem se apossar do terreno. Os campos cultivados representam a integridade da pessoa – ou do lugar – ameaçada pelo invasor. Deve evitar o desgaste de discussões, pois a esta altura as palavras são inúteis. Agora é questão de mobilizar todas as forças para o combate. A luta frontal em campo aberto deve ser conduzida pela pessoa mais experiente.
Encontrando-se diante do duplo Abismo (29), é imperativo que a questão seja tratada da maneira correta. Em combate aberto, não pode haver nenhuma discórdia no seio do exército; qualquer dissenção interna favoreceria ao inimigo. Só a coesão é capaz de vencer o perigo externo.

4. O recuo das forças coletivas diante do inimigo pode ser oportuno neste momento. A pausa serve para se reabastecer e para ponderar sobre o curso de ação a ser tomado. Parar no meio de uma luta para uma reflexão nunca encerra falha. A trégua abre novas possibilidades.
A suspensão de hostilidades no decorrer de um conflito violento – seja ele interno ou externo – é útil para avaliar os possíveis ganhos e perdas. Este retiro calmo permite a Libertação (40) das agressões que o acorrentam.

3. Mesmo encontrando-se numa situação difícil, não deve se precipitar. Se o comando não é exercido por uma pessoa firme e eficiente e a multidão assume a liderança, ambicionando a própria fama e sucesso, se incorre no perigo de sofrer graves perdas e derrotas. Só uma compreensão profunda tem a capacidade de extrair as forças necessárias para crescer dentro de condições adversas.
A alternância para a Ascensão (46) implica num grande esforço bem conduzido. Numa guerra, importa vencer, sem se preocupar com o prestígio decorrente.

2. O comando que ocupa o lugar correto, ao centro do Exército, é condecorado três vezes pelo soberano. Recebe todas as honras, pois sabe compartilhar a sorte e as durezas junto com as suas tropas. Do mesmo modo, quando o comando interno de uma pessoa é ameaçado, deve manter-se firme, lutanto com todas as forças para não perder a sua liberdade. Esta linha de ação aponta para a boa fortuna.
A perspectiva da Receptividade (2) ressalta a dedicação à tarefa em pauta, tanto em relação aos subalternos como ao dirigente, pois suscita a confiança de todos aqueles que, aflitos, voltam-se para o eixo de liderança central em busca de proteção.

1. Desde os seus primeiros movimentos, a Força Coletiva deve ser ordenada. A disciplina imposta desde o início induz ao treinamento para aprender a enfrentar os golpes. Quando não se dispõe de outro meio senão as armas para se defender, as perdas são inevitáveis. Nenhuma luta deve ser iniciada sem uma consideração ponderada dos possíveis lucros ou perdas. Essa avaliação cuidadosa pode resultar na necessidade de retroceder, quando os riscos são muito grandes.
A mutação para a Aproximação (19) denota a proximidade desse risco iminente e aponta para o controle e a reflexão, pois a eclosão de uma luta sempre gera sofrimentos.

Á G U A

T E R R A

比

8 PI

J. BLOFELD **Unidade, Coordenação**
W. DONGLIANG **A Aliança**
A. HUANG **União**
C. JAVARY **Aliança**
R. WILHELM **Solidariedade**
R. WING **União**

Nome e dinâmica.
O ideograma mostra uma pessoa que segue a outra, sugerindo a adesão e a união de esforços conjuntos, ao participarem de uma gestão solidária. Na antiguidade, uma Aliança de cinco famílias constituía o sistema usual, formando uma unidade chamada *Pi*. Estes clãs obedeciam a lideranças que se reuniam na casa do mais velho para celebrar o culto aos ancestrais. Este primeiro estágio de organização social de um vilarejo se congregava em confrarias. O movimento de voltar-se para o núcleo coletivo implicava também simbolicamente em preencher os recipientes de argila no sentido de criar algo produtivo, o artesanato e a fertilidade interior, que só se dá em tempos de União solidária e de paz.
A dinâmica inerente a este contexto envolve vínculos no interior de uma sociedade que, quando bem coordenada, logra realizar obras em comum.
A água jorrando sobre a terra garante a gestão da comunidade e a sua sobrevivência, resultado da fertilidade que impulsiona os esforços de plantio para prover alimento. É questão de manter-se unido em solidariedade para realizar um trabalho fértil. O respaldo interno fortelece diante do âmbito externo. Este é o momento de estreitar os elos com a vizinhança, de voltar-se à própria família e de entrar num circuito de aliança mútua.
A centralização se dá em volta da única linha yang, o polo que ocupa a quinta posição soberana. A queda da chuva propicia o trabalho ordenado e bem enraizado. A produção fecunda implica na alegria de uma União solidária.

JULGAMENTO

Aliança. Boa fortuna.
Indague o oráculo mais uma vez
se você possui elevação e constância.
Nenhuma falha. Em caso de insegurança,
infortúnio para os retardatários.

Este é o único hexagrama cujo Julgamento anuncia *boa fortuna* de entrada e que recomenda *indagar ao oráculo mais uma vez.* Essas duas menções apontam para a importância do melhor aproveitamento possível da água a cair sobre a terra. Sem a chuva, não se pode centralizar uma comunidade nem manter os seus membros unidos na prosperidade.
Assim como no hexagrama anterior, a única linha yang simboliza a liderança em volta da qual todos se congregam. Como essa posição de liderança requer grande responsabilidade, surge a necessidade de indagar mais uma vez, para ver se está realmente à altura de um tal empreendimento. Pois quem não possui as qualidades para exercer o comando só cria confusão. Trata-se de juntar forças em volta de um fator predominante ou de uma linha de ação, determinando um rumo e uma meta precisa. As diferentes linhas mostram as tendências ou as etapas da tarefa a ser realizada.
A queda da chuva indica o momento propício para afirmar a sua atuação numa equipe, ou a ocasião de assumir a responsabilidade por alguma função dentro dela. Solidarizar-se com os anseios comuns torna-se um requisito importante para participar da empreitada. Mas esta oportunidade de União só é possível durante um certo tempo.

Quem hesita diante desta chance de trabalho conjunto corre o risco de ser excluído, e já não terá nenhuma influência dentro da comunidade. Por isso, os retardatários sofrem infortúnio e perdem a oportunidade de integração.

COMENTÁRIO SOBRE O JULGAMENTO

União. Boa fortuna. Mediante uma ajuda mútua, os subordinados
seguem as diretrizes com dedicação.
Indague o oráculo mais uma vez para ver se possui elevação e constância.
Neste caso não há falha. Em consequência da firmeza da posição central,
os inseguros gradualmente se aproximam. Existe uma correspondência entre
os de cima e os de baixo. Quem chega tarde demais encontra o infortúnio.
Seu caminho acaba.

IMAGEM

Água acima da terra: imagem da Aliança.
Assim, os Antigos Reis, ao instituírem os feudos,
mantinham relações amistosas com o povo.

A União gerada pela água a fluir sobre a terra encerra a ideia de criar instituições e implica no respeito ao seguir a tradição dos que originaram as dinastias. Os Antigos Reis fundadores da civilização chinesa sempre foram objeto do maior respeito enquanto portadores da sabedoria. Na China arcaica, o soberano era considerado como o pai-mãe de todo o seu povo e tinha a obrigação de defender essa Aliança interna com todas as suas forças.

Manter relações de amizade com os subordinados e colaboradores leais é uma condição indispensável ao bom funcionamento de qualquer coligação. O requisito para integrar-se são os laços comuns e as experiências compartilhadas, particulares a cada comunidade. Só se pode estabelecer uma verdadeira família ou associação quando existe um legado de confiança e de amizade.

A Aliança implica também na União dos homens em volta a um ideal ou um soberano. Ao se integrarem nos rituais celebrados em conjunto, sentem-se partícipes e responsáveis pelas parcelas atribuídas ao seu grupo ou à sua pessoa. Este sentimento de pertinência a uma equipe e de participação num projeto comum gera alegria.

Nuances energéticas

nuclear 23

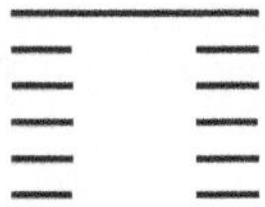

montanha
terra

No cerne da União, a ameaça de Desintegração (23) implica em saber descartar os elementos que não se integram na comunidade em formação. Quem não contribui com a sua colaboração não merece continuar na equipe.

oposto 14

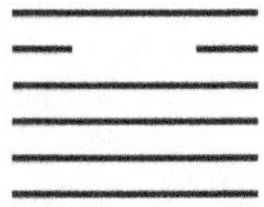

fogo
céu

Se a Aliança exige uma concentração nas bases, de modo a captar benefícios para o seu campo de ação, este ainda não é o momento das Grandes Realizações (14) no campo externo que constitui a energia oposta, como o sol a inundar a maturação.

O céu anterior é a Ascensão (46), símbolo do crescimento logrado mediante um esforço conjunto. Toda União resulta ser uma obra de construção paciente e firme. A solidariedade entre os seres vai crescendo à medida que aumenta a mútua confiança.

6 — —

Buscando a União, porém, sem uma liderança. Infortúnio.

Se busca a União sem ter uma diretiva, nada consegue completar. Infortúnio.

20

5 ——— ○

Manifestação de Solidariedade. O rei usa batedores apenas em três lados e renuncia à caça que foge pela frente. Os cidadãos não precisam ser advertidos. Boa fortuna.

A boa fortuna resultante da Solidariedade é inerente à sua posição correta e central. Descartar os adversários e aceitar os voluntários. Os cidadãos não precisam ser advertidos, pois o comando os centraliza.

02

4 — —

Buscando também a Aliança externa. A perseverança traz boa fortuna.

Ao buscar a Aliança externa, seguir ao que está acima.

45

3 — —

Busca União com as pessoas erradas.

Ao se unir a pessoas erradas, como não ser magoado?

39

2 — —

Procura a União interna. A perseverança traz boa fortuna.

Ao buscar a União interna, não falha.

29

1 — —

Busca a União com sinceridade e lealdade. Não há falha. A verdade é como um cântaro de argila. Ao final, a boa fortuna vem de fora.

A etapa inicial da União encontra a boa fortuna inesperada.

03

6. Esta é a única linha que se mantém acima do fluxo unificador das águas. Como não encontra uma liderança à qual aderir, acaba sozinha. Sem um ponto coordenador que centralize e que lidere os projetos ou anseios de um grupo, a União se perde. Para que a Aliança ocorra, é imprescindível haver uma motivação ou uma meta coerente, encabeçada por um dirigente capaz.
Quem não consegue colaborar nem se integrar a um grupo permanece apenas numa postura de Contemplação (20) distante e afastada. Como esta não é a dinâmica adequada no momento da União, a visão crítica que não se compromete resulta na solidão e no infortúnio.

5. A Solidariedade manifesta abertamente induz o comando a tomar a decisão correta: ao fechar três lados, coloca limites para os que querem permanecer à sua volta, porém deixa aberta uma porta de saída para aqueles que não desejam aderir ao seu mandato. Essa liberalidade por parte do dirigente resulta extremamente benéfica, pois sabe que pode contar com aqueles que o acompanham por livre e espontânea vontade. A abertura atrai a confiança dos subalternos.
A alternância para o Receptivo (2) mostra a compreensão do dirigente e garante a União daqueles que optam por ficar. Eles confiam no comando central e não precisam temer, nem ocultar os seus anseios.

4. Uma vez lograda a união interna, pode-se almejar agora a adesão externa que ativa e fecunda a situação naturalmente. A recomendação de seguir este caminho com perseverança comprova que os elementos internos bem assentados levam a converter a União alcançada em produtividade externa.
A perspectiva da Reunião (45) enfatiza sobremaneira a dinâmica prevalecente, pois denota a concretização de uma busca acertada. A imagem das águas que se juntam sobre a terra reforça a necessidade de aderir ao novo aporte que chega do âmbito externo.

3. O texto lacônico dessa etapa é muito claro: ao se aproximar voluntariamente das pessoas erradas, só pode mesmo acabar sendo magoado. As consequências são previsíveis e por isso já nada mais há a acrescentar. Esta é somente uma constatação. A opção é sua.
A transição para a Obstrução (39) ressalta impedimentos repetitivos. O equívoco ao buscar a união tão desejada evidencia um mau discernimento que prejudica a si mesmo em primeiro lugar. Este seria o principal obstáculo a ser vencido. Talvez seja oportuno questionar por que se sente atraído pelas pessoas erradas.

2. A primeira União a ser buscada é a interna, que nasce espontânea, seguindo naturalmente as próprias tendências inatas. A continuidade num mesmo rumo denota firmeza interna e logra uma consolidação proveitosa. Daí a decorrente boa fortuna.
A alternância para a Dupla Água (29) é a melhor ilustração deste proceder: as águas vão fluindo espontâneas, jorrando naturalmente até preencher todos os abismos, sem racionalizar trajetos. Com essa atitude tenaz é capaz de superar as situações problemáticas, por mais arriscadas que sejam.

1. A busca da Aliança que lhe corresponde deve se dar desde o começo de modo sincero e leal. O cântaro de argila a ser preenchido simboliza a própria verdade intrínseca, uma conscientização interna daquilo que realmente almeja. Quem segue as suas convicções e anseios termina encontrando a boa fortuna.
A mutação para a Dificuldade Inicial (3) implica em abraçar o ímpeto espontâneo sem hesitações logo de entrada, pois esta atitude aberta e honesta inspira confiança e atrai a boa fortuna.

VENTO
CÉU

小畜

9 XIAO

J. BLOFELD **O Provedor Menor**
W. DONGLIANG **O Acúmulo do Pequeno**
A. HUANG **Pequeno Acúmulo**
C. JAVARY **O Pequeno Amansa**
R. WILHELM **Poder de Domar do Pequeno**
R. WING **Restrição**

Nome e dinâmica.
O ideograma mostra o signo do pequeno ao lado de uma linha de trajetória em vaivém que representa a tarefa do casulo de seda abrigado por uma linha horizontal superior, porém a ser repartido nas quatro direções da terra, assinaladas em baixo. O fio de seda representa uma obra requintada, elaborada no escuro, semelhante aos efeitos das pequenas coisas que, imperceptíveis, acabam logrando grande influência.
A figura do vento que sopra acima, no alto do céu, denota um poder de contenção que opera um trabalho de depuração comparável ao do bicho-da-seda dentro do seu casulo: um grande potencial contido e reformulado através da ação suave e constante. A brisa vai reunindo as nuvens dispersas, propiciando a fecundidade que se espalha nas quatro direções da terra.
O Poder de Contenção do Pequeno cumpre a função de freio exercida pela única linha yin que retém o poderoso movimento das cinco linhas yang, e consegue abrandar o seu ímpeto. Durante a época da Restrição, não é questão de diminuir, porém de aperfeiçoar. A moderação da grande força criativa interna prepara as realizações futuras com paciência. Moldar as próprias forças não seria a culminância da sabedoria?
Os Pequenos Acúmulos educam e exercitam, preparando a expansão. E realizam essa façanha graças à sua imperceptível penetração. A tônica deste contexto é a capacidade luminosa que, mesmo contida, acaba infiltrando-se em todos os espaços. Num ritmo lento e suave, o elemento criativo vai sendo incorporado dentro de si. A energia yin converte a posição submissa em força.

JULGAMENTO

O Poder de Domar do Pequeno tem sucesso.
Nuvens densas, nenhuma chuva vinda da nossa região oeste.

As nuvens densas que se acumulam ainda sem efeito – enquanto a chuva não cai –, acentuam um processo lento, porém poderoso, realizando um paciente trabalho. As contrariedades de menor escala que impedem um resultado efetivo acentuam o fato de que talvez precise de uma maior elaboração interna. A dinâmica do ciclo de contenção também se refere aos pequenos acúmulos que contribuem para formar algo de grande porte.
A menção da *nossa região* oeste de onde provém a dinastia Zhou remete à elaboração dos textos do próprio I Ching refere-se ao lar ou às origens. A referência histórica evoca a tarefa primorosa do brilhante e nobre Rei Wen, um dos principais alicerces da cultura chinesa. Seu trabalho de redação dos textos do Julgamento do I Ching foi realizado durante os sete anos em que foi confinado à prisão pelo tirano. Sem essa contenção forçada, talvez ele não tivesse escrito essa grande obra.
A conotação de um moldar paulatino do próprio ser humano, tantas vezes contido pelas circunstâncias, acentua o trabalho interno de formação do caráter. O potencial disponível está sendo aprimorado gradualmente e a obra relevante toma forma através do acúmulo de contribuições menores. Há promessas evidentes e tudo já está sendo

bem encaminhado, porém, os benefícios ainda não aparecem. A grande reserva de criatividade forçada a se conter não pode se manifestar por enquanto.
A Restrição imposta por intermédio de pequenas coisas incide sobretudo em diminuir as expectativas do momento e suavizar as pressões. Qualquer tensão ou pressa deve ser descartada enquanto vigora o ritmo gradativo e lento. Preocupar-se em fazer bem feito sem se apressar, pois os resultados virão no seu devido tempo.

COMENTÁRIO SOBRE O JULGAMENTO

Os Pequenos Acúmulos ocupam a posição decisiva
e tanto os acima como os de baixo lhes correspondem.
Forte e suave, o firme encontra-se ao centro e a sua vontade se realiza.
Por isso é sereno e favorável.
Nuvens se condensam ainda sem chuva, e se movimentam a oeste.
Sua influência ainda não se faz sentir.

IMAGEM

O vento sopra no céu: imagem do Acúmulo do Pequeno.
Assim, o ser superior cultiva e aperfeiçoa as suas capacidades.

Quando algo retém o andamento das coisas, pode estar promovendo um acúmulo proveitoso a longo prazo. Para expressar essa ideia, se pode recorrer ao símbolo do bom artesão que sabe conter os seus ímpetos e os vai educando, desbastando o supérfluo e refinando assim, o seu material, de modo a talhar algo grandioso. Com a mesma atenção e cuidado, o ser superior vai depurando a sua natureza interna.
Este é um trabalho que não pode ser realizado com rapidez, pois implica na dedicação aos detalhes, obtida através de uma disciplina férrea e da perseverança exemplar proveniente da firmeza de caráter. No diálogo do artista com a matéria bruta a ser esculpida, há uma recíproca aceitação, e a mão adestrada do mestre, ao adaptar-se aos contornos e à textura da sua pedra, respeita a sua força e as suas características.
Quando se dispõe de uma grande força, se sente pequeno diante da tarefa. Cabe questionar se o material a ser aprimorado não seria o próprio eu. Toda a dinâmica deste contexto aponta para a oportunidade de autoaperfeiçoamento proporcionada pelos percalços e pelas demoras forçadas. Penetrando suavemente nas esferas mais elevadas, o ser soberano deixa-se embalar pelo valor da sua obra e se identifica com ela, ao sentir uma força maior que o permeia e perpassa.

Nuances energéticas

nuclear 38

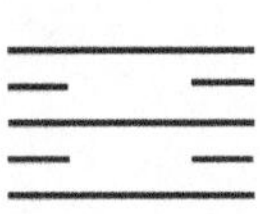

f o g o
l a g o

No núcleo do Acúmulo do Pequeno existe a necessidade de aprimorar as Divergências (38) decorrentes de inclinações antagônicas. Aponta para as oposições fecundas e para as restrições internas dos aspectos menores, visando lograr melhores resultados.

oposto 16

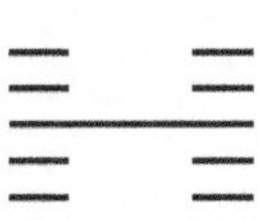

t r o v ã o
t e r r a

O Entusiasmo (16) implica num forte movimento ascendente imediato, a partir da estabilidade interna. O súbito ímpeto do trovão que sacode a terra de modo violento denota a energia oposta do poder de aprimorar pequenas coisas suave e lentamente.

O céu anterior é a Mútua Atração (31) que visa uma aliança, pois resulta do intercâmbio ideal da confluência espontânea que reúne tendências similares. A imagem de um lago sobre a montanha reproduz essa associação feliz.

6
A chuva cai, chega o repouso. Contemple o que foi acumulado.
Se perseverar, a mulher encontra a adversidade.
A lua está quase cheia.
Se persistir, o ser superior encontra infortúnio.

A chuva cai, chega o repouso. Contemple o que foi acumulado.
Se persistir, o ser superior pode ser ferido.

05

5
Sendo sincero e leal em suas alianças, constrói bons relacionamentos e se enriquecece com os próximos.

Sendo leal e sincero em suas alianças.
Não é bom ficar sozinho na riqueza.

26

4
Sendo sincero, a ansiedade desaparece e o medo se afasta. Nenhuma falha.

Sendo sincero e verdadeiro, a ansiedade se afasta.
Os que estão acima concordam.

1

小畜

09

3
Soltam-se os raios da roda da carroça.
O homem e a mulher se olham às avessas.

Quando o homem e a mulher se olham às avessas, não conseguem manter a sua casa em ordem.

61

2
Ele é conduzido ao retorno. Boa fortuna.

Ao ser conduzido de volta ao caminho central, ele não se perde.

37

1
Retorno ao caminho. Como poderia ser um erro?
Boa fortuna.

O retorno ao caminho é um prenúncio benéfico.

57

6. A queda da chuva significa um alívio de tensões, e a decorrente fertilidade. Agora, o que foi acumulando deve ser consolidado. Quando o elemento yin (a mulher) culmina a sua tarefa simbolizada também pela lua quase cheia, já não há necessidade de continuar acumulando; ao contrário, poderia acarretar a adversidade. A missão se cumpre ao alcançar o suave efeito de distribuir a riqueza criativa interna. Caso continue contendo a riqueza, incorre no risco de anular o que foi acumulado.
Agora, só resta Esperar (5) e contentar-se com o que foi obtido. Como a dinâmica do momento está prestes a se inverter, não convém continuar acumulando pequenas coisas que, a esta altura, só seria prejudicial.

5. Quem é leal e sincero busca as mesmas qualidades nos companheiros, para atuarem juntos. Colaborando entre si, trazem à tona a fortuna oculta na sua complementariedade. Quando o antagonismo desaparece, começa um trabalho enriquecedor. Essa lealdade na aliança enriquece a gestão, pois a consciência unitária favorece os bons relacionamentos.
Alianças confiantes conferem Grande Poder (26) e permitem realizar tarefas de amplo alcance, daí o conselho de não ficar sozinho no enriquecimento, porém de compartilhar os ganhos. A maior riqueza resulta da amizade e carinho dos seres mais próximos.

4. As cinco linhas yang convergem para esta única linha yin e, por isso, a sua função é extremamente difícil, – tanto, que o texto fala de ansiedade e de medo – ambos sendo afastados e vencidos pela sinceridade. Apesar da sua aparente "fraqueza" entre tantos "fortes," a única linha yin cumpre a sua missão sem falha; sua flexibilidade detém uma força capaz de vencer os temores e os perigos inerentes à situação.
Ao alternar para o Duplo Céu (1) mostra firmeza e capacidade de perceber a realidade com clareza. A dedicação imbuída de uma convicção verdadeira atrai a concordância de todos, até daqueles que ocupam posições superiores.

小畜

09

3. Os raios da roda que se soltam impedem continuar. A pane do veículo de locomoção o coloca numa posição vulnerável. Perde a possibilidade de atuação e de influência. É preferível não forçar um avanço e se expor a riscos maiores. Quando yin e yang não se conciliam, mas se vêem como inimigos e cada um tenta prevalecer, perdem a harmonia. Não deve permitir que o pequeno obstáculo – os raios da roda que se soltam – adquira maiores proporções.
A transição para a Verdade Interna (61) pressupõe compreensão mútua, baseada numa grande transparência de intenções. Se prevalecer o impulso de cisão, perde a oportunidade de aprimoramento.

2. A menção do retorno ligado à boa fortuna indica que se deve permanecer centrado junto aos mais próximos, nutrindo o crescimento interno. Este enfoque sensato não arrisca um avanço prematuro que poderia expor ao fracasso. A melhor opção consiste em aceitar ser conduzido de volta, ao próprio espaço e àquilo que realmente lhe pertence, aceitando as regras do jogo vigente suavemente.
Essas circunstâncias levam à perspectiva de retorno ao seio da própria Familia (37). O aprimoramento da sua morada interna e do seu centro nuclear deve ser a prioridade neste momento.

1. Diante da impossibilidade de avanço, é melhor voltar-se para o autoaprimoramento. A boa fortuna decorre justamente dessa interiorização. A grande força dessa primeira etapa é a sua capacidade de fortalecer as bases de atuação. Quando grandes esquemas não são possíveis, pode-se empreender melhorias menores, e requintar os detalhes. A lucidez consiste em renunciar espontaneamente, sem desperdiçar a força disponível de forma prematura.
A transição para o Duplo Vento (57) acentua os pequenos acúmulos imperceptíveis,– internos e externos. Seu teor suave vai penetrando lentamente, do mesmo modo que o crescimento paulatino e imperceptível da madeira.

CÉU
LAGO

履

10 LU

ZJ. BLOFELD **Acompanhamento**
W. DONGLIANG **Caminhar (com prudência)**
A. HUANG **Desempenho**
C. JAVARY **Démarche**
R. WILHELM **Conduta (Trilhar)**
R. WING **Conduta**

Nome e dinâmica.
O ideograma mostra uma pessoa em pé ao lado de pegadas de um sapato; em baixo, o signo da mulher. O sapato afirma o caminhar e representa a materialização de uma postura, e os efeitos dela decorrentes. Na China antiga, andar calçado significava caminhar com passo firme. Pés batendo no chão conotam também o ritual. Implica em cumprir o seu dever e ter um bom desempenho. A maneira acertada de agir pressupõe também caminhar movido por um propósito maior, ou acompanhando um ser superior. Este encontro essencial pode incidir no contato com algo potencialmente arriscado que resulta em cumplicidade benéfica.
Assim como as águas do lago abaixo espelham o próprio céu, os seres humanos devem refletir um ideal ou uma causa elevada. O comportamento honrado e o respeito se baseiam sobre valores internos. Esta é a ocasião de fazer reajustes internos e externos – sociais, familiares, ou profissionais. Convém avaliar as propostas recebidas e as próprias motivações.
Em última instância, a Conduta de uma pessoa determina o desenrolar do seu caminho. Neste contexto, a boa fortuna decorre da atitude gentil e generosa, levando em conta os anseios daqueles que o cercam. A cortesia é a primeira regra de uma Conduta íntegra. O tato e a prudência são de extrema importância, pois a boa vontade das pessoas depende da maneira como elas são abordadas. A Conduta pode também ser encarada como o modo de andar ou o caminho que a cada ser corresponde.

JULGAMENTO
Trilhando sobre a cauda do tigre.
Ele não morde o homem. Sucesso.

O tigre é o símbolo do oeste e o elemento que lhe corresponde é o metal cortante. A alegoria pouco habitual expõe os riscos de seguir a trilha de um tigre; pressupõe um elemento fraco seguindo a um mais forte, num clima cordial e com naturalidade. Por isso, o forte (o céu acima) o aceita (se reflete no lago abaixo) de bom grado, e os dois elementos tão díspares podem manter um contato direto, sem intermediários. Ao adotar uma postura amável e correta, pode recorrer ao mais forte sem que este o *morda*, ou seja, sem que o recrimine ou prejudique.
Além de caminhar atrás de uma motivação maior, este símbolo enfatiza os próprios pontos fortes, e a trajetória em busca de um grande projeto ou ideal. Ao aceitar as próprias limitações, procura adaptá-las da melhor maneira possível à grandeza da tarefa à qual se dedica. Abaixo, o lago tem a suficiente profundidade para aceitar o conteúdo de suas próprias águas, que, nele acumuladas, se tranquilizam e aprofundam, podendo então refletir o céu.
O Desempenho honroso resiste às pressões e sabe reagir com cautela e cortesia, porém mostra-se firme na defesa das suas convicções. Este contexto indica também como os mais fortes devem se comportar diante dos mais fracos. Saber se posicionar da maneira correta primeiro diante de si mesmo e avaliar as próprias forças e fraquezas, para então situar-se da maneira apropriada perante os outros – sejam eles superiores ou subalternos.

Quando o valor interno é o critério para determinar a hierarquia externa, a tranquilidade prevalece e as sociedades encontram a ordem, num clima de aceitação e de familiaridade.

COMENTÁRIO SOBRE O JULGAMENTO

Conduta. O maleável pisa sobre o firme.
Alegre, ele corresponde ao céu.
Por isso trilha na cauda de um tigre.
O tigre não o morde. Sucesso.
O firme está no centro, é correto e cumpre o seu dever sem falha.
Sua luz resplandece.

IMAGEM

O céu acima do lago: imagem da Conduta.
Assim, o ser superior discrimina entre o alto e o baixo
e fortalece a vontade do povo.

O mais forte (o céu) entra em contato direto com o elemento mais fraco (o lago) e este, por sua vez, é capaz de refletir a luminosidade de cima, espelhando aquilo que de mais elevado contém.

A dinâmica deste hexagrama mostra o fundamento do caráter e as opções de cada Trilhar. Apesar da distância que separa o mais forte do mais fraco, eles logram estabelecer a harmonia e o mútuo enriquecimento. Por isso cada qual se espelha e vê no outro. O convívio é benéfico para ambos. A diferença de nível entre os elementos que se encontram com boa vontade não cria empecilhos, pois a natureza intrínseca de ambos os aproxima à medida que a familiaridade se vai afirmando.

As diferenças naturais de nível existentes na humanidade são superadas pela compreensão e pelo afeto, estabelecendo vínculos sólidos e duradouros. Tudo depende da índole da pessoa, não da posição que ocupa. A aceitação condescendente por parte dos superiores em relação aos menos favorecidos os ajuda, pois os orienta e fortalece.

Ao Trilhar a própria senda com cautela e sem imposições, se logra uma aceitação desprovida de qualquer rivalidade ou arrogância. Quando a dignidade interna e a amizade prevalecem entre níveis diferentes, reina a paz entre os homens.

Nuances energéticas

nuclear 37

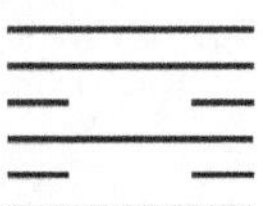

vento
fogo

No cerne da Conduta de uma pessoa está a Família (37) na qual ela aprende a caminhar. Este primeiro contato, íntimo e espontâneo, que aproxima os seres, forja os moldes de comportamento que acompanham os seus passos pela vida afora.

oposto 15

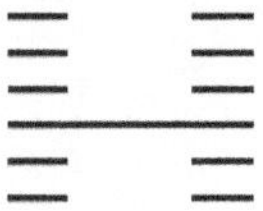

terra
montanha

A Modéstia (15) que nada reclama para si representa a postura contrária à Conduta que se impõe, apresentando as suas reivindicações abertamente, ao afirmar os seus anseios. A postura resoluta denota ousadia.

O céu anterior, a Inexperiência (4), sugere a necessidade de um aprendizado. Encontrar uma orientação segura que proporcione uma boa formação é o requisito para ter uma Conduta acertada. Aprender a disciplina e o controle são condições indispensáveis para trilhar todos os caminhos à vontade.

6 Contemple o seu Desempenho e examine os sinais favoráveis. Estando completa a tarefa, chega a grande boa fortuna.

A suprema boa fortuna na posição superior merece realmente ser parabenizada.

58

5 Conduta decidida. Perseverança com consciência do perigo.

A Conduta decidida e a perseverança com consciência do perigo se devem à sua posição correta e apropriada.

38

4 Ele pisa na cauda do tigre. Cautela e circunspecção conduzem, ao final, à boa fortuna.

Cautela e circunspecção conduzem, ao final, à boa fortuna porque realiza o que deseja.

61

3 Um caolho pode enxergar, um aleijado pode caminhar. Pisa na cauda do tigre e este o morde. Infortúnio. Um guerreiro age assim em favor do seu príncipe.

Com uma só vista, ainda pode ver, mas sem muita clareza. Um coxo pode caminhar, mas não depressa o suficiente para acompanhar. O infortúnio de ser mordido decorre do fato de encontrar-se na posição errada. Como um guerreiro, cumpre a missão designada pelo príncipe com força de vontade e firmeza.

01

2 Trilhando sobre um caminho plano e simples. A perseverança de um homem obscuro traz boa fortuna.

A perseverança de um homem obscuro traz boa fortuna. Caminha pela trilha central e não se confunde.

25

1 Conduta simples. Progresso sem falhas.

A conduta simples avança sozinha seguindo as próprias inclinações.

06

6. Chegado ao final do percurso, o Caminhar se completa. A tarefa, agora, é a de avaliar o caminho percorrido, percebendo os sinais favoráveis deixados para trás, ao demarcar a sua trajetória. A obra foi realizada, e nada mais pode apagá-la. Pode usufruir dos benefícios já assegurados de uma colheita farta, após a longo e árduo trabalho da erradicação das ameaças preocupantes. Ao completar a caminhada, os resultados assinalam o que dela advém. Daí a importância de verificar, a cada dia, as marcas indeléveis do seu andar.
A transição para a Dupla Alegria (58) evidencia a grande satisfação de quem alcança a sua meta trilhando as vias corretas. Daí a suprema boa fortuna.

5. Ao ocupar a posição de comando correta e central, já não vacila, apesar de ter plena consciência do perigo. Além da perseverança no caminho escolhido deve estar perfeitamente ciente dos riscos a ele inerente. A decisão já não pode ser adiada, e o cuidado em tomá-la comprova a responsabilidade diante da tarefa assignada. Deve utilizar as diferenças de maneira positiva, tentando aplainar as arestas.
A alternância para a Oposição (38) sugere a percepção das tendências conflituosas existentes dentro da situação. O primeiro requisito para lograr a união é conhecer a natureza da disassociação que a impede.

4. Seguir os movimentos do mais forte com muita atenção é a maneira acertada de tentar compreender as suas motivações. Só se pode pisar sobre a cauda do tigre e reter a sua violência quando se entende por que ele age com tanta agressividade. Ao encarar um risco, deve ter plena consciência da dimensão da sua audácia. Uma postura suave e flexível pode chegar a dominar o perigo através de um movimento sereno que não aborrece o oponente mais forte. Assim chega aonde almeja.
A perspectiva da Verdade Interior (61) implica na percepção não só do ponto vulnerável do outro, mas também da própria fraqueza. A lucidez cautelosa garante o sucesso.

履

10

3. Mesmo coibido e sem apoio – caolho e coxo – ainda assim pode seguir caminho. Consciente de estar impedido e despreparado, ele ousa enfrentar o perigo – simbolizado pelo fato de pisar na cauda do tigre – pois o faz pelo seu príncipe, ou seja, por um ideal maior. Esta Conduta destemida, sabendo-se despreparada e deficiente, só se justifica em se tratando de alguém que, na batalha para proteger as suas convicções, está disposto a encarar qualquer perigo; ou seja, daquele que é intrépido na defesa do seu dever.
A transição para o Criativo (1) comprova ter a força e a lucidez capaz de todas as ousadias em defesa da integridade.

2. O caminho plano e simples é aquele que se abre naturalmente. O bom discernimento faz com que se permaneça fiel a si mesmo e, assim, até os grandes problemas se solucionam sem confusões e transtornos. Mesmo quando se encontra numa posição obscura sem ser reconhecido, segue adiante sem procurar favores. Quem não desafia o destino, permanece livre de complicações.
A mutação para o Espontâneo (25) sugere não perder a autenticidade sequer diante do inesperado. Quem é perseverante na opção da trilha que sente ser a mais condizente consigo mesmo, termina alcançando a boa fortuna.

1. A Conduta simples permite avançar sem cometer falhas, pois são as intenções autênticas que impulsionam o progresso. Forte e luminosa, segue o seu caminho sozinha. Sua simplicidade faz com que se oriente naturalmente pelas próprias inclinações.
Expor a verdade com clareza é a melhor maneira de Resolver os Conflitos (6). Só interessa realmente cumprir bem a sua tarefa, por menor que seja, pelo simples fato de que esta – e não outra – é a que lhe foi outorgada.

TERRA

CÉU

泰

11 T'AI

J. BLOFELD **Paz**
W. DONGLIANG **Expansão**
A. HUANG **Avanço**
C. JAVARY **Prosperidade**
R. WILHELM **Paz**
R. WING **Prosperando**

Nome e dinâmica.

O ideograma-título, uma grande árvore cujos ramos crescem e as raízes estão firmemente implantadas nas profundezas, forma uma unidade concêntrica. Abaixo, o signo da água acentua a fecundidade. Esta dinâmica prenuncia o movimento ascendente da primavera e, portanto, implica num florescer. Este hexagrama representa o primeiro mês do calendário lunar chinês, quando a luz e o calor em expansão trazem a mensagem de um novo ciclo. Todos os seres avançam naturalmente com vigor renovado.

A força das linhas luminosas do céu tende a subir ao encontro das linhas yin da terra, que tendem a descer, num movimento convergente de mútua atração. Um vai ao encontro do outro. Este abraço das duas energias opostas e complementares ocasiona um diálogo fértil que também pode ser interpretado como uma relação sexual feliz. Encontros harmoniosos só ocorrem em épocas de paz.

A estabilidade provém da integração entre opostos agora reunidos. As três linhas yang internas despertam as sementes criativas que estão em seu seio adormecidas e que as três linhas yin guardam em potencial. Todos os fenômenos são gerados a partir deste encontro fecundo entre céu e terra que se iluminam reciprocamente. Este abraço representa a própria dança dinâmica da vida.

JULGAMENTO

Paz. O pequeno parte, o grande se aproxima.
Boa fortuna. Sucesso.

A palavra chinesa *T'ai* tem um significado extremamente auspicioso, pois denota um perfeito equilíbrio entre céu e terra. A natureza da Paz decorre do profundo acasalamento dos polos opostos, a partir do qual todas as potencialidades latentes se realizam. O dispositivo energético do germinar da terra abraça o sopro criativo do céu numa confiança aberta efervescente, como uma corrente de confiança que perpassa todos os seres. A ação externa maleável e suave pode aceitar, compactuar e ser tolerante, por sentir-se segura, apoiada por uma grande força. E ao mesmo tempo, a ação interna firme e lúcida pode contar com a devoção externa. Daí a boa fortuna e o sucesso decorrentes.

Bem administrar as forças que nos são confiadas significa conhecer o tempo propício para realizar cada coisa. Para favorecer o florescimento, é preciso saber lidar com as duas dimensões, com o tempo impalpável do céu e com o espaço tangível da terra. Não basta reconhecer os sinais de cada momento, é preciso agir em decorrência. Saber dosar a firmeza e a tolerância, assim como a inteligência e a sua expressão na prática, não é tarefa fácil. Preservar a Paz pressupõe uma dedicação constante.

Quem detém a firmeza do céu dentro de si não se deixa invadir nem se expõe a ferimentos. A verdadeira força não é agressiva nem intransigente. Tudo se expande quando a criatividade se evidencia através da suave receptividade. O dinamismo da Prosperidade se edifica sobre lutas e esforços comuns. Cada linha deste hexagrama expressa a busca do florescer da sabedoria.

Este ciclo ativa um crescimento produtivo, pois nele são dadas as possibilidades da realização efetiva do potencial latente. Neste momento rico de oportunidades, convém seguir a profusão natural em suas múltiplas variações. Juntos, céu e terra partem para novas concepções sequer sonhadas isoladamente. A grande lucidez interna garante a flexibilidade externa. Essa cumplicidade se dá pelo fato dos dois movimentos se entrelaçarem, confluindo um no outro.

COMENTÁRIO SOBRE O JULGAMENTO

Paz. O pequeno parte, o grande se aproxima.
Boa fortuna. Sucesso.
Quando céu e terra se unem, todos os seres se juntam.
Os de cima e os de baixo se vinculam num anseio comum.
A força é interna, a devoção é externa.
O superior está dentro, o inferior encontra-se fora.
Assim, o caminho do ser superior se expande
e o do ser inferior diminui.

IMAGEM

Céu e terra se unem: imagem do florescimento da Paz.
Assim, o ser superior completa o curso do céu e da terra,
favorece e regula os seus dons e propicia o bem-estar do seu povo.

A Paz é também o momento do florescimento que só pode ser alcançado mediante uma união harmoniosa. O trabalho do ser superior é encontrar a linha de coesão entre os antagonismos e os desencontros.

O símbolo do governante que completa o curso de cada âmbito indica que ele conhece as diferenças da natureza dos componentes do espaço que lhe é dado administrar. Ao regular os próprios dons e as habilidades dos seus próximos, ele otimiza o desempenho de cada um. O dirigente deve saber utilizar o potencial disponível. Ele capta as inspirações do céu e fomenta as capacidades concretas da terra para o bem-estar dos que nele confiam.

Os seres inferiores devem ser influenciados e orientados pelos superiores. Todas as estruturas da manifestação se apoiam sobre estes dois fundamentos.

Nuances energéticas

nuclear 54 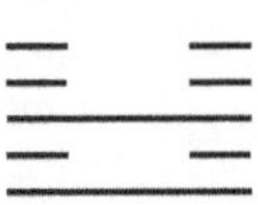 trovão / lago

No âmago da Paz encontra-se o Casamento da Caçula (54) que logra um aliança frutífera, pois a integração com o adversário propicia a mútua aceitação. O ímpeto do trovão desperta a alegria serena que o tranquiliza.

oposto 12 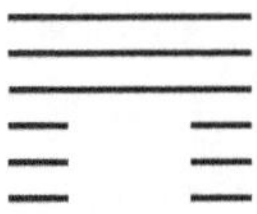 céu / terra

Céu e terra inversamente posicionados se afastam, causando desencontros. Esta parada forçada interrompe a comunicação entre as partes e a Estagnação (12) resultante suscita uma reflexão silenciosa. O outono é o momento propício ao recolhimento e às avaliações.

O céu anterior é o Progresso Gradual (53) e contínuo que não se desvia da sua meta e cujas forças atuam em conjunto em mútuo apoio. Esta fidelidade inerente à própria essência propicia um florescimento harmonioso.

6 A muralha cai novamente no fosso. Não use exércitos.
Proclame a perda à sua própria cidade.
A perseverança seria humilhante.

A muralha cai novamente no fosso.
Seus planos ficam confusos.

26

5 O soberano Yi concede sua filha em casamento.
Isso traz bênçãos e suprema boa fortuna.

Isso traz bênçãos e suprema boa fortuna, pois
ocupa a posição central e pode realizar o que deseja.

05

4 Desce voando, sem se vangloriar da sua riqueza.
Junto ao seu próximo, sincero e sem malícia.

Desce voando, sem se vangloriar da sua riqueza.
Perda da realidade. Sincero e sem malícia
o desejo vem do fundo do coração.

34

3 Não há planície que não seja seguida por uma escarpa.
Não há partida que não seja seguida por um retorno.
Quem persevera mesmo durante o perigo, não falha.
Não lamente essa verdade.
Usufrua a boa fortuna que ainda possui.

Não há partida sem retorno. Esta é a fronteira entre céu e terra.

19

2 Suportar os incultos, atravessar os grandes rios.
Não negligenciar o longínquo nem privilegiar os companheiros.
Trilhar o caminho do meio para obter estima.

Suportar os incultos a fim de trilhar o caminho do meio.
Brilho com uma grande radiação.

36

1 Ao arrancar a grama, junto vem o torrão.
Os da mesma espécie avançam juntos.
Boa fortuna nos empreendimentos.

Ao arrancar a grama, junto vem o torrão.
Ao avançar, boa fortuna. Sua vontade se realiza.

46

6. Ocorre uma mudança energética: a queda da muralha já anunciada pela escarpa (na terceira linha) agora incide no declínio inevitável que se segue a todo florescer. A resistência é inútil e só aumenta os danos. Há um limite que mostra até onde se pode chegar. Insistir em continuar no ímpeto que se converte em claro declínio, só acarreta humilhação. Uma vez que é impossível seguir eternamente no florescer da primavera, o melhor a fazer é voltar-se aos recursos internos, pois agora é questão de preparar o próximo ciclo com eficiência.
O Poder de Domar do Grande (26) ensina como decantar aquilo que de mais precioso se possui, aprimorando as forças armazenadas.

5. Ao encontrar-se no meio da terra, essa linha denota um equilíbrio que encerra a promessa de fertilidade. O soberano (personagem histórico explicitamente mencionado) que concede a filha em casamento culmina o processo de Paz, pois a aliança dos que se encontram acima com os de baixo é simbolicamente consumada. Ao se voltarem um para o outro, a união sacramentada, fonte de grandes bênçãos, inicia uma época de prosperidade.
A transição para a Espera (5) encerra a promessa de cumprir os desígnios do florescimento ora em pauta, voltando-se para acolher a fertilidade já anunciada pelo acúmulo das nuvens no céu. A suprema boa fortuna consiste em ver crescer a Paz.

4. A principal mensagem dessa etapa é que mesmo estando numa posição segura e pacífica, deve estar atento às possíveis mudanças e aos potenciais prejudiciais à sua volta. Esta é uma advertência clara para não perder contato com a realidade. Descer voando, sem se vangloriar, implica em voltar-se aos humildes, prestando ajuda a todos com generosidade. O fato de voar para junto do seu próximo denota o desejo de partilhar a riqueza adquirida.
A perspectiva do Poder do Grande (34) mostra o teor grandioso daquilo que pode ser alcançado. Porém a verdadeira grandeza consiste em não alçar voo sozinho, açambarcando todos os benefícios apenas para si.

3. Demarcar a fronteira entre céu e terra implica nos primeiros sinais de possíveis perturbações da paz. Por isso o conselho de perseverar durante o perigo. Ao ressaltar a inevitabilidade das sequências cíclicas, também assinala que isto não deve impedir usufruir o momento feliz que está passando. Ao contrário, a consciência da finitude de todas as coisas deve incentivar as alegrias e os prazeres agora disponíveis.
A mutação para a Aproximação (19) aponta claramente para a gratificante união com os entes queridos e os objetivos acalentados. Este é o momento para se acercar das oportunidades que estão ao seu alcance.

2. O avanço equilibrado implica em não ceder às pressões dos próximos, concedendo privilégios, nem negligenciar os objetivos de longo prazo. Esta maneira equânime de proceder denota grandeza e atrai estima. A paz interna permite ser tolerante diante das imperfeições e, por isso, suporta os "incultos" com gentileza. Nas mãos de um grande mestre, nenhum material é improdutivo.
Esta é a grande lição das alianças frutíferas: o ser superior é capaz de aceitar e, por isso, sabe manter a sua chama interna acesa mesmo diante da adversidade e do Obscurecimento da Luz (36), enquanto ainda não pode expandir seu brilho às claras.

1. Ao início de uma aliança sólida se deve manter a união de propósitos. A grama com as raízes entrelaçadas ao torrão no qual brota simboliza uma adesão incondicional. Só a interligação que parte das profundezas, compartilhando os mesmos ideais e princípios, consegue prolongar uma meta segura e feliz.
Este esforço ainda invisível ajuda a Ascensão (46) conjunta, vivenciada entre aqueles que compartem planos e propósitos. Pessoas realmente unidas não concebem a possibilidade de distanciamento, pois seu desejo profundo é estar sempre juntas.

CÉU
TERRA

否

12 PI

J. BLOFELD **Obstrução**
W. DONGLIANG **Obstrução**
A. HUANG **Impedimento**
C. JAVARY **Adversidade**
R. WILHELM **Estagnação**
R. WING **Adversidade**

Nome e dinâmica.

O ideograma formado por duas partes superpostas mostra uma boca sendo contida por uma trava, acima. Como a palavra é o veículo de compreensão e de união, a sua negação significa incomunicabilidade e a perda da eficácia participativa. Quando as palavras não são proferidas, desaparece toda possibilidade de entendimento e as vias entre céu e terra são cortadas. Esta situação aponta para um bloqueio diante do qual torna-se impossível avançar. Tudo fica parado.

A estrutura dinâmica também mostra uma dissociação: o céu acima tende a subir, afastando-se da terra, que tende a descer. Estas tendências opostas ressaltam a incompreensão entre as partes, que agora se separam. A inversão de forças em relação ao hexagrama anterior que se refere ao florescimento da primavera, configura os cortes do outono, quando toda a natureza se fecha e se concentra, preparando-se para passar épocas difíceis e frias.

Não vale a pena forçar o avanço agora, pois o confronto com tantas barreiras enfraquece e prejudica. Porém, esta parada forçada às vezes é necessária para o andamento geral das coisas, pois a incubação concentrada garante o retorno da prosperidade. Por vezes é preciso parar e distanciar-se para conseguir superar Obstruções. O afastamento temporário obriga a uma reflexão.

Se a natureza repete este fechamento todos os anos, deve-se concluir que o afastamento também pode ser vantajoso. Todos necessitamos de um momento de solidão periodicamente, para reavaliar expectativas e reorganizar tarefas. A Obstrução provoca também o confronto com a realidade e recoloca os pés no chão. Em certas situações, é justamente o fato de estar impedido de agir que salva, pois não permite cair em dificuldades maiores.

JULGAMENTO

Impedimento. Desfavorável para o ser superior.
O grande parte, o pequeno se aproxima.

A parada forçada não é um momento favorável para o ser superior, que se vê impedido nas suas iniciativas. Ele é obrigado a abrir mão dos seus empreendimentos, pois agora só os assuntos menores são passíveis de serem realizados.

No pensamento tradicional da China, o ser superior deve adequar-se às circunstâncias e não rebelar-se contra aquilo que está além das suas forças, ou que é imposto pelas condições do momento. Durante a Estagnação, é fundamental saber que o outono prepara a primavera, por isso, a Adversidade que obriga a parar deve ser utilizada para dedicar-se aos assuntos menores, para estabelecer prioridades que possibilitem um melhor aproveitamento quando os caminhos voltarem a se abrir.

O afastamento preconizado neste contexto também pode ser interpretado como o mau comando que, por estar afastado dos seus interesses, mal os conhece. Enquanto as influências maiores ou as pessoas de valor estão sendo impedidas de atuar, não convém aderir a nenhuma promoção, nem aceitar vantagens. Aquilo que a princípio poderia ser considerado nocivo, torna-se favorável para quem sabe discernir os sinais de declínio latentes. Não se deve dar nenhum grande passo adiante durante as épocas de Adversidade. A atitude mais eficiente consiste em resguardar-se e ocultar a sua capacidade.

COMENTÁRIO SOBRE O JULGAMENTO

Estagnação. Desfavorável para o ser superior.
O grande parte, o pequeno se aproxima.
Céu e terra não se unem e os seres não se comunicam.
Os de cima e os de baixo não se vinculam e
os estados mal relacionados se arruínam.
Yin encontra-se no interior e yang no exterior.
O interior é flexível, o exterior é firme.
O interno é inferior, o externo é superior.
O caminho do menor se expande.
O caminho do superior diminui.

IMAGEM

Céu e terra não se comunicam: imagem da Estagnação.
Assim, o ser superior se recolhe, se esquivando das dificuldades.
Ele recusa as honras e as recompensas.

Ao reconhecer os sinais de Adversidade, a postura inteligente é recolher-se logo ao início do declínio, passando a aprimorar os afazeres internos. Essa atitude cautelosa evita enredar-se em dificuldades desnecessárias. Ao se fechar durante essa época pouco propícia em que tudo parece estar parado, também é melhor recusar recompensas e honrarias, e não assumir encargos importantes ou tarefas de maior alcance.
Este é um dos doze hexagramas do calendário chinês que se encontra à página 297deste livro e corresponde ao decréscimo das forças luminosas da natureza. Na China antiga, após a festa das colheitas, as portas das aldeias eram fechadas devido à maior escuridão e ao frio. Durante esta estação, as pessoas passavam a dedicar-se ao trabalho yin, ou seja, às tarefas internas ou femininas: os alimentos eram preparados e armazenados, o artesanato e a tecelagem se tornavam a primazia. Toda comunicação externa era fechada durante os longos meses de inverno.

Nuances energéticas

nuclear 5 3

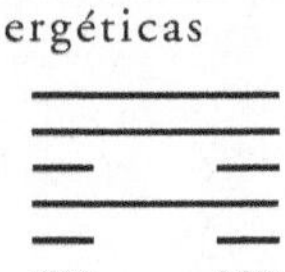

vento
montanha

No núcleo da Estagnação está o Progresso Gradual (53) cujo avanço imperceptível só aparece bem mais tarde. Este desenvolvimento lento e regular resulta de uma reflexão e implica na fidelidade aos próprios anseios essenciais.

oposto 11

terra
céu

O florescer da comunicação e da Paz (11) é, por definição, o oposto do recolhimento do outono. A dinâmica de distanciamento opera o contrário na primavera, quando todos os seres voltam a se aproximar.

O céu anterior, o Trabalho sobre o que se Deteriorou (18), indica que o bloqueio que obriga à imobilidade pode ser reparado. A parada forçada convida a rever a situação e a consertar o que for necessário.

6

A Estagnação se inverte.
Primeiro tudo para, depois vem a alegria.

Ao final da Estagnação, esta se inverte,
pois não se pode tornar permanente.

45

5

A Adversidade está acabando.
Boa fortuna para o ser superior.
"E se fracassasse, e se fracassasse?"
Ele o ata a um feixe de amoreira.

Boa fortuna para o ser superior
pois ele ocupa a posição correta e apropriada.

35

4

Há um mandato celeste. Nenhuma falha.
Os que compartem um ideal
participam das bênçãos.

O mandato celeste não encerra erro.
A sua vontade se cumpre.

20

12

3

Suportar a vergonha.

Suportar a vergonha
porque não ocupa a posição correta.

33

2

Suportar a dependência.
Boa fortuna para o pequeno,
o Impedimento ajuda o grande. Sucesso.

Aceitar o Impedimento ajuda o ser superior
a obter sucesso. Ele não se enreda com as multidões.

06

1

Ao arrancar a raiz, junto vem o torrão.
Cada qual se junta à sua própria espécie.
A perseverança traz boa fortuna e sucesso.

Ao arrancar a raiz, junto vem o torrão.
A perseverança traz boa fortuna.
A vontade se alinha com a do governante.

25

6. O longo período de hibernação, em que tudo estivera parado e parecia sem saída, é definitivamente deixado para trás. Não se trata propriamente de uma vitória forçada sobre os bloqueios, porém de uma saída natural. A solução se apresenta espontânea, trazendo consigo a alegria.
A transição para a Reunião (45) destaca a volta da união tão desejada: quando as águas se juntam sobre a terra formam uma reserva abundante e fértil, um lago, que favorece a solidariedade serena e feliz.

5. Quando o período de Estagnação finalmente termina, a pessoa cautelosa ainda tem receio que o Impedimento volte a prevalecer, por causa disso o seu extremo cuidado. A humildade da sua postura, ao se questionar duas vezes sobre um possível fracasso, tomando a máxima precaução – simbolizada pelo fato de amarrar aquilo que quer ver florescer a um feixe de amoreira, que *sempre* frutifica – é o que garante o sucesso.
A alternância para o Progresso (35) acentua a nova tendência de prosperidade, quando o sol (fogo) volta a brilhar acima da terra.

4. O mandato celeste ou uma tarefa importante aparece como o primeiro sinal da reversão da situação bloqueada. O encontro com seres de natureza semelhante ou que compartem um ideal possibilita o entendimento. Aqui se explicita uma união de propósitos que pode aportar benefícios. O pior já passou, e o horizonte começa a se aclarar.
A alternância para a Contemplação (20) indica a chegada ao topo da montanha, de onde a tarefa que se descortina convida a uma reflexão, através do vislumbre de fatores antes despercebidos.

3. Este texto tão sucinto é muito claro: só o recuo é possível. Nada pode ser realizado a não ser uma retirada ordenada e bem planejada, pois esta é a única via que permanece aberta. Suportar a vergonha significa também submissão e sujeitar-se à indignidade, pois nada de honroso pode ser empreendido nessas circunstâncias.
A perspectiva da Retirada (33) é eloquente: quando os caminhos honrosos estão irremediavelmente bloqueados e se é ofendido, só resta o recurso do afastamento.

2. Quando se é obrigado a suportar uma condição de dependência porque tudo está parado e se fica impedido de atuar, é importante saber como agir. Para o ser inferior acostumado à submissão e sem iniciativas próprias, esta é uma ocasião boa, pois não apresenta nenhum desafio. Mas as pessoas inteligentes podem se afligir ao perceberem tudo à sua volta estancado. A única maneira de converter o bloqueio em proveito é aceitá-lo e torná-lo uma aprendizagem.
A mutação para a resolução do Conflito (6) sugere que em vez de se deixar confundir ou enredar nos problemas coletivos, é questão de buscar soluções práticas para atenuar o mau momento.

1. O principiante deve preferir se ater aos núcleos conhecidos do próprio grupo ao qual está ligado, assim como a raiz ao seu torrão. Esta união natural que partilha das mesmas origens reafirma as suas bases e afasta as influências negativas, evitando assumir riscos desnecessários. Ao sentir os primeiros sinais desfavoráveis, convém se apoiar em pessoas com quem possa realmente contar, sem permitir que o tirem do contexto que lhe é familiar.
A mutação para a Inocência (25) confirma o potencial de apoio e regeneração espontânea que encontra dentro do seu próprio meio.

CÉU
FOGO

同人

13 TONG REN

J. BLOFELD **Congraçamento Universal**
W. DONGLIANG **União com seus Próximos**
A. HUANG **Buscando Harmonia**
C. JAVARY **Entender-se com Todos**
R. WILHELM **Comunidade com os Homens**
R. WING **Comunidade**

Nome e dinâmica.

O ideograma tem, à direita, o signo do ser humano ao lado da moldura de uma porta dentro da qual há uma boca, sugerindo pessoas unidas falando a uma só voz. A figura indica uma comunhão de propósitos e de forças, pois a boca dentro de um invólucro evoca refeições e conversas compartidas. Interesses similares unem as pessoas e acentuam a disposição de formar alianças.

Esta é uma dinâmica vigorosa. Se fogo e céu diferem, a diversidade de suas naturezas pode contribuir para o mútuo enriquecimento, pois a sua propensão comum tende para o alto. Para lograr uma verdadeira coesão, é preciso se abrir às diferenças, aceitando-as de bom grado. As pessoas se juntam por compartilharem uma meta, e só podem construir algo de valor se permanecem unidas. Esta disposição comunitária embasa a solidariedade humana. Sem uma ordem e um sistema, a comunidade seria apenas uma mistura confusa de indivíduos, e quase nada seria alcançado. É preciso diferenciar os diversos talentos e saber empregá-los com inteligência, de modo a designar a cada um o papel que deve desempenhar dentro de um projeto comum.

A concórdia entre os homens se fortalece quando todos os participantes de uma congregação produzem algo juntos, cada qual dando o melhor de si no exercício da sua função. É preciso ter satisfação no seu desempenho, o que não acontece por acaso. As necessidades da humanidade são preenchidas somente quando uma liderança capaz se encarrega de coordenar as funções.

JULGAMENTO

União com seus Próximos até nos campos abertos.
Sucesso. É favorável atravessar as grandes águas.
A perseverança favorece o ser superior.

Comunidades evidenciam tendências a serem realizadas em fatos concretos. A chama acesa dirigindo-se ao céu indica a busca do calor humano e do incentivo gratificantes. A força e a luminosidade provêm da coesão interna. Quem sabe manter a sua chama acesa, atrai a contribuição das pessoas à sua volta e, assim fortalecido, atravessa os impedimentos com facilidade. O conselho explícito de *atravessar as grandes águas* só aparece quando existe um potencial suficiente para encarar o desafio em pauta.

A consistência de propósitos é essencial para ampliar as perspectivas de equipes coesas. A abertura confiante entre todos contribui para o sucesso do grupo. Consolidados pela contribuição dos seus pares, os projetos empreendidos em comum têm agora todas as chances de darem bons frutos. Quando um grupo está bem estruturado, sua influência se amplia e resulta efetiva até em campos abertos, ou seja, seus efeitos se espalham até a lugares distantes.

Buscar a Harmonia e o entendimento é fundamental, pois a inclusão numa equipe implica em participar voluntariamente de uma ação conjunta. Ainda que as pessoas sejam diferentes entre si, quando se reúnem numa sociedade devem contribuir para propósitos comuns. As coletividades funcionam melhor quando cada membro se sente seguro no lugar que ocupa dentro da estrutura social. Agora, não convém tentar sobressair sozinho pois esta época de grande lucidez é um bom momento para empreender novos projetos comunitários. A comunidade constitui um microcosmo, sendo o primeiro grupo que deve funcionar em harmonia.

COMENTÁRIO SOBRE O JULGAMENTO

União Comunitária. O maleável encontra seu lugar, ao centro,
e o criativo lhe corresponde. A concórdia permite a busca da União
em espaços abertos. Sucesso. É favorável atravessar as grandes águas.
O criativo atua. Ordem e lucidez se unem à força
Central e sendo correspondidos, esta é a correção do ser superior
pois só ele é capaz de reunir a vontade de todos debaixo do céu.

IMAGEM

Céu unido ao fogo: imagem da União com seus Próximos.
Assim, o ser superior, ao classificar as coisas por analogia,
estabelece as distinções entre elas.

Diferenciar os diversos talentos e aptidões é o primeiro passo para estabelecer uma Comunidade coesa. Os integrantes da equipe devem ordenar e classificar suas respectivas funções, para organizar melhor o todo. Só se pode estabelecer tarefas quando se conhece os seus colaboradores a fundo. As diferentes aptidões de cada membro devem ser bem aproveitadas, pois o conjunto dos diversos talentos constitui a verdadeira força disponível. Inteligência e discernimento são necessários para designar a cada participante o papel que deve desempenhar na sua Comunidade. Se cada qual ocupa o lugar que lhe é próprio, o funcionamento e o progresso da sociedade estão assegurados.
Toda a ciência chinesa foi baseada nos princípios de analogia. A dinâmica deste contexto induz a manter a boa comunicação entre os seres. Se começar um empreendimento já é difícil, manter a continuidade de um bom desempenho é mais árduo ainda, e supõe uma atenção constante, sem trégua. Do mesmo modo, manter o fogo aceso do afeto ou do amor requer uma dedicação persistente e firme. Todas as relações humanas harmônicas envolvem muita inteligência e diplomacia.

Nuances energéticas

nuclear 44

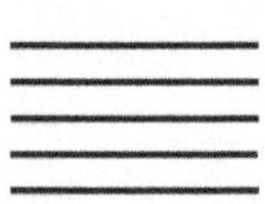

c é u
v e n t o

No núcleo da Comunidade se Vai ao Encontro (44) das aspirações individuais. A única linha yin abaixo deseja juntar-se às cinco yang de cima, na tentativa de se inserir no movimento comum. O vento reparte a sua energia no alto do céu.

oposto 7

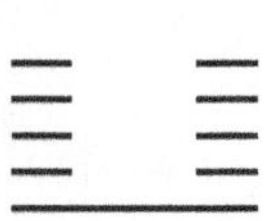

t e r r a
á g u a

A convocação de forças para formar um Exército (7) é uma situação de exceção, quando o trabalho comunitário e os afazeres cotidianos são deixados de lado, para atender a uma urgência maior. Preparar-se para a defesa torna-se tarefa primordial.

O céu anterior, o Poder do Grande (26), assinala que a comunidade depende da sua coesão e lucidez interna. O vigor comunitário precisa ser constantemente renovado e incentivado, pois este é o ânimo que mantém a união entre os homens.

6

**União com seus próximos até nos arrabaldes.
Nenhum arrependimento.**

***Busca a União da Comunidade até nos campos.
A vontade ainda não está satisfeita.***

49

5

**Aqueles que estão unidos na Comunidade primeiro choram e se lamentam, mas depois riem.
Após grandes lutas eles se encontram, sorridentes.**

***Ele acerta ao início da busca de uma União.
Após muitas lutas eles se encontram, vitoriosos.***

30

4

Sobe no muro e não pode atacar. Boa fortuna.

***Sobe no muro e não pode atacar. Boa fortuna.
Estando comprometido por vínculos morais, não ataca.
A boa fortuna decorre do retorno à verdade.***

37

同人

13

3

Armas escondidas entre os arbustos. Escala a alta montanha e não atua durante três anos.

***Armas escondidas entre os arbustos. Seu oponente é tenaz.
Não atue durante três anos. Contente-se com o que possui.***

25

2

**Buscando Harmonia somente dentro do próprio grupo.
Humilhação.**

Buscar a Harmonia só com os mais próximos leva à humilhação.

01

1

**União com seus próximos diante do portão.
Nenhuma falha.**

Sair do portão para formar uma comunidade, como poderia implicar em erro?

33

6. Na derradeira etapa, a busca da União com seus Próximos se estende até aos campos mais longínquos. Quando o alcance da concórdia entre os homens se amplia, todo e qualquer arrependimento desaparece, pois ocorre uma mudança radical.
O alargamento de horizontes permite efetuar uma verdadeira Revolução (49) pois esta evolução positiva resulta numa profunda renovação. Assim como a mudança das estações revoluciona a natureza, o processo de restauração eficiente pela comunhão dos homens elimina os excessos e estabelece uma nova ordem.

5. Aqueles que desde o início buscavam unir-se à Comunidade que realmente desejam integrar, podem passar por momentos tristes, por lamentações e por grandes lutas, mas finalmente se encontram na alegria. Os esforços por se manter unidos finalmente triunfam, devido ao empenho colocado nesse encontro.
Toda a emoção contida nessa etapa provém da alternância para o Duplo Fogo (30), símbolo da paixão que provoca emoções fortes; arde em chamas, provoca risos e lágrimas. Símbolo da clareza, surge agora a percepção das motivações e das metas passadas.

4. Ao subir no muro – que até agora impedia uma visão mais ampla e clara – se consegue finalmente perceber o que existe do outro lado, com todas as decorrentes implicações. Este maior discernimento revela a inutilidade de tomar medidas enérgicas ou agressivas.
A perspectiva da Família (37) sugere que não pode criticar ou enfatizar as falhas dentro da sua própria intimidade. Os compromissos morais para com a sua gente o obrigam a encarar essa verdade sem rodeios. A boa fortuna dessa etapa decorre justamente da impossibilidade de atacar.

3. Se neste contexto tudo deve ser abertamente compartilhado, buscar vantagens individuais sem repartir os benefícios resulta lesivo. As armas escondidas e as intenções não reveladas prejudicam. Os arbustos espessos transmitem a imagem de esconderijos onde se ocultam astúcias sorrateiras. Neste contexto em que tudo deve ser exposto com clareza (o fogo aliado ao céu) entre todos, fatores encobertos comprometem o bom andamento da comunidade.
A falta de solidariedade atrai algo Inesperado (25) que chega de modo espontâneo para desestabilizar. Escalar a alta colina simboliza a solidão que tem pela frente durante algum tempo por se enveredar neste caminho.

2. O entendimento que não vai além do grupo e que se estende apenas dentro dos limites da própria empresa ou família é insuficiente para abarcar a comunidade solidária que este contexto requer. Persistir querendo privilegiar a poucos pode resultar em humilhação.
A mutação para o Criativo (1) confere demasiada força e empenho para garantir os próprios interesses. Neste contexto comunitário, visar apenas lucros pessoais, sem estender os benefícios para a sua comunidade, torna-se prejudicial para todos.

1. O primeiro passo para lograr Entender-se com Todos deve ser dado diante do portão de saída da sua própria morada: a Busca da União e da concórdia deve começar, portanto, junto daqueles que são mais próximos. A permanência junto ao portão comprova que hesita em sair do seu âmbito restrito de ação. Sugere também afirmar a coesão consigo mesmo e com as pessoas de sua intimidade, antes de estabelecer contatos com os mais distantes.
A perspectiva da Retirada (33) acentua uma retenção e o fato de que qualquer compromisso mais sério ainda seria prematuro.

FOGO
CÉU

大有

14 DA YOU

J. BLOFELD **Grandes Posses**
W. DONGLIANG **Grandes Posses**
A. HUANG **Grande Colheita**
C. JAVARY **O Grande Realiza**
R. WILHELM **Grandes Posses**
R. WING **Soberania**

Nome e dinâmica.

O ideograma é formado do signo do grande, à esquerda, ao lado de uma mão contendo algo em mutação, e transmite a ideia da capacidade de materializar ou trazer algo à existência.

A figura do fogo que brilha no alto do céu iluminando e repartindo o seu calor entre os seres, sem discriminação, distribui benefícios em todas as áreas. Também sugere a manifestação de uma potencialidade latente, algo de grandes proporções que surge nitidamente. O sol no ápice indica a irradiação de conhecimento e de percepção. A Soberania preside, mais do que age. Para a China, o soberano deve atuar da mesma forma equânime: ele observa e dá as diretivas. Se estiver diretamente comprometido nos processos, não terá o distanciamento necessário para perceber as ocorrências no seu campo de ação. Plenamente atento, deve estimular o trabalho dos outros, permitindo que levem a cabo os diversos empreendimentos. O polo central ocupa a posição do coração, órgão vital que, no entanto, nada produz; sua função é a de fazer circular a vida em todo o reino-corpo.

Uma tal configuração lúcida propicia a realização de projetos e de ideais, pois as probabilidades de acerto aumentam. Esta é a dinâmica de passagem do estado latente para a concretude, quando efetivamente se colhem os frutos. Esta dinâmica luminosa incide numa perfeita compreensão de valores, pois a suprema riqueza consiste da visão mais ampla que abre horizontes.

JULGAMENTO

Grandes Posses. Sublime sucesso!

O texto lacônico engloba a multiplicidade de impulsos e pulsões criativas agora latentes, incentivando a todos os seres. As posses a que o texto se refere não são necessariamente as materiais, porém, exprimem a capacidade de realização. Céu e fogo repartem luz e convergem num mesmo movimento ascendente de modo lúcido e firme, anunciando sublime sucesso. A possibilidade de prosperidade preconizada neste contexto emana da união da clareza com a força. O meio-dia isento de sombras traz à tona todas as realidades.

A complexidade motora inerente a cada ser, em seu foro íntimo, resplandece tocada pela oportunidade de manifestar-se. Um efeito quase mágico é acionado nesta dinâmica em que a força (céu) está subordinada à clareza (fogo). No tema dos mitos solares, o advento do sol é a força resplandescente que, no seu apogeu, conduz o mundo à plenitude, tornando todas as realidades perceptíveis. É também o calor do sol que propicia as Grandes Colheitas.

Com tantos prenúncios favoráveis, não se deve perder de vista que as facilidades advindas nas circunstâncias favoráveis não são posses intrínsecas ou perenes. O reconhecimento de ser o veículo portador de benefícios obriga a reparti-los com generosidade.

A única linha yin ocupa o comando, mantendo as cinco yang unidas à sua volta. Sua natureza receptiva e dedicada ofusca a si mesma, para realçar o brilho dos que a rodeiam. Posicionada acima, a todos percebe nitidamente e procura atender. Do mesmo modo, quando a posição de honra exerce um comando suave e receptivo, todos os seres têm a liberdade de autorealização. Para o I Ching, o supremo sucesso consiste na plena realização da sua própria natureza.

COMENTÁRIO SOBRE O JULGAMENTO

Grandes Realizações: o maleável obtém o lugar de honra,
ao centro, e tanto o superior como o inferior lhe correspondem.
A isto se chama Grandes Realizações.
Sua qualidade firme e forte também denota clareza,
corresponde ao céu e se move com o tempo.
Daí decorre o supremo sucesso.

IMAGEM

O fogo acima, no céu: imagem das Grandes Posses.
Assim, o ser superior reprime o mal e promove o bem,
cumprindo o glorioso desígnio do céu.

Em sua lucidez generosa, o ser superior promove a faceta positiva dos seres, afastando os enfoques menores. A capacidade de realização implica na utilização correta dos meios disponíveis. Para a China, extremamente pragmática, é inconcebível qualquer conquista sem a sua imediata aplicação. O que possuímos constitui um legado, a ser transmitido acrescido, – como tochas que, quando em nossas mãos, nos incumbem de abrir caminhos.

Quanto maior é o sucesso e os holofotes voltados sobre uma pessoa, maior o risco de complacência e vaidade. Por isso, o ser superior segue o exemplo do sol, ao brilhar no alto do céu, doando as suas energias luminosas aos que se encontram abaixo.

Quem obtém algo grandioso e não o reparte, acaba perdendo a dádiva recebida.

Pior do que a palavra que ignoramos, é a que sabemos e não transmitimos, é a que possuímos e não aplicamos. Ao reter algo só para si, se destrói o seu sentido e, ao mesmo tempo, se extingue uma parte de si mesmo, ao prendê-lo. A maior riqueza consiste em passar adiante aquilo que nos foi dado generosamente. Cada ser humano tem tanto quanto dá.

Nuances energéticas

nuclear 43

l a g o
c é u

Cinco linhas yang, fortes e luminosas, estão a ponto de erradicar a última linha yin: este é o momento da Decisão (43) em que toda dúvida é eliminada. Esta transparência encontra-se no cerne da Soberania que sempre resulta de determinações firmes.

oposto 8

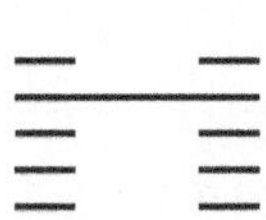

á g u a
t e r r a

A energia descendente das águas que fluem sobre a terra é contrária ao fogo que arde em direção ao céu. O movimento do plantio em Solidariedade (8) encerra as esperanças a serem materializadas no ciclo oposto, o das Grandes Colheitas.

O céu anterior é a Retirada (33), o recuo estratégico e restaurador que fortalece, sem desperdiçar energias inutilmente. A atitude reservada resulta num acúmulo que, por sua vez, aciona as condições propícias para lograr a Soberania.

6

**Chegam as bênçãos do céu. Boa fortuna.
Nada que não seja favorável.**

A posição mais elevada das Grandes Realizações contém a boa fortuna. As bênçãos provêm do céu.

34

5

Quem logra comunicar a verdade com sinceridade alcança a boa fortuna.

Quem logra comunicar a verdade com sinceridade incita a vontade de todos, por ser digno de confiança. A boa fortuna da sua integridade resulta da sua maneira de agir fácil e espontânea.

01

4

Não ampliar a sua própria importância. Sem falha.

Não ampliar a própria importância não encerra erro. Claro e com discernimento.

26

大有

14

3

Um príncipe se incumbe de doar oferendas ao Filho do Céu. Os seres mesquinhos não poderiam fazê-lo.

Um príncipe se incumbe de doar oferendas ao Filho do Céu. Se os mesquinhos tentam fazê-lo, resulta desastroso.

38

2

**Uma grande carroça a ser carregada.
Algo deve ser empreendido. Nenhuma falha.**

Uma grande carroça a ser carregada. Armazenar ao centro não encerra erro.

30

1

Nenhuma relação com fatores prejudiciais. Sem falha. Mantendo-se consciente da dificuldade, não incorre em erros.

Iniciar as Grandes Posses sem relacionamentos é nocivo.

50

6. Três frases extremamente auspiciosas eliminam qualquer possibilidade de dúvida ao final deste contexto iluminado: os benefícios recebidos decorrem da postura generosa. Ao chegar à culminância de um empreendimento próspero, o ser soberano não abandona a moderação e a justa medida em relação aos que o acompanham durante as grandes realizações. Deste modo, tudo é favorável.
Esta dinâmica tão rica em possibilidades aciona o Poder do Grande (34), em que a situação privilegiada assume a responsabilidade de distribuir os frutos do sucesso.

5. A verdadeira dignidade é aquela que se dá de maneira espontânea, transmitindo a verdade. A linha yin receptiva e centralizadora atrai todos à sua volta. Encontra-se no âmago deste contexto tão próspero, pois sua autenticidade congrega adesões verdadeiras. Aquele que logra essa comunicação sincera obtém a boa fortuna.
A alternância para o Criativo (1) indica um grande potencial que incentiva os contatos e empreendimentos. O brilho fulgurante se coloca à disposição de todos, provendo ajuda.

4. O discernimento consiste em não pretender arrebatar o prestígio só para si, nem se deixar contagiar por uma ambição desmedida. É desnecessário aumentar a própria importância quando se detém um tal poder. Quem não pretende tomar posse de tudo, não comete maiores erros. Esta etapa alerta para não exaltar a própria fama, continuando a trabalhar simplesmente na meta que lhe foi confiada.
Convém utilizar a oportunidade momentânea para aprimorar as capacidades, como indica a dinâmica do Poder de Domar do Grande (26) em que a criatividade do céu é enriquecida no interior da quietude da montanha.

3. O ser superior reconhece a necessidade de fazer doações. Todo ser magnânimo é um príncipe em potencial. Mas o mesquinho é incapaz de discernir esta faceta inerente às suas posses, por acreditar que são exclusivamente suas. A longo prazo, ele é o maior prejudicado por este enfoque equivocado.
A mutação para a Oposição (38) mostra como superar as possíveis dúvidas ou divergências, ao acionar um combate entre as facetas opostas. Quem sabe colocar os bens e as capacidades disponíveis a serviço das exigências do momento presente, lhes promove um acréscimo.

2. O veículo apropriado é indispensável para transportar as riquezas acumuladas. As posses – internas ou externas – devem ser transmitidas até aos que se encontram mais distantes. Os bens armazenados ao centro, ou seja, de modo equilibrado, abastecem o calor da chama que se expande cada vez mais abrangente.
A alternância para o Duplo Fogo (30) aponta para um estado de constante atenção, pois a grande luz não pode deixar de ser percebida. Quando dois grandes fogos brilham juntos, são vistos de longe, como um clarão cujo calor reconforta e orienta.

1. A advertência de separar-se de todo fator nocivo é colocada logo ao início. Ao ingressar nesta dinâmica tão favorável, convém rechaçar os interesseiros e todos os elementos prejudiciais com firmeza. A ingenuidade de confiar demais pode ocasionar tropeços. As escolhas lúcidas e responsáveis são muito importantes para não desperdiçar essa excelente oportunidade.
A perspectiva do Vaso Cerimonial (50) indica a seriedade de quem compartilha essa missão revestida de grande importância, e sugere que só as pessoas realmente confiáveis podem participar das tarefas elevadas.

TERRA

MONTANHA

謙

15 QIAN

J. BLOFELD **Modéstia**
W. DONGLIANG **Modéstia**
A. HUANG **Humildade**
C. JAVARY **Concentrar**
R. WILHELM **Modéstia**
R. WING **Moderação**

Nome e dinâmica.

O ideograma mostra à esquerda, uma boca aberta (abaixo), de onde saem palavras, indicando o ato de falar. Ao lado, uma mão entre dois feixes de cereais aponta para algo valoroso sendo repartido. A mão que contém o fluxo das palavras e que controla as próprias riquezas simboliza a firmeza inabalável que não se deixa confundir por pretensões descabidas. Este compartilhar silencioso sugere a Modéstia, considerada na China como grande fortuna, – representada aqui pela posse de dois campos de cereais. Esta capacidade de compartilhar os bens denota um perfeito equilíbrio que se manifesta em amabilidade magnânima. Colocar-se à disposição das energias em vigor, sem fazer exigências ou impor condições, facilita o fluir natural das transações. Preza-se a disponibilidade manifesta com discrição e silêncio como um bem inestimável.

Uma montanha sendo contida dentro da terra prenuncia uma gestação afortunada, pois a matriz guarda algo de elevado e valioso, atesourado no âmago do seu mais profundo ser. A terra está exaltada, e este é o efeito da Modéstia nos homens, – ela os eleva e dignifica. A verdadeira riqueza não precisa fazer alarde, pois jaz sólida e serena como a montanha resguardada no interior da receptividade da terra. Segura da disponibilidade da sua força, sabe calar e curvar-se diante das circunstâncias, até se decidir a utilizá-la com Moderação. Por isso se inclina diante dos outros com gentileza. Quem sabe curvar-se, atencioso, impõe respeito. Desmedido e violento é aquele que não sabe se conter, pois a falta de controle denota fraqueza.

A Modéstia representa a maestria, fruto de um longo aprendizado, e sempre produz efeitos afortunados.

JULGAMENTO

A Modéstia cria o sucesso.
O ser superior conduz tudo à conclusão.

A possibilidade de criar situações favoráveis que culminam em êxito enfatiza o livre-arbítrio soberano que se encontra nas entrelinhas de todas as mutações. O texto mostra com clareza que cada ser tem o poder de moldar o seu destino, ressaltando que a sua conduta o expõe a influências construtivas, ou destrutivas. Esta constatação constante em todo o Livro das Mutações incide na capacidade de criar o próprio sucesso, sabendo levar os empreendimentos a bom termo. A eficiência consiste sobretudo em completar aquilo que se propõe. O ser superior aperfeiçoa os seus trabalhos, sem vangloriar-se. Vai simplesmente executando as tarefas que lhe compete, dia a dia. Importa somente cumprir o compromisso assumido.

A concentração de forças internas evoca a simplicidade sem provocar atritos, nem tentar impor suas opiniões mas, ao contrário, a todos (as cinco linhas yin) motiva e incentiva gentilmente. As ostentações estão completamente ausentes deste contexto formado por cinco linhas yin, equânimes em sua dedicação. Ao atingir a culminância, as pessoas costumam enredar-se na autovalorização, e se apegam aos triunfos alcançados. A postura calma e firme diante das solicitações externas outorga solidez às iniciativas. Mas pode transformar-se em ação enérgica quando preciso, pois sabe dosar flexibilidade e firmeza com maestria.

O olhar da Modéstia tem a capacidade de aceitar as falhas e as imperfeições com um sorriso, com tolerância. Esta discrição moderada transita pelo difícil "caminho do meio" tão citado na China enquanto trilha da sabedoria.
Este é o único hexagrama do I Ching em que todas as linhas são favoráveis.

COMENTÁRIO SOBRE O JULGAMENTO

A Moderação cria o sucesso, pois o Tao do céu é verter a sua energia e o seu brilho sobre todos os seres. E o Tao da terra é enviar a sua energia para cima, ligando-se ao céu.
O Tao do céu é diminuir o pleno e acrescentar ao que é humilde.
O Tao da terra é alternar o pleno e aumentar o que é modesto.
O Tao dos seres espirituais esvazia o pleno e abençoa o humilde.
O Tao dos homens contraria o pleno e ama o modesto.
A Modéstia honrada irradia o seu brilho.
A Modéstia em posição subalterna não é ignorada.
Assim, o ser superior conduz seus princípios até ao fim.

IMAGEM

A montanha no interior da terra: imagem da Modéstia.
Assim, o ser superior diminui o excesso
e aumenta o insuficiente.
Ele pesa as coisas, e as equilibra.

Todos os excessos são aplainados neste momento. A altura da montanha compensa a profundidade da terra e, assim, enfatiza o equilíbrio e a Moderação. Esta compensação de valores também se explicita na tendência de contenção e nas divisões equânimes que propiciam a harmonia entre o elevado e o baixo.
O paralelo com os ciclos da natureza transparece nitidamente: é no momento em que a lua está cheia que começa a minguar, e reinicia o seu crescer na lua nova. Esta mesma lei atua na alternância das estações e das marés, assim como no ciclo das civilizações e na vida humana. Toda a natureza confabula para fluir rumo à simplicidade dos vales planos. A Modéstia atrai a amizade e a solidariedade entre os seres.
Porém, se esta parece uma trilha simples e fácil, na realidade, alcançar a Modéstia exige um longo esforço, e muita perseverança. A China se inclina diante da Humildade, reconhecendo que encerra um longo aprendizado, e a culminância da sabedoria.

Nuances energéticas

nuclear 40

trovão
água

A Liberação (40) no núcleo da Modéstia acentua que se libera das amarras – da prepotência e da vaidade a dificultarem a vida. Permite seguir feliz e com mais desenvoltura. No seu âmago, a pessoa modesta é livre.

oposto 10

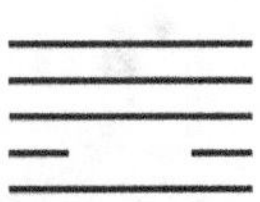

céu
lago

A Conduta (10) tem como imagem um elemento fraco andando atrás do mais forte e a sua ousadia abre novas possibilidades. Esta é a atitude oposta à Modéstia, que permanece tranquila, sem pretender galgar posições de repercussão.

O céu anterior é o Aumento (42) em suas inúmeras implicações, pois a Modéstia provém da capacidade de acrescentar a si mesmo e a todos à sua volta, repercutindo em benefícios contínuos e duradouros.

謙

15

6 — —

A Modéstia se exterioriza. É favorável mobilizar as multidões para consolidar o próprio país.

A Modéstia se exterioriza. O objetivo ainda não foi alcançado. Consolidar primeiro o próprio país.

52

5 — —

Não se vangloriar da riqueza diante do seu vizinho. É favorável atacar com armas. Nada que não seja favorável.

Convém atacar com armas para subjugar os rebeldes.

39

4 — —

Nada que não seja favorável para a Modéstia em ação.

Nada que não seja favorável para a Modéstia atuante. Não transgride os seus princípios.

62

3 ——— ○

Um ser superior de mérito e modesto, leva tudo à conclusão. Boa fortuna.

Um ser superior de mérito e modesto, leva tudo à conclusão porque todos o aceitam.

02

2 — —

Modéstia manifesta. A perseverança traz boa fortuna.

Modéstia manifesta. A perseverança traz boa fortuna. Ele a possui nas profundezas do seu coração.

46

1 — —

Um ser superior modesto que sabe se conter pode atravessar as grandes águas. Boa fortuna.

Um ser superior humilde em sua modéstia permanece em posição subalterna para se resguardar.

36

6. A Modéstia que se exterioriza alude à necessidade da sua persistência, pois a consolidação interna exige um cuidado contínuo. Utilizar a grande força de que dispõe para ordenar o próprio país, – o próprio trabalho, a própria família ou a sua própria pessoa. A menção do objetivo que, mesmo na culminância, ainda não é alcançado, sugere humildemente que por mais que se alcance, sempre há ainda muito por fazer. A Modéstia não se contenta com sentar sobre os próprios lauréis, envaidecida, e se esforça por aprimorar constantemente os assuntos dentro do seu alcance.
A consolidação interna aquieta e concede firmeza, como comprova a alternância para a Dupla Montanha (52).

5. Vangloriar-se do enriquecimento junto ao vizinho sugere a possível participação numa riqueza ilícita ou questionável. Quando os limites são ultrapassados e tornam-se ofensivos, a solução é combater com as armas de que se dispõe. Não é admissível permitir que continuem as ofensas e deixá-las impunes. De modo nenhum deve-se confundir a gentileza e a Modéstia com fraqueza. Convém usar o rigor para restabelecer os limites, não permitindo atitudes desonrosas ou desacatos, pois a impunidade acarretaria males muito maiores.
O conselho do ataque armado como meio viável para erradicar os Obstáculos (39) é eloquente, e constitui o único caso entre as Mutações: só o comando da Modéstia pode atacar com armas, sem atrair sobre si nada que não seja favorável.

4. A dinâmica da Modéstia atuante sabe tomar as medidas pertinentes, sem fazer alarde. Aceita a responsabilidade de agir dando o melhor de si, tendo somente em vista o bom funcionamento do empreendimento em pauta. Dotada da equanimidade, sabe ordenar o andamento do que lhe é confiado sem violar os próprios princípios. Por isso não há nada que não lhe seja favorável.
Ao alternar para a Preponderância do Pequeno (62) denota que se mobiliza sem negligenciar os assuntos menores ou as pessoas mais humildes. A sua observação minuciosa dos detalhes coloca cada coisa no seu devido lugar.

3. A única linha yang reflete o poder sólido porém oculto que se encontra no cume da montanha. Reúne todos (as cinco linhas yin) à sua volta, pois lhes dá apoio e orienta em suas respectivas funções. Apesar do extraordinário mérito da sua ação, o ser superior a considera como algo natural, subordinando-se de bom grado às exigências do momento. Mesmo encontrando-se na culminância, jamais se deixa deslumbrar pela fama ou contagiar pelo prestígio. Indiferente às opiniões a seu respeito, se concentra em terminar a sua obra.
A mutação para o Receptivo (2) comprova a dedicação incondicional, assim como a terra elevada pela montanha interna consegue completar todas as tarefas que lhe são encomendadas.

2. A Modéstia se evidencia com clareza e constitui parte natural de uma pessoa. Quando a postura reflete esta qualidade inestimável, ela exerce uma influência duradoura sobre o seu meio ambiente. A tenacidade aliada à Moderação consegue vencer qualquer desafio, pois atua tranquilamente e sem fazer alarde.
Este esforço invisível porém perseverante está implícito na alternância para a Ascensão (46), que simboliza o empenho de uma planta para atravessar o húmus denso da terra. É natural que a sua influência cresça de modo paulatino e seguro.

1. Ao se deparar logo de entrada com dificuldades a serem vencidas, em vez de ceder à ansiedade, a pessoa modesta sabe se conter. Por isso é capaz de superar até os empreendimentos mais difíceis. Onde não são levantadas pretensões, não surgem resistências. Aquele que não impõe condições nem faz exigências leva a sua tarefa a cabo com natural simplicidade.
A perspectiva do Obscurecimento da Luz (36) mostra que mesmo quando as suas qualidades não são valorizadas, a Modéstia prossegue o ofício que se propõe, pois age com calma e meticulosa dedicação.

TROVÃO
TERRA

豫

16 YU

J. BLOFELD **Repouso**
W. DONGLIANG **Exuberância (Festividades)**
A. HUANG **Prazer**
C. JAVARY **Entusiasmar-se**
R. WILHELM **Entusiasmo**
R. WING **Harmonizar**

Nome e dinâmica.

Os dois signos contíguos que formam este ideograma mostram um desenho complexo representando um intercâmbio ou transmissão, à esquerda, ao lado de um elefante, animal que existia na China pré-histórica. Há imagens de elefantes nas cavernas perto do rio Amarelo e nos vasos de bronze decorados até a época Shang. O elefante simboliza algo fora do comum; servia para transportar cargas e também era treinado para proporcionar divertimento. Reflete, assim, tanto o repouso como uma situação excepcionalmente prazerosa durante os momentos de descanso do trabalho cotidiano.

O trovão que eclode acima da terra anuncia algo de extraordinário, um chamado a ir mais longe. A sensação de harmonia compartida e alegria festiva emana com Entusiasmo, como um raio, a irromper barreiras, transportando para além dos limites habituais do dia a dia corriqueiro. Este ímpeto expansivo que brota espontâneo é um movimento natural, mais forte do que qualquer compulsão ou motivação externa. O Entusiasmo não pode ser forçado, pois implica na ressonância da escuta de uma eclosão interna. Age como uma varinha mágica que vai despertando os seres, ao neles tocar, transmitindo novas sensações.

O ato de irromper que parte da terra encerra o sentido de proporcionar algo excepcional. O ímpeto de desbravar limites, com todas as suas implicações, transmite a autenticidade dos embalos espontâneos que brotam da natureza própria de cada ser.

JULGAMENTO

Entusiasmo. É favorável designar ajudantes
e mobilizar as forças coletivas.

O Entusiasmo brota sempre espontâneo e naturalmente, assim como o trovão emana da terra. Este contexto ressalta o fato de as leis que regem os fenômenos serem a eles intrínsecos, constituindo a sua harmonia interna. Assim, cada qual deve cumprir as exigências da sua própria natureza, sem se desviar do seu curso. Seguir a dinâmica energética inerente às coisas e aos seres resulta na melhor trajetória, pois essa tendência não precisa ser inculcada. O desabrochar de uma maturação natural conquista o seu próprio espaço. Portanto, o caminho ideal se encontra na sua essência. Quando um ímpeto move as pessoas, é fácil designar auxiliares e mobilizar forças coletivas. Enquanto o ponto de equilíbrio interno não é encontrado e se busca diretivas externas, falta Entusiasmo e as pessoas não são motivadas. Só é possível mobilizar os outros quando também se está sinceramente incentivado. Estes são os laços inquebrantáveis que unem os seres num ímpeto comum. A exaltação suscita emoções a serem canalizadas para obras produtivas.

No momento em que um ímpeto comum embala as multidões, pode-se empreender até projetos extraordinários, pois todos são movidos por uma mesma força. É preciso aproveitar o brotar do Entusiasmo para lograr algo concreto e duradouro. Em última instância, o Entusiasmo é a escuta interna, o intercâmbio natural. A transmissão das tendências profundas se dá como os estrondos e as faíscas do trovão: o aflorar de cada ser é uma festa!

COMENTÁRIO SOBRE O JULGAMENTO

Entusiasmo. O firme encontra o que lhe corresponde e sua vontade se cumpre.
Entusiasmo consiste em avançar de acordo com o ímpeto do momento.
Evidencia a devoção àquilo que o motiva.
Segue o caminho do céu e da terra.
Isso possibilita atrair ajudantes e mobilizar forças coletivas.
Céu e terra se movimentam de acordo com o momento,
por isso o sol e a lua não se desviam dos seus cursos
e as quatro estações não se confundem.
O sábio atua de acordo com o momento e a situação;
por isso as penas e os castigos tornam-se justos
e as pessoas se convencem genuinamente.
Realmente grande é o significado do Entusiasmo!

IMAGEM

O trovão ressoa do interior da terra: imagem do Entusiasmo.
Assim, os Antigos Reis tocavam músicas para celebrar os méritos
e as ofereciam ao Senhor, compartindo com os seus ancestrais.

As oferendas cerimoniais produzem efeitos inspiradores, emocionando os corações humanos. A magia da música faz ressoar algo invisível e impalpável, pois sempre está necessariamente colada ao tempo vivenciado e à energia que surge a cada momento. E a cada vez que a música é tocada, parte do silêncio interno e ao silêncio retorna. Música é auréola de sons, melodias e ritmos entrelaçados. Enquanto elemento unificador eficiente, dissolve as tensões e anima, pois a sua força glorifica e faz as pessoas vibrarem. Os Antigos Reis, símbolo da mais elevada sabedoria, celebravam oferendas aos heróis e ancestrais tocando música, em honra ao mérito dos seres de destacado valor. Esta comemoração compartilhada constituía o centro da vida. Os antigos calendários chineses eram organizados a partir destes grandes rituais, em volta dos quais as multidões se uniam. A música tem poder de levar ao êxtase; desperta o Entusiasmo e congrega os seres em ânimos e emoções compartidas.

Nuances energéticas

nuclear 39

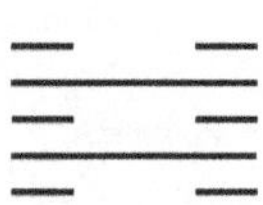

água
montanha

As Obstruções (39) que se encontram no núcleo do Entusiasmo devem ser vencidas pelo abalo através de todas as barreiras. Quando os impedimentos se resolvem a nível interno, o estímulo brota retumbante, dando vazão a celebrações.

oposto 9

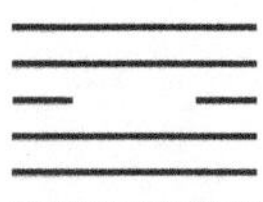

vento
céu

O Pequeno que Retém (9) e refreia é o oposto do Entusiasmo que se expande em exaltação contagiante. O forte sendo temporariamente contido por um elemento menor incide na contenção interiorizada que vai moldando as coisas de modo lento e gradual.

O céu anterior é o *Ting* (50) ou Caldeirão cerimonial em volta do qual as pessoas se reúnem durante as celebrações, para conceder oferendas aos ancestrais. Assim como o Entusiasmo, este objeto ritual se relaciona à música tocada durante os festejos comunitários, e incute nos homens a expressão da alegria conjunta.

6

Entusiasmo ofuscado pela ilusão.
Mas se a conclusão causa uma mudança, não há falhas.

Entusiasmo iludido na posição mais alta.
Como poderia durar?

35

5

Mesmo se a doença persiste, não é mortal.

A doença duradoura repousa sobre uma linha rígida.
Não morre porque o caminho do meio afasta a morte.

45

4

A fonte do Entusiasmo. Ele alcança grandes coisas.
Não duvide. Reunir amigos à sua volta,
assim como os grampos juntam os cabelos.

A fonte do Entusiasmo. Ele alcança grandes coisas.
Sua vontade se cumpre em grandes escalas.

2

3

O Entusiasmo que fixa seu olhar acima traz arrependimento.
A demora causa remorsos.

Fixar o olhar acima implica em arrependimento.
Não ocupa a posição adequada.

62

2

Firme como uma rocha. Nem um dia inteiro.
A perseverança traz boa fortuna.

Nem um dia inteiro.
A perseverança traz boa fortuna pois é central e correta.

40

1

Entusiasmo que se manifesta. Infortúnio.

A expressão de Entusiasmo inicial
tem a sua vontade bloqueada.

51

6. Existe agora o risco do Entusiasmo cego e de deixar-se ofuscar. A possibilidade de mudança não admite continuar alimentando quimeras. Esta é a tomada de consciência de haver sido iludido por um Entusiasmo passageiro. Quando o ímpeto se comprova ter sido em vão, o sonho acaba. A percepção da verdade encerra o risco de um desabamento, causado pela ausência de senso crítico. A única possibilidade de se livrar de falsos Entusiasmos é o fortalecimento interno. O obstáculo mais difícil de vencer é a superação dos próprios sonhos equivocados, e ter a ousadia da renovação.
Caso esta transformação ocorra, pode ocasionar um rápido Progresso (35).

5. O Entusiasmo está enfraquecido e impedido, sem apoio, porém ainda tem o poder de se recuperar. Alguém se encontra sob uma constante pressão, que impede de agir livremente e de dar vazão aos ímpetos verdadeiros. A tensão mina o prazer, e a falta de estímulo pode ser decorrente de uma decepção. Existe o perigo de já não Entusiasmar-se por mais nada. É preciso reagir com persistência e manter uma direção firme, apesar do mal-estar passageiro.
Mesmo enfraquecido, a perseverança que mantém um rumo equilibrado é capaz de proporcionar os suportes necessários para lograr a Reunião (45). Toda a vivência dessa etapa serve para efetuar essa transformação, resultando numa força revivificadora.

4. Esta é a fonte do Entusiasmo, a linha (yang) condutora para onde convergem todas as outras, a ela aderindo alegremente, semelhante ao maestro que rege a orquestra de bons músicos desejosos de executar uma magnífica sinfonia. Agora o Entusiasmo eclode com grande força, alcançando amplas esferas.
Saber motivar e conduzir os homens implica numa devoção Receptiva (2), pois pressupõe conhecer perfeitamente os altos e baixos do desempenho de todos os integrantes da sua equipe. Por isso é capaz de conduzi-los com maestria. Como encerra a noção de doação de si, logra realizar obras em grande escala.

3. Os possíveis arrependimentos decorrem da hesitação e da demora. Fixar seu olhar acima sugere a procura de uma linha condutora externa. Ao ter uma visão ampla do panorama, porém só podendo realizar tarefas menores, quiçá perca o Entusiasmo. Mas demorar-se em conjeturas de que talvez o seu esforço seja em vão só retarda o avanço. Cuidado para não se arrepender dessa demora mais tarde.
A transição para a Preponderância do Pequeno (62) assinala o perigo de perder o embalo, ponderando muito tempo sobre miudezas. Não deve se desencorajar, nem continuar se questionando tanto, – se o Entusiasmo brota intrínseco, vale realmente a pena.

2. Agora já não corre o risco de se deixar deslumbrar ou enganar por uma ilusão efêmera, que só dure um momento. Aprender a separar as utopias passageiras sugere um caráter firme e inabalável que não se deixa arrebatar facilmente. Por isso é capaz de descobrir no mesmo dia o engano de um falso Entusiasmo, dele se liberando.
A perspectiva da Liberação (40) implica em deixar de lado a necessidade compulsiva de se consagrar a algo externo, para buscar o eclodir da sua fonte verdadeira.

1. Na sua primeira fase ainda embrionária e imatura, o Entusiasmo corre o perigo de manifestar-se em excesso e ultrapassar os limites, daí a advertência de um possível infortúnio. Demasiado impulso ao início, quando ainda não se tem a suficiente maturidade, pode levar à precipitação que acarreta uma série de equívocos. Convém, portanto, não tomar medidas imediatas, evitando entusiasmar-se pela causa errada.
A alternância para o Duplo Trovão (51) acentua o cuidado de não se inebriar por um ímpeto avassalador, confundindo-o com algo verdadeiro. Talvez este seja apenas um falso Entusiasmo.

L A G O

T R O V Ã O

隨

17 SUI

J. BLOFELD **Seguindo, Concordando**
W. DONGLIANG **Seguir**
A. HUANG **Seguindo**
C. JAVARY **Seguir**
R. WILHELM **Seguir**
R. WING **Adaptando-se**

Nome e dinâmica.

O ideograma exibe à esquerda, o signo de uma trajetória que termina embaixo de uma colina ritual sobre a qual uma mão segura um instrumento, provavelmente um esquadro. O Seguir evoca a ideia de um fluxo estrutural que segue a sua inclinação com naturalidade e eficiência. Indica uma maturação e uma maestria, pois a facilidade da ação decorre da destreza da condução do seu ofício, – assim como a mão do artesão segue a inspiração precisa e flui espontânea. Quando segue naturalmente as suas inclinações, não se desgasta.

A destreza do mestre mantém o seu instrumento de trabalho bem preparado, pronto para a execução da tarefa, sem tropeços. O bom profissional pode Seguir a sua carreira durante muito tempo, pois não lhe faltam clientes.

O Seguir não significa deixar-se levar ou abandonar-se à condução de outro, implica no dom de si confiante e na dedicação serena. Denota uma transformação sutil pautada na abordagem tranquila de cada tarefa. Acredita no fluxo espontâneo e deixa que as coisas tomem embalo, sem angústias ou crispações.

O trovão impulsiona desde o fundo do lago, cujas águas denotam a extraordinária capacidade de adaptação que se inscreve em cada novo movimento. Adaptando-se às cavidades que vão preenchendo, conforme aos impulsos recebidos.

Seguir e ser seguido resultam, na realidade, de dois aspectos de um mesmo processo. Trata-se de uma alternância natural de atividade e de repouso semelhante às estações que se seguem umas às outras, no decorrer do ano. Este contexto exprime uma continuidade adequada à evolução natural, numa dinâmica de movimento sem tensões.

JULGAMENTO

Seguir tem sublime sucesso.
A perseverança é favorável. Nenhuma falha.

O sublime sucesso provém de um mesmo rumo seguido pelos dois componentes tão díspares deste hexagrama. A figura evoca um movimento contínuo, que emana de baixo, do irromper do trovão através das águas serenas do lago, numa sequência harmoniosa sem maiores obstáculos, seguindo confiante. Essa evolução deixa para trás os medos e as angústias, para acolher a nova realidade. Imposições são desnecessárias, pois o fluxo natural criativo surge no fundo e vai sendo modelado de modo tranquilo e transparente. Agindo dessa maneira suave, até as cargas mais pesadas podem Seguir adiante, alcançando as regiões mais longínquas.

As tendências inatas são seguidas com alegria, por serem autênticas. Se o impulso do verdadeiro Seguir parte do interior, do mais recôndito de cada ser, o seu curso se inscreve no movimento das vivências que surgem na trajetória. Ao encontrar o ponto de partida, acompanhar estes impulsos importantes e dar-lhes continuidade. Adaptando-se às exigências do tempo preserva as forças vitais e encerra grandeza e sabedoria.

A mensagem clara é a de atender às inclinações inatas que tomam a liderança. Este é o momento de descartar velhos preconceitos e opiniões alheias talvez ainda predominantes, pois a interferência externa atrasa o verdadeiro Seguir. A propulsão em movimento persistente vai abrindo novos caminhos. Seguir significa soltar as amarras para descortinar novos horizontes.

O impacto do trovão revigora talentos atesourados e talvez adormecidos que se deseja realmente Seguir. Ao perseverar nesse sentido, essas capacidades vão se depurando numa trajetória de sucesso.

COMENTÁRIO SOBRE O JULGAMENTO

Seguir. O firme chega e se coloca sob o maleável.
O movimento alegre suscita o Seguir.
Grande sucesso e perseverança sem falha.
Assim, o mundo inteiro segue o curso do tempo.
Realmente grande é o significado da época do Seguir!

IMAGEM

O trovão no meio do lago: imagem do Seguir.
Assim, o ser superior, recolhendo-se no obscuro,
descansa e recupera as suas forças.

O fundo do lago em repouso é movido pelo impulso do trovão. O movimento parte do recolhimento no obscuro das águas onde repousa, concentrando as suas forças. E ao ser impulsionado de baixo, segue impetuoso, eclodindo das profundezas. O verdadeiro Seguir está inserido no impulso interno que parte das raízes de cada ser. Este brotar autêntico é o que deve realmente ser desdobrado, e nenhum outro.

O trovão corresponde à primavera e aos movimentos inerentes a um novo ciclo. E cada florescer ressurge das entranhas das águas, num ímpeto retumbante que volta a despertar toda a natureza. Quando um impulso irrompe com tal força, pode manifestar-se a seguir com serenidade, por corresponder a uma atração inabalável capaz de ir adaptando os objetivos às necessidades de cada situação.

O lago corresponde ao outono, quando a semente plantada completa o ciclo da germinação, culminando na colheita. O Seguir encerra portanto uma trajetória a ser consumada.

Nuances energéticas

nuclear 53

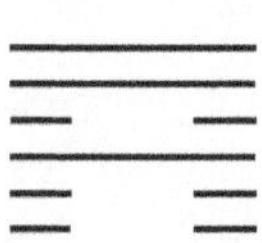

No núcleo do Seguir encontra-se o Desenvolvimento Gradual (53) que propicia um fluxo ininterrupto e firme, vencendo etapa por etapa. Proporciona uma senda de longa duração e de amplo alcance, sem se desviar do seu rumo.

oposto 18

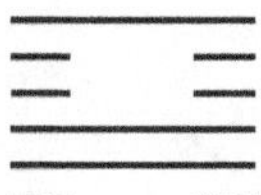

O que durante o Seguir *não* se deve fazer é parar para resolver desavenças, ou acertar o passado. Remediar o Corrompido (18), ao contrário, pressupõe parar para efetuar reparos; este trabalho prejudica o andamento e retarda o avanço.

O céu anterior, Após a Conclusão (63), evoca a ideia de um processo acabado e aprimorado. Ao atingir a completude e o aperfeiçoamento de uma maestria, torna-se livre para Seguir para onde desejar, sem sofrer intervenções alheias. As pressões não podem obstruir os caminhos de quem atingiu a sua maturidade essencial.

6

Ele encontra uma sólida fidelidade que fortalece o seu vínculo.
O rei apresenta sua oferenda à Montanha do Oeste.

Encontra uma sólida fidelidade e alcança a posição mais elevada.

25

5 ○

Sincero ao ocupar uma excelente situação. Boa fortuna.

Sincero ao ocupar uma excelente situação. Boa fortuna.
A posição é correta e central.

51

4

O Seguir cria sucesso. A perseverança traz infortúnio.
Trilhar o seu caminho com clareza,
como poderia implicar em falha?

O Seguir cria sucesso. Infortúnio. Seja claro e atue de modo
correto para que seus atos fiquem bem evidentes.

3

隨 17

3

Ligando-se ao grande homem, perde o pequeno menino.
Ao Seguir, encontra o que busca.
É favorável permanecer perseverante.

Ligando-se ao grande homem por decisão própria,
renuncia ao que está abaixo.

49

2

Ligando-se ao pequeno menino, perde o homem forte.

Ligando-se ao pequeno menino.
Não pode estar com ambos ao mesmo tempo.

58

1 ○

A situação está mudando. A perseverança traz boa fortuna.
Sair acompanhado pela porta afora leva a realizações.

A situação está mudando. Seguir o correto traz boa fortuna.
Sair acompanhado pela porta afora leva a realizações
e não perde a continuidade.

45

6. Um elo de fidelidade afirma os propósitos de um ser superior que cumpre o seu mandato, se tiver determinado a Seguir uma meta superior. A famosa Montanha do Oeste existente na região de onde provêm os Zhou simboliza a sabedoria e, sendo o berço dessa dinastia, sugere também a fidelidade às origens. A riqueza contida nas raízes de cada pessoa deve ser levada à culminância. A lealdade do bom seguidor é exaltada nessa linha que encerra a maior de todas as honras: os Zhou recompensavam os seus melhores súditos, sepultando-os como reis nas encostas da Montanha do Oeste.
A perspectiva da Espontaneidade (25) representa a pureza e a integridade de quem segue fielmente os seus impulsos intrínsecos.

5. Agora já não restam dúvidas quanto à correção e à sinceridade de quem ocupa o comando. A convicção verdadeira erradica os motivos excusos ou arbitrários. Seguir espontaneamente aquilo que o exalta significa ocupar a posição correta e equilibrada ao centro. A situação que realmente lhe corresponde é alcançada, numa atmosfera da mais absoluta sinceridade; daí a boa fortuna.
Com sua grande força, o Duplo Trovão (51) erradica qualquer contaminação perniciosa. Já não existe a mais remota chance do Seguir ser contagiado por motivações duvidosas.

4. Este texto ambivalente sugere que é justamente o sucesso obtido durante o Seguir que pode acarretar o infortúnio. É próprio dos homens menores, aduladores, se apegarem àqueles que obtêm sucesso. A melhor maneira de denunciar esta subserviência interessada e de descartá-la, é atuar de modo muito claro e correto, sem deixar lugar a dúvidas. A esta altura, é preciso ser suficientemente lúcido para não atrair sobre si um cerco de interesses e incertezas que o comprometeriam.
As Dificuldades Iniciais (3) consistem em distinguir os falsos dos verdadeiros bons servidores. Essa advertência é fundamental para todo aquele que alcança o sucesso no curso do seu Seguir.

3. A opção por Seguir algo grande prevalece, por decisão própria. Recomenda-se a perseverança nessa postura para conseguir aquilo que busca. Ao tomar uma decisão, é importante não se deixar desviar por influências passageiras. A tomada de decisão do caminho a Seguir deve ser acompanhada de uma continuidade nesse mesmo sentido.
A conscientização dessa escolha implica numa verdadeira Revolução (49), pois se vê obrigado a deixar muita coisa para trás. A partir dessa resolução firme – o lago em repouso é movido pelo impulso claro do fogo – será outro o caminho a Seguir. Ao optar pela nova trilha, é preciso estar bem lúcido quanto às suas implicações.

2. Indicação de que se está diante de uma opção clara, pois não se pode estar envolvido com uma pessoa imatura, e com alguém experiente ao mesmo tempo, nem ser criança e adulto. Uma decisão deve ser tomada quanto ao caminho a Seguir, – o grande caminho, ou a trilha menor. Cada passo reafirma uma das vias possíveis, pois os gestos e as ações de uma pessoa nela se refletem.
A alternância para o Duplo Lago (58) aprofunda este reflexo e também o amplia, pois se percebe tanto na interioridade como na superfície do espelho d'água. Esta é apenas uma advertência. A escolha é sua.

1. Apesar de invisível, uma transformação está ocorrendo. O forte impulso inicial, mesmo sem ser percebido, já exerce uma influência determinante. A estrutura está sendo modificada a partir das bases e as reivindicações de mudança se fazem ouvir. Os de cima atendem às necessidades dos de baixo, a ponto de rever as suas prioridades. Sair acompanhado pela porta afora implica numa abertura. Os anseios são atendidos por serem reconhecidos como autênticos e verdadeiros.
A mutação para a Reunião (45) indica a necessidade de procurar pessoas afins ou uma meta comum para levar a cabo os objetivos do Seguir.

MONTANHA

VENTO-MADEIRA

蠱

18 GU

J. BLOFELD **Decadência**
W. DONGLIANG **Reparar (as falhas)**
A. HUANG **Remediando**
C. JAVARY **Remediar o Corrompido**
R. WILHELM **Trabalho sobre o que se Deteriorou**
R. WING **Reparo**

Nome e dinâmica.
O ideograma tem a imagem de um vaso contendo vermes ou insetos venenosos que aí proliferam. Trata-se de um recipiente estragado, em desuso, e que exige reparos.
A figura do vento que não pode circular livremente, sendo contido pela barreira da montanha, também indica algo estancado ou inativo. O fator que contamina pode implicar numa carga, ou numa sedução. Essa situação de Decadência existe quando os problemas não são enfrentados de entrada, devido à omissão ou à excessiva indulgência. Uma vez instalados os males, é preciso fazer um trabalho consciencioso para removê-los. A tarefa primordial é a de limpar e remover tudo o que paralisa, para recuperar o que foi corrompido. Este é o momento apropriado para erradicar os maus hábitos, os vícios, os problemas e as desarmonias e restaurar o equilíbrio.
Uma reforma deve ser empreendida sem demora. O primeiro passo, talvez o mais difícil, é retificar o legado do passado. Por estarem arraigados, os costumes e heranças relutam em ceder. Trata-se aqui, de encontrar caminhos de saída. Este contexto também diz respeito à regeneração da sociedade, ou de uma família ou dinastia.
Para o pensamento da China, o saneamento da sociedade passa impreterivelmente pela renovação da família que, por sua vez, também está intimamente vinculada ao melhoramento de cada indivíduo.

JULGAMENTO

Remediar o Corrompido tem sublime sucesso.
É favorável atravessar as grandes águas.
Antes da partida, três dias. Após a partida, três dias.

Para que o Remédio cause efeito e tenha sucesso, a restauração deve ser radical e definitiva, de modo a tornar-se irreversível. Uma solução parcial não satisfaz, é preciso fazer uma limpeza de fundo. Cuidado para não deixar ganchos ou pendências que permitam voltar atrás, ou reincidir nas mesmas falhas. Muitas vezes as desavenças herdadas deixam lastros intermináveis de tristeza ou briga. Este é o momento propício para consertar os antigos desacertos provenientes dos ancestros ou do seu próprio passado. É importante retificar as falhas sem demora, para não reincidir, nem ficar remoendo o passado.
Uma vez terminada a reforma, o problema deve ser deixado definitivamente para trás, para poder começar um novo ciclo. Atravessar as grandes águas pressupõe enfrentar as dificuldades com coragem. Portanto, mãos à obra!
Os passos que levam uma pessoa à maturação vão retificando a sua conduta. Para lograr o Reparo, é preciso agir numa sequência ordenada, e por etapas. Porém, antes de começar, há uma advertência para ponderar – simbolicamente durante três dias – antes de atuar, a fim de não cometer erros de avaliação. É essencial analisar o que levou a esta Decadência antes de tomar iniciativas. Para ser efetivo, o Trabalho sobre o que se Deteriorou tem que chegar às raízes do problema.

E, após encerrar a questão, cuidado para não deixar nada pendente, prevenindo, assim, a repetição dos erros ou futuros desacertos. Manter o curso após Remediar todas as partes, consiste de uma medida de ponderação de primordial importância. O ciclo da Reparação prenuncia um grande sucesso.

COMENTÁRIO SOBRE O JULGAMENTO

Remediar. O firme está acima e o maleável abaixo. Suave e imóvel.
O Reparo encerra sublime sucesso e a ordem volta a regular o mundo.
É favorável atravessar as grandes águas.
Este é o momento de avançar e de entrar em ação.
Antes da partida, três dias; após a partida, três dias.
Isso indica que um novo começo segue a cada término.
Este é o curso do céu.

IMAGEM

O vento sopra na base da montanha: imagem do Remediar.
Assim, o ser superior mobiliza o povo e alimenta a sua virtude.

Ao soprar na base da montanha, o vento anuncia novos rumos, querendo passar. A firmeza da montanha consolida o novo ciclo, dando-lhe concreta continuidade.
Cabe ao ser superior mobilizar todas as suas forças para aumentar as condições de efetuar um Trabalho sobre o que se Deteriorou, para poder seguir adiante. Não importa se a corrupção a ser tratada foi causada pela própria negligência, ou se foi ocasionada por alguma outra circunstância. O importante é consertar a falha o quanto antes, para prevenir-se contra um mal maior e impedir um colapso.
As correções devem ser construtivas, mais do que punitivas. Mesmo enquanto se conserta, convém incentivar e fortalecer as partes positivas, de modo a lançar os alicerces do novo prédio a ser edificado. Não permitir que a inércia ou a complacência vençam. Por mais difícil ou doloroso que seja o Remédio, a nova energia desperta a força de vontade para continuar. A mensagem implícita é de trabalhar com afinco e dedicação para alimentar as qualidades regeneradoras, e tentar ver a situação com clareza neste momento ideal para empreender reestruturações. Não teme recorrer a ações assertivas quem está realmente capacitado para efetuar essa reparação.

蠱

18

Nuances energéticas

nuclear 54

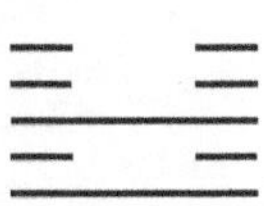

trovão

lago

No núcleo do Reparo encontramos o fértil Casamento da Caçula (54) que reforça a necessidade de erradicar os fatores que deterioram as relações entre oponentes. O poder de sedução pode intervir para reunir as energias inimigas numa aliança.

oposto 17

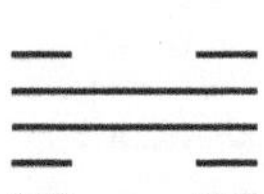

lago

trovão

Deter-se para empreender um trabalho de reparação impede o fluxo natural de um Seguir (17) espontâneo e natural. A dinâmica oposta não aconselhável agora é continuar avançando sem resolver os problemas pendentes.

O céu anterior é o mesmo Casamento da Caçula (54) que está no núcleo do Reparo, acentuando a atração entre energias opostas. A necessidade de se deter para compreender as forças antagônicas implica num paciente e dedicado Trabalho sobre o que se Deteriorou. Esta renovação deve ser acionada de modo efetivo sem demora.

6 **Não servir a reis e a príncipes.**
Propor para si objetivos mais elevados.

Quem não está a serviço de reis ou príncipes
pode dedicar-se à sua própria elevação.

46

5 **Corrigir o Corrompido pelo pai. Elogios.**

Corrigir o Corrompido pelo pai. Elogios.
Tem sucesso e manifesta a sua virtude.

57

4 **Tolerante para com o que foi Deteriorado pelo pai.**
Se continuar, encontra humilhação.

Tolerante para com o que foi Deteriorado pelo pai.
Avança sem nada encontrar.

50

蠱

18

3 **Remediar o Deteriorado pelo pai. Pequeno remorso.**
Ausência de grandes falhas.

Ao Remediar o Deteriorado pelo pai, ao final não há erro.

04

2 **Ao Reparar o que foi deteriorado pela mãe,**
não convém ser demasiado severo.

Ao Reparar o que foi deteriorado pela mãe
ele encontra o caminho do meio.

52

1 **Remediar o Deteriorado pelo pai. O filho corrige a falha**
e nenhuma culpa recai sobre o pai defunto.
A adversidade termina em boa fortuna.

Remediando o que foi deteriorado pelo pai.
Ele consegue cumprir o desejo paterno.

26

6. Quando todo o Trabalho sobre o que se Deteriorou chega a bom termo e já não há nada mais a remediar, é chegado o momento de dedicar-se ao principal: voltar-se para tarefas mais elevadas. Agora, já prescinde de favores e benefícios dos outros. Ao alcançar o topo da montanha, não precisa servir a mais ninguém e pode empreender o seu próprio caminho. Tendo ultrapassado o estágio social, está liberado para o mais alto objetivo humano que consiste no aprimoramento da própria pessoa.
A alternância para a Ascensão (46) destaca o esforço para alcançar este nível elevado.

5. Ao agir no momento adequado, recebe elogios e a questão se resolve. Uma vez erradicado o elemento corrompido, todos os estragos ocasionados pelos ancestrais – ou pelo próprio passado – são saneados. A força da vitalidade reparadora vai curando de modo lento e imperceptível, até que o organismo esteja plenamente restabelecido. Esta maneira de atuar merece os maiores elogios, pois enfatiza as qualidades de quem termina esta tarefa com sucesso.
Ao alcançar uma compreensão magnânima e madura do problema que originou a corrupção, a ação pode ser penetrante e reparadora como o Duplo Vento (57), sem causar traumas ou repúdios.

4. Quem não enfrenta os erros cometidos no passado, por si mesmo ou pelos seus predecessores, depara-se com dificuldades constrangedoras. Se continua a tolerar e a conviver com estes estragos, encontra humilhação. A aceitação revela fraqueza, pois hesita em erradicar a Decadência de modo definitivo. Deve aplicar o Remédio para curar as causas do problema em vez de lidar apenas com os sintomas.
Ao alternar para o Caldeirão (50) das oferendas cerimoniais, símbolo de um estágio de desenvolvimento superior, há uma indicação implícita de maturação. Deve ter a coragem de encarar o problema e de corrigir o que foi corrompido.

3. Os arrependimentos menores não são fundamentais e quase não incomodam. Ao corrigir os detalhes, se aprimora a aprendizagem. Portanto a esta altura, a aplicação do remédio não é muito penosa nem implica em grandes sofrimentos. Esta é a etapa de transição entre as falhas internas e externas a serem reparadas. O impulso de Remediar consiste de uma autoafirmação louvável e encerra a promessa de recuperar o que foi perdido ou mal encaminhado.
A transição para a Inexperiência (4) mostra como aprender a corrigir os erros. Ao aquietar os ânimos, se logra uma orientação correta.

2. Como a origem da causa da Decadência não pode ser modificada, uma tranquila aceitação das matrizes herdadas se impõe. Tentar sanear o estrago de modo flexível e suave, pois as falhas viscerais devem ser aceitas com tolerância, já que muitas vezes é impossível removê-las totalmente. Convém reavaliar tranquilamente os modelos herdados, na tentativa de aprimorar este material. O rigor excessivo de nada adianta. A questão é encontrar o equilíbrio e a tolerância.
O hexagrama em perspectiva, a Dupla Montanha (52) está tão firmemente enraizado que é difícil ser movido, porém ao mesmo tempo dá consistência e serenidade.

1. O filho simboliza o germe de um novo brotar e, portanto, a possibilidade de reparação. Remediar uma situação desfavorável herdada depende de alguém que esteja disposto a encarregar-se dessa tarefa, já que o conserto depende da sua habilidade. Caso exista a séria intenção de sanear a falha, a adversidade inicial pode terminar em sucesso.
A perspectiva do Poder de Domar algo Grande (26) erradica as dúvidas sobre o passado e esclarece atritos e pendências. O processo regenerador deve ser conduzido sem permitir que tendências perniciosas causem cisões internas. Esta é a maneira de vencer os impasses e alcançar a boa fortuna ao final.

TERRA
LAGO

臨

19 LIN

J. BLOFELD **Aproximação**
W. DONGLIANG **Governar (Inspecionar)**
A. HUANG **Aproximando**
C. JAVARY **Aproximar**
R. WILHELM **Aproximação**
R. WING **Promoção**

Nome e dinâmica.

O ideograma mostra à esquerda, alguém que se inclina diante do soberano, reverenciando-o, ao lado de três bocas que representam uma união de pessoas desejando se aproximar. Bocas abertas apontam também para a necessidade de alimentos, - ou de serem ouvidas. Na antiga China, as pessoas eram contadas por bocas. A função primordial do chefe é alimentar os seus subalternos e ouvir as suas reivindicações.

O lago abaixo da terra transmite a ideia de uma reserva fértil.

A estrutura exprime a força de uma liderança: as duas linhas yang abaixo avançam desimpedidas e crescem com vigor através das quatro linhas yin, abertas em acolhida.

Este é um momento dialético muito rico, já que a reverência atende aos anseios profundos e aos fundamentos do próprio ser. Ao mesmo tempo, inclinar-se diante de algo é colocar-se ao seu dispor, e preencher as expectativas do seu meio. Ao curvar-se, o olhar sobe, e dá-se a ideia de uma aprendizagem ou de um cerimonial a ser celebrado na comunidade. A reverência implica no respeito e na atenção ao outro.

O sábio inclina-se sobre o que deseja aprender e apreender. Deste modo, ele concentra aquilo que surge do âmago do seu ser. Esta é a acolhida alegre e generosa de um novo ciclo que se Aproxima.

JULGAMENTO

Aproximação. Sublime sucesso.
A perseverança é favorável.
Ao chegar o oitavo mês haverá infortúnio.

Este contexto simboliza a chegada da primavera e, portanto, representa um momento de renovação auspicioso em que toda a natureza volta a crescer. Mas logo após o anúncio deste sublime sucesso, se faz uma advertência para não se deixar empolgar pelas forças inebriantes da primavera. A inversão da tendência de crescimento se dará inevitavelmente no oitavo mês, ou seja, ao final do outono. Portanto, este ciclo é único, e não deve ser desperdiçado. Cabe saber aproveitar este despertar da natureza ao máximo, atendendo às forças emergentes que não duram eternamente.

Na série do calendário, este hexagrama se encontra no final do inverno, anunciando o novo ciclo, momento em que se celebra o Ano Novo na China, com grandes festas, a princípio de fevereiro. Na antiguidade, este era o momento em que os portais das aldeias se abriam e, após as celebrações do solstício, começavam os trabalhos conjuntos nos campos. Representa, portanto, um intercâmbio voltado para o futuro.

O crescimento interno que parte das profundezas da terra conota um brotar frutífero, acolhido com a alegria que é o principal atributo da junção das águas num lago subterrâneo. A expansão da luz e do calor já se faz sentir. A terra acima abraça e concretiza os impulsos que surgem impetuosamente do fundo das suas entranhas, sem barreiras ou contenções. Ao se colocarem embaixo das quatro linhas yin que representam a receptividade da terra, as duas yang as sustentam e aquecem, instigando o brotar. Para além do encontro e da troca, a receptividade da lucidez fértil implica numa percepção maior da realidade. O Aproximar se inclina, solícito, sobre aquilo que desperta, para ajudá-lo a crescer.

COMENTÁRIO SOBRE O JULGAMENTO

Aproximação. O firme penetra e cresce.
Alegre e dedicado.
O firme alcança o centro e encontra correspondência.
Grande sucesso mediante a atitude correta, eis o Tao do Céu.
Ao oitavo mês haverá infortúnio, e o declínio não demora.

IMAGEM

A terra acima do lago: imagem da Aproximação.
Assim, o ser superior é inesgotável na sua disposição de ensinar
e ilimitado na sua tolerância e proteção do seu povo.

Os termos *inesgotável* e *ilimitado* qualificam as grandes possibilidades inerentes a este momento. A tolerância e a disposição de proteger são atributos da imensa devoção da terra, em eterna acolhida de todos os seres que dela brotam. A compreensão das pulsações e dos ímpetos que irrompem, poderosos como o trovão, corresponde mais uma vez à natureza yin que ampara. Esta dedicação que atende de bom grado a todas as facetas da realidade encerra o grande ensinamento dessa etapa de crescimento frutífero. A alegria serena do lago encontra-se no âmbito interno e se expande na dedicação que encontra no mundo externo. A interpenetração das duas principais energias componentes da dinâmica presente também aponta para uma reserva que garante a fertilidade. O lago no interior da terra funciona também como um abundante reservatório oculto, sempre à disposição dos que dele se Aproximam. A tolerância e a generosa disposição de ajudar estende a proteção aos que se juntam à sua volta. É pertinente fazer uma analogia com os pássaros que cantam ao irromper da primavera, voando novamente ao encontro do calor e da luz.

臨 19

Nuances energéticas

nuclear 24

No núcleo da Aproximação surge, ainda imperceptível, o Retorno (24) da luz e do calor. Esta nova vitalidade já se encontra intrínseca, no seio da terra, esperando o momento para manifestar-se com clareza.

oposto 33

A Retirada (33) pressupõe um recuo, para melhor resguardar as suas forças diante de um oponente momentaneamente mais poderoso. Este distanciamento voluntário resulta no movimento inverso ao da Aproximação.

O céu anterior é a Dissolução (59) que atenua as fronteiras entre os seres, aproximando-os. Essa dispersão da rigidez deve dar-se de modo dócil, assim como o vento a soprar sobre as águas derrete o gelo ao final do inverno, anunciando um novo despertar.

6

Aproximação magnânima.
Boa fortuna. Nenhuma falha.

A boa fortuna que se aproxima, magnânima, volta a vontade para o interior.

41

5

A Aproximação sábia é o dever de um grande príncipe.
Boa fortuna.

O correto para um grande príncipe é trilhar o caminho do meio.

60

4

Aproximação total. Nenhuma falha.

Aproximação total. Nenhuma falha, pois ocupa a posição adequada.

54

臨

19

3

Aproximação confortável. Nada que seja favorável.
Como se entristece, não há falha.

Aproximação confortável. A posição não é adequada.
A tristeza não persiste muito tempo, pois se arrepende.

11

2

A Aproximação responde ao chamado.
Boa fortuna. Tudo é favorável.

A Aproximação responde ao chamado.
Boa fortuna. Nem todos atendem.

24

1

A Aproximação responde a um chamado.
A perseverança traz boa fortuna.

A Aproximação responde a um chamado.
A perseverança traz boa fortuna.
Seu desejo é de agir do modo correto.

07

6. Na sua culminância, a Aproximação se afirma e reparte as suas bênçãos generosamente a todos os que se encontram abaixo. Ao dedicar-se ao seu aprimoramento interno, o ser magnânimo volta-se para aqueles que precisam da sua ajuda, e os orienta e fortalece. Esta postura não encerra, efetivamente, nenhuma falha.
A alternância para a Diminuição (41) implica em dádivas para todos aqueles que se lhe aproximam, pois o lago ao pé da montanha reflete no seu espelho d'água o nível mais elevado de serenidade alcançado. Esta é a sensação alegre de uma Aproximação plenamente realizada.

5. A Aproximação sábia e experiente detém o comando da situação. Todo *príncipe* tem o dever de inclinar-se aos desejos dos que o cercam. Como esta linha encontra-se no centro da devoção (yin), a sua atenção redobrada permite o florescimento e a decorrente boa fortuna.
O comando nas mãos de uma pessoa sábia e inteligente conhece as Limitações (60) – as próprias, e as daqueles que o cercam, como a água bem sabe que o lago só pode conter uma determinada quantidade de seu jorro, – de modo a não secar, nem transbordar. Esperar de cada pessoa aquilo de que ela é capaz, e incentivá-la a dar o máximo de si consiste em trilhar com sabedoria o caminho do meio.

4. Aqui se dá o encontro correto e a Aproximação se realiza. Esta linha encontra-se no meio da dupla devoção da terra que tudo acolhe e a tudo frutifica. Como se coloca na posição acertada, consegue estabelecer uma boa comunicação entre os de cima e os de baixo. Reverencia e escuta a todos de coração aberto e, por isso, promove uma harmonia extremamente benéfica.
Nesta etapa se dá a verdadeira aliança, pois o contexto em perspectiva, o Casamento da Caçula (54) incentiva o entendimento entre os opostos, logrando a Aproximação incondicional de todas as partes, – até entre os mais vacilantes.

3. O vigoroso impulso inicial que agora deveria estar bem canalizado corre o risco de ser negligenciado. A Aproximação confortável denota uma suavidade que não se empenha em ocupar a posição correta e, por isso, pode perder esta oportunidade. Há uma advertência para não ceder a esta displicência, pois o momento tão favorável não deve ser desperdiçado.
Como a mutação dessa linha alterna para o Florescer (11), existe uma boa chance de reconhecer o erro a tempo, e mudar de atitude. Ao se entristecer e arrepender, consegue recuperar o ímpeto que tanto o motivara a princípio.

2. Um estímulo nascido no fundo dos anseios mais recônditos já se manifesta, e o novo ciclo vai crescendo visivelmente. Os dois presságios favoráveis ressaltam que este é o momento de começar a agir, pois o despertar desabrocha num impulso benéfico que já está sendo realizado. Mas nem todos percebem este chamado. O que permite o crescimento interno tão favorável é o fato de haver um ímpeto forte sem nenhuma barreira pela frente.
A alternância dessa linha para o Retorno (24) evidencia justamente o ponto de mutação que produz uma reviravolta, permitindo uma Aproximação verdadeira.

1. A primeira etapa da Aproximação responde com alegria a um chamado de algo que está prestes a aparecer. Este chamado exerce uma atração irresistível. A resposta alegre patenteia o desejo de compartilhar do novo impulso vital que anuncia uma nova era. Trata-se de uma súbita tomada de consciência de um anseio que estivera adormecido. Este é um verdadeiro encontro, uma convocação eloquente. Perseverar nesse sentido evidencia boa fortuna.
A transição para a Força Coletiva (7) redunda na vontade de realizar os impulsos dessa tarefa tão promissora. Por isso, convém colocar todas as forças disponíveis em marcha.

VENTO-MADEIRA

T E R R A

觀

20 GUAN

J. BLOFELD **Olhando para Baixo**
W. DONGLIANG **Olhar (Observar)**
A. HUANG **Observando**
C. JAVARY **Olhar**
R. WILHELM **Contemplação**
R. WING **Contemplar**

Nome e dinâmica.
O ideograma tem um pássaro com grandes olhos – uma coruja – ao lado de um ser humano com o olho bem aberto. A ênfase sobre uma Observação minuciosa, através do pássaro que vê no escuro e que percebe o que os outros nem atinam. Esta visão do invisível converte a coruja em símbolo da sabedoria.
O panorama que se descortina do alto da montanha aponta para este mesmo sentido de observação aguçada. Quem chega a uma elevação maior se expõe a ser visto de longe, porém essa posição culminante exprime também a transformação produzida no espírito pelo alargamento de horizontes. Súbito, algo se descortina, mudando a percepção do mundo.
À medida que sobe a montanha, o olhar vai descendo, ou seja, ao alcançar a maturidade, a compreensão torna-se mais abrangente. Elevar ou ampliar o seu ponto de vista equivale à energia do outono, o momento de colher os frutos semeados durante a trajetória. Olhar para Baixo significa uma introspecção. Na sua dinâmica os hexagramas 19 e 20 são complementares, – o brotar da primavera e a colheita do outono perfazem o balanço dos ciclos da vida.
A receptividade da terra, abaixo, de onde se ergue a árvore, é disseminada no exterior através da suave constância do vento que penetra, imperceptível, em todos os lugares. Esta é uma influência paulatina de moderação, fruto de uma decantação realizada no decorrer de toda uma vida.

JULGAMENTO

Contemplação. A ablução já foi realizada,
mas ainda não a oferenda.
Sincero e verdadeiro, inspira respeito.

Este é o momento mais sagrado do ritual, quando as mãos já foram lavadas – a purificação – e se está prestes a efetuar a oferenda, no recolhimento sincero que traz à tona a verdade e o respeito. O cerimonial não vale de per si, porém, pela intenção daquele que o celebra.
Nesta hora de plena interiorização, nada pode ser oculto ou dissimulado. Nada escapa ao Olhar lúcido. O aporte de um ser ao mundo se manifesta na colheita dos seus frutos. O outono é a estação de colher aquilo que se plantou. Então se mostra com clareza o valor de cada um, pois o lavrador traz os frutos que soube tirar da sua terra. Este momento supremo indica a irreversibilidade dos gestos, já que só se colhe o que se semeou. Agora já não pode plantar mais nada, simplesmente porque o tempo do plantio passou.
O templo conota também o corpo humano. A elevação incide em voltar o olhar para dentro de si com suavidade e equivale a penetrar nos espaços mais íntimos. O movimento é concêntrico: a culminância se destaca e exerce uma atração sobre aqueles que o cercam, semelhante ao carisma dos líderes.
As duas linhas yang acima encontram-se próximas ao céu – o que implica na tolerância e na aceitação das quatro linhas yin de baixo. A imagem de um templo-torre, símbolo da mais elevada morada, descortina a observação no seu sentido maior. A figura

do hexagrama – duas linhas yang acima sobre quatro yin – evoca a imagem de uma torre. O templo simboliza a mais elevada morada. Esta expansão visual influencia todos os fenômenos à sua volta, tanto os internos quanto os externos. O panorama que do alto se percebe só ao próprio indivíduo pertence; ninguém mais pode vislumbrar o que lhe é intrínseco, pois estes são os meandros da sua existência!

COMENTÁRIO SOBRE O JULGAMENTO

O que deve ser contemplado está acima, suave e dedicado.
Ocupa a posição central e correta, digno de ser visto pelo mundo,
Contemplação. A ablução já foi realizada, mas ainda não a oferenda.
Sincero e verdadeiro, inspira respeito.
Assim, os de baixo o contemplam, e são transformados.
Ao observar o curso divino do céu, as quatro estações prosseguem sem falhas.
Assim, o sábio utiliza o caminho divino para instruir, e todos o acatam.

IMAGEM

O vento sopra acima da terra: imagem da Contemplação.
Assim, os Reis da Antiguidade visitavam as regiões do mundo
para observar o povo, e instituir ensinamentos.

O vento que sopra sobre a terra chega aos lugares mais recônditos. Do mesmo modo, o ser superior, ciente do que ocorre à sua volta, espalha as suas bênçãos em todas as direções. Os Reis da Antiguidade simbolizam a sabedoria; nada lhes passava desapercebido, pois percorriam regularmente as regiões do seu reino.
Na sua trajetória de observância, o ser superior transmite, de modo suave como as brisas, as suas instruções e diretivas àqueles que estão sob os seus cuidados. Trata-se de orientar e de ajudar aqueles que dependem da sua tutela. Quanto mais elevada a posição alcançada, mais se deve curvar sobre a sua gente, para protegê-la, – ou sobre as próprias falhas, para consertá-las. As duas terras superpostas neste contexto resultam numa dupla fertilidade e encerram mensagens implícitas, oportunidades concedidas pela vida para elevar-se. O Olhar sereno e profundo já constitui em si uma grande riqueza.

Nuances energéticas

nuclear 23
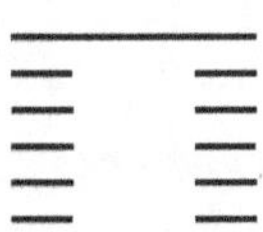
montanha
terra

A Poda (23) encontra-se no núcleo da Contemplação, pois só uma visão abrangente pode discernir o que deve ser cortado, de modo a preservar os conteúdos mais valiosos. Só é possível galgar uma posição elevada ao se desfazer do supérfluo.

oposto 34

trovão
céu

O Poder do Grande (34), expressão de uma poderosa força ascendente, contém uma dinâmica contrária à Contemplação que se concentra e volta o Olhar para Baixo. A mensagem do Grande Poder é a de encaminhar esta expansão já manifesta ao âmbito exterior.

O céu anterior é a Preponderância do Grande (28), a expressão de um acúmulo que não está bem escorado. Se o excesso de luz e força interior – as suas quatro linhas yang internas – ajudam a vislumbrar os aspectos mais profundos da existência, este estado de tensão pode ocasionar uma ruptura, que o Olhar sereno tem condições de evitar.

6

Contemplação da vida.
O homem superior está livre de faltas.

Contemplação da sua vida.
A vontade ainda não foi serenada.

08

5 ○

Observação da minha vida.
O ser superior está livre de faltas.

Observar a minha vida à luz da vida dos outros.

23

4

Contemplação da luz do reino.
É favorável aceitar o convite do rei.

Contemplação da luz do reino.
O rei confere honras ao seu hóspede.

12

觀

20

3

Contemplação da minha vida, avanço ou retrocesso?

Contemplação da minha vida, avanço ou retrocesso?
Não deve perder o seu caminho.

53

2

Olhar furtivo através da brecha da porta.
Favorável à perseverança da mulher (yin).

Olhar através da brecha da porta é favorável para a mulher.

59

1

Olhar infantil. Para um ser inferior, nenhuma falha.
Para um ser superior, constrangimento.

O olhar infantil é o caminho menor.

42

6. A última etapa da Contemplação abre uma percepção ampla e irrestrita, ao discernir o que foi realizado, e o que se deixou de fazer. Agora se vislumbram nitidamente todos os elementos que motivaram o percurso. Só a partir dessa posição mais elevada se tem acesso ao panorama inteiro. Esta é a visão do sábio. Porém, mesmo quando se retira do mundo, persiste na constante autoavaliação e na sua vontade de voltar-se àqueles que necessitam da sua ajuda.
A mutação para a Solidariedade (8) que jorra benefícios sobre o seu meio é análoga às águas que caem sobre a terra em chuva fecunda.

5. A Contemplação da minha vida se dá num plano abrangente, pois engloba os efeitos das próprias ações na vida daqueles que o acompanham na sua trajetória. Aqui se faz um balanço para poder iniciar uma etapa superior. O Olhar de mestre percebe as profundezas e encerra uma conscientização fundamental.
Este é o momento de Podar (23) o supérfluo, liberando-se das cargas que só dificultam o caminhar. Diz Confucio: *Quem é capaz de uma contemplação plena de si próprio, é capaz de perceber as influências que exerce sobre o seu meio.*

4. A Contemplação da luz do reino implica num Olhar à sua volta, na busca de uma oportunidade que enalteça o seu meio. Estar a serviço de uma causa superior equivale em aceitar um convite importante que exige a abnegação e a devoção de alguém que, antes de mais nada, visa o bem comum. Mas este esforço é recompensado. Aceitar a tarefa sabendo que a retribuição maior não será apenas para si, culmina na dedicação a espraiar-se em gentilezas, pelo mundo afora.
Esta disposição de Estagnar (12) os anseios pessoais, para abraçar uma tarefa nobre implica num despojamento generoso que requer uma concentração de energias.

3. A linha de transição entre o âmbito interno e o externo contempla a própria vida, e se questiona sobre os avanços e os retrocessos. Formulada no meio do caminho, esta pergunta é pertinente, pois incentiva a observação das verdadeiras motivações. A Contemplação da própria trajetória leva ao autoconhecimento.
A introspecção ajuda a ampliar a percepção. Agora, ciente do caminho a seguir, a linha alterna para o Desenvolvimento Gradual (53) que persiste passo a passo na trajetória que realmente lhe corresponde.

2. O olhar furtivo tem um escopo estreito. Percebe apenas os próprios interesses, sem vislumbrar o mundo à sua volta. Este olhar voltado para o interior é uma característica yin, simbolicamente da mulher. Por enquanto, só alcança a perspectiva externa de relance, só vê por uma pequena fresta e, portanto, é incapaz de empreender algo de maior envergadura.
A perspectiva da Dispersão (59) mostra que mesmo um Olhar limitado pode dissolver a rigidez ou os mal-entendidos, pois desbloqueia certas restrições arraigadas.

1. O primeiro Olhar ainda não discerne bem as coisas. Sendo ainda ingênuo, pouco pode realmente perceber. Essa visão infantil adia a maturidade. O ser inferior se contenta com essa visão menor que, para ele, não encerra falha, pois é a única que percebe. Porém para o ser superior, esta é uma situação constrangedora; ele não se satisfaz com uma Observação pueril que não lhe permite alcançar propósitos maiores.
A alternância para o Aumento (42) implica que a percepção deve ser ampliada. Se o primeiro passo é dado no escuro, sem discernir claramente os contornos da situação, é necessário fazer um esforço para Aumentar essa visão.

FOGO
TROVÃO

噬嗑

21 SHIE HE

J. BLOFELD **Abocanhando**
W. DONGLIANG **Morder**
A. HUANG **Iniciando**
C. JAVARY **Morder para Unir**
R. WILHELM **Morder**
R. WING **Reforma**

Nome e dinâmica.
Ambas as partes que constituem este ideograma têm bocas, supostamente falantes. A primeira está ao lado de um xamã com varetas de bambu e a segunda boca encontra-se ao lado de um vaso encoberto por uma tampa perfeitamente ajustada, símbolo da união lograda. As duas bocas indicam um diálogo, ou uma discussão. Este é o momento de falar claramente e de expor os pontos de vista e as reivindicações de ambas as partes, sem volteios. A figura de duas pessoas discutindo remete à consulta oracular, quando o consulente e o conselheiro se defrontam para elucidar um problema. Mesmo se for doloroso, este diálogo inadiável pode trazer o conflito à tona. A meta consiste em erradicar o obstáculo e chegar a um consenso.
Em sua estrutura, este hexagrama também forma uma boca aberta – semelhante ao hexagrama 27, emblema da Nutrição, porém, com uma trava ao meio, impedindo que os lábios se juntem. A quarta linha simboliza este obstáculo bem visível que obstrui a comunicação. A dinâmica consiste de erradicar ou morder o empecilho para lograr reunir os lábios. A indicação vai no sentido de superar o bloqueio com firmeza, recorrendo até à justiça caso necessário.
O ímpeto do trovão impulsiona das profundezas e este movimento dinâmico, ligado à clareza do fogo acima, elucida todas as possibilidades; esta amálgama de energias permite erradicar o estorvo. Trovão e fogo são duas energias de muita força e, juntos, podem empreender a árdua tarefa de reconciliação.

JULGAMENTO
Morder e Unir tem sucesso.
É favorável administrar justiça.

O contexto clama por uma reforma enérgica, já que não existe a possibilidade de contemporizar. Toda esperança de que o problema desapareça de per si, como por milagre, deve ser abandonada. Agora já não é mais possível transigir, nem condescender. O atrito não pode ser racionalizado nem ignorado; trata-se de uma ofensa prejudicial ou de uma interferência real nociva.
O sentido de Morder para voltar a Unir implica numa contrariedade perniciosa que se infiltrou no seu meio, impedindo alcançar os propósitos desejados. Todos os esforços devem ser concentrados em encontrar a origem do obstáculo, a fim de desmascarar a questão. Esta é a única maneira de consertar a falha. Talvez seja preciso tomar medidas severas ou até punitivas para recuperar as causas da desunião.
Em se tratando do âmbito interno, não pode haver momento mais adequado para examinar o caráter, e determinar a extensão das próprias ilusões, racionalizações ou hábitos que usurpam o controle dos julgamentos imparciais. As incompreensões e as confusões tornam-se corriqueiras, a não ser que uma ação firme e clara as elimine.
Nessa situação, o sucesso vem através do cumprimento das leis e da administração da

justiça. Esta é a ocasião propícia para começar processos judiciais. Se as barreiras não são vencidas através do diálogo, é lícito recorrer a meios mais severos. A reparação é imprescindível e deve ser empreendida sem demora, antes de causar prejuízos maiores, ou talvez até danos permanentes.

COMENTÁRIO SOBRE O JULGAMENTO

Há algo na boca. Deve ser Mordido,
pois só assim se alcança o sucesso.
O firme e o maleável estão divididos.
Movimento e claridade se manifestam.
Trovão e relâmpago estão unidos e manifestam o seu brilho.
O maleável ocupa o centro e se eleva.
Mesmo se a posição não é adequada,
ainda assim é favorável administrar justiça.

IMAGEM

Trovão e relâmpago: imagem do Morder.
Assim, os Antigos Reis consolidavam as leis
através de penalidades claramente estabelecidas.

A menção aos Antigos Reis não deixa dúvidas quanto à atitude a ser tomada: a iniciativa de administrar a questão de modo justo, instituindo penalidades para restabelecer a ordem. Na China antiga, as leis gravadas sobre madeira eram conservadas na sala dos ancestrais e assim impunham maior respeito.
Ao lidar com assuntos sociais ou políticos, deve se ater rigorosamente à justiça vigente. Uma sociedade sem princípios e leis claras acaba à deriva. Quando se atua em grupo, é questão de apoiar-se sobre os superiores que possam assumir a liderança. As reformas em pauta podem ser pessoais, familiares ou sociais.
Em primeiro lugar, é preciso saber o objetivo a que se deseja chegar, e o que contribui para o bem-estar e a harmonia – individual, ou do grupo. Questionar de onde vêm a pressão e as inquietudes que afligem e apontar os fatores que assumiram o controle criando a discórdia.
As seis etapas deste contexto refletem uma tensão crescente – ou decrescente – do andamento deste processo, assim como as penas a serem administradas.

Nuances energéticas

nuclear 39

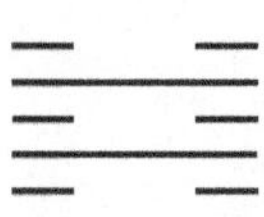

água
montanha

No cerne do Morder encontram-se Obstruções (39) a serem superadas para poder lograr a integração. As resistências representam abismos perigosos que devem ser enfrentados com lucidez e determinação.

oposto 48

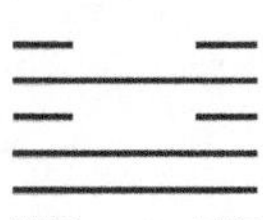

água
vento-madeira

Morder através de um entrave com energia e punir as ofensas com firmeza consiste da dinâmica oposta à do Poço (48), que trata de perscrutar a própria fonte de modo suave, inclinando-se para purificar as águas internas.

O céu anterior é a Comunidade (13) que exalta a fraternidade humana. Com este elevado ideal em mente, surge o ímpeto corajoso de vencer os obstáculos que impedem o convívio harmônico entre os homens.

噬嗑

21

6 O pescoço preso à canga de madeira,
as orelhas desaparecem. Infortúnio.

O pescoço preso à canga de madeira,
as orelhas desaparecem. Não escuta com clareza.

51

5 Ao Morder a carne seca e preparada, recebe o ouro amarelo.
Perseverante e consciente do perigo. Não há erros.

Perseverante e consciente do perigo. Não incide em erros
porque age do modo acertado.

25

4 Ao morder a carne ressecada até os ossos,
obtém uma flecha de metal. É favorável estar
atento ao perigo e ser perseverante. Boa fortuna.

É favorável estar atento ao perigo e ser perseverante.
Boa fortuna. Seu brilho ainda não aparece o suficiente.

27

3 Ao Morder a carne ressecada, encontra algo venenoso.
Pequena humilhação. Nenhuma falha.

Encontra algo venenoso porque não ocupa a posição acertada.

30

2 Ao Morder a carne macia, o nariz desaparece.
Nenhuma falha.

Ao Morder a carne macia, o nariz desaparece.
O maleável repousa sobre o sólido.

38

1 Seus pés estão presos no cepo e os dedos desaparecem.
Nenhuma falha.

Seus pés estão presos no cepo e os dedos desaparecem.
Nenhuma falha. Ele não pode andar.

35

6. Na última etapa já não são os pés que estão presos no cepo, mas são as orelhas que desaparecem, ou seja, não se pode ouvir. Este infortúnio compromete o que foi logrado. Já não se é capaz de escutar ou de se mover com desenvoltura, permanecendo preso aos próprios sentimentos ou frustrações, sem atentar aos outros.
O Duplo Trovão (51) evoca uma agitação demasiada que prejudica a ação pausada e estável exigida pela intervenção ativa deste contexto. Toda movimentação tensa é vã e improdutiva, e incide em perder a oportunidade de voltar a se unir ao que se havia afastado.

5. Chega ao cerne do problema e recebe a grande recompensa, o ouro amarelo símbolo do valioso equilíbrio que vence o impedimento pernicioso. A reunificação já é possível. Mas como é preciso Morder para Unir, a situação continua delicada e se tem consciência do perigo. Só agindo com muita correção pode evitar erros, por isso convém redobrar a atenção.
A perspectiva do Espontâneo (25) que também exprime o Inesperado sugere uma ação absolutamente sincera e desprovida de segundas intenções. Previne também para o fato que, mesmo após extirpar o estorvo, pode surgir algum percalço imprevisto. Portanto cuidado para não se expor a um ataque sorrateiro.

4. O ferimento se aprofunda, cortando a carne ressecada até aos ossos, ou seja, até às estruturas e articulações, ampliando as sequelas. O perigo desperta a coragem para um enfrentamento que já não pode ser adiado. Ser premiado com uma flecha de metal significa que o alvo é atingido com louvores, daí a boa fortuna. Não importa se o seu brilho ainda não aparece como devia, o principal é conseguir livrar-se do problema.
A ação enérgica empreendida começa a dar os seus frutos, por isso a perspectiva de Nutrir (27) aquilo que logra o desbloqueio. Mesmo assim, precisa estar atento ao perigo que ainda ronda.

3. A Mordida já não é apenas superficial, mas atinge a própria carne, ou seja, agora se entra no âmago da questão. E aí se depara com um problema sério. Para ressecar a carne, esta é arejada ao ar livre, o que indica tomar claro conhecimento da extensão das implicações em pauta. Algo venenoso e constrangedor aparece agora com nitidez.
A transição para o Duplo Fogo (30) purifica e mostra tudo às claras, sem nada ocultar. Assim como é lúcida a resolução de encarar o problema, de colocar tudo sobre a mesa enquanto é tempo e livrar-se logo do veneno, para não incidir em ferimentos maiores.

2. Mesmo se, por enquanto, por falta de discernimento ou de percepção, *o nariz desaparece*, essa atitude ainda superficial que só se dá a nível da pele ou da carne macia, já anuncia a intenção de Morder para Unir, ou seja, de atacar o fator que obstrui para livrar-se dele. O desaparecimento do nariz significa também a perda da acuidade perceptiva.
As Oposições (38) que causam empecilhos são também internas, pois as desavenças abrigam tendências opostas que vacilam, sem um direcionamento claro. Nessa etapa, o mais importante seria perceber com clareza qual é a origem e a natureza do impedimento, de modo a poder erradicá-lo.

1. Quando os pés estão presos, todo movimento para. Porém o fato de não poder agir não encerra falhas, pois quando não se tem uma visão nítida da situação, é melhor não agir mesmo, para não agravar ainda mais as coisas. Às vezes, o fato de estar restrito e de não poder atuar é justamente o que salva, pois impede tomar medidas inadequadas.
Ao alternar para o Progresso (35), o impulso do trovão transforma-se na paciência receptiva da terra. Já existe aqui, em forma latente, a possibilidade de um avanço e de superar a problemática, assim como o fogo clareia ao se estender sobre as sombras da terra.

MONTANHA

FOGO

賁

22 BI

J. BLOFELD **Elegância**
W. DONGLIANG **Ornamentar (Enfeitar)**
A. HUANG **Adornando**
C. JAVARY **Embelezar**
R. WILHELM **Graciosidade (Beleza)**
R. WING **Graça**

Nome e dinâmica.

O ideograma mostra plantas ornamentais acima de um cauril usado como adorno. O cauril é uma espécie de concha rara encontrada às margens do rio Amarelo na antiguidade, cuja cor clara é brilhante. Servia como ornamento e também como dinheiro, o que enfatiza o valor do belo. Para a China, a Beleza consiste da adequação do fundo à forma, ressaltando a importância da polidez e da etiqueta, mesmo nas situações mais difíceis. A atitude elegante, apropriada a cada situação, e as fórmulas de gentileza, são consideradas essenciais para manter a harmonia entre as pessoas.

Se, em vez de belas frases corteses que permeiam as relações de convivência, o silêncio e o afastamento se instalam – ou, pior ainda, insultos são proferidos, as energias se exaurem. É preciso agir nos detalhes, conferir elegância aos gestos e às palavras.

A chama ao pé da montanha indica um brilho interno. Quem mantém o seu fogo aceso logra que se reflita e se erga como a montanha, atingindo um patamar superior. Quem é capaz de confeccionar algo belo eleva-se também através da sua arte e o seu renome se estende, atraindo até os que vêm de longe, para apreciá-lo. Mesmo nos piores impasses, quem conserva o seu brilho sempre pode recorrer à própria beleza interna.

JULGAMENTO

Conceder Beleza conduz ao sucesso.
É favorável empenhar-se em assuntos menores.

Apesar de tão preciosa, a Beleza não soluciona assuntos graves ou controversos e, por isso, este momento é adequado para resolver problemas menores. A montanha não permite que as chamas se projetem para longe ou sejam vistas a distâncias, indicando que grandes projetos não são favorecidos. Por isso, convida a aprimorar os detalhes. Embelezar o que se empreende constitui um dom, uma graça, mesmo quando se tratam de assuntos menores.

A estética é imbuída de um equilíbrio de formas, emanando a elegância que a tudo deve permear, a conferir clareza e tranquilidade, como um estado de graça serena. Além de prazerosa, a contemplação da beleza abre visões extraordinárias, pois descortina lampejos de possíveis sintonias no mundo. A verdadeira Beleza não se restringe às meras aparências, pois a superfície e as profundezas devem se conjugar em harmonia.

No âmbito pessoal, ao se converter numa fonte inesgotável de criatividade, a Elegância se espalha ao meio que a circunda. Quem possui o dom da Graciosidade, não se deixa oprimir pelas forças adversas, pois a Beleza interna é a arma mais poderosa contra qualquer tipo de opressão. Quanto mais aprimorada a personalidade, mais vai se imprimindo pela vida afora, na convivência com os próximos, no ofício escolhido e em todo trabalho realizado.

O brilho natural que o ser superior porta dentro de si aponta para uma época de enriquecimento e de autoexpressão. Esta pode ser uma fonte de inspiração em que as ideias fluem, mesmo quando o mundo parece ter parado. O dom de Beleza envolve um brilho autêntico e a tentativa superficial de atingir tal requinte, sem possuí-la realmente intrínseca, é gratuita. A Beleza que não brota de uma fonte verdadeira é passageira, e se perde rapidamente.

COMENTÁRIO SOBRE O JULGAMENTO

Conceder Beleza conduz ao sucesso.
O maleável desce e enfeita o firme, por isso o sucesso.
O firme sobe e enfeita o maleável, por isso é favorável
empreender assuntos menores. Este é o adorno do céu.
O brilho ajuda a agir de acordo ao momento e à situação.
Este é o adorno humano.
Ao contemplar as formas do céu, se percebem as mudanças das estações.
Ao observar as formas humanas, pode-se moldar o mundo.

IMAGEM

O fogo brilha na base da montanha: imagem da Beleza.
Assim, o ser superior esclarece assuntos corriqueiros,
mas não ousa decidir questões controversas.

A quietude da montanha exalta o fogo interno, permitindo que este irradie em todo o seu esplendor. Perceber a Beleza intrínseca constitui um privilégio e uma graça. Quem é capaz de apreciá-la presente naquilo que o cerca, colore as percepções de todas as áreas da sua vida. O movimento do fogo que eleva, iluminando as formas da montanha, deve ser canalizado para o requinte das próprias habilidades. O ser superior dá prioridade ao aprimoramento da sua própria pessoa, pois esta se reflete em tudo aquilo que ele toca. Mas a Beleza não é a arma adequada para resolver questões difíceis ou confrontos maiores. Este não é o momento de tomar grandes decisões, porém, de tornar tudo claro e simples, como o mais límpido ornamento. A estrutura do hexagrama acentua essa clara simplicidade que confere Elegância: a luz do fogo resplandece diante da serenidade da montanha, e a ilumina. A linguagem da Graça é quase inaudível; aqueles que não são por ela tocados, não alcançam a grandeza que encerra e não percebem a pureza de intenções. Só aquele que sente a magia da Beleza é capaz de compreender as suas dádivas.

Nuances energéticas

nuclear 40

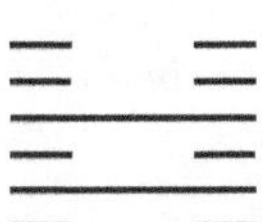

trovão
água

A Liberação (40) no âmago da Beleza sugere autonomia a irradiar das atitudes elegantes e de cortesia que libertam de escopos mesquinhos. Mesmo se nada de relevante pode empreender no mundo, o aprimoramento interno já constitui um tesouro.

oposto 47

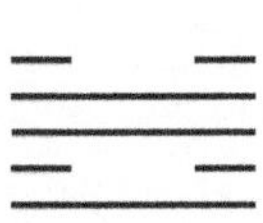

lago
água

A Opressão (47) emana uma energia oposta à verdadeira Beleza que nunca se exaure, e jamais esgota os seus recursos internos. Mesmo cansado e oprimido, não abandona a elegância dos seus gestos e a bondade das suas palavras. A Beleza nunca oprime.

O céu anterior é o Poder do Grande (34) que demarca o pleno florescer da primavera a caminho da maturação do verão. Este momento de muita luz e calor se exterioriza através da graça e da beleza.

6 Ornamento branco. Nenhuma falha.

Ornamento branco. Nenhuma falha.
Ele cumpre a sua vontade.

36

5 Adornar a própria morada e o seu jardim.
A oferenda de um pequeno rolo de seda é modesta.
Constrangimento, porém, ao final boa fortuna.

A boa fortuna da mutação na quinta posição
exprime alegria.

37

4 Beleza e simplicidade. Um cavalo branco chega voando.
Não vem para assaltar, mas para selar uma aliança.

A mutação na quarta linha tem motivo de dúvida.
Não se trata de um assalto, mas de uma aliança.
Ao final permanece livre de falha.

30

3 Embelezar e umedecer.
A perseverança constante traz a boa fortuna duradoura.

A fortuna da perseverança contínua
nada encerra de constrangedor, até o final.

27

2 Adornar a barba.

Adornar a barba implica em atuar junto com o de cima.

26

1 Adornar os dedos dos pés.
Abandona a carruagem e caminha.

Abandona a carruagem e caminha,
pois não lhe corresponde viajar na carruagem.

52

6. O ornamento branco denota total pureza e simplicidade. Ao chegar ao topo da montanha, os adornos já não são mais necessários. A Beleza intrínseca é a pureza, simbolizada pelo branco. Por isso, esta linha governante renuncia tranquilamente a todo e qualquer ornamento. Já não precisa nem deseja adornos e, assim, cumpre perfeitamente a sua vontade. É natural que, a esta altura, seja isento de falhas.
A alternância dessa linha resulta na Luz Obscurecida (36), indicando que se está voltado para a própria interioridade, dedicando-se a manter acesa a própria luz interna.

5. O desejo de ornamentar a própria morada e jardim mostra a busca da Beleza interna. Mesmo se as oferendas e os adornos disponíveis são modestos, se a sinceridade prevalece, a boa fortuna acaba chegando. Embelezar o espaço em que se habita expressa alegria e requinte.
A perspectiva da Família (37) e do lar adornado com simplicidade transmite harmonia aos seus habitantes, pois aí se vai formando aquilo que a cada qual corresponde. Esta é mais uma alusão da adequação do fundo à forma, tão presente no Livro das Mutações.

4. O branco denota a simplicidade e a maneira límpida de agir. O cavalo alado simboliza a pureza de intenções. Paira uma suspeita: será que quem chega é movido por desejos interesseiros? A dúvida pode surgir também entre optar por ganhos pessoais ou pela busca daquilo que realmente o complementa. Logo tudo se esclarece, – não se trata de uma apropriação, porém de alguém que pretende selar uma união profunda.
O Duplo Fogo (30) enfatiza o ímpeto do cavalo no seu voo, a paixão que coloca naquilo que faz e, ao mesmo tempo, a dupla chama assinala a clareza – interna e externa – das suas intenções. A simplicidade unida à Beleza é o meio ideal para selar uma verdadeira união.

3. A Beleza que dá frutos ao se impregnar de umidade ressalta a fertilidade. A determinação constante nessa atitude de embelezar tudo o que esteja ao seu alcance aporta boa fortuna duradoura.
Quando existe um vazio interno a ser preenchido, a Beleza precisa ser Nutrida (27) em cada atitude e palavra, de modo a enaltecer não só a si mesmo, como ao meio que o rodeia. Ações esporádicas não produzem este efeito duradouro. A constante boa fortuna só é alcançada ao continuar difundindo a Graça e a Beleza constantemente.

2. Adornar a barba significa aprimorar-se para estar à altura de uma tarefa elevada. A barba bem cuidada é o requisito mínimo para apresentar uma aparência refinada diante dos superiores. Implica na justa adequação da forma ao conteúdo, ou seja, a barba deve se adequar ao rosto, expressando esmero. Esta linha governante percebe claramente que o requinte implica também no cuidado com a própria aparência.
No contexto do Poder de Domar do Grande (26), a montanha contém toda a força e luminosidade do céu: é questão de aprimorá-la. Cuidar do aspecto externo denota a tranquilidade condizente para difundir o brilho do conteúdo interno.

1. A primeira etapa do contexto de Beleza afirma a sua autonomia, ao abandonar os meios fáceis – a carruagem – preferindo caminhar a pé. A decisão de avançar por si mesmo denota força e claro discernimento. Confiar na própria capacidade ressalta a Beleza contida nos seus fundamentos, mesmo sendo humildes.
A perspectiva da Dupla Montanha (52) concede a tranquilidade para tomar tal atitude de desprendimento e, ao mesmo tempo, denota a firmeza deste avanço por si só, que desde já o eleva a um outro nível.

MONTANHA
TERRA

剝

23 PO

J. BLOFELD **Descascar**
W. DONGLIANG **A Usura**
A. HUANG **Descartando**
C. JAVARY **Usura**
R. WILHELM **Desintegração**
R. WING **Deterioro**

Nome e dinâmica.
O ideograma mostra ramas e tufos sobre uma árvore maciça e, à direita, um instrumento de corte. A ceifa ou foice assinala a poda das árvores ou das colheitas e transmite a ideia de um despojamento ou de uma separação. Mesmo sendo o corte necessário, todo cuidado ao podar é pouco, pois a questão é saber qual a parte a ser descartada, e até onde se deve cortar. Poda-se as árvores para reforçar as raízes; a eliminação do supérfluo revigora as raízes da planta na próxima primavera. O que cresce em demasia ou desordenadamente é descartado para favorecer o retorno da seiva vital.
O corte deve ser certeiro e preciso para só atingir o elemento nocivo, sem prejudicar o resto da planta, assim como a Usura oportuna ajuda o bom andamento de uma sociedade. Convém economizar todos os meios, a fim de preservar as forças ainda restantes. Quando o élan de cima enfraquece, deve ser compensado pelo corte de despesas e pela nutrição, características yin que emanam de baixo.
Esta é uma dinâmica centrífuga e lenta, proveniente de um desgaste paulatino. Sempre leva algum tempo para cicatrizar uma ferida. A última linha yang acima está prestes a ser derrubada pelas cinco yin em ascensão, que agora têm a primazia. Simbolicamente, esta época de reclusão representa: o começo da noite ou do inverno, momento em que o resguardo necessário no obscuro propicia o repouso e fortifica.

JULGAMENTO
Desintegração. Não é favorável ir a parte alguma.

Este texto lacônico exprime o único Julgamento que só encerra um conselho negativo, prevenindo apenas contra qualquer atividade. Todo movimento deve ser evitado, pois nada há a fazer. Quando os cortes não podem ser impedidos, a sabedoria consiste em aceitá-los com resignação. Rebelar-se e tomar medidas drásticas, além de inútil neste momento, só aumenta as perdas dolorosas.
Todo este contexto aponta para apertar o freio com determinação.
Se as circunstâncias são de tal ordem que a única alternativa resulta na inevitável contenção, convém permanecer o mais quieto possível, à espera da cicatrização. Quanto mais imóvel e tranquilo, melhor. Quando uma estrutura está por desabar, deve-se evitar qualquer desgaste, – financeiro, afetivo ou profissional. Não adianta ir a parte alguma, pois a situação o acompanha. Qualquer movimento externo seria prejudicial. Na ocasião da perda, não há consolo possível do lado de fora. A questão é ter coragem para vivenciar a dificuldade. A única solução é acalentar os valores internos. Só o ser superior sabe que o outono conduz à primavera; o ser menor permanece (em espírito) no outono.
Porém, o movimento de retração também consolida. Quando o teto está por cair, se reconhece a necessidade de reforçar os fundamentos. O colapso tem conotações mais amplas – e às vezes mais positivas, a longo termo – do que as que se percebe a princípio. O equilíbrio energético é preconizado como imprescindível no decorrer de todas as Mutações.

COMENTÁRIO SOBRE O JULGAMENTO

A Usura significa ruína.
O elemento maleável modifica o firme.
Não é favorável ir a parte alguma.
A influência dos seres inferiores aumenta.
Atue de acordo com a situação e fique quieto.
Ao contemplar a imagem, o ser superior compreende
a alternância entre o aumento e a diminuição,
entre o pleno e o vazio, pois este é o curso do céu.

IMAGEM

A montanha repousa sobre a terra: imagem da Desintegração.
Assim, o ser superior só pode garantir a sua posição
mediante dádivas aos inferiores.

O Deterioro resulta de fundamentos que não estão firmes. Sem alicerces sólidos, a montanha está na iminência de desabar sobre a terra. A única maneira de sustentar a situação é reforçando as bases para estabilizar a elevação. A montanha que se ergue, orgulhosa, sobre a terra, seria comparável ao prepotente que despreza os seus auxiliares subalternos. Acaba falindo.

A Usura implícita neste contexto remete à ambição desmedida e aos juros exorbitantes que, em última instância, se refere ao desrespeito em relação aos mais necessitados. A mesquinharia de aproveitar-se de uma situação privilegiada causa um desgaste que vai socavando o edifício. As dádivas abaixo evitariam o desmoronamento. De nada adianta, nessa situação, apegar-se ao que agora de todo modo está sendo cortado. Mas quando é chegado o momento da ruína, a distribuição entre os menores é inevitável. A atitude inteligente, para garantir a sua posição, é fazer uma repartição equânime.

Ofertas e donativos voluntários apontam-se como única garantia de manter a posição dos superiores, pois estruturam a recuperação. Quanto mais for repartido espontaneamente neste momento, mais firmes serão as bases para recomeçar.

Nuances energéticas

nuclear 2

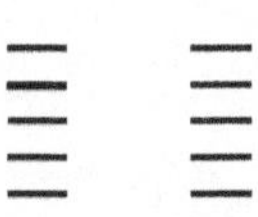

terra
terra

No cerne do Descascar encontra-se a Dupla Terra (2), acolhendo todas as situações, mesmo as perdas mais dolorosas. As seis linhas yin assinalam a imobilidade. A Terra resguarda as energias latentes no seu seio para melhor preservar as forças restantes.

oposto 43

lago
céu

As cinco linhas fortes e luminosas que crescem com Determinação (43) configuram uma energia oposta à Usura, em que as forças devem ser resguardadas. No momento de eliminar os excessos, nenhuma Decisão de avanço deve ser tomada.

O céu anterior é a Duração (32) dos ciclos que se sucedem. A última linha luminosa prestes a ser derrubada comprova que a continuidade da vida resulta de avanços e retrocessos, semelhante à alternância das estações na natureza. No portal do inverno, a Desintegração exprime o ciclo indestrutível que sempre volta. A alternância das forças opostas, que a cada passo se complementam, permite a Duração contínua da vida.

剝

23

6 ⚊ ○

Um grande fruto ainda não é consumido.
O ser superior recebe uma carruagem.
O ser inferior perde a sua morada.

O ser superior recebe uma carruagem.
Ele é carregado pelo povo.
O inferior perde a sua morada. Ele acaba se tornando inútil.

02

5 ⚋

Peixes enfileirados. Favores através das damas do palácio.
Nada que não seja favorável.

Peixes enfileirados. Favores através das damas do palácio.
Isso definitivamente não é um erro.

20

4 ⚋

A cama se desintegra até à pele. Infortúnio.

A cama se desintegra até à pele. Infortúnio.
Um problema sério está próximo.

35

3 ⚋

Ligações rompidas. Nenhuma falha.

Ligações rompidas. Nenhuma falha.
Cortar as relações de cima e de baixo.

52

2 ⚋

As travessas da cama são cortadas.
A perseverança causa infortúnio.

As travessas da cama são cortadas
porque falta o companheiro.

04

1 ⚋

A perna da cama se desintegra.
Os perseverantes sofrem infortúnio. Perigo.

A perna da cama se desintegra.
A erosão começa de baixo.

27

6. Esta última etapa é comparável ao teto de uma casa que desaba. A única linha yang contém o fruto que, ao cair na abertura total da Dupla Terra (2), semeia uma nova vida, e renasce segundo o germe que lhe é próprio. Ao final de um período tão difícil, a aceitação do fruto dessa experiência se impõe.
O texto ressalta que cada pessoa colhe aquilo que lhe cabe, ou que plantou. O ser inferior não se conforma com a sua perda e, por isso, nada percebe além dela. O ser superior assume a perda, e passa a ser ainda mais respeitado, pois recebe um veículo nobre, a carruagem. O ser superior é favorecido até pelos cortes, pois sua atitude honrosa durante o declínio revela o seu valor.

5. Esta etapa representa a soberania do contexto yin, pois conduz as quatro outras linhas abertas, assim como as *damas do palácio* representam a liderança fecunda do reino e a mais elevada dedicação e receptividade, tão necessárias neste momento. O pior sofrimento do corte está sendo superado, pois já se vislumbra a saída do momento difícil. Os peixes simbolizam a riqueza e a fertilidade que garante a descendência da família e, portanto, a regeneração.
A mutação para a Contemplação (20) abre um novo panorama. Chega-se a um outro patamar, do qual se vislumbra a extensão de toda a situação. Começa a superar o rompimento doloroso, e a juntar forças para renascer.

4. O momento mais doloroso é o imediatamente após a fratura. Agora se está sozinho, sem contar com nenhum apoio, tendo só linhas yin abaixo. O término constitutivo de uma etapa atinge a pessoa em cheio, pois a pele delimita o próprio corpo, atingido na sua sensibilidade. A situação é dolorosa.
A mutação para o Progresso (35) evidencia uma transformação energética clara. Esta é a culminância da dor, pois o fogo (sol) surgindo sobre a terra simboliza a plena visão do alcance da perda. Porém o discernimento das implicações da ruptura assinala ao mesmo tempo a chegada da luz de um novo dia, permitindo recomeçar.

3. Aqui ocorre a Desintegração efetiva, é impossível evitá-la. O rompimento da comunicação indica um corte definitivo. Porém esta ruptura não encerra nenhuma falha, pois é justamente o que permite sair da situação difícil.
A alternância para a Dupla Montanha (52) cujo atributo principal é a quietude, indica a ação apropriada nessa emergência: manter-se imóvel e firme como a montanha. Convém voltar-se para a própria interioridade, cortando relações – com os de cima e com os de baixo, – ou seja, eliminar todos os elementos prejudiciais.

2. Se o sustento é cortado, essa falta de apoio torna-se perigosa. Quando se perde o companheiro, já não se pode manter a mesma posição. O Deteriorio está aumentando, – depois da Desintegração da perna da cama, são as travessas que desabam. A indicação clara é de ter o bom discernimento de não insistir permanecendo nessa situação insustentável.
A mutação para a Inexperiência (4) mostra que não sabe discernir a aproximação do perigo, e prevenir-se a tempo. Agora que a Desintegração é iminente, a melhor maneira de corrigir esta Insensatez é procurar a orientação de uma pessoa experiente.

1. A cama simboliza o inconsciente e o sono, quando prevalece a dinâmica yin. A perna da cama que se desintegra acentua a perda do repouso e dos apoios. Quando se abrem as portas do sono, as formas conscientes se dissolvem. Quem não percebe essa perda e continua insistindo em salvar o que já não pode ser salvo, corre perigo e sofre infortúnio.
A perspectiva da Nutrição (27), cuja figura se assemelha a uma grande boca aberta à espera de alimento, enfatiza a necessidade de restaurar forças. É imprescindível alimentar-se quando se está enfraquecido. O Deterioro começa abaixo, e vai destruindo a situação de dentro, sem que de fora se perceba.

TERRA
TROVÃO

復

24 FU

J. BLOFELD **Retorno**
W. DONGLIANG **O Retorno**
A. HUANG **Voltando**
C. JAVARY **Retorno**
R. WILHELM **Retorno (O Ponto de Transição)**
R. WING **Retornando**

Nome e dinâmica.
O ideograma mostra o signo de uma encruzilhada ao lado do sol que se levanta sobre passos cruzados, representando uma reviravolta. Na antiga China, o soberano costumava Retornar periodicamente ao centro do seu reino para solidificar a reciclagem e marcar o início de uma nova era. Trata-se de um movimento renovador. A figura deste hexagrama mostra a energia yang que ressurge, ainda oculta no âmago da terra. As cinco linhas yin voltam-se para o broto, reafirmando a devoção receptiva da terra ao acolher os novos frutos que dela irrompem, a cada novo florescer. Semelhante aos cuidados maternos com a sua cria a nascer que a ela se inclina em proteção, paciente e extremamente suave, pois esta é a única maneira de garantir o seu crescimento, ainda frágil. Toda esta dinâmica inclina-se sobre as raízes.
O movimento remete a um precioso crescimento interno, sutil e apenas percebido, pois a única linha yang encontra-se ainda nas profundezas, e o seu tênue florescer não aparece. Há uma analogia implícita com o surgimento imperceptível da luz, na noite profunda; à meia-noite, nenhum sinal externo permite vislumbrar luminosidade alguma, mas é do interior das trevas que volta a brilhar a primeira centelha.
Nesse contexto, qualquer pressa, impaciência ou precipitação acarreta infortúnio. Deve dar o tempo necessário ao novo fruto, sem forçá-lo.

JULGAMENTO
Retorno. Sucesso. Saída e entrada sem erro.
Amigos chegam, sem falha.
Para adiante e para trás segue o caminho.
Ao sétimo dia vem o Retorno. É favorável ter aonde ir.

O sucesso do Retorno da luz assinala uma faísca que, mesmo sendo tênue, deixa um lastro indelével. Estamos diante do despontar deste pequeno germe luminoso que jaz ainda oculto, em silêncio. O ponto de mutação remete a uma encruzilhada; e cada encruzilhada remete à importância de escolher o caminho certo. Silenciar remorsos, saudosismos e apegos passados, pois o desabrochar deve se dar espontâneo, no seu devido momento. Deve-se respeitar com delicadeza o tempo próprio de cada ser – a cada planta, o ritmo do seu florescer. Este é um precioso desenvolvimento interno, e no momento oportuno a ajuda necessária chega naturalmente, pois mesmo incubada, a fagulha da vida está em constante processo de renovação.
O movimento de contração e distensão faz parte do irromper e reforça a abertura. A concentração energética visa à retomada de forças e o vaivém acentua um despontar ainda frágil e hesitante. Como a meta está longe, é preciso saber aonde se quer chegar. Durante este período o ir e vir deve dar-se com suavidade. Cuidado para não atrapalhar o lento despontar, pois ao cabo de um período completo – simbolicamente sete dias – o germe começa a se dilatar com força, e nada pode detê-lo. Tudo está ainda em gestação e este movimento embrionário não deve ser forçado, porém, alimentado com carinho.

A volta cíclica da luz é celebrada em todas as tradições. No calendário chinês, o Retorno da luz ocorre no sétimo dia do yang nascente. Esta configuração representa o Ponto de Mutação em que as energias se transformam. Por isso a menção da saída e entrada natural de todas as coisas, no seu devido momento. Este ciclo restaura o que se julgava perdido.

COMENTÁRIO SOBRE O JULGAMENTO

O Retorno tem sucesso. O firme retorna.
Por isso, saída e entrada sem erro.
Amigos chegam, sem falha.
Para adiante e para trás segue o caminho.
Ao sétimo dia chega o Retorno.
Este é o curso do céu. É favorável ter aonde ir.
A partir do Retorno, se pode ver o caminho do céu e da terra.

IMAGEM

O trovão surge do interior da terra: imagem do Retorno.
Assim, os Antigos Reis fechavam as passagens durante
o solstício. Comerciantes e viajantes não transitavam.
O soberano não transitava pelas províncias.

Toda esta dinâmica, em compasso de espera, está nutrindo o novo ciclo que já se anuncia, prestes a irromper. Definitivamente este não é o momento para mover-se, pois o Retorno só ocorre no seio da imobilidade da terra, e no seu devido momento. Inútil apressá-lo. Todos são impedidos de transitar – os que viajam por motivos menores, comerciantes e viajantes – e nem mesmo o soberano deve se deslocar. Neste momento de recolhimento os caminhos da ação estão fechados, pois qualquer iniciativa externa prematura prejudica a retomada invisível de forças. Durante o recolhimento ocorre o processo de decantação na interioridade e este requer uma concentração total. O mundo externo escurece, e deve ser mantido no escuro. Como no sono profundo que restaura as forças, o mundo externo agora se fecha, e adormece, para não dissipar o despontar da nova oportunidade a surgir.
Diz o Tao Te Ching: *O movimento do Tao é o Retorno.*

Nuances energéticas

nuclear 2

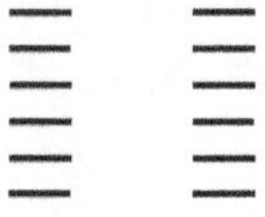

terra
terra

No núcleo do Retorno, a Dupla Terra (2) denota a sua total Receptividade. Sua abertura completa comprova a disponibilidade maleável, pronta para receber as sementes a serem plantadas.

oposto 44

céu
vento

A dinâmica da pequena linha yin que Vai ao Encontro (44) das cinco linhas yang representa o movimento oposto do Retorno. Esta ousada vontade de ascender volta-se toda para fora, no desejo de se alçar até à meta desejada.

O céu anterior sendo a Família (37), implica num acordo e em laços íntimos de convívio que proporcionam elos formados na interioridade de um lar comum. A Família fundamenta as origens e as futuras gerações que se vão desdobrando no seu seio.

復

24

6

Perde o Retorno. Infortúnio interno e externo.
Se as multidões marcham assim, há uma grande derrota final, desastrosa para o governante e para o seu país.
Sem condições de lançar iniciativas durante dez anos.

O infortúnio de perder o Retorno reside em se opor ao caminho do soberano.

27

5

Retorno sincero. Nenhum arrependimento.

Retorno sincero. Nenhum arrependimento.
Sendo central, é capaz de autoexame.

03

4

Anda pelo caminho do meio e Retorna sozinho.

Anda pelo caminho do meio e Retorna sozinho, seguindo o caminho correto.

51

3

Retorno repetido. Perigo. Nenhuma falha.

O perigo do retorno repetido é sentir-se livre de culpa.

36

2

Retorno tranquilo. Boa fortuna.

A boa fortuna do Retorno tranquilo depende de subordinar-se a um ser bondoso.

19

1

Retorno de curta distância. Não há motivo para remorso.
Grande boa fortuna.

Retorno de uma curta distância. Assim se cultiva o caráter.

02

6. A perda do Retorno implica em abandonar o caminho do equilíbrio. Quando se atua sem este requisito primordial, e se volta para fora sem estar preparado, perde-se o germe plantado inicialmente. E sofre derrotas tão grandes, que inibem as iniciativas futuras. O texto alerta: se, a esta altura, ainda se tentar empreender um avanço forçado haverá retumbante fracasso. A falta de ponderação gera prejuízos não só para si, mas para todos à sua volta. A perda desastrosa força a espera de um ciclo completo (símbolo de dez anos).
A alternância para a Nutrição (27) configura uma boca aberta, buscando alimento externo, quando nesse contexto todo alimento deve ser buscado nas próprias bases.

5. Na posição do governante, se está bem enraizado e já não há maiores questionamentos, pois o crescimento é evidente. Por isso, já não há dúvidas. O Retorno sincero decorre justamente deste reconhecimento e dessa aceitação inteligente. Estando bem equilibrado, o Retorno se afirma, soberano. Este crescimento agora desimpedido se dá na sua integridade, com todos os acertos e desacertos que pontilham o caminho de ascensão.
As alternâncias para as Dificuldades Iniciais (3) que surgem no decorrer deste processo já não são afastadas ou suprimidas, porém se incorporam às etapas vivenciadas, pois fazem parte do crescimento.

4. Percorrer o caminho do meio denota equilíbrio e sabedoria. Ao alcançar esta harmonia, já não importa se os outros o acompanham. A extrema docilidade dessa linha corresponde plenamente à sua concentrada dedicação, e lhe confere a força de optar pela trilha correta, mesmo sozinha.
A mutação para o Duplo Trovão (51) detona um irromper interno e outro externo. Da mesma forma, ao encontrar o seu equilíbrio de forças, a pessoa se insere no seu próprio ritmo e torna-se independente. Já não se deixa influenciar por fatores externos. Aqui se dá a eclosão do andamento correto, livre de pressões. Trata-se de um mestrado.

3. No contexto do Retorno, o perigo reside no desejo de acelerar. A tendência interna que pressiona para agir deve ser controlada. Resistir à pressão de avanço implica em não repetir as falhas. Se esta advertência não for seguida, o Retorno perderá forças. Deve frear o ímpeto porque há algo precioso ainda a ser acalentado em silêncio, em fase de preparação.
A mutação para a Luz Obscurecida (36) implica em velar pela energia que está voltando lentamente. O fogo contido dentro da terra ilumina e esquenta apenas o foro interno e o ideal é manter o ímpeto aceso para que o que está prestes a aparecer não se desgaste no confronto prematuro com o mundo externo.

2. O Retorno tranquilo é o que permite os fluxos naturais e, assim, propicia cada renascer. Agora é só deixar o fluxo seguir o seu curso natural. O novo ciclo prestes a surgir depende somente de subordinar-se a um ser bondoso, pois sem a bondade, nenhum florescer atrai sobre si a boa fortuna.
A perspectiva da Aproximação (19) daquilo que lhe corresponde tem a imagem do lago sereno que, no fundo da terra, reflete a quietude e a dedicação das quatro linhas yin acima. Mas as duas linhas yang dão um vigoroso impulso, favorecendo o crescimento do que está em pauta.

1. A única linha yang demarca o ponto de transição já latente, que permanece invisível embaixo da terra. Um novo germe está sendo incubado, ou sonhado: o ímpeto da luz é subir, irrompendo através da densidade do húmus fértil que o acolhe e nutre no seu desabrochar. Seria como um sono produtivo. As cinco linhas yin – representação dos cinco sentidos – voltam-se, solícitas, para proteger essa delicada germinação. Nenhuma delas volta-se para fora, pois o brotar só é possível a partir dessa total e absoluta dedicação.
Atesourada nas profundezas, a energia prestes a surgir converte-se na devoção imensurável da Dupla Terra (2). A espera que se impõe neste contexto – a aparente inação – é, na realidade, a ação suprema que se dá silenciosa e plena, nas profundezas.

CÉU
TROVÃO

无妄

25 WU WANG

J. BLOFELD **Integridade**
W. DONGLIANG **O Inesperado**
A. HUANG **Sem Falsidade**
C. JAVARY **Espontaneamente**
R. WILHELM **Inocência (Inesperado)**
R. WING **Inocência**

Nome e dinâmica.
O ideograma mostra o signo da negação ao lado do desaparecimento da mulher, abaixo. Estes traços conjuntos apontam para a perda da matriz e da linhagem, ou seja, a perda de referências. Quando o símbolo da energia ancestral desaparece, os parâmetros habituais desvanecem junto com as obrigações impostas pela descendência. Surge então o Espontâneo ou Inesperado.
Este é o único hexagrama cujo título consiste de uma negação. O que rege esta dinâmica são as pulsações absolutamente autênticas. A negação descarta todo o falso ou supérfluo, – as palavras intencionais, os gestos oriundos de propósitos conscientes, os anseios egoístas à procura de vantagens, o desejo de domínio ou de conquista externa. A figura de um raio que fulmina sem precaução – o trovão que eclode no céu – denota uma capacidade orgânica intrínseca e remete às motivações verdadeiras. Representa uma naturalidade que eclode do coração, livre de constrangimentos ou de especulações. A poderosa dinâmica trovão-céu representa impulsos imediatos e contém o poder de reagir rapidamente a todas as circunstâncias.
O elemento Inesperado decorre do imprevisto que surpreende, a emanar com toda Inocência. Este poderoso movimento decorre na Integridade, como o natural verter das águas de uma fonte. Seguir "as leis do céu" equivale a fluir como a essência autêntica que cada ser humano possui no seu âmago. O ser superior é aquele que trilha Espontaneamente todos os caminhos.

JULGAMENTO
Inocência. Supremo sucesso.
A perseverança é favorável.
Se a intenção não é verdadeira, comete erros
e não é favorável empreender coisa alguma.

A Inocência intrínseca detém *supremo sucesso,* e deve ser seguida com perseverança, pois conduz com certeza instintiva àquilo que a cada momento lhe corresponde. A simplicidade permite este despertar natural.
Só está livre de falhas quem estiver apto a seguir a intuição a jorrar do âmago do próprio ser. Este fluxo se dá como um trovão que eclode ao alto, iluminando céu e terra. Aqui não há subterfúgios, nem falsidades. Quem age Espontaneamente não é obstruído por propósitos escusos.
O texto adverte quem não age em concordância consigo mesmo, sem refletir sobre a sua própria índole e natureza, pois incorre necessariamente em equívocos. A coerência com a natureza intrínseca das coisas leva a realizações. Todas as segundas intenções são banidas deste contexto em que o planejamento intencional torna-se pernicioso, e só atrapalha. A ação deve acompanhar o ímpeto do coração. Estas são energias imprevisíveis que surgem quando menos se espera e que, de repente, mudam todas as expectativas. Podem ocorrer perdas repentinas, assim como ganhos inesperados.
Nesta dinâmica de Integridade absoluta, as respostas brotam instintivas, sem premeditações. Deve-se estar atento a todo instante e reagir de acordo às solicitações, sem

planos preconcebidos. Quando surge um ímpeto forte, este prevalece naturalmente. Na concepção chinesa, o "bem" é a natureza incontaminada de cada ser. A Inocência assemelha-se a um espelho límpido, um reflexo nítido da essência mais profunda. Não vacila em seus gestos ou palavras simplesmente porque estes brotam naturalmente.

COMENTÁRIO SOBRE O JULGAMENTO

Inocência. O firme vem do exterior e torna-se soberano no interior.
Movimento unido à força. O firme está ao centro, onde é correspondido.
Supremo sucesso através do que é correto.
Esta é a vontade do Céu.
Se a intenção não é verdadeira, comete erros.
Não é favorável empreender coisa alguma.
Quando perde a Inocência, para onde pode ir?
Quando a vontade do céu não o protege,
como pode realizar coisa alguma?

IMAGEM

Trovão embaixo do céu: imagem do Inesperado.
Todas as coisas se unem espontaneamente.
Assim, os Antigos Reis, florescendo em harmonia
com o tempo, alimentavam a todos os seres.

无妄

25

Expressão de conotação mítica, os Antigos Reis encarnam a sabedoria livre de contingências temporais. Essa retitude absoluta nutre a todos os seres na sua essência. Alimentar o que não lhe corresponde de nada adianta, e pode até causar mal-estar. A adequação aos fenômenos que surgem na vida – sem segundas intenções duvidosas – vai unindo as afinidades entre si. Estes encontros Inesperados são os mais importantes. Toda a presente mensagem flui no sentido de liberar-se das oposições impostas pelo meio ou por interesses falsos, assim como pelos condicionamentos oriundos da opinião alheia, por aspirações que não correspondem aos verdadeiros desejos.

Ao irromper no alto do céu, o trovão sacode toda a natureza, que no lampejo de luz se percebe inteira e clara, sem nada esconder. O estrondo sacode a natureza do seu torpor e a desnuda integralmente. O atributo do trovão é a eclosão do movimento intrínseco, como a despertar o germe próprio àquele momento. Seu ímpeto segue sem intermediações e sem meandros, em linha reta pelo caminho mais curto.

Nuances energéticas

nuclear 53

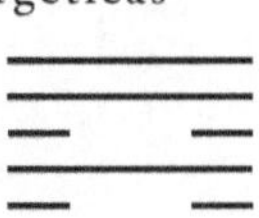

O Desenvolvimento Gradual (53) no cerne da Inocência implica em seguir um rumo com fidelidade e dedicação, em suas etapas. A Integridade surge espontânea, em todos os seus passos, simplesmente porque é o que lhe corresponde.

oposto 46

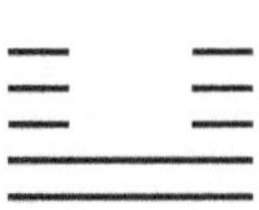

O esforço da planta para se elevar dentro da terra, na sua Ascensão (46) invisível, representa um trabalho acumulativo que encerra um rumo previsível. Esta é a energia oposta ao Espontâneo que brota naturalmente, sem nada planejar.

O céu anterior é a Beleza (22) ou a graça na sua forma mais pura. A verdadeira beleza eclode espontânea, mesmo porque não poderia surgir de outra maneira. Emana de uma criatividade interna que não pode ser dissimulada. A Beleza simplesmente é.

6

Ação espontânea resulta em erros. Nada é favorável.

Ação espontânea resulta em infortúnio, pois não leva a parte alguma.

17

5 ○

Uma doença Inesperada passa sem medicamento. A alegria volta.

Não se deve experimentar medicamentos desconhecidos.

21

4

Aquele que é capaz de perseverar não incorre em faltas.

Aquele que é capaz de perseverar não incorre em faltas, pois possui as próprias convicções.

42

3

Um desastre Inesperado.
A vaca amarrada se converte em lucro para o viajante e numa perda para o campesino.

Se o viajante obtém a vaca, a perda é do campesino.

13

2

Não contar com a colheita enquanto ara,
nem com o resultado enquanto cultiva o campo.
É favorável empreender algo.

*Não contar com a colheita enquanto ara,
nem almejar a riqueza.*

10

1 ○

A conduta espontânea traz boa fortuna.

A conduta espontânea alcança aquilo que deseja.

12

6. Ao término da Integridade já não se deve tomar iniciativas sem medir as consequências. Ações cometidas com toda Inocência podem resultar em equívocos ou provocar erros, pois correm o risco de dar um andamento que não corresponde à situação. A esta altura, a Espontaneidade pode se converter em ingenuidade, resultando em compromissos prejudiciais, assumidos sem querer. É melhor não agir, evitando, assim, um desgaste desnecessário.
A transição para o Seguir (17) indica uma meta natural, porém, planejada, fruto da elaboração interna e encerra força de vontade.

5. A linha governante revela o obstáculo superado Espontaneamente, sem recorrer a medicamentos desconhecidos que possam agravar o problema. Deixar que a natureza siga o seu próprio curso de regeneração significa permitir o seu restabelecimento interno, no momento devido. O texto comprova a inutilidade de pretender alterar as próprias frustrações. Muitas vezes as interferências causam maiores malefícios.
A perspectiva do Morder (21) é capaz de atravessar o obstáculo inoportuno de maneira natural, sem forçar a situação. A alegria volta do mesmo modo Inesperado com que chega a doença.

4. A perseverança de seguir o fluxo natural, sem metas específicas ou grandes anseios, resguarda de erros. Neste contexto, o proceder mais acertado é o de dar continuidade aos desejos intrínsecos, permitindo que aflorem sem reprimi-los. O Tao consiste no caminhar naquilo que lhe corresponde.
A mutação para o Aumento (42) ressalta o fato de que permanecer fiel a si mesmo é o que realmente acrescenta. Tomar consciência das emanações da verdadeira natureza elucida grandes mistérios. Só ao homem superior é revelada a sua própria essência.

3. Mesmo tomando precauções, pode surgir um fator Inesperado que leva tudo a perder. O raio fulmina sem prevenir, e nenhum cuidado pode evitá-lo. Por outro lado, quem passa por acaso, pode receber um benefício Inesperado. A referência aos desafios e às perdas que nos colhem de surpresa e que estão fora do nosso alcance enfatiza Integridade a ser preservada, mesmo na adversidade. Não adianta se revoltar se outro se aproveita da sua ingenuidade.
A alternância para a Comunidade com os Homens (13) ilustra a concórdia e a aceitação do outro. Alguém de fora percebe algo valioso que se encontra tolhido, e o leva consigo. Aqui não há advertência, trata-se de uma simples constatação.

2. Tudo ocorre de forma Espontânea e natural, sem um planejamento preciso. Esta é uma situação especial, quando se avança sem preparar o terreno. Agora, esta conduta sem artifícios é a adequada. A autenticidade é preservada quando se vivencia direta e plenamente o que ocorre, sem rodeios. O gesto conta mais do que o resultado. Basta concentrar plenamente a atenção na tarefa que tem diante de si, – seja ela qual for.
A mutação para a Conduta (10) segue a mesma trilha natural, ao atravessar circunstâncias difíceis sem dano. Aquilo que se empreende com pureza de intenções encerra uma riqueza de per si.

1. O texto curto anuncia a essência desta primeira linha governante pouco usual, que tem a primazia de encontrar-se nas profundezas. Ao eclodir no céu, o trovão anuncia algo misterioso que se está processando no interior da terra; estes são os primórdios de um germinar. Neste momento em que a Integridade impera, a manifestação dos fundamentos se reveste de particular importância. O fator Inesperado eclode, vencendo todas as defesas, pois sua autenticidade não pode ser negada.
A perspectiva da Estagnação (12) reforça a negação das obrigações da linhagem que intitula este contexto: o céu volta-se à sua própria altura celeste e a terra volta-se para a sua posição de baixo, – cada qual colocando-se no seu devido lugar.

MONTANHA

C É U

大畜

26 DA XU

J. BLOFELD **O Grande Provedor**
W. DONGLIANG **O Grande Acúmulo**
A. HUANG **Grande Acúmulo**
C. JAVARY **O Grande Acúmulo**
R. WILHELM **O Poder de Domar do Grande**
R. WING **Energia Potencial**

Nome e dinâmica.
O ideograma mostra o signo do grande à esquerda, ao lado de algo de requinte – o fio de seda sendo elaborado dentro do casulo, acima de um campo dividido em quatro partes. Transmite a ideia de algo de grande porte a ser cuidadosamente disseminado a todos os âmbitos. O tema central deste hexagrama é a capacidade de aperfeiçoar um grande talento ou uma grande oportunidade.
O céu simbolicamente contido no interior da montanha reflete uma capacidade preservada com serenidade e firmeza. A elevação da montanha aprimora a criatividade interna. Este poder sereno sabe preencher lacunas e conter ímpetos, canalizando o potencial criativo para trabalhos produtivos. À medida que a depuração interna vai se intensificando, acumula forças. As duas únicas linhas yin ocupantes da quarta e quinta posições representam a ação dedicada do ministro e do governante que dominam a situação, em benefício geral.
A figura também pode ser interpretada como a atração por um grande ideal, assim como tornar-se instrumento de maestria em alguma matéria. A firmeza e a coesão permitem realizar notáveis obras. O mestre sabe conduzir o seu precioso instrumento e tem a Energia Potencial de lucidez capaz de discernir as falhas, de modo a corrigi-las. A capacidade de esclarecer as facetas obscuras acentua uma atuação poderosa que aproveita esta ocasião favorável para criar projetos de grande alcance.

JULGAMENTO

A perseverança é favorável.
Fazer as refeições fora de casa traz boa fortuna.
É favorável atravessar as grandes águas.

A quietude da montanha acumula um forte potencial, permitindo que se manifeste em plenitude. Projetos são favorecidos. A aliança do atributo do céu, o criativo, com a firmeza tranquila da montanha incentiva a realização de grandes obras. O que está sendo temporariamente aprimorado vai acumulando forças à medida que é canalizado em concretizações reais. Assim, o talento inicial vai se apropriando de um aperfeiçoamento que se desenvolve num processo natural.
Dominar um ofício sugere um refinamento e uma perícia que se consolida até obter um Grande Acúmulo que se ramifica em todas as direções. A Energia Potencial implica em conter também no sentido de manter-se unido, afirmando as próprias convicções e não permitindo que tendências perniciosas causem cisões internas.
Trabalhos de maior alcance pressupõem ampliar as perspectivas, demandam medidas excepcionais e impelem para obter o sustento mais longe, sugerindo empreendimentos fora do âmbito usual. A capacidade requintada vai ampliando os seus raios até esferas afastadas. A saída de casa conota o aflorar do inconsciente e também significa sobressair no âmbito coletivo. Na China antiga, os funcionários mais competentes eram chamados para servir em funções públicas de destaque. A consciência comunitária evoca uma modificação interna que se insere num enfoque de maior alcance.

Ao resguardar a luz interna na quietude, o ser se revela a si mesmo, podendo dar vazão a toda a sua criatividade, – saindo do seu anonimato para enriquecer o seu meio. Uma vez alcançada essa maestria interna, a pessoa está pronta para colocar o tesouro oculto descoberto dentro de si a serviço do seu semelhante.

COMENTÁRIO SOBRE O JULGAMENTO

Grande Acúmulo. Firmeza e força.
Autenticidade e verdade. Brilho e luz.
Ele renova a sua virtude diariamente.
O firme ascende e honra aquele que tem valor.
Ele é capaz de manter a sua força em repouso.
Isto é correto e grandioso. Fazer as refeições fora de casa
traz boa fortuna porque se alimenta a quem tem valor.
É favorável atravessar as grandes águas, pois é o que corresponde ao céu.

IMAGEM

Céu no interior da montanha: imagem da Energia Potencial.
Assim, o ser superior assimila a sabedoria da antiguidade
e fortalece a sua conduta.

As inspirações criativas se expandem dentro da elevada serenidade que propicia e fomenta grandes realizações. Esta imagem evoca a fertilidade, os tesouros ocultos e, por analogia, a herança da antiguidade, considerada como a mais elevada sabedoria.
A imagem do céu dentro da montanha remete também às riquezas guardadas no interior de um grande homem. Suas vivências encerram tesouros ocultos que os de fora não percebem. O estímulo de aperfeiçoar a própria criatividade implica em conduzir a Energia Potencial com inteligência. Este precioso legado proporcionado pelos ancestrais não pode de modo algum ser desperdiçado, pois é imperativo que seja apreendido e transmitido às futuras gerações em toda sua limpidez, e acrescido.
Cabe questionar se a obra essencial do *ser superior* não será o aprimoramento interno. Contendo a força criativa, ele a utiliza com tranquilidade e elevação e, assim, é capaz de executar tarefas de grande envergadura.

Nuances energéticas

nuclear 54

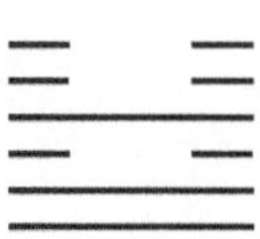

t r o v ã o
l a g o

O Casamento da Caçula (54) no cerne do Grande Acúmulo representa uma aliança pouco usual que promete resultados extremamente férteis. Para concretizar este enlace, é preciso aceitar um convite no marco de uma nova era próspera e criativa.

oposto 45

l a g o
t e r r a

Ao contrário do Grande Acúmulo que preconiza uma projeção do seu contexto habitual canalizada em dimensões maiores, a Reunião (45) acentua a tendência de reforçar os fundamentos e preparar a consolidação de uma reserva.

O céu anterior, a Preponderância do Pequeno (62), reafirma o esmero em aprimorar detalhes importantes, pois o princípio moderador e receptivo das quatro linhas yin contém a criatividade no seu cerne, simbolizada pelas duas linhas yang ao centro.

6 A passagem para o céu é encontrada. Sucesso.

A passagem para o céu é encontrada.
O caminho para o avanço está completamente aberto.

11

5 As presas de um javali castrado. Boa fortuna.

A boa fortuna da mutação da quinta posição consiste em ser abençoada.

09

4 A tábua protetora de um novilho. Grande boa fortuna.

A boa fortuna da mutação da quarta posição consiste em ter alegria.

14

3 Um bom cavalo se esforça em seguir.
É favorável ter consciência do perigo, e perseverança.
Pratique diariamente a condução da carroça e a defesa armada.
É favorável ter aonde ir.

É favorável ter aonde ir.
A vontade de quem está acima concorda.

41

2 Soltam-se os eixos da carroça.

Soltam-se os eixos da carroça.
Encontra-se ao centro e não comete erros.

22

1 Ameaça de perigo. É favorável desistir.

Ameaça de perigo. É favorável desistir.
Assim não se expõe ao perigo.

18

6. Todas as energias convergem para uma criatividade extremamente frutífera. A abertura da última etapa da contenção manifesta esta criatividade plena. Agora, a força acumulada durante o longo período de aprimoramento está pronta para mostrar-se e a passagem para o mais alto nível abre grandes possibilidades de sucesso. Ao aceitar as contenções impostas pela vida, o talento se aperfeiçoa até alcançar o reconhecimento.
Esta etapa encerra a surpreendente indicação de que, em última instância, o caminho do céu é a própria terra, já que a culminância resulta na Paz (11) que aporta tanta prosperidade.

5. Em vez de atacar e ferir o elemento agressivo simbolizado pelo javali, é muito mais efetivo acalmá-lo retirando as suas armas (as presas) e castrá-lo, ou seja, anular a sua possibilidade de ataque. É preferível lidar diretamente com a natureza do problema, em vez de com as suas manifestações. A agressividade muitas vezes é acionada por um detalhe, por um episódio menor, – é preciso descobri-lo.
A transição para a Retenção do Pequeno (9) mostra que os detalhes e os fatores de menor monta quando tratados com suavidade abrem caminho para a compreensão entre os seres, permitindo selar acordos.

4. A tábua que protege a cabeça de um novilho age como prevenção, pois obriga os chifres a crescerem para trás. Esta precaução impede que use a sua grande força dando golpes intempestivos e causando ferimentos – a si mesmo, e aos outros. Desviar os chifres implica em cortar a possibilidade de excessos agressivos.
Uma vez domado e bem talhado, o poder criativo pode ser canalizado em Grandes Realizações (14) que possibilitam uma série de benefícios enriquecedores para todos.

3. O bom cavalo que segue e se deixa guiar se refere ao potencial criativo sendo exercitado e moldado. A menção da prática cotidiana da sua destreza tem o mesmo sentido de disciplina e coragem para enfrentar este desafio. Aprimorar as pulsações criativas implica em saber canalizar os exercícios de rotina. Os esforços com uma meta em vista, em concordância com o que está acima, aponta para um objetivo superior.
A mutação para a Diminuição (41) mostra que as dificuldades inerentes ao treinamento, em vez de diminuí-lo, na realidade, incentivam a atenção e aperfeiçoam.

2. Se os eixos do veículo se soltam, já não se vai a parte alguma e nada pode fazer. O fato de estar bem centrado assinala um equilíbrio que, mesmo contrariado e detido, impede cometer erros. Ser obrigado a parar nunca é gratuito e sempre encerra uma mensagem. O freio passageiro proporciona uma aprendizagem enriquecedora.
A perspectiva da Beleza (22) sugere que a detenção pode ser necessária para acrescentar um elemento ornamental, ou talvez falte ao trabalho uma decantação e um maior requinte que o complete.

1. Ainda não é capaz de canalizar a criatividade própria em algo positivo, e talvez até a desconheça. Por isso não deve atuar, e o conselho de desistir. Potencializar a força e tentar usá-la agora é perigoso, pois poderia haver desperdício, anulando a possibilidade de sucesso futuro.
A alternância para o Trabalho sobre o Corrompido (18) ressalta o fato de que algo ainda não está pronto e precisa ser detalhado. Convém conter a impaciência e a ânsia de progredir demasiado rápido, e fazer uma revisão de fundo, sem atuar por enquanto.

MONTANHA

TROVÃO

頤

27 YI

J. BLOFELD **Nutrição (Mandíbulas)**
W. DONGLIANG **Bochecha**
A. HUANG **Nutrindo**
C. JAVARY **Nutrir**
R. WILHELM **As Bordas da Boca (Prover Alimento)**
R. WING **Nutrindo**

Nome e dinâmica.
O ideograma mostra a parte de baixo da face, na qual a boca acentuada sugere o falar, ou o mastigar, ao lado do signo da cabeça com a boca novamente em evidência, transmitindo a ideia global de Nutrição, – tanto o que nutre como o nutrido. Esta ambiguidade se desdobra no alimento ingerido como na expressão voltada ao exterior.
A estrutura do hexagrama também mostra uma grande boca aberta, em que a primeira e a última linhas configuram os lábios contendo um grande vazio. As Bordas da Boca assim escancarada ressaltam necessidades prementes que precisam ser saciadas.
A Nutrição implica numa escolha renovada a cada instante, – do que se ingere, e do que se fala. As opções revelam. O vigor de baixo, impulsionado pela primeira linha que forma o trovão, mantém o equilíbrio com a última linha que aquieta, ao formar a montanha. Entre as duas yang não há obstáculo algum, porém, a abertura de quatro linhas receptivas yin.
Os ingredientes que entram e que saem pela boca correspondem à evolução da pessoa naquele momento, e o que é capaz de absorver. Pois as palavras proferidas são fruto de uma assimilação, e de uma elaboração interna: o que de um discurso ou de uma leitura se assimila corresponde ao seu grau de evolução.

JULGAMENTO
Nutrição. A perseverança traz boa fortuna.
Preste atenção à nutrição e àquilo que o homem procura
para passar por sua própria boca.

Para conhecer uma pessoa, basta observar do que ela se nutre, e quais os aspectos de si mesma que ela melhor alimenta. Cada escolha implica numa futura frutificação interna, revigorando células vivas, pensamentos e emoções que povoam o cotidiano, em doses pequenas porém contínuas. É fundamental prestar atenção ao que se ingere, pois viver implica numa ininterrupta opção de nutrir alguma parte de si mesmo. O critério seletivo prefere algumas coisas e rejeita outras. As imagens que são incorporadas transmitem ideias. Certas imagens guardadas contaminam como um prato deteriorado, de difícil digestão. E quantas vezes se come por gula ou por ambição!
As opções são muito amplas, – pode-se alimentar a impaciência e a raiva, ou a bondade e a compreensão. Cada pessoa está formando a si mesma a cada instante, através da parte que de si mesma privilegia e alimenta, e dessa forma pode se envenenar, ou se aprimorar.
Prover Alimento deve ocorrer regularmente para lograr fortalecer de modo consistente. Todo organismo necessita satisfazer os seus desejos com moderação.
O ser superior provê a todos igualmente; o ser inferior nem a si mesmo sabe prover. O sábio estabelece um critério de primazias, não permitindo que o secundário prejudique o essencial. E descarta logo os aspectos inferiores porque se os assimila, torna-se um ser inferior. Canaliza os ímpetos intempestivos, em vez de afastá-los, pois sabe que eles constituem os apelos imprescindíveis para a continuação da vida.

Cada pessoa se alimenta do que lê, do que escuta, do que vê, de tudo o que recebe do mundo e incorpora a si, assim como absorve um perfume. E se torna um pouco daquilo que fala, que ouve e que toca. Se suas ideias, pensamentos e princípios são parte constitutivas de seu ser, cada um doa os seus conteúdos ao mundo, ao expressá-los através de suas palavras e gestos.

COMENTÁRIO SOBRE O JULGAMENTO

A Nutrição. A perseverança traz boa fortuna.
Nutrir o que é correto traz boa fortuna.
Preste atenção ao que alimenta os outros
e àquilo que procura para encher a própria boca.
O céu e a terra alimentam a todos os seres.
O sábio alimenta as pessoas de valor
e, assim, abrange o povo inteiro.
Realmente grande é a época de Prover Alimento.

IMAGEM

O trovão na base da montanha: imagem de Prover Alimento.
Assim, o ser superior é cuidadoso em suas palavras,
e moderado no comer e no beber.

Os alimentos ingeridos configuram o corpo. Aquilo que se nutre com palavras e gestos vai moldando a essência humana. De certa forma, cada palavra aponta numa direção, e acentua uma opção. A vida de um adulto consiste de uma série interminável de "bocados" ingeridos, de frases proferidas, de pequenos gestos do cotidiano aos quais geralmente não se dá muita importância e que passam desapercebidos. Porém, o acúmulo de pequenas frases compoem um bom livro.

頤

27

O trovão evoca uma necessidade intrínseca, desperta apetites e clama pela nutrição desejada, sacudindo a montanha. Esta, por sua vez, contém a voracidade e as ambições desmedidas, aquieta e controla os ímpetos internos, equilibrando os anseios descabidos. Todo o processo se dá num ritmo incessante e concatenado que resulta numa continuidade saudável.

A moderação preconizada em todo o Livro das Mutações influi na saúde e no bem-estar corpóreos. O balanceamento de energias que entram e que saem do corpo humano vai tecendo malhas saudáveis, – ou doentias.

Nuances energéticas

nuclear 2

terra
terra

No cerne da Nutrição encontra-se a Dupla Terra (2) expressão material da devoção e da receptividade absolutas. A regularidade da comida cotidiana remete aos frutos da terra e aos cuidados maternos ao prover alimento a todos os seus filhos.

oposto 28

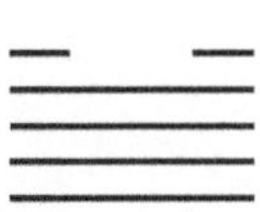

lago
vento

Se a Nutrição indica um processo de elaboração lenta e os recursos pequenos são absorvidos aos poucos, a dinâmica do Acúmulo do Grande (28), ao contrário, contém uma força exacerbada que representa uma sobrecarga a ser eliminada rapidamente.

O céu anterior é a Abundância (55) capaz de prover alimento a todos os seres. O momento de apogeu de um ideal ou de um empreendimento levado a cabo com sabedoria dissemina fartura a todos os seres e preenche até as necessidades mais elevadas.

6 A fonte da Nutrição. A consciência do perigo traz boa fortuna. É favorável atravessar as grandes águas.

A fonte da Nutrição. A consciência do perigo traz boa fortuna. Grandes benefícios.

24

5 Desvio do caminho. Permanecer perseverante traz boa fortuna. Não deve atravessar as grandes águas.

A boa fortuna de permanecer perseverante deriva do fato de seguir àquele que está acima com dedicação.

42

4 Dirigir-se ao alto em busca de alimento traz boa fortuna. Espreitando à sua volta com o olhar cortante como o de um tigre insaciável. Nenhuma falha.

A boa fortuna de dirigir-se ao alto em busca de alimento provém do fato que quem está acima emite luz.

21

頤 27

3 Afastando-se da Nutrição. A perseverança traz infortúnio. Não atue assim durante dez anos. Nada é favorável.

Não atue assim durante dez anos porque contraria o caminho correto.

22

2 Dirige-se ao alto em busca de Nutrição e se afasta do caminho esperando Prover Alimento na colina. Se continua agindo assim, infortúnio.

Se a segunda linha em mutação continua agindo assim, Infortúnio, pois ao avançar perde o apoio.

41

1 Deixa escapar a sua tartaruga mágica e olha para mim com os lábios caídos. Infortúnio.

Olhar para mim com os lábios caídos realmente não é digno de respeito.

23

6. Alcança finalmente a fonte da Nutrição. Na posição mais alta, descortina-se todo o panorama e pode Prover Alimento para todos, sendo inesgotável na sua sabedoria serena. Eis a fonte que nunca seca e a derradeira dimensão humana, que sabe conduzir o germe até à sua mais elevada potência.
Mediante a doação, dá-se o Retorno (24) à fonte da força orientadora que sustenta e ilumina as sendas de todos os seres, – daqueles que vacilam, temerosos diante de tantos perigos, pois ainda não encontraram o próprio sustento. Em última instância, a sabedoria alcançada com tanto esforço consiste em voltar-se para baixo, em generosa ajuda.

5. Agora já não importam os desvios, pois quem encontra a sua autonomia os supera com facilidade. Mas ainda não possui suficiente força para atravessar as grandes águas, – ou seja, tendo consciência das limitações, percebe que não é chegado o momento de agir por conta própria. Desta maneira, convém permanecer receptivo e tranquilo, à espera do Alimento proveniente de uma orientação mais segura.
A mutação dessa linha mostra que existe um Aumento (42) efetivo de forças. Este acréscimo é justamente o que permite permanecer perseverante e seguir a própria opção com confiança e dedicação.

4. Buscar um alimento elevado permanecendo alerta como um tigre resulta em boa fortuna. A força dessa etapa consiste na total atenção voltada à procura de uma orientação condizente com o próprio talento. Tudo o que empreender neste sentido está isento de falhas, pois canaliza os esforços na direção correta. Se concerne um passo arriscado, requer cuidados dobrados, porque pode despertar um interesse além dos parâmetros habituais, abrindo perspectivas de desafio.
A perspectiva de Morder (21) através de todas as dificuldades comprova a determinação em seguir este caminho elevado agora percebido com lucidez.

3. Continuar se afastando da possibilidade de Prover Alimento envolve indecisão e fraqueza; continuar agindo dessa maneira resulta em infortúnio. Qualquer iniciativa neste sentido de sujeição traria apenas desgastes e desgostos, pois o afastaria cada vez mais do caminho da independência. Dez anos significa um ciclo completo, um período longo.
Se nada pode fazer para se sustentar, só resta aproveitar esta ocasião para aprimorar algum talento e conferir Beleza (22) à sua volta. Quando não se pode agir no mundo externo da forma correta, pelo menos se deve resguardar a integridade da luz interna.

2. Falta discernimento ao tentar dirigir-se ao alto, e não às próprias raízes. Em vez de buscar o seu alimento naquilo que sabe, e no ramo em que pode trabalhar, busca o sustento vantajoso e fácil, tirando proveito da situação. A advertência para não continuar agindo dessa maneira aponta para a perda da autoestima.
Esta dependência de um fator externo para sustentá-lo, – a colina representa os bens herdados, as expectativas do seu meio, ou da sua família –, o submete aos outros, o que equivale a uma Diminuição (41) da própria capacidade e valor.

1. A tartaruga era considerada um animal espiritual, emblema do próprio I Ching.[1] Perder essa fonte de sabedoria e olhar com avidez, ansiando pelo alimento do outro, não impõe respeito. Sem se desvencilhar dessas expectativas, não encontra o próprio sustento. Em vez de buscar a sua autonomia, a boca aberta à espera que o alimento lhe seja fornecido revela uma resistência ao amadurecimento e uma dependência.
A mutação para a Desintegração (23) aponta para a perda da dignidade e o decorrente infortúnio, caso se opte por essa dependência imatura.

1- A interpretação da tartaruga como o próprio I Ching revela a natureza humana: este seria um diálogo consigo mesmo, com as camadas profundas de mais difícil acesso.

LAGO

VENTO-MADEIRA

大過

28 DA GUO

J. BLOFELD **Excesso**
W. DONGLIANG **O Grande Excesso**
A. HUANG **Grande Excesso**
C. JAVARY **Grande Excesso**
R. WILHELM **Preponderância do Grande**
R. WING **Massa Crítica**

Nome e dinâmica.

O ideograma é composto do signo do grande, à esquerda, ao lado de um percurso sobre o qual há uma superposição de conteúdos.

O excesso de quatro linhas yang internas seguidas reflete uma sobrecarga, ou um excesso de responsabilidade. Esta estrutura pressiona, e suscita uma reflexão sobre os encargos e compromissos. Uma avaliação criteriosa se impõe, já que parte deste peso deve ser eliminado sem demora. A grande tensão interna apoiada sobre alicerces demasiado fracos – a primeira e a sexta linhas yin – pode ruir a qualquer momento. Essa dinâmica denota um extraordinário movimento ou uma agitação demasiada, sem estabilidade, e sugere que a força excessiva enfraquece quando não se está preparado para ela.

O peso interno se apoia sobre alicerces fracos que não podem aguentar essa posição. Torna-se imperativo realizar modificações. Esta configuração requer providências urgentes, pois as condições vigentes estão por ceder.

Diante da tensão, das duas uma, – ou se reforçam as vigas de sustentação, ou se abre mão deste tema que passa das medidas. Assim como está, torna-se inviável continuar. Porém, o vento-madeira e o lago cujas energias se juntam para formar este hexagrama indicam que a abordagem da pressão deve ser suave. Penetrar no problema de modo a repercutir nas profundezas do lago conota a mensagem de se desfazer da tensão com discrição e sem alarde.

JULGAMENTO

A viga mestra cede a ponto de quebrar.
É favorável ter onde ir. Sucesso.

O sucesso preconizado – apesar da urgência, pois a viga está quase quebrando –, se deve ao fato de a grande força luminosa interna (as quatro linhas yang) perceber a tempo o peso em demasia, e sair antes que se produza o colapso. É questão de tomar providências imediatas, pois a dinâmica deste contexto aponta para um momento crucial, e marca o ponto limite de um extremo a que se chegou.

Algo ultrapassa as medidas e tal situação não surge fortuitamente. Chegado a este impasse e estando ameaçado o conjunto estrutural, é preciso encontrar uma rápida solução. Caso contrário, se corre sérios riscos de desabamento.

Um corte precipitado não solucionaria o problema, e qualquer medida de violência só aumentaria o perigo, além de desperdiçar os benefícios acumulados. Agora não se pode pensar em adiar coisa alguma. O Grande Excesso foi se amontoando por descuido; no afã do acúmulo, não se percebe que passar dos limites pode reverter em prejuízo. Urge agora detectar os pontos mais fracos, onde a viga precisa de maior apoio.

É imperativo uma certa dose de renúncia para abrir uma saída desta situação sufocante. Algo precisa forçosamente ser eliminado. Se insistir, corre o risco de acabar perdendo tudo. Se há um custo para sair da situação, este será compensado pelas novas perspectivas para quem souber afastar-se da zona de perigo com cautela e eficiência.

A viga se sustentação também simboliza uma força unificada que deve se associar a um elemento que preste auxílio. A grande criatividade interna só pode produzir quando conta com suportes válidos.

É bem difícil a tarefa de permanecer lúcido e suave sob pressões, e só uma pessoa calma

e experiente sabe tomar as providências cabíveis de modo efetivo. A angústia de nada adianta, pois a solução ágil não suporta qualquer vacilação.
Ao cortar os excessos, é preciso saber preservar os benefícios das dádivas acumuladas. Mas a viga mestra não cedeu ainda, e não está fadada a ceder; é possível salvar o edifício. Mas não há tempo a perder.

COMENTÁRIO SOBRE O JULGAMENTO

O Grande Excesso indica um sobrepeso.
A viga mestra cede a ponto de quebrar porque seus apoios são fracos.
O firme prepondera ao centro.
Suave e alegre ao atuar. É favorável ter onde ir. Sucesso.
A época do Excesso é realmente grande!

IMAGEM

O lago sobrepassa as árvores: imagem do Grande Excesso.
Assim, o ser superior não teme a solidão
e se retira do mundo sem se abater.

O lago sobre as árvores configura uma inundação em que as águas sobrepassam as plantações. Todo o plantio está ameaçado. Sair de uma região inundada exige a mesma urgência de sustentar algo prestes a ruir, ou seja, uma ação rápida e segura.
Porém, dentro da urgência deve-se agir com suavidade, para preservar os ganhos. O principal atributo da madeira e do vento é a suave penetração, e do lago, a alegria serena; os trigramas que constituem este contexto indicam qual a maneira mais inteligente de proceder. É questão de restabelecer o equilíbrio sem perder a calma.
Perceber onde os apoios estão falhos, e restaurá-los, assim surge a alegria de ver reconstruída a estabilidade ameaçada. A melhor solução para não desperdiçar toda a criatividade interna seria construir alicerces sólidos, capazes de sustentá-la.
Força em demasia sempre implica no risco de ferir. Em condições instáveis, a solidez ocorre através do aprofundamento das próprias raízes, e esta estabilidade só pode ser alcançada na solidão. As decisões mais importantes se tomam sozinho. O ser superior não se aflije quando está só, pois sabe que, na realidade, ele só dispõe de si mesmo. São as suas bases que devem ser reforçadas.
A alegria serena do lago permanece inabalável, mesmo quando se vê obrigada a renunciar, pois sabe que a resistência à perda – o apego – só a torna ainda mais dolorosa.

Nuances energéticas

nuclear 1

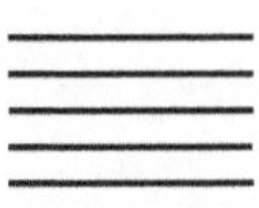

c é u
c é u

O núcleo do Grande Excesso contém toda a força luminosa do Criativo (1) numa dinâmica de extraordinária ação e movimento. Sustentar a criatividade intrínseca e a vontade de realizar tantas coisas requer presteza, lucidez e sólidos alicerces.

oposto 27

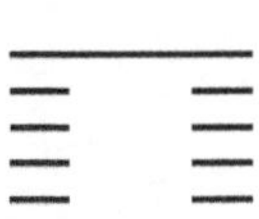

montanha
trovão

Ao contrário dos Grandes Excessos, a Nutrição (27) implica em acrescentar opções a cada dia renovadas. A forma da boca aberta clamando por alimento mostra que os recursos disponíveis são escassos, e os efeitos desejados dependem das escolhas acertadas.

O céu anterior, a Limitação (60), proporciona medidas moderadas para que haja ordem e harmonia no mundo. Mas as restrições devem ser comedidas, pois os limites extremos impostos durante demasiado tempo impedem as transformações e propiciam rupturas.

6

A travessia das águas cobre a cabeça.
Infortúnio. Não há falhas.

O infortúnio decorrente da travessia das águas está isento de culpa.

44

5

Um álamo seco floresce.
Uma mulher mais velha encontra um jovem marido.
Não há falhas, nem elogios.

Um álamo seco floresce. Como poderia durar muito tempo?
Uma mulher mais velha encontra um jovem marido.
Isso poderia ser constrangedor.

32

4 ○

A viga mestra é sustentada. Boa fortuna.
Se há segundas intenções, isso é humilhante.

A boa fortuna de a viga mestra ser sustentada consiste em não ceder e partir.

48

大過

28

3

A viga mestra cede a ponto de partir. Infortúnio.

O infortúnio de a viga mestra ceder e quebrar se deve à falta de apoio.

47

2 ○

Um álamo seco produz brotos.
Um homem mais velho toma uma jovem como esposa.
Tudo é favorável.

Um homem mais velho toma uma jovem como esposa.
O excesso e a insuficiência podem ser ajustados.

31

1

Forrar com uma esteira de junco branco.
Nenhuma falha.

Forrar com uma esteira de junco branco.
O maleável está abaixo.

43

6. Ao acrescentar mais um elemento yang, aumentando o excesso já existente, o comando desaparece e perde-se o controle da situação. Quem não consegue o apoio a tempo, deve pelo menos cortar os excessos, para diminuir a carga e não, ao contrário, adicionar mais pressão aonde ela já é excessiva. Querer preservar o prédio a todo custo acima, quando as bases não foram reforçadas no seu devido momento, redunda numa tentativa inútil.
A transição para Ir ao Encontro (44) gera um aumento de expectativas prejudicial. A esta altura, qualquer tentativa de salvar a casa seria um desperdício de energias.

5. Brotam flores quando as raízes são reforçadas. Do mesmo modo, estando firmes e seguros os alicerces, a construção pode começar. O fato de não incidir em falhas nem em elogios equivale a um desenvolvimento natural: o broto se abre agora em florescimento pleno. Cabe questionar a duração dessa renovação tardia. Do mesmo modo, quando o receptivo encontra um parceiro e se fortalece através do novo elemento, cabe também questionar se esta relação tardia de urgência não seria constrangedora.
A alternância para o Duradouro (32) define um último esforço para salvar a situação através de uma aliança tardia. Esta pausa feliz do florescimento suscita a questão de saber se já não é muito tarde.

4. A partir dessa etapa, já se é capaz de encontrar a força de sustentação. Ao escavar as bases, se identificam os pontos de apoio fracos e se fundamentam os alicerces centrais de sustentação. Mas não se deve confiar em nenhuma ajuda de fora. A dependência de fatores externos só gera constrangimentos.
A mutação para o Poço (48) que só é acrescido pelo que contém em seu interior, prenuncia a boa fortuna. A única intenção válida é aprender a extrair os elementos de sustentação necessários das próprias reservas. A grande força dessa linha precisa saber ater-se à sua tarefa, – e apenas isso.

3. Se insiste em avançar impetuosamente sem o devido apoio e se fecha, tornando-se surdo às advertências, o infortúnio é inevitável. Sem uma ajuda substancial, seria inútil continuar. Todo o intuito de forçar um avanço quando há obstáculos que não podem ser superados dessa maneira voluntariosa preconiza um desgaste perigoso. Se a viga de sustentação cede, toda a construção vem abaixo.
A opressão da qual não se consegue liberar resulta na Exaustão (47) decorrente do peso de uma tensão demasiado grande que exaure as próprias forças.

2. Mesmo havendo desgaste – simbolizado pelo álamo seco e pelo homem mais velho – um renascimento nas bases pode solucionar o problema. Ao buscar adesão e compartir responsabilidades, se logra um reajuste entre o excesso e a insuficiência. Se a estrutura está sendo renovada em seus fundamentos, dissolvem-se as tensões e tudo torna-se favorável. A aliança yin-yang suscita a fertilidade.
Quando existe uma Atração (31) recíproca reunindo as pessoas num anseio comum, criam-se condições para revigorar um contexto enfraquecido. A reunião de forças equilibra a situação.

1. Tomar providências sugere precauções necessárias diante de condições excepcionais. O risco envolvido requer cuidados urgentes. Forrar o chão para nele colocar algo indica agir com delicadeza e com uma cautela extraordinária; o junco branco simboliza a pureza de intenções. A atuação suave e simples ainda pode salvar a situação, ao renovar as bases.
Neste momento crítico e decisivo de dar o primeiro passo, é preciso agir com Determinação (43). As providências a serem tomadas partem das origens de uma situação criticamente instável. Deste cuidado depende o êxito – ou o fracasso – do empreendimento. Convém encarar o problema com flexibilidade.

Á G U A

Á G U A

坎

29 K'AN

J. BLOFELD **O Abismo**
W. DONGLIANG **Os Abismos**
A. HUANG **Obscuridade**
C. JAVARY **Treinar a Passagem dos Abismos**
R. WILHELM **O Abismal (Água)**
R. WING **Perigo**

Nome e dinâmica.

O ideograma é composto do signo da terra ao lado de plumas sobre um espaço vazio, como algo que se inicia. O conjunto sugere um abismo que não se sabe como atravessar e transmite a ideia de medos e angústias.

A figura de duas águas seguidas aponta para um perigo interno, e outro externo. Esta é a ocasião de superar a ambos. O abismo maior está na grande abertura ao centro do hexagrama e as duas linhas yang – na segunda e na quinta posições – fornecem o apoio necessário para conseguir dar um salto por cima. Estes dois alicerces simbolizam o controle da situação: uma vez seguro o comando interno, a linha yang na segunda posição, consegue projetar-se para a linha yang na quinta, que detém o comando externo. Existe a mensagem implícita de buscar apoio para atravessar conjunturas perigosas.

Na China, a água é sempre associada a turbulências e riscos. Atravessar um rio significa um grande perigo. Como não se vê o fundo de um fosso e tudo lá dentro é obscuro, a imagem se assemelha a uma queda no desconhecido. Ao encontrar-se diante do insondável, a pessoa se assusta e hesita, sem saber como continuar. Se a insegurança não for vencida, não consegue superar o desafio.

Sair dessa circunstância perigosa depende em primeiro lugar, de ter a coragem para enfrentá-la. O que *não* se deve fazer neste contexto é deixar-se vencer pelo medo; se recuar diante do primeiro obstáculo, será mais difícil enfrentar os seguintes, que invariavelmente se sucedem no decorrer da vida.

JULGAMENTO

Treinar a Passagem dos Abismos.
Seja sincero e verdadeiro, confie no seu coração.
Assim terá sucesso e suas ações serão recompensadas.

Toda a dinâmica deste contexto aponta para o treinamento que requer a passagem de ocasiões arriscadas. Quando as incertezas se acumulam, convém reforçar a confiança e não perder o controle. Flexibilidade e tenacidade na articulação da estratégia a ser adotada para lograr sair da situação de risco. A melhor maneira de atravessar os abismos é imitar a natureza do fluxo da água que corre sem vacilar até preencher os vazios, continuando seu curso do outro lado. Em última instância, a superação equivale a preencher as lacunas e os pontos obscuros que minam determinada conjuntura. O ímpeto de enfrentar a ameaça deve ser espontâneo como a água que não hesita um instante sequer a lançar-se do penhasco.

A travessia de dois Abismos encerra um desafio maior e requer uma disposição corajosa e confiante. As principais molas propulsoras são a sinceridade e a clareza que contribuem para iluminar o elemento obscuro existente em todo acontecimento problemático. A pessoa sincera que confia no seu próprio valor tem maiores possibilidades de sair vitoriosa.

Encontrar-se diante de um perigo sem saber como superá-lo requer uma orientação ou um apoio seguro, pois não se sabe o que surgirá pela frente. Encarar riscos comporta um certo treinamento, pois são as experiências repetidas que vão ensinando como enfrentá-los.

O caráter insondável dos Abismos reforça o elemento invisível do desconhecido que talvez seja a maior de todas as ameaças. Por isso, alguns se referem a este hexagrama da dupla água como Obscuridade. Porém, por mais arriscada que seja a situação, quem a enfrenta sem vacilar, acaba vencendo. A senda do herói incorruptível constitui um valioso exemplo.

Mas também é possível fazer do perigo uma defesa ou reverter a circunstância, usando a ameaça do outro contra ele mesmo, sem necessidade de colocar a própria força.

COMENTÁRIO SOBRE O JULGAMENTO

Treinar a Passagem dos Abismos repetidos.
A água flui e não permanece acumulada em parte alguma.
Passar por lugares perigosos sem perder a confiança.
Confiar no próprio coração, pois o firme está ao centro.
Suas ações serão recompensadas e ao avançar tem sucesso.
O perigo do céu não se pode atingir.
O perigo da terra são as montanhas e os rios.
Reis e príncipes usam os perigos para proteger os seus reinos.
Os efeitos da época do perigo são realmente grandes.

IMAGEM

A água flui ininterruptamente e chega à sua meta.
Assim, o ser superior pratica constantemente a virtude.
Seus passos encerram ensinamentos.

Ao falar de prática e ensinamentos, o texto sugere que o medo nasce da ignorância. Tememos aquilo que não conhecemos. À medida que vamos aprendendo a transpor os Abismos, já não os tememos tanto. A principal lição da época perigosa é como solucionar os dilemas que a princípio julgamos intransponíveis.

A correção a ser exercida constantemente na prática da virtude pressupõe que a tarefa do mestre é incessante; ele repete continuamente, até alcançar o objetivo de transmitir a sua experiência.

Não se deixar intimidar pela superposição de Abismos, porém, encarar a situação de modo objetivo. Esta aprendizagem requer confiança e força de vontade. Aprender a superar o desconhecido e o vazio fortalece a autoconfiança. À medida que se vai treinando ultrapassar os riscos, se vai adquirindo um certo poder.

Nuances energéticas

nuclear 27

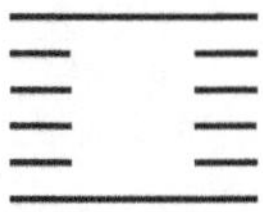

montanha
trovão

No âmago da Dupla Água encontra-se a Nutrição (27), pois a água é o alimento fundamental e primeiro. A grande abertura interna encerra uma disponibilidade total, a ser preenchida com valor e tenacidade.

oposto 30

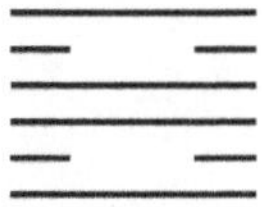

fogo
fogo

Em vez de soltar-se e deixar-se fluir como a água, o próprio do Duplo Fogo (30), ao contrário, consiste em aderir ao combustível que o alimenta, irremediavelmente interligado ao que o incita e move em cada etapa da vida.

O céu anterior é o Receptivo (2), pois a natureza das águas é abandonar-se sem resistências, adaptando-se aos contornos e preenchendo os vazios. Desta maleabilidade provém a sua força. A Dupla Água e a Dupla Terra se entrelaçam para o surgimento da vida.

6 — —

Amarrado com cordas, aprisionado entre arbustos espinhosos.
Três anos sem indulto. Infortúnio.

A última linha perde o caminho.
O infortúnio perdura durante três anos.

59

5 ——— ○

O abismo está cheio até a beira, mas não transborda.
Nenhuma falha.

O abismo está cheio até a beira, mas não transborda
pois a linha central não é suficientemente grande.

07

4 — —

Uma jarra de vinho, uma tigela de arroz.
Louça de barro simples entregue pela janela.
Ao final, a simplicidade nunca falha.

Uma jarra de vinho, uma tigela de arroz.
O firme e o maleável se encontram.

47

坎

29

3 — —

Para adiante e para trás, abismo sobre abismo.
Detenha-se ao início, e espere. Senão, estando no abismo,
cairá num fosso maior. Não faça nada.

Para adiante e para trás, abismo sobre abismo.
Nenhum esforço tem chance de terminar em sucesso.

48

2 ——— ○

Há uma passagem perigosa dentro do Abismo.
Procure apenas alcançar pequenas coisas.

Procure apenas alcançar pequenas coisas
e mantenha-se quieto no caminho do meio.

08

1 — —

A travessia do duplo Abismo.
Dentro do precipício, cai num fosso. Infortúnio.

A travessia do duplo Abismo.
Cai num fosso que se encontra dentro do precipício
porque perde o caminho. Infortúnio.

60

6. Cercada por tantos impedimentos externos, a ação forçosamente se estanca. O bloqueio devido a obstáculos que independem do próprio arbítrio – as cordas e os arbustos espinhosos – se anuncia como inevitável durante um ciclo pequeno, simbolicamente de três anos. Aqui já não é o medo que paralisa, porém fatores externos que fogem do nosso controle. Nada se pode fazer a não ser esperar que esta época de entraves chegue ao fim.
A mutação dessa linha impedida de agir anuncia uma Dissolução (59) que dispersa as forças. Seria inútil insistir agora e, por isso, convém dispensar a equipe ou o grupo, pois não se dispõe de meios para subsistir.

5. A analogia com as águas que preenchem o abismo mostra que já se logra completar os requisitos que permitem vencer o perigo. Logo as águas vão ultrapassar as bordas e continuar seu fluxo, ou seja, a partir do apoio deste comando firme, se pode superar a situação arriscada em que se encontra.
A perspectiva do Exército (7) indica que uma tropa de combate foi bem treinada: a disciplina e os exercícios estão reunindo forças e o temor inicial está sendo substituído pela autoconfiança. Mais um passo e se atinge a culminância do equilíbrio, pronto para avançar.

4. No fundo do abismo, só resta reabastecer as forças, e da maneira mais simples possível, simbolizada pelo vinho e pelo arroz. Já não se pode fingir, pois o cansaço se manifesta claramente. Quando nada mais se pode fazer, toda a ação se resume em aprovisionar forças. A restauração através dos alimentos ajuda a salvar a pouca energia que resta. É preciso estar inteiro diante do enfrentamento, coerente com os próprios princípios.
A mutação para a Opressão (47) acentua a exaustão causada pela tensão. Tem vontade de abandonar a luta. A simplicidade – simbolizada também pela tigela de barro entregue por alguém de fora – e o aquietamento, apontam para o encontro iminente dos opostos.

3. As hesitações confusas que se sucedem apontam para um frenesi de difícil equilíbrio. Diante de tanta atividade descontrolada dentro de uma situação perigosa, se corre o risco de cair num problema maior ainda. Por isso é preferível se deter logo, e esperar o fluxo dos acontecimentos. Quando se está no fundo do fosso e nenhuma providência pode ser tomada, só resta se acalmar e permanecer em ritmo de espera.
A alternância para o Poço (48) indica a saída possível deste terrível impasse, pois a calma frutífera extrai de dentro de si as forças necessárias para enfrentar o perigo. A restauração requerida para sanar os erros é a única maneira de voltar à tona.

2. Já se consegue vislumbrar uma luz através do obscuro, porém, esta passagem encerra riscos. Mas como existe um apoio e uma centralização organizadora, já se pode começar a agir, mas somente em coisas menores. A ajuda interna visa um treinamento dos próprios recursos que vai preparando o terreno.
Mas, atenção! os efeitos deste avanço em coisas pequenas ainda não aparece. Este é apenas um trabalho de recentralização para lograr a Solidariedade (8) e manter-se coerente, contando com o apoio que consolida os propósitos.

1. Alguém encontra-se numa situação tão difícil, que lhe parece instransponível. E dentro de toda esta dificuldade, cai numa inquietude ansiosa. A esta altura, qualquer tentativa de transpor o perigo seria malograda, pois perdeu o rumo e ainda não sabe como dar o salto. Convém admitir que ainda não está preparado para enfrentar este risco.
A mutação indica a tomada de consciência de uma Limitação (60) e aponta para a única saída, não imediata, porém futura, através de um treinamento intensivo. São as quedas repetidas, e a necessidade de transpô-las, que obrigam a exercitar as habilidades.

FOGO

FOGO

離

30 LI

J. BLOFELD **Beleza Radiante**
W. DONGLIANG **A Rede (para pegar passarinhos)**
A. HUANG **Luminosidade**
C. JAVARY **O Caçador de Pássaros**
R. WILHELM **Aderir (Fogo)**
R. WING **Sinergia**

Nome e dinâmica.
O ideograma mostra um animal – possivelmente um cavalo – que percorre toda a extensão da terra ao lado das malhas de uma rede aderindo a um pássaro para mantê-lo no solo e impedi-lo de voar, – analogia de não ceder à vertigem de uma paixão, de uma ambição ou de um excesso. Algo o prende à realidade, ao solo.
A figura do Duplo Fogo com grande luz interna reflete uma atração exacerbada e um impulso fogoso que suscita uma contemplação dos aspectos profundos – e transitórios – da existência. Uma avaliação criteriosa se impõe, para não se deixar levar por tanto entusiasmo. O desafio neste contexto consiste em lutar contra os ímpetos excessivos e, por isso, as quatro linhas yang encerram perigos. Há um deslumbramento latente, um potencial de sedução que ofusca. Este fascínio provoca uma vertigem, assim como o vazio.
É pertinente lutar contra a atração do pleno. Nos momentos de grande exaltação, o pássaro quer alçar voo a todo custo, porém, a rede o obriga a permanecer no solo e suas malhas apontam para a fragilidade de um ser capturado pelas paixões e pelos ímpetos precipitados.
Dois Fogos acesos iluminam duplamente e, juntos, têm um alcance muito maior. A clareza conjunta possibilita melhores resultados. Esta é também uma Sinergia, pois os dois fatores concorrem para um objetivo. O deslumbramento mal equacionado pode resultar num apego desmedido. Esta é uma advertência para não se deixar ofuscar.

JULGAMENTO

Luminosidade. A perseverança é favorável.
Sucesso. Cuidar da vaca traz boa fortuna.

Em se tratando do fogo, a adesão é fundamental, pois só há fogo enquanto houver combustível para alimentá-lo. Todo corpo luminoso, ao irradiar luz, deve ter em seu interior algo a que se una continuamente, senão se extingue com o tempo. Cada ser se junta ao que lhe é próprio, e procura saber a que solo aderir enquanto ser humano, exercendo o privilégio do livre-arbítrio.
A menção da vaca, símbolo de extrema docilidade, implica na aceitação do próprio terreno e no desvelo de reconhecê-lo. O cuidar da vaca significa cultivar a dócil e voluntária dependência daquilo que lhe corresponde, pois só assim se descobre o seu verdadeiro lugar no mundo.
Enquanto a força do indivíduo está limitada e condicionada, a melhor maneira de atingir objetivos válidos é unir a sua chama a outras semelhantes, integrando as forças. Cada ser pertence a uma família, a uma região e exerce alguma profissão, e são estes os terrenos que contam com a sua adesão. Reconhecer o tempo-espaço no qual se está inserido permite agir dentro dele segundo os parâmetros mais eficientes.
Em última instância, cabe saber o que atiça o fogo de cada ser humano e, mais ainda,

o que o mantém aceso. Toda a mensagem deste contexto é o de aderir aos seus laços intrínsecos, a tudo aquilo que está interligado e que constitui a sua motivação, pois este é o combustível que ilumina a sua vida.

COMENTÁRIO SOBRE O JULGAMENTO

Luminosidade significa aderir a algo.
O sol e a lua aderem ao céu.
Os grãos e as plantas aderem à terra.
A dupla luminosidade adere ao que é correto,
modela o mundo e o conduz à plenitude.
O maleável adere ao centro e ao correto
e por isso tem sucesso.
Assim como cuidar da vaca, traz boa fortuna.

IMAGEM

Luminosidade agindo duas vezes: imagem do Fogo.
Assim, o ser superior, perpetuando essa clareza,
ilumina com seu brilho as quatro regiões do mundo.

A chama que se eleva duas vezes não deixa nenhum canto escuro. Esta é a oportunidade da plena atenção que, ao conhecer até os ângulos mais recônditos e as profundezas de cada ser, sabe o que lhe corresponde e, portanto, ao que deve aderir. O autoconhecimento não consiste em liberar-se, como um pássaro voando às alturas, mas, ao contrário, visa voltar ao seu ninho fortalecido, reconhecendo-o agora como plenamente seu. O ser superior perpetua o seu brilho espalhando-o em benefícios a todos. Sua atuação lúcida e sempre calma alivia as tensões à sua volta.
Em tempos de tanta energia, não se deve embarcar na euforia, porém, utilizar as chamas a seu favor com inteligência. E reunir as próprias forças, em vez de dissipá-las em tarefas inúteis. Assim, as comunicações entre o âmbito interno e o externo se iluminam, gerando uma combustão unida que exerce uma influência de longo alcance. O Duplo Fogo não permite que nenhum recanto permaneça obscuro.

Nuances energéticas

nuclear 28

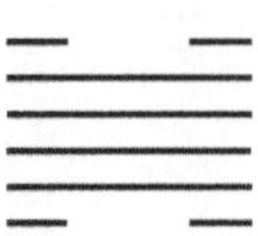

lago
vento

Ao centro do Duplo Fogo encontra-se um Grande Acúmulo (28) que pode deslumbrar, ou resultar numa sedução incontrolável, pois neste perigo incorrem todos os excessos.

oposto 29

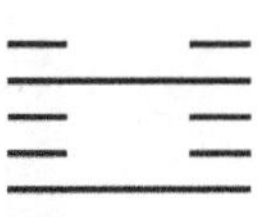

água
água

A dinâmica oposta da Dupla Água (29) consiste em inteirar as lacunas para poder ultrapassá-las. O oposto do movimento fogoso e acelerado são os abismos a serem preenchidos com calma. Mas a vertigem do pleno provoca tanta tontura quanto a do vazio.

O céu anterior é o Criativo (1) que corresponde ao próprio Céu, pois o princípio luminoso interno representa a fagulha de luz latente em todos os seres. Assim, a criatividade interior se manifesta e irradia no mundo.

6 ——

O rei resolve marchar adiante.
Decreta matar os chefes e capturar os seguidores.
Nenhuma falha.

O rei resolve marchar adiante.
Retifica o país.

55

5 — ○ —

Ele suspira e lamenta, aos prantos.
Boa fortuna.

A boa fortuna da mutação da quinta posição
está vinculada à posição do rei.

13

4 ——

Sua chegada é repentina. Inflama-se, extingue-se,
é descartado.

Sua chegada é repentina. Mas não encontra
um lugar que lhe corresponda.

22

離

30

3 ——

À luz do sol poente, eles cantam e batem o ritmo
nos jarros de barro, lamentando a aproximação da velhice.
Infortúnio.

A luz do poente. Como pode perdurar?

21

2 — ○ —

Luz amarela.
Suprema boa fortuna.

A suprema boa fortuna da luz amarela
consiste em trilhar o caminho do meio.

14

1 ——

Pegadas se entrecruzam e se confundem.

A seriedade com que se encaram as pegadas confusas
evita falhas.

56

6. Este é o momento da apuração das contas e o comando dá o impulso para reordenar e repartir todas as coisas de modo equânime. Na antiga tradição chinesa, só os chefes eram severamente punidos, nunca os seguidores, geralmente campesinos incapazes de iniciativas próprias. As expedições punitivas se tornam necessárias para fazer justiça, para que cada qual receba o merecido. Aqui há um prenúncio de renovação em que tudo se retifica.
A repartição sábia gera a Abundância (55) do novo ciclo, prestes a se iniciar: o trovão eleva-se do fogo, lúcido e com grande ímpeto, colocando de lado todas as imperfeições, de modo a lograr a Plenitude.

5. O texto extremamente contraditório indica a dissolução de uma grande tensão. O efeito catártico produzido pelos suspiros e pelo pranto traz um enorme alívio. Ao se acalmar, pode agir de maneira soberana, no comando equilibrado das suas emoções. Esta tomada de consciência e a aceitação da tristeza reverte a situação.
A boa fortuna consiste em posicionar-se como um rei, ou seja, permanecer ao centro da Comunidade (13) que o cerca, contribuindo para a união. Assim mantém a dupla chama – interna e externa – acesa, a arder em solidariedade.

4. A imagem de um meteoro que se inflama e extingue rapidamente evoca a importância de aderir a algo válido durante a sua passagem. Por mais luminoso, se não encontra um lugar que lhe corresponda nem algum propósito firme que o alimente, acaba sendo descartado. Que pena desperdiçar todo o seu brilho em superficialidades!
A perspectiva da Beleza (22), por mais sublime, é sempre passageira. Se o fogo ao pé da montanha embeleza até as sombras, não se deve deixar iludir por aparências ocas. Justamente na culminância da luz se dá a transição entre a luz interna e a externa, permitindo que transpareça a autenticidade.

3. Enquanto símbolo da finitude, a luz do sol poente conscientiza sobre a transitoriedade da existência. Porém, esta reflexão não deve evocar lamentações, já que lamúrias só trazem infortúnio. Quem lamenta, perde os benefícios alcançados. Ao envelhecer, deve entesourar as vivências, cantar e usufruir as bênçãos da vida.
Melancolia e depressão são obstáculos a Morder (21) e afastar com energia, para manter a chama da vida ardente. Os pássaros voam cantando para as suas moradas, quando o sol está baixando no horizonte, sem se lamentar.

2. Na China o amarelo é a cor do meio, símbolo do equilíbrio e da harmonia. A luz amarela mostra que se está pisando na terra, ou seja, que se está bem consciente da realidade. Essa luz centralizadora não se deixa ofuscar por brilhos efêmeros nem por meras superficialidades, porém, reflete a chama que brilha de verdade. Daí a suprema boa fortuna.
Ao alternar para as Grandes Realizações (14), espraia a sua luz em todas as direções, como o sol que brilha no alto do céu, repartindo amplos benefícios.

1. Ao discernir as pegadas confusas que cruzam a sua trajetória, deve seguir adiante contando apenas com os seus próprios recursos. Ter sempre uma visão clara da situação em que se encontra é fundamental para atuar com segurança e sem falhas. Convém manter-se alerta, dominando todo impulso impensado.
A mutação para o Viajante (56) ressalta a necessidade desta seriedade atenta ao encontrar-se longe do seu lar e dos amigos, por estar mais vulnerável. O peregrino deve redobrar a sua clareza, mantendo-se afastado de todo equívoco possível.

LAGO
MONTANHA

咸

31 XIAN

J. BLOFELD **Atração (Sensação)**
W. DONGLIANG **A Influência (Tocar)**
A. HUANG **Influência Mútua**
C. JAVARY **Incitar**
R. WILHELM **Influência (Cortejar)**
R. WING **Atração**

Nome e dinâmica.

O ideograma tem uma faca ou objeto cortante em diagonal junto a uma boca. Se a este signo se acrescenta o metal, passa a significar as agulhas de acupuntura, que atuam sem efeitos fisiológicos diretos, porém, incitam o corpo, assim como as emoções estimulam o atuar.

A figura de um lago no topo da montanha conota uma atração recíproca de energias convergentes: a montanha forma uma cavidade abaulada para acolher as águas e a umidade do lago que, por sua vez, fertiliza a montanha. Toda a dinâmica deste hexagrama converge para uma Influência Mútua entre opostos, cuja união constitui o próprio fundamento da vida.

Essa convergência detona o cortejar, decorrente de uma atração inequívoca. O desejo de cativar o outro já implica em cortes – simbolizado pelo objeto cortante do ideograma – de tantas outras coisas, irrelevantes diante dessa avassaladora sensação. Agora, há algo mais forte que o motiva, e a boca anuncia o novo encontro. A atração prima, pois move o coração. Esta mobilização espontânea conduz o curso da realidade e constitui o impulso inicial de um caminho. Esta incitação legítima de per si, constitui a base de toda existência, por ser a que intrinsecamente corresponde àquele ser, e que ocorre quando menos se espera. A concepção chinesa está embasada sobre o encontro – o acaso da atração – num tempo-espaço determinante, que muda toda uma vida.

JULGAMENTO

Atração mútua. Sucesso. A perseverança é favorável.
Tomar uma jovem em casamento traz boa fortuna.

O sucesso aqui prenunciado decorre do fato de os opostos estarem convergindo, caminhando um em direção ao outro. Essa Influência aflora através da atração natural e flui espontânea; por isso, é favorável perseverar nessa direção. Se a Atração detona algo invisível, este estímulo que se desperta, repentino, deve ser incorporado de modo a se estabilizar numa ação durável que proporcione efeitos realmente lucrativos. Esta integração prazerosa se estende pelo corpo inteiro e, por isso, as diferentes linhas deste hexagrama se referem a esta Influência que começa nos pés e termina na face e na língua, quando torna-se expressão viva reconhecida e comunicada.

Acima, as águas do lago se amoldam sobre o sólido apoio da montanha, e a fertiliza. Voltados um para o outro, se complementam e se comprazem numa convivência frutífera e estimulante. O anseio pela mútua presença decorrente da atração desperta o desejo da troca que tanto acresce a experiência de ambos. O encontro se dá com alegria.

O impulso deste estímulo desemboca numa expressão concreta (a boca), – um pedido de casamento ou uma oferta estimulante de aliança. A calma interna – a quietude da montanha – ressoa na abertura externa do lago, contente. A consolidação dessa emoção repercute no exterior sem inquietudes e pressões, pois as pessoas correm naturalmente para as suas parcerias. Acolher a sua contraparte yin – simbolizada pela jovem a ser desposada – e com ela formar uma aliança, redunda na boa fortuna da complementariedade ideal.

COMENTÁRIO SOBRE O JULGAMENTO

Atração mútua. O suave está acima, o firme encontra-se abaixo.
O sentimento de ambos estimula e incentiva a união.
Quietude e alegria. O masculino se subordina ao feminino.
Por isso a perseverança é favorável e tem sucesso.
Tomar uma jovem em casamento traz boa fortuna.
Céu e terra se estimulam reciprocamente
e todas as coisas tomam forma e vêm à existência.
O sábio influencia o coração das pessoas
e o mundo alcança paz e harmonia.
Pode-se reconhecer a natureza do céu, da terra
e de todas as coisas contemplando as influências que emanam.

IMAGEM

Lago sobre a montanha: imagem da Atração Mútua.
Em sua receptividade, o ser superior acolhe os seres
e os incentiva a que se aproximem.

O Incitar parte impreterivelmente do coração e age em cadeia, pois tudo se ordena nessa mobilização inicial. A pulsão natural e involuntária detona os processos de vida. Tudo depende do impulso sedutor espontâneo que se manifesta quase à revelia. É pertinente a analogia de um jovem casal despertando para a vida e revelando-se num mútuo fascínio. Um transforma o outro, e nesta descoberta ocorre uma metamorfose. Aberto acima, o lago denota a faculdade de comunicar-se com alegria, espelhando o que nele se reflete. Essa predisposição de abertura inclui a ideia do prazer de um encanto que anseia por prolongar-se. O encontro compromete toda a realidade no desenvolvimento dele decorrente e se dá, simplesmente, . . . no exato momento em que para ele se está preparado. E, a partir dessa ínfima faísca, tudo se acelera.

Ao acolher o que lhe corresponde, o ser superior estimula todos à sua volta a se aproximarem daquilo que os mobiliza. A receptividade abriga de bom grado a Influência que lhe advém com encanto. Se há retidão no impulso inicial, a lisura da rota decorrerá, simplesmente. Na concepção chinesa, a regularidade da obra está contida no seu desenrolar, sem fixar-se numa meta preconcebida.

Nuances energéticas

nuclear 44

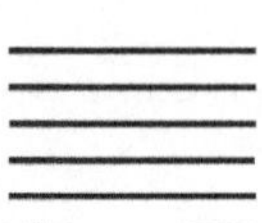

c é u
v e n t o

No núcleo da Atração está a dinâmica que Vai ao Encontro (44) do que lhe corresponde naturalmente. As cinco linhas yang evidenciam o grande dinamismo que inspira os seres atraídos entre si. Esta mobilização espontânea não pode ser forçada.

oposto 41

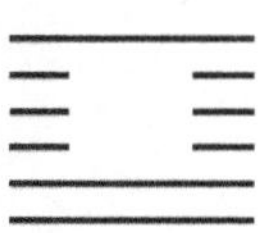

montanha
l a g o

A Diminuição (41) faz uma decantação que condensa as energias, resultando num requinte enaltecedor que opera em profundidade, ao contrário da Atração que responde a uma incitação súbita a nível da superfície que fusiona os primeiros contatos.

O céu anterior é a Dificuldade Inicial (3) que reflete a falta de orientação dos começos e desencadeia a sensação natural entre jovens, dando a partida para a primeira fusão de um intercâmbio harmonioso.

6 — —

Incitação a nível do maxilar, na face e na língua.

Incitação a nível do maxilar, na face e na língua.
A boca aberta faz promessas vazias.

33

5 ———
○

Incitação a nível da nuca. Nenhum arrependimento.

Incitação a nível da nuca.
Sua vontade se ramifica.

62

4 ———
○

A perseverança traz boa fortuna. O arrependimento desaparece.
O vaivém indeciso denota inquietação.
Os amigos que percebem seus pensamentos o seguem.

A perseverança traz boa fortuna. O arrependimento desaparece.
O vaivém indeciso denota inquietação.
Ainda não se alcança uma luz clara.

39

3 ———

Incitação a nível das coxas. Reter aquilo que o mobiliza.
Continuar é humilhante.

Incitação a nível das coxas. A convivência torna-se difícil.
Insistir em seguir os outros denota uma atitude constrangedora.

45

2 — —

Incitação a nível da tíbia. Infortúnio.
Permanecer traz boa fortuna.

Mesmo se o infortúnio ameaça, permanecer traz boa fortuna.
A maleabilidade não causa danos.

28

1 — —

Incitação a nível dos dedos do pé.

Incitação a nível dos dedos do pé.
A vontade está dirigida para o exterior.

49

6. As sensações se estampam na expressão da face e a língua se move junto com os maxilares para verbalizar a Incitação que a mobiliza. Toda Atração toma corpo na palavra proferida, ao declarar verbalmente os próprios anseios. A formulação correta dos sentimentos não incorre em tagarelice ou em promessas vazias. Tentar exercer Influência através de palavras ocas não leva a parte alguma.
A mutação para a Retirada (33) indica uma abstenção e uma comunicação truncada. As falsas promessas revertem na perda do atrativo.

5. A Mútua Atração que começara movendo o terreno, a nível dos pés, agora se integra a todo o ser e manifesta-se de maneira efetiva, pois a nuca congrega o corpo inteiro. Esa incitação integrada mobiliza o ser em sua totalidade e não nutre arrependimentos, à medida que sua Influência se estende à sua volta.
A perspectiva da Preponderância do Pequeno (62) sugere a imagem do voo de um pássaro que, no entanto, retorna ao seu ninho. Ele levanta voo para melhor reconhecer o terreno e trazer bênçãos ao próprio meio. Mas para que isso ocorra, é preciso uma prévia estabilização e uma assimilação dos próprios desígnios.

4. A indicação da opção acertada está bem clara, pois a perseverança e os pensamentos ordenados atraem os amigos e aporta a boa fortuna, ao passo que o movimento hesitante se assemelha ao impulso irrequieto que patenteia indecisões. Quando facilmente perturbado em jogos de alternâncias, nada de valor é realizado e a Influência se desperdiça em agitação improdutiva.
A alternância para a Obstrução (39) mostra um bloqueio que freia o avanço devido à agitação e inquietude. As divergências entre tendências opostas causam hesitação e dúvida. Antes de seguir adiante é preciso acalmar tanto desasossego, e resolver qual caminho seguir.

3. Ao chegar ao nível das coxas, indica que se está pronto para mover. Mas em vez de prosseguir, seguindo a orientação dos outros – o que seria constrangedor e, em última instância, falso – é melhor reter a própria Incitação, aquilo que realmente o inspira e atrai, para dar-lhe prosseguimento. Esta oportunidade de estabilizar o estímulo confere consistência ao desejo sincero.
A mutação para a Reunião (45) converte-se na acolhida alegre do parceiro. A dinâmica do lago sobre a terra indica um assentamento consistente e fecundo. Os que se correspondem, confluem espontaneamente.

2. A tíbia não pode mover-se de per si, pois depende do movimento da perna. Sente uma forte atração, mas é impedido de ir ao encontro do que anseia. Porém, se denota constância, mesmo esta posição desafortunada pode alcançar o que deseja. Ou seja, se consegue permanecer no mesmo impulso, sem abrir mão da Atração que o move, esta perseverança aporta a boa fortuna. O importante é manter o sentimento aceso em seu foro interno.
A perspectiva de um Acúmulo demasiado Grande (28) de forças se vivencia como uma carga que impede de dar vazão aos desejos do coração.

1. Sendo a extremidade do corpo, os dedos do pé representam o seu apoio e, ao mesmo tempo, o impulso inicial de cada passo. Das bases emana a possibilidade de algo que pode germinar, – porém, trata-se ainda de um mero potencial, da disponibilidade para um encontro.
Mesmo se ainda inconsciente, a perspectiva desta primeira etapa da atração causa uma verdadeira Revolução (49) pois pressente um outro panorama prestes a se descortinar. E anseia por partir em busca dessa pulsação apenas perceptível que, semelhante a uma mudança de pele, altera definitivamente a vida daquele que passa por esta emoção.

TROVÃO

VENTO

恒

32 HENG

J. BLOFELD **A Longa Espera**
W. DONGLIANG **A Duração (Fazer Durar)**
A. HUANG **Longo Perdurar**
C. JAVARY **Perdurar**
R. WILHELM **Duração**
R. WING **Continuando**

Nome e dinâmica.

O ideograma tem à esquerda, o radical do coração, assinalando os sentimentos e pensamentos, ao lado de uma embarcação que navega entre duas margens. O coração é o veículo que permite a longa travessia – de uma margem à outra da vida – pois dele brotam a perseverança e o impulso que dão forças para continuar o itinerário por vezes difícil. Seu contínuo pulsar, estimulado pela força conjunta do vento e do trovão, permite prosseguir no esforço, através dos percalços, das correntezas e até das tempestades. Os ímpetos só podem realizar algo valioso através da constância.

A Duração revela um processo que integra os seres percorrendo um mesmo caminho, – o compartilhar de uma relação maior e adulta, na consolidação de uma aliança. Portanto, essa continuidade incide numa vontade constante de seguir uma mesma meta, implica em completar um percurso juntos, sem mudar de decisão. Como o casamento, este é um compromisso de vida, pois funda a instituição familiar. Só quem abriga o amor no coração é capaz de persistir através das vicissitudes do caminho.

Este contexto encerra uma mensagem maior, e significa, antes de mais nada, esposar o seu próprio destino, integrando a própria essência.

JULGAMENTO

Sucesso. Nenhuma falha.
A perseverança é favorável. É vantajoso ter aonde ir.

O Longo Perdurar dá forma e continuidade às atrações humanas. Trata-se de uma disposição interna. Sucesso refere-se antes de mais nada à própria realização, consiste de uma autenticidade desdobrando-se em continuidade, pois não se pode fazer perdurar tendências que não sejam verdadeiras. Persistir através de todas as mutações – internas e externas – com um objetivo conjunto em vista constitui um êxito indiscutível.

O Perdurar revela a própria coerência através das etapas do caminho. Duradouro é o incessante aprofundar-se na própria interioridade – simbolizada pela penetração seguida do vento em todas as partes, junto à capacidade de renovação simbolizada pelo movimento retumbante do trovão, ao abrir caminhos: após o detonar das faíscas que clareiam, segue-se o movimento suave do sopro do vento que as estendem a cada passo da travessia percorrida juntos. Quando estas duas tendências se completam, tudo passa a Perdurar, pois juntos descobrem que o segredo da vida é a capacidade da constante renovação de todas as etapas vivenciadas. Para persistir na orientação escolhida é preciso ter fôlego e firmeza.

Como os rumos são cíclicos, a cada fim segue-se um novo começo e o embalo deste movimento constante provocado pelos sentimentos é o que incentiva o percurso, logrando alcançar a outra margem. A Duração é uma totalidade organizando-se, completa em si mesma, sempre a se renovar.

COMENTÁRIO SOBRE O JULGAMENTO

Duração. O firme está acima, o suave abaixo.
Trovão e vento atuam juntos. Suave, e em movimento.
O firme e o suave se correspondem e a isso se chama Duração.
Sucesso. Nenhuma falha. A perseverança é favorável.
O curso do céu e da terra perdura, e nunca acaba.
É favorável ter aonde ir. Cada término é seguido de um novo começo.
O sol e a lua seguem o curso do céu e por isso seu brilho é duradouro.
As quatro estações se modificam e transformam
e, por isso, sempre conduzem à plenitude.
O sábio mantém o seu curso e o mundo
mantém a sua estrutura até completar-se.
Contemple o curso da Duração para compreender
a natureza do céu e da terra e de todos os seres.

IMAGEM

Trovão e vento: imagem da Duração.
Assim, o ser superior permanece firme e não altera o seu rumo.

A força do trovão incita ao movimento e vai elucidando todas as etapas de longo percurso. Ao mesmo tempo, os ventos imperceptíveis vão se impregnando na interioridade e, pouco a pouco, vão exercendo sua influência poderosa no mundo externo. A doçura interna tece elos inquebrantáveis e se mostra forte diante do mundo. É interessante que sejam estes dois fenômenos mais impermanentes – trovão e vento – os escolhidos como símbolo da permanência na mesma rota. Suas mutações se entrelaçam e se correspondem, pois fluem sempre juntas como o encanto que brota, impetuoso. A combinação do impulso externo aliado à ternura interna é próprio de um grande amor ou de uma vocação que perdura no tempo. A firme direção que norteia o amor ou a vocação, mesmo se imperceptível do exterior, é o seu constante guia, sua fiel companheira. Esta lealdade à sua verdadeira essência é a cumplicidade receptiva própria do elemento yin, a contraparte complementar que fortalece todos os longos percursos humanos.
De mãos dadas, vento e trovão vão forjando uma trilha comum, integrando-se cada vez mais durante toda a trajetória.

Nuances energéticas

nuclear 43

l a g o
c é u

Sem uma Determinação (43) firme no cerne, não se consegue Perdurar num compromisso. Ao decidir percorrer um longo caminho junto, se necessita muita clareza e força, como assinalam as cinco linhas yang. A constância requer uma determinação partilhada.

oposto 42

v e n t o
t r o v ã o

A dinâmica oposta aparece no Aumento (42) formado dos mesmos vento e trovão que constituem a Duração, porém, invertidos. Essa inversão das energias mostra que aqui não é questão de acrescentar novos elementos, mas de consolidar, continuando numa mesma rota.

O céu anterior sendo a Oposição (38), pressupõe que toda evolução duradoura decorre de potenciais unidos que logram vencer as divergências. Tudo perdura no tempo em ciclos, como as estações e rotações planetárias decorrentes da contínua sucessão de oposições.

恒

32

6 **Inquietude de longa Duração. Infortúnio.**

A inquietude que perdura na posição mais elevada é totalmente desprovida de mérito.

50

5 **Dar Duração à sua posição traz boa fortuna para a esposa e infortúnio para o marido.**

Docilidade traz boa fortuna para a esposa,
pois ela o segue até ao fim.
O homem deve seguir o seu dever; se segue a mulher, infortúnio.

28

4 **Não há pássaros nos campos.**

Quando nunca se está no lugar devido, como pode encontrar os pássaros?

46

3 **Quem não é constante em sua posição sofre vergonha. Persistente humilhação.**

Ninguém tolera quem não é constante em sua postura.

40

2 **Os arrependimentos desaparecem.**

Os arrependimentos desaparecem na mutação dessa segunda linha, porque permanece na posição central.

62

1 **Buscar a Duração de modo precipitado, infortúnio. Nada é favorável.**

O infortúnio de buscar a Duração com pressa vem do fato de pretender demasiado desde o começo.

34

6. Quando a agitação se prolonga, reverte em infortúnio. Na posição mais elevada, na maturidade da Duração, as inquietudes não devem persistir, pois estariam fora de lugar. Seriam empecilhos para a serenidade interna alcançada no decorrer da Duração, e só prejudicariam o bom andamento da longa caminhada.
A perspectiva do Caldeirão (50), indica a culminância da Duração e, ao mesmo tempo, uma mudança de nível. A esta altura, as aspirações deveriam ser de outra ordem.

5. A suavidade tão louvada na mulher, símbolo yin de adaptabilidade, não é suficiente para o marido, – a atitude de iniciativa yang requer decisão no cumprimento do dever. Essa mensagem revela que para que algo perdure, não basta a receptividade, porém, também é preciso ter consciência das obrigações, aliada à firmeza e constância de propósitos.
A alternância para o Grande Acúmulo (28) aponta para a responsabilidade implicada numa relação de longa Duração. Para ter sucesso, é preciso ir descartando os fatores ultrapassados e os encargos demasiado pesados, para melhor acolher os novos desafios.

4. O laconismo deste texto é eloquente: se não há o que queremos aonde se procura, é simplesmente questão de buscá-lo em outro lugar. Convém preocupar-se em aprofundar a busca, sem pretender resultados imediatos. Consolidar relações implica em fazer esforços no sentido de conhecer bem a pessoa ou o terreno onde está querendo se enraizar. E esta escolha exige lucidez e bom discernimento.
A mutação para a Ascensão (46) incorre num esforço paciente e penetrante, de longa Duração. A intenção de continuidade exige um estímulo constante e equilibrado, até encontrar o objeto da busca.

3. A pressa no agir, mudando de postura com frequência, comprova um caráter fraco. Quem não conta com apoios sólidos, se defronta com constrangimentos. Enquanto agir assim, não encontra companheiro, nem um lugar próprio em parte alguma. Falta persistência quando se deixa levar por estados de ânimo ou circunstâncias externas transitórias, e essa atitude afasta as relações verdadeiras.
A perspectiva da Liberação (40) representa uma atitude descompromissada que esbarra com a dinâmica da Duração. A vontade de novidades e independência não cimenta raízes.

2. Extremamente concisa, esta linha encontra-se ao centro do vento, e segue o ritmo lento e orgânico dos ciclos duradouros da natureza. Tem consciência de que não pode avançar muito rápido e continua moderada. A revisão cuidadosa dos objetivos denota equilíbrio e evita arrependimentos.
A alternância para a Preponderância do Pequeno (62) comprova a atenção voltada para os detalhes. Quando se deseja que algo perdure, é preciso andar devagar, ser cauteloso nas minúcias, mesmo se à primeira vista parecem irrelevantes. Para ir longe, tudo se reveste de importância.

1. Quem persegue a Duração de modo precipitado, a perde. Na dinâmica do Longo Perdurar, não é questão de forçar, mas de fôlego. Não se pode esperar uma relação profunda de entrada, pois esta precisa ser cultivada durante muito tempo. Ao se impacientar, perde em penetração e muitas vezes se equivoca. Este contexto deve ser abordado com suavidade. O verdadeiro querer ocorre num diálogo de maturação de ambas as partes.
A mutação para o Poder do Grande (34) denota um esforço contraproducente. A construção duradoura é lenta e se logra através da perseverança, de uma resistência que faz do tempo o seu aliado. Apressar o processo só gera decepções.

C É U

MONTANHA

遯

33 DUN

J. BLOFELD **Ceder, Afastar-se**
W. DONGLIANG **O Leitãozinho**
A. HUANG **Retirada**
C. JAVARY **Bater em Retirada**
R. WILHELM **A Retirada**
R. WING **Retirada**

Nome e dinâmica.

À esquerda, o ideograma tem o signo de marcha, ao lado de um porquinho e da mutação (a lua), – ambos se escondem e, quando voltam a aparecer, estão mais cheios. A reação do leitão que foge buscando alimento conota recuar para engordar. Este é o sentido mais evidente da Retirada, que não implica numa desistência, mas em esquivar-se para se fortalecer e possibilitar um futuro avanço.

Esta dinâmica contém uma estratégia implícita, pois durante o recuo se vai preparando o contra-ataque. Este é apenas um distanciamento provisório e oportuno, para evitar o desgaste exaustivo. Quanto mais se afirma o próprio eixo, maior a concentração de forças, até tornar-se imbatível.

Recua aquele que não se submete. Quando as forças adversas avançam, fortes e seguras, de nada adianta permanecer e enfrentá-las, o que provocaria um esgotamento inútil. Se usar as mesmas armas do inimigo, está aceitando as suas regras de jogo e, de certo modo, a elas se submetendo. O combate deve ocorrer no seu momento, no lugar que lhe convém, com as armas de sua escolha, quando estiver bem preparado para enfrentar o oponente.

A figura mostra a montanha abaixo, aquietando todo o movimento e, acima, a luminosa força do céu, invisível, porém, todo abrangente. Esta dinâmica também pode ser interpretada como o superior, o céu, que se distancia do nível inferior, a montanha, mantendo-se inacessível, mas plenamente atento a tudo o que ocorre durante o seu afastamento.

A Retirada é o afastar-se voluntário de um forte que se recolhe e resguarda acima da montanha, fora do alcance do inimigo.

JULGAMENTO

A Retirada. Sucesso.
É favorável perseverar em pequenas coisas.

Bater em Retirada oportuna é sinal de força. O cuidado e o temor respeitoso frente ao invasor, considerando todos os seus passos, é a atitude correta diante de quem por ora é mais poderoso, a postura de atenção e deferência diante do inimigo não o subestima. Mesmo se é doloroso esquivar-se, precisa manter a confiança. Não está abandonando a situação, porém, afastando-se com inteligência. Até o momento de tomar uma contramedida, apenas pequenas coisas podem ser realizadas com sucesso, porque o pequeno tem primazia quando o superior se retira. Seria aconselhável fazer preparativos ocultos, porém firmes para prevenir que outros avancem durante a sua ausência. Não esquecer nenhum detalhe que facilite a investida posterior. Escolha o momento da Retirada com cuidado. Quando se retira cedo demais, não tem tempo de preparar o contra-ataque de modo adequado. Mas se espera demais, pode ser encurralado. Lembre-se que só pode se distanciar com dignidade enquanto ainda tem força e capacidade para sair da situação conflitante livremente, – portanto, antes de ser derrotado.

Se não pode vencer a batalha agora, pelo menos tente impedir o avanço do inimigo. Convém cortar a comunicação e tornar-se autosuficiente, retirando-se emocionalmente da situação. Ao tomar distância sem dar maior importância ao adversário, se opera uma virada da situação do poder. Desvencilhar-se de uma situação inconveniente com sucesso requer paciência para se organizar, evitando pressões ou pânico. Desprender-se de um compromisso já não desejado exige tato e diplomacia. Convém procurar o espaço da sua liberdade. Ninguém o obriga a ficar, - a não ser a sua própria obstinação. Saiba acompanhar o movimento que prevalece neste ciclo, de modo a dele sair ileso. À medida que recua de modo suave, vai se fortalecendo.

COMENTÁRIO SOBRE O JULGAMENTO

A Retirada. Sucesso.
O firme encontra-se na posição adequada e é correspondido,
pois atua de acordo com o tempo.
É favorável perseverar em pequenas coisas
porque estas avançam e estão em pleno crescimento.
Realmente grande é o significado da Retirada no momento oportuno.

IMAGEM

A montanha abaixo do céu: imagem da Retirada
Assim, o ser superior mantém o pequeno afastado.
Não com raiva, porém, com reserva, inspirando respeito.

Tanto o céu como a montanha se refugiam nas alturas com um firme propósito. Diante da inevitável chegada dos elementos inferiores, a única saída é colocar-se fora do seu alcance, para não ficar prisioneiro em mãos inimigas. O que deve evitar a todo custo é colocar-se à mercê do inferior. A longo prazo, trata-se de um movimento de ofensiva. O ser superior se refugia acima porque das alturas observa melhor os passos do oponente e percebe os primeiros sinais de seu cansaço e desgaste.
A mensagem deste hexagrama vai no sentido de não combater o próprio defeito abertamente, porém, aquietá-lo. A raiva é uma forma de envolvimento subjetivo através da qual se permanece ligado. Dar demasiada importância ao oponente só o faz crescer. Quando já não pode atingi-lo, o inferior é obrigado a parar. Se não responde ao seu ataque, o desarma. A força acumulada de quem não se desgasta num combate insensato e inútil volta fortalecida.
A diferença entre a Retirada e a derrocada é que o recuo é decidido com tranquilidade, em função das circunstâncias, não por imposições.
Na sua reserva, o ser superior preserva a sua dignidade.

Nuances energéticas

nuclear 44 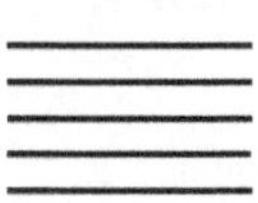 c é u / v e n t o

O fato da dinâmica de Ir ao Encontro (44) estar no núcleo da Retirada reforça a noção de que o recuo é provisório e, na realidade, visa voltar a se reaproximar daquilo que temporariamente se afasta.

oposto 19  t e r r a / l a g o

A Aproximação (19) aciona uma dinâmica contrária à Retirada, pois simboliza a luz que se eleva tirando-a das trevas, quando tudo se abre para acolher aqueles que se aproximam em confiança.

O céu anterior é a Nutrição (27) que patenteia a necessidade de alimento para aumentar as forças e lograr uma união de forças, quando os lábios voltam a se reunir, uma vez saciada a necessidade.

遯

33

6 **Retirada alegre. Tudo é favorável.**

Retirada alegre. Tudo é favorável porque já não resta nenhuma dúvida.

31

5 **Retirada amistosa. A perseverança traz boa fortuna.**

Retirada amistosa. A perseverança traz boa fortuna, pois toma uma decisão correta.

56

4 **A Retirada voluntária traz boa fortuna para o ser superior, e ruína para o inferior.**

O ser superior retira-se de modo voluntário. O inferior não pode fazê-lo.

53

3 **A Retirada contida é penosa e arriscada. Alimentar os servidores traz boa fortuna.**

O perigo de uma Retirada contida é inquietante e cansativo. Alimentar os servidores traz boa fortuna, mesmo se ainda não pode empreender grandes coisas.

12

2 **Ele o detém com firmeza usando couro de boi amarelo. Ninguém consegue soltá-lo.**

Ele o detém com firmeza usando couro de boi amarelo. Isso denota uma vontade firme.

44

1 **Na cauda durante a Retirada é perigoso. Não atue.**

Se ao se retirar e estando exposto ao perigo na cauda, não atua, que infortúnio pode atingi-lo?

13

6. A Retirada alegre tem diante de si uma perspectiva completamente livre e sem entraves. Ao tomar distância sem combater o inimigo diretamente, consegue dar uma reviravolta. Ser capaz de sorrir mesmo diante da adversidade – e sobretudo das próprias limitações, abre um caminho livre de vínculos internos repressivos. Sem a menor dúvida, tudo agora o favorece. Vislumbra o novo panorama com um sorriso alegre.
A mutação para a Mútua Atração (31) sinaliza o encontro determinante com algo que realmente o motiva e atrai. Quando culmina a Retirada, instaura-se a alegria.

5. Ao reconhecer que este é o momento acertado para partir, pode efetuar a Retirada com cortesia e amizade. Dar continuidade ao ensejo de partir traz boa fortuna, pois esta é a decisão correta. Quando se consegue compreender e aceitar os motivos que conduzem ao recuo, pode afastar-se com tranquilidade, como amigo.
A alternância para a dinâmica do Viajante (56), comprova que já está pronto para partir, livre para seguir adiante, iluminando os elevados caminhos por onde passa como o fogo acima da montanha.

4. O ser superior encara a Retirada como uma solução inteligente. Livra-se das amarras que o prendem e Afasta-se tranquilo, o que redunda em boa fortuna. Mas o ser inferior sente-se abandonado e, quando o superior se afasta, tornando-se inacessível, fica completamente abalado.
A alternância para o Progresso Gradual (53) indica a corajosa fidelidade a si mesmo que não vacila. Passo a passo, empreende a rota desejada sem transigir nem abrir mão dos seus princípios. Assim, alcança o refúgio que lhe corresponde.

遯 33

3. A Retirada contida se apega a certos laços e se entristece ao soltá-los. Só vacila em retirar-se quem ainda está internamente vinculado. A Retirada que resiste internamente, além de inquietante e cansativa, corre o risco de desistir do recuo a meio caminho. Se os servidores, ou seja, uma faceta menos evoluída, se aferram e temem recuar, aceitar estes obstáculos menores resulta em boa fortuna, mesmo se impedem lograr o distanciamento.
A hesitação incorre no risco de permanecer Estagnado (12). Se a decisão de afastar-se resulta demasiado penosoa é aconselhável parar, e encarar a dificuldade abertamente. Já não é possível ignorá-la ou evitá-la, é questão de resolver o problema para poder se retirar bem.

2. Não ceder terreno mesmo durante a Retirada consiste em manter-se informado de tudo o que ocorre, familiarizando-se com os pontos fortes e fracos do invasor. Essa observação será de grande valia no momento do contra-ataque. O afastamento construtivo – o couro de boi amarelo simboliza o centro equilibrado – denota firmeza e força de vontade.
Ao alternar para a dinâmica de Ir ao Encontro (44) que precede a Retirada na série do calendário, evidencia o alerta que já antecipa o perigo, procurando fortalecer o seu eixo interno.

1. Durante a Retirada, a retaguarda – ou cauda – é a posição mais perigosa. Não há tempo a perder, pois se encontra numa situação de risco. Porém, sairá ileso se seguir a estratégia correta: não deve agir, mesmo porque nada pode fazer por conta própria, e qualquer ação seria prematura. Basta sair da posição perigosa sem tardar, para não se expor ao infortúnio.
A mutação para a Comunidade (13) ressalta a necessidade de seguir os seus pares que se retiram, protegendo a retaguarda e procurando um refúgio seguro entre os seus.

TROVÃO

CÉU

大壯

34 DA HUANG

J. BLOFELD **O Poder dos Grandes**
W. DONGLIANG **O Grande Poder**
A. HUANG **Grande Força**
C. JAVARY **Grande Força**
R. WILHELM **O Poder do Grande**
R. WING **Grande Poder**

Nome e Dinâmica.

O ideograma que designa o grande está à esquerda, ao lado do signo da terra e da metade de uma árvore, sugerindo uma poderosa força vital em ascensão, – semelhante à madeira crescendo do solo.

A figura do hexagrama, – o impacto do trovão que eclode no céu –, envolve algo poderoso que se manifesta com muita clareza. Do mesmo modo, as quatro linhas yang sobem sem nada que as contenha. Essa escalada dificulta a comunicação interna e corre o risco de isolamento. Todos estes sinais apontam para a mesma dinâmica poderosa que, por ser excessiva, encerra riscos.

Como toda força desmedida, este avanço incontido e demasiado poderoso causa um desgaste contra o qual se deve precaver. E quem vai na frente, liderando o caminho, corre os maiores riscos.

Quando um ciclo atua avançando tanto, logo começa a dar sinais de cansaço. É difícil controlar um território demasiado amplo, e por isso os grandes impérios acabam por desmoronar. O excesso aparece em todas as ocasiões em que ocorre pressão interna, tanto social como individualmente. Esta pode ser uma situação estressante, na qual é importante descarregar as tensões de todas as maneiras possíveis. Por isso, tudo o que é pequeno, discreto ou modesto é favorecido, para contrabalançar.

JULGAMENTO

O Poder do Grande. A perseverança é favorável.

Quando um Grande Poder recai sobre um homem, este é um verdadeiro teste de caráter. O poder envolve a capacidade de utilizá-lo bem, e não justifica imposições tirânicas. A ideia subjacente de algo grande que força o avanço pode ter uma conotação negativa, assim como uma carroça demasiado pesada esmigalha as plantas. Se a perseverança encerra a capacidade de adaptar-se continuamente, submetendo-se às exigências de cada momento, implica também na aceitação das ocorrências e em aprender a sintonizar.

Imbuído de Grande Poder, se é tentado a aplicá-lo em combates desnecessários. Este potencial capaz de avançar a largos passos também pode ficar totalmente exaurido, até à autodestruição. Em vez de se deixar inebriar pelo poder, é preferível dar continuidade a objetivos elevados. Saber parar justamente porque as coisas estão andando bem é sinal de inteligência: o sábio se detém no despontar da culminância, evitando assim, uma decadência prematura. É próprio do ser inferior forçar a passagem, usando o seu poder para atacar os mais fracos.

Nessa situação privilegiada, urge ser particularmente cauteloso, prestando atenção ao ritmo das evoluções, de modo a bem canalizar todo este potencial excepcional que lhe está sendo dado. Em primeiro lugar, na culminância de um Grande Poder deve-se saber colocar os próprios limites, – mesmo porque esta é a maneira de não perdê-lo. A influência de fortes repercussões converte a pessoa no centro de atenções e a sua presença já não passa desapercebida.

A responsabilidade e a retidão são primordiais em épocas de Grande Força, pois a falta

de correção não conduz à confusão apenas do indivíduo, mas também arrasta seus companheiros. O dispositivo das quatro linhas yang em ascensão deve dar provas de resistência e de continuidade, sem se enfraquecer no processo. Quanto maior for o poder, maior deve ser o cuidado. Canalizar a grande força para não dissipá-la em tolices, sobretudo evitando ferir os seus próximos. Em épocas tão poderosas, qualquer atitude desregulada pode levar a prejuízos imensos. Quem é abençoado por toda essa força, deve se assegurar da correção dos seus propósitos.
Só preserva o poder quem aprende a dosá-lo, repartindo os benefícios com moderação.

COMENTÁRIO SOBRE O JULGAMENTO

O Grande Poder implica a existência de uma força poderosa.
Firme no seu movimento, esta é a base do poder.
A perseverança é favorável, pois o que é grande deve ser correto.
Grande e correto, assim se contemplam as relações entre céu e terra.

IMAGEM

O trovão acima, no céu: imagem de um Grande Poder.
Assim, o ser superior atua com gentileza segundo a ordem vigente.

Quanto maior o seu poder, mais deve inclinar-se e agir com amabilidade. Ao perceber a própria supremacia, contra si mesmo deve se acautelar. Segundo os parâmetros de sincronicidade chinesa, o que lhe corresponde, curiosamente, é aquilo que lhe advém. Por isso, quem é dotado de um Grande Poder deve fazer por merecê-lo.
Antes de mais nada, a grande criatividade interna representada pelas quatro linhas yang em ascensão incontida deve ser capaz de elucidar as próprias ambições. O autoconhecimento talvez seja o maior de todos os poderes. No momento de plena expansão, o ser superior pode vislumbrar finalmente o alcance da obra a ser realizada.
O trovão que eclode em pleno céu reflete o potencial acumulado que agora se anuncia com forte alvoroço. Numa fração de segundo, revela o Poder de algo realmente Grande. As possibilidades contidas se manifestam em relâmpagos e trovoadas. E ao espalhar os efeitos deste impacto entre os seus pares, o ser superior distribui o seu saber, iluminando a todos à sua volta, desdobrando-se em cortesia.

大壯

34

Nuances energéticas

nuclear 43

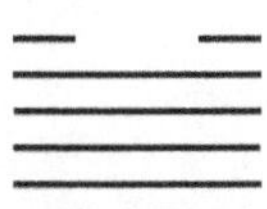

No âmago do Grande Poder encontra-se uma firme Determinação, (43)imprescindível para saber lidar com uma situação tão poderosa. A cada passo, uma nova decisão se impõe, pois tudo ocorre muito depressa neste contexto.

oposto 20

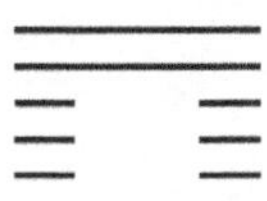

A dinâmica contrária ao ímpeto do Grande Poder que volta-se para fora, no ensejo de avançar, é a Contemplação (20) que aciona uma grande serenidade interna. Sua ampla visão está embasada na devoção incondicional da terra, que a tudo acolhe.

O céu anterior é o Viajante (56), símbolo de quem se encontra no estrangeiro, entre desconhecidos. A comunicação e os recursos pessoais estando limitados, exigem prudência. A cautela recomendada ao Viajante torna-se absolutamente indispensável quando se dispõe de tanta força como a do Grande Poder. Corre o risco de perder o seu ponto de apoio.

6 — —

**O carneiro arremete contra a cerca.
Não pode recuar, nem avançar. Nada é favorável.
Se conserta a dificuldade, boa fortuna.**

***Não poder recuar nem avançar não traz felicidade.
Se conserta a dificuldade, isso traz boa fortuna.
O erro não persiste.***

14

5 — —

Perde o carneiro no campo. Nenhum arrependimento.

Perde o carneiro no campo pois a posição não é apropriada.

43

4 —— ○

**A perseverança traz boa fortuna. O arrependimento desaparece.
Abre-se a cerca e já não há emaranhado.
O poder se apoia no eixo de um grande carro.**

Abre-se a cerca e já não há emaranhado. Pode avançar.

11

大壯

34

3 ——

**O ser inferior age através da força, o superior não age assim.
É perigoso continuar. O carneiro arremete contra a cerca
e nela prende seus chifres.**

O ser inferior utiliza seu poder, o superior não age assim.

54

2 ——

A perseverança traz boa fortuna.

***A boa fortuna da perseverança na mutação
da segunda linha resulta de ocupar a posição central.***

55

1 ——

**Poder nos dedos dos pés.
Prosseguir traz infortúnio. Seja sincero e verdadeiro.**

Poder nos dedos dos pés leva certamente ao fracasso.

32

6. Na culminância, esta linha yin enfraquecida percebe que o seu Grande Poder está terminando. Tenta forçar a situação, mas fica logo presa, pois já nada a favorece. Mas se em vez de se enrijecer no desejo de avanço, sua natureza maleável e dócil cede, e não insiste no erro, consegue reparar a postura equivocada e alcança a boa fortuna.
O Poder realmente Grande é o humilde respeito aos limites que nos prendem. Aprender a mover-se dentro das divisas que a vida estabelece encerra o pleno exercício da liberdade. Dá-se então a mutação para as Grandes Realizações (14), afirmando a boa fortuna.

5. Aquilo que se solta é o que deve soltar-se. Esta perda não deve ser lamentada. Já não há nada que o retenha, pois tem consciência que não está ocupando a posição apropriada. Por isso abre mão daquilo que não lhe corresponde de bom grado e não se arrepende.
A mutação para a Determinação (43) assinala que a ânsia do poder está em vias de ser superada. Contendo cinco linhas luminosas, vislumbra todo o panorama com tanta clareza que já não vacila, nem se aborrece com perdas menores. Deixa partir o que já não precisa sem problemas.

4. Dispor de algo grande não significa apenas possuí-lo, porém, saber usá-lo. A força de vontade que persevera nos seus propósitos finalmente abre o bloqueio, e todas as dúvidas são esclarecidas. Agora é lícito avançar para onde quiser, até distâncias longínquas. Pode veicular grandes empreendimentos por estar apoiado sobre o eixo de uma grande capacidade de comunicação. O eixo vazio representa a força do movimento acertado.
A mutação para o Florescer (11) com muita paz é próprio do despertar da primavera; garante o crescimento auspicioso de um Grande Poder liberado.

3. Um Grande Poder plenamente manifesto revela com nitidez a postura dos seres. O inferior usa a força apenas em proveito próprio e se precipita; assim, corre o risco de ficar enredado na própria ambição e egoísmo. O superior evidentemente não age assim.
A alternância para o Casamento da Caçula (54) sugere a advertência de não perder de vista a meta, indicando que todo poder deve visar um objetivo maior. O exemplo da filha mais moça que, através do seu casamento com o filho do monarca inimigo, conduz a China a uma época de apogeu, é um episódio histórico exemplar.

2. Quando um Grande Poder já começa a se descortinar com clareza, perseverar neste sentido traz boa fortuna. A posição central e equilibrada permite integrar-se ao andamento do novo ciclo que surge com grandes possibilidades.
A perspectiva da Abundância (55) indica a ênfase de utilizar o poder do qual se começa a dispor para propósitos maiores. O texto do Julgamento deste hexagrama que também se intitula Plenitude aconselha a ser como o sol ao meio-dia que a todos ilumina, repartindo alegria.

1. O desejo de sair correndo, – os pés querem mover-se o mais rápido possível, – sem refletir, denuncia uma iniciativa infeliz. A vontade imediatista de perseguir uma grande oportunidade denota ansiedade e leva ao fracasso. A precipitação causa perdas. A posição inicial requer muita serenidade para encarar o Grande Poder que se aproxima.
A mutação para a união enquanto condição Duradoura (32) mostra de modo inequívoco que todo compromisso de longo alcance deve começar por um movimento na direção interna. Convém ser muito lúcido. Veja bem se é isto mesmo que quer.

FOGO
TERRA

晉

35 JIN

J. BLOFELD **Progresso**
W. DONGLIANG **Avançar (Ir Adiante)**
A. HUANG **Prosseguindo**
C. JAVARY **Avançar em Pleno Dia**
R. WILHELM **Progresso**
R. WING **Progresso**

Nome e dinâmica.

O ideograma mostra o sol pronto para surgir sobre a terra, de onde elevam-se plantas, ou pássaros. Ao retratar o sol ainda abaixo da linha do horizonte, se acentua todo o seu potencial prestes a irromper. A aurora é o momento em que as plantas se voltam para a luz e as aves levantam voo, cantando para celebrar o raiar do dia.

A figura do fogo sobre a terra transmite a ideia de uma expansão natural que prossegue sem percalços, disseminando os seus raios sobre todos os seres. Consiste em mostrar a sua plena capacidade, sem rodeios, utilizando os seus talentos no exercício de uma tarefa maior. Ao progredir, vai alcançando uma visibilidade cada vez maior.

O Avanço em Pleno Dia evidencia um potencial latente que ilumina e aquece toda a natureza, dando partida para uma nova jornada. Este é o momento de Prosseguir, de modo a valorizar o novo ciclo de energia.

Ao surgir, a luz também desmascara e esclarece toda e qualquer faceta obscura. Esta conotação explicita a limpidez do Progresso em curso.

JULGAMENTO

Progresso. O poderoso príncipe é honrado;
Recebe um grande número de cavalos.
Num só dia é recebido em audiência três vezes.

Receber *um grande número de cavalos* na China antiga correspondia a ser incumbido de uma tarefa honrosa. A extrema importância dos cavalos como símbolo de nobreza e tenacidade e, mais ainda, as três audiências num só dia, apontam para ser investido de um mandato extremamente importante. Este hexagrama envolve uma referência histórica ao príncipe Kong, próspero e poderoso, que no início da fusão entre as dinastias Zhou e Shang, foi encarregado de restabelecer a paz em todo o território.

Avançar em plena luz pode ser difícil, pois sair do anonimato para assumir uma tarefa maior suscita invejas e críticas. Porém, mesmo se essa missão comporta um fator de risco, o poderoso príncipe a aceita, em audiência pomposa e à vista de todos.

A clareza de visão é absolutamente necessária para levar a cabo uma grande missão, assim como a dedicação e lealdade ao trabalho para o qual foi designado. A devoção interna da terra, com seus recursos inesgotáveis, tendo acima o brilho de uma luz ascendente, símbolo da lucidez que se espraia pelo mundo, é o requisito para lograr um Progresso eficaz. Toda promoção concerne riscos de se chocar com contrariedades insuspeitas e a todas elas é preciso elucidar. A expansão crescente e a clareza abrem um leque de possibilidades.

Este hexagrama não aponta apenas para um avanço, mas também para uma irradiação de energia sobre todos os que se encontram abaixo. Retrata a plenitude da manifestação.

A proeminência concedida a uma pessoa dotada de inteligência fora do comum evoca um reconhecimento explícito. A facilidade com que a luz se espalha comprova que este é o momento ideal para difundir ideias progressistas e ampliar influências positivas. Quem recebe um tal privilégio não age só para si, mas deve ser generoso como o sol, a irradiar bênçãos sobre todos à sua volta.

COMENTÁRIO SOBRE O JULGAMENTO

Progresso significa avanço.
A claridade aparece sobre a terra.
A submissão adere com devoção ao brilho
e, assim, consegue seguir adiante.
O poderoso príncipe é honrado.
Recebe um grande número de cavalos.
Num só dia é recebido em audiência três vezes.

IMAGEM

O fogo eleva-se sobre a terra: imagem do Progresso.
Assim, o ser superior manifesta
o brilho de suas qualidades luminosas.

Neste momento em que a luz se eleva sobre as névoas da terra ainda no escuro, nada pode ofuscar o seu talento. Mediante o seu brilho, o ser superior ilumina as próprias realizações. Por mais árduos que sejam os trabalhos a serem realizados, não vacila em enfrentá-los com determinação e valentia. Sabe que só pode realmente contar com as próprias forças. Tudo deve se dar às claras, sem dissimular coisa alguma.

Para cumprir a tarefa confiada, é preciso estar acima de quaisquer dúvidas ou hesitações internas, colocando os seus próprios interesses de lado, semelhante à terra inundada de sol. A pureza de intenções é requisito fundamental para lograr elevar-se sobre tudo o que poderia anuviar os propósitos de prosseguir. Em última instância, é a flexibilidade interna – a aceitação da sombra – que permite sobre ela se elevar. Ao se alçar sobre a terra, o ser superior capta o raio luminoso, para poder, então, retornar com essa centelha iluminada ao próprio solo, repartindo-a entre os seus pares. Esta é a tarefa da pessoa honrada.

Nuances energéticas

nuclear 39

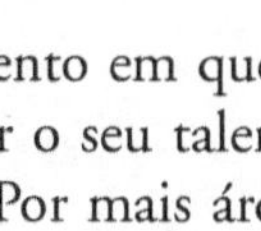

água
montanha

No cerne do Progresso está o Obstáculo (39) a ser vencido para levar a cabo a tarefa de disseminação da luz. Todos os desentendimentos e desavenças devem ser abertamente denunciados, pois esta é a única maneira de superá-los. Só assim pode ocorrer o Avanço em pleno dia.

oposto 5

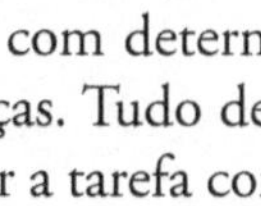

água
céu

A dinâmica contrária ao Progresso nítido e desempedido resulta ser a longa Espera (5), em que as nuvens acumuladas no alto do céu representam apenas uma expectativa promissora. Todo o avanço é retido enquanto a chuva ainda não cai.

NO CÉU ANTERIOR, Ir ao Encontro (44), a primeira linha yin luta por se aproximar das cinco yang luminosas acima, representando a iniciativa de expansão do elemento receptivo terrestre no seu desejo de culminar na expressão efetiva do Progresso.

6

Progredir com os chifres só é lícito ao aplicar o castigo no próprio território. Ter consciência do perigo traz boa fortuna. Nenhuma falha. A perseverança traz humilhação.

Só é lícito aplicar o castigo no próprio território. Seu caminho ainda não é claro.

16

5 ○

O remorso desaparece. Não se preocupe por ganhos ou perdas. Empreendimentos trazem boa fortuna. Tudo é favorável.

Não se preocupe por ganhos ou perdas. Os empreendimentos aportam benefícios.

12

4

Progresso como o de um roedor. A perseverança provoca perigo.

Um roedor corre perigo mesmo se permanece perseverante. Sua posição não é apropriada.

23

晉

35

3

Todos estão de acordo. O remorso desaparece.

Todos estão de acordo, pois a vontade conduz ao alto.

56

2

Prosseguindo, porém, triste. A perseverança traz boa fortuna. Recebe então uma grande felicidade da sua ancestral.

Recebe esta grande bênção por ocupar a posição correta.

64

1

Quer Avançar, porém, é retido. A perseverança traz boa fortuna. Se não encontra confiança, permaneça calmo. Nenhuma falha.

Quer Avançar, porém, é retido. Solitário, segue o caminho correto. Calmo e sem pressa, ainda não recebeu uma incumbência.

21

6. Uma vez terminada a tarefa, qualquer agressividade poderia acarretar problemas. A advertência desse perigo latente não impede a boa fortuna, mas ao contrário, estar consciente da sua responsabilidade ao ocupar a posição mais alta, evita falhas e humilhações. Alerta para a legitimidade de só aplicar castigos internos. Quando o Progresso é alcançado, a consciência do perigo e das limitações se impõe, ao passo que a insistência nas punições seria constrangedora.
A mutação para o Entusiasmo (16) poderia criar uma situação perigosa. Um Avanço exagerado, motivado por um ímpeto em demasia ao término da missão pode ensombrear o caminho.

5. No apogeu do Avanço em Pleno Dia, todos os empreendimentos contribuem para prosseguir. O Progresso estando sedimentado, a ocasião é de fazer o que deve ser feito, sem preocupar-se com ganhos ou perdas, que já estão integrados no movimento de avanço. É o cômputo geral que conta. Ao atingir o centro da luz da chama, a missão se cumpre plenamente.
Quando o êxito é tão certo, convém dar uma Parada (12) para tomar distância e melhor ordenar as partes. Garantida a posição, a Estagnação pode ser benévola, pois consiste de uma força centralizadora consistente.

4. Roedores movem-se abaixo da terra, subrepticiamente, – marmotas, ratos e outros animais menores e indecisos que agem no âmbito do invisível. Estes devoradores que tendem a esconder-se no obscuro representam perigo. A quarta linha entra no âmbito do fogo que a tudo ilumina e precisa de clareza cristalina. Encobrir qualquer coisa poderia comprometer seriamente o Progresso em andamento.
A perspectiva da Desintegração (23) assinala a necessidade de cortar todos os excessos e as posturas arrivistas, senão se estaria arriscando um desabamento do próprio Progresso.

3. Quando obtém apoio total, sendo incentivado no seu trabalho, as hesitações desaparecem. A firmeza desta etapa acentua as intenções harmônicas, pois todos concordam em galgar um nível mais elevado. O eco que responde ao próprio esforço permite continuar Prosseguindo cada vez mais.
A alternância para o Viajante (56), cuja estrutura tem o fogo acima da montanha, confirma a vontade de partir para um Progresso mais abrangente. Esta amplitude torna-se possível quando se conta com o apoio irrestrito dos companheiros.

2. Mesmo triste e preocupado, pois a missão assumida é solitária e difícil, continua perseverante e se empenha no cumprimento do dever. Deve continuar preparando o terreno, sem contar com ajuda. O grande apoio que recebe da ancestral (literalmente da avó) advém da proteção das qualidades yin internas herdadas das suas matrizes. A grande felicidade consiste em obter apoio e os meios para cumprir o ofício com êxito, por ocupar a posição correta e agir da maneira acertada.
A alternância para Antes da Conclusão (64) aponta para uma tarefa incompleta. Porém, tudo está sendo preparado, faltando mais um passo para que toda a situação entre nos eixos e se conquiste a harmonia.

1. Ao ser rechaçado no Avanço que gostaria de empreender, convém não desistir. Mesmo se ainda não depositam confiança na sua capacidade de levar a cabo a tarefa, não deve duvidar. O texto aconselha continuar perseverante até conseguir realizar o que deseja. Por isso, é questão de não perder a calma, nem a coragem. É preferível seguir sozinho na trilha correta que corresponde aos seus anseios.
A mutação para o Morder (21) vai no sentido de colocar todo o empenho em vencer o obstáculo que impede o Progresso. Toda a energia deve ser canalizada para superar este inconveniente.

TERRA
FOGO

明夷

36 MING YI

J. BLOFELD **Luz Escondida (Ferimentos)**
W. DONGLIANG **Eclipse (O Pássaro-Sol)**
A. HUANG **Luminosidade Ferida**
C. JAVARY **Luz Obscurecida**
R. WILHELM **Obscurecimento da Luz**
R. WING **Censura**

Nome e dinâmica.

O ideograma mostra o sol e a lua ao lado do signo "grande" que se funde com um arco, sugerindo que algo grande, ou uma pessoa importante pode ser atingida e ferida. O arco erguido em direção às luminárias celestes assinala um ataque direto à lucidez e à inteligência. Enquanto o elemento externo que detém o poder – a faceta obscura da terra – não pode ser vencido, a solução é resguardar a sua chama. Quando não há chances reais de prevalecer, seria inútil confrontar as forças que ameaçam as próprias convicções e objetivos. De nada adianta se expor à crítica e ao desgaste.

A analogia entre o pássaro e a luz é pertinente neste contexto, pois o voo o expõe a receber o flechaço, assim como a pessoa proeminente em luta aberta por seus ideais. Quando uma opressão externa inibe a própria luz, sem que nada se possa fazer para evitá-lo, a solução é preservá-la escondida. Importante é que subsista. Toda a dinâmica deste hexagrama vai no sentido de garantir um bem e velar pela própria integridade diante de poderosas oposições externas.

O fogo, enquanto símbolo de sabedoria sendo resguardado no fundo da terra, implica em algo valioso a ser defendido. A luz que penetra no escuro lembra também o saber que brilha na calada da noite, tentando discernir a face oculta das coisas. Não podendo contar com auxílio externo, é questão de preservar as próprias forças.

Na energética que permeia todo o I Ching, o heroísmo só é recomendável quando eficaz. A luta só se justifica quando tem chance de sucesso. Combater infantil e impetuosamente, sem perspectivas reais de vitória, só acarreta ferimentos, sem ganho algum. A luz guardada na interioridade simboliza também o verdadeiro autoconhecimento.

JULGAMENTO

Luz Escondida.
É favorável manter-se perseverante durante a adversidade.

A centelha acesa no fundo da terra esclarece as raízes de uma situação, de modo a vislumbrar novas soluções. Este é um momento difícil, no qual uma opressão sufocante inibe toda ação criativa. É preciso saber proteger-se de modo inteligente, para impedir que as perspectivas sejam destruídas. Convém adotar uma boa estratégia para sair incólume da situação.

Manter a sua luz oculta e perseverante mesmo durante as privações foi o exemplo de alguns soberanos e letrados chineses, durante os anos de perseguição ou de cativeiro. A menção explícita ao rei Wen e ao príncipe Ji no Comentário sobre o Julgamento e na quinta linha evidencia estas posturas exemplares. Em vez de se lamentar da sorte e esbravejar contra o tirano inimigo, é questão de aproveitar o tempo da reclusão para elaborar algo significativo. Legados inestimáveis foram guardados durante os tempos duros, para serem transmitidos às futuras gerações. A dinâmica deste contexto aponta para o aprimoramento da chama interna, mostrando-se aparentemente dócil diante da adversidade. O brilho encoberto pela gentileza constitui uma virtude incomparável.

Não permitir que sua força seja abalada, pois diante de ameaças arriscadas, a firmeza interna torna-se crucial. Forçado a manter-se afastado para cuidar dos próprios ferimentos encerra um incentivo à reflexão. Essencial é não perder as esperanças e continuar perseverante, trabalhando resguardado para restabelecer a harmonia.

COMENTÁRIO SOBRE O JULGAMENTO

O brilho mergulha na terra: a Luminosidade Ferida.
Beleza e claridade encontram-se no interior,
gentileza e dedicação no âmbito externo.
O Rei Wen foi exposto a grandes privações.
É favorável manter-se perseverante durante a adversidade
e encobrir a sua luz. Cercado por dificuldades,
porém, mantendo a serenidade e a vontade fixa
no que é correto. Assim era o príncipe Ji.

IMAGEM

O fogo mergulha no interior da terra: imagem da Luz Ferida.
Assim, o ser superior convive com o povo.
Ele encobre o seu brilho e mesmo assim resplandece.

Para que a luz verdadeira se consolide, é preciso manter o silêncio e a imobilidade externa, assim como a terra encobre o fogo com a sua devoção. Nenhuma iniciativa externa deve ser tomada neste momento. A chama mantida acesa no interior se manifesta de per si, no devido tempo. Mas esta não é de modo algum uma espera passiva, muito pelo contrário. Há um grande trabalho de resgate interno a ser realizado, por isso todo o empenho é o de manter a chama acesa. Quando a sombra sobe ao poder e domina a situação, é insensatez quixotesca se expor.
A convivência com o povo aponta para o fato de passar desapercebido entre a multidão. Mesmo ocultando as suas capacidades em silêncio, a longo prazo o brilho verdadeiro nunca deixa de ser reconhecido. A gestação se dá nas trevas.
É questão de dissimular a sua capacidade para que não seja destruída. Não deixar transparecer a discórdia, porém, conduzi-la habilmente, de modo que o seu afastamento não seja notado. A ausência de afirmação, neste caso, não é covardia, porém, sabedoria.

Nuances energéticas

nuclear 40

trovão
água

No núcleo da Luz Escondida encontra-se a Liberação (40), pois a esperança de se desvencilhar dessa opressão persiste por todo o tempo da reclusão e da censura. A confiança na volta da liberdade é o que mantém a luz acesa, mesmo durante as piores tiranias.

oposto 6

céu
água

Enquanto a luz estiver obscurecida é o pior momento para resolver qualquer Conflito (6), pois as mãos estão atadas e não convém argumentar. As palavras só são eficazes quando proferidas no momento oportuno. Silenciar pode ser um sinal de força.

O céu anterior é a Preponderância do Pequeno (9) ou as restrições impostas por um elemento menor, quando a criatividade luminosa do céu está sendo contida pelo vento. A luz só volta a reluzir em plenitude quando passarem as condições que a retêm.

6
Nenhuma luz, apenas a obscuridade.
Primeiro ele galga ao céu,
depois se precipita nas profundezas da terra.

Primeiro ele galga ao céu, de onde poderia iluminar todas as quatro regiões da terra. Depois se precipita nas profundezas, ao perder a conduta honrosa.

22

5
Ferido na sua Luminosidade tal como o príncipe Ji.
A perseverança é favorável.

A perseverança do príncipe Ji comprova que a luz não pode ser extinta.

63

4
Penetra do lado esquerdo do abdômen.
Atinge o coração do pássaro ferido.
Sai pelo portal da sua morada.

Penetra do lado esquerdo do abdômen e descobre as mais íntimas intenções do seu coração.

55

明夷

36

3
Obscurecimento da Luz durante a caçada ao sul.
O líder é capturado. Não agir de modo precipitado.
Ser perseverante.

A caçada ao sul tem grande sucesso.

24

2
Obscurecimento da Luz. Ferimento na coxa esquerda.
Presta ajuda com a força de um cavalo. Boa fortuna.

A boa fortuna da mutação da segunda posição deriva de se adaptar às normas da situação.

11

1
O pássaro ferido abaixa as asas em seu voo.
Em sua evasão, o ser superior nada come durante três dias.
Ele tem aonde ir. Seu anfitrião murmura a seu respeito.

O ser superior tem razão de não se alimentar durante a sua evasão.

15

6. O texto se refere ao destino final de toda a força destrutiva, – acaba ruindo sobre si mesma. Na última etapa do Obscurecimento, a impostura se desvela e transparece absolutamente. A chave é nunca perder a confiança em si mesmo e na conduta honrosa. Mesmo tendo todos os privilégios e ocupando a posição mais elevada, se perder a ética e a sabedoria, tudo pode desabar. Este é um fato historicamente comprovado.
A mutação dessa etapa mostra a sabedoria que ressurge, desvelando-se em toda a sua Beleza (22). Agora, o fogo se espraia ao pé da montanha, protegido pela sua quietude. Já nada mais há a temer.

5. Graças a haver mascarado a sua luz e o seu ferimento, consegue conservar, incólume, a sua integridade. Esta linha imbuída de conotações históricas – o princípie Ji era um membro da dinastia Zhou tiranizado – comprova que quem persevera e mantém a retidão acaba vencendo. A luz também não pode ser extinta na natureza, por pior que seja o inverno.
A mutação para Após a Conclusão (63) enfoca o cuidado na observação da Luz que começa a brilhar novamente. Tudo vai se posicionando de maneira acertada.

4. Quando atinge o cerne da questão e descobre as verdadeiras implicações do dilema no qual está envolvido, deve utilizar essa informação para tirar as suas conclusões. Ao discernir claramente as intenções veladas, percebe que não pode reverter a situação. Nada há a fazer senão abandonar o lugar de infortúnio e aceitar a demissão em silêncio, sem críticas. O portal da morada indica a saída honrosa de uma situação difícil.
A alternância para a Abundância (55) acentua um vigoroso movimento – do trovão – que atiça o fogo e incita a sair em busca do que realmente corresponde a uma pessoa honrada.

3. A caça ao sul expressa a busca da luz, símbolo de uma saída inteligente da situação. A compreensão da principal causa dos ferimentos, simbolizada pela captura do líder, não deve induzir a uma ação apressada. Porém, ao contrário, quando o fator que gera o atrito é detectado, só importa persistir até erradicá-lo. Por enquanto o ferimento só pode ser percebido no plano interior. Captar e entender a própria sombra incide no desabrochar.
A mutação para o Retorno (24) encerra a possibilidade de um novo despertar cujos primeiros sinais já podem ser percebidos, mesmo estando ainda oculto no seio da terra.

2. O ferimento é sério, pois atinge a coxa, freiando seus movimentos. Os vassalos de antanho se posicionavam à esquerda, obrigados a aceitar as imposições do dirigente. Vitimado pela opresssão, em vez de se revoltar, ele a aceita, pois encontra-se ao centro yin, símbolo da receptividade. Reagir com a força de um cavalo denota nobreza, e mesmo ferido, ainda se esforça para proteger os outros.
A perspectiva da Paz (11) ressalta a força incorruptível que, mesmo atacada e cerceada no seu trajeto, tudo faz para impedir o ferimento dos outros. Essa força interna inabalável é a que surge triunfante ao final, pois em pleno inverno, protege o futuro florescer. A Paz dissemina a luz da tocha na cela escura.

1. A lesão da luz ocorre durante o voo e, por isso, ele abaixa as suas asas, obrigado a descer. Impedido em sua função, nada faz, pois durante algum tempo não conta com ajuda. Não pode evitar sucumbir ao fator dominante, porém, também não compactua com ele, por isso o recriminam e criticam.
A alternância para a Modéstia (15) evidencia a única possibilidade de salvação: vivenciar a provação com humildade é o que permite atravessar as sombras. Sofre ferimentos inevitáveis, sabendo que só pode contar com o apoio da sua própria luz interna.

VENTO-MADEIRA

F O G O

人家

37 JIA REN

J. BLOFELD **A Família**
W. DONGLIANG **Pessoas que constituem uma Família**
A. HUANG **Lar**
C. JAVARY **Membros de um clã**
R. WILHELM **A Família**
R. WING **Família**

Nome e dinâmica

À esquerda, o signo do ser humano, ao lado do desenho de um porco embaixo de um teto transmite a ideia do sustento dos seus moradores, assim como a oferenda que une os clãs aparentados na celebração dos cultos ancestrais.

A Família enquanto base da organização humana inclui os que convivem embaixo de um mesmo teto, formando um grupo harmonioso. O traço de união é constituído por todos os que compartem um legado ou um interesse comum. Mais do que uma Família, o termo *Jia* se refere também a uma confraria ou corporação, a uma escola, a um partido ou a uma equipe. Certas associações são mais importantes do que os laços de sangue.

No interior da sua Família o ser humano faz as suas primeiras experiências e nela despertam os seus primeiros afetos. O mundo nela reproduzido como embrião ensina a caminhar. O eixo da Família chinesa é o respeito aos mais velhos com seu lastro de contribuição para o bem-estar de todos os seus membros. Os ancestrais representam os fundamentos sobre os quais se erige uma comunhão de interesses.

Ao soprar o fogo, o vento-madeira mantém a chama acesa e sugere um núcleo caloroso e acolhedor, um centro energético a infundir harmonia a todos os seus participantes, espalhando calor. O fogo interno representa afeto e lucidez, como a chama que arde em amor e aconchego dentro do lar.

JULGAMENTO

A perseverança da mulher é favorável.

A mulher – o elemento yin – enquanto cerne da devoção, tem a primazia neste contexto. O texto sucinto é eloquente; evoca a receptividade e a perseverante dedicação que implica na disponibilidade – todos atributos yin – que mantém uma família unida. Nessa convivência em mutação, as funções em constante intercâmbio exigem muita flexibilidade. É dentro da Família que o filho torna-se pai, que a filha converte-se em mãe e em avó.

No diário convívio familiar, a persistente atuação e o esforço num sentido determinado criam hábitos e enraízam influências duradouras. Enquanto célula de um organismo vivo, cada membro é responsável pela harmonia da sua Família. O pai só é pai enquanto age como tal, e o filho só é filho quando o respeita.

A cumplicidade fraterna enquanto suprema união ressalta que as diferenças entre irmãos devem ser fonte de enriquecimento. Todos são igualmente responsáveis, no sucesso e no insucesso, pois juntos conseguem, ou deixam de conseguir, uma sintonia. A Família é a primeira célula da vida social, germe de modelos que, ampliados, redundam na nação e na humanidade como um todo. Na Família encontram-se os princípios da harmonia – ou do desequilíbrio – que se refletem em todos os sistemas subsequentes da vida social, daí a extraordinária importância atribuída a este primeiro núcleo de convivência humana. Do interior das associações unidas emanam os sentimentos que formam as sociedades coesas e prósperas.

Quando essa microestrutura se desequilibra, a cidade corre perigo; quando a cidade corre perigo, a nação é ameaçada. E quando a nação é ameaçada, a humanidade inteira está em risco. O vento espalha o sentimento de afeto e união que alicerça uma nação.

A Família unida e fraterna semeia as parcerias pacíficas e justas. A consistência da ação unida às palavras oportunas forma a coerência que é a condição da prosperidade de um grupo.

COMENTÁRIO SOBRE O JULGAMENTO

A Família. A posição correta para a mulher é o interior,
a posição correta para o homem é o exterior.
Quando o homem e a mulher ocupam seus lugares corretos,
preenchem as normas do céu e da terra.
Entre os familiares, a autoridade recai sobre os pais.
Quando o pai é realmente um pai, e o filho um filho,
quando o irmão mais velho preenche a sua função como tal
e o mais moço preenche a função que lhe é própria,
quando o esposo é realmente um esposo e a esposa, uma esposa,
o lar está bem encaminhado. Quando os lares estão em ordem,
o mundo se estabelece num rumo firme e estável.

IMAGEM

O vento surge do fogo: imagem da Família.
Assim, o ser superior pesa o conteúdo das suas palavras
e é consistente em suas atividades.

Se o texto da Imagem sempre indica a atitude ideal, constata-se que as energias de ambos os componentes fluem num mesmo sentido: o binômio fogo-vento implica num potencial de cumplicidade ascendente que alcança objetivos comuns. A fluência conjunta a ambos encoraja, assim como a união visando uma mesma meta fortalece todos os membros de uma equipe.

A condição primeira é a união consigo mesmo, pois as divisões internas são as sementes dos conflitos externos. Falamos com nosso silêncio e ausência tanto quanto com a nossa presença e gestos. Inútil dizermos quando não somos; de tantas formas podemos nos expressar, não apenas verbalizando palavras. A constância de atitudes delineia o caráter. Se a postura repercute com eloquência, dar-lhe consistência é o mesmo que procurar unificar o próprio ser. O poder da chama depende da madeira, do combustível que a alimenta.

Nuances energéticas

nuclear 64

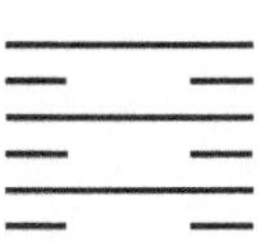

fogo
água

No âmago da Família encontra-se a dinâmica de Antes da Conclusão (64), onde tudo está sendo questionado e reposicionado. No seio de uma Família, nada se conclui de modo definitivo, pois as relações e as afinidades se transformam constantemente.

oposto 40

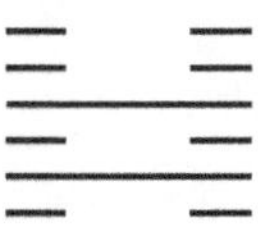

trovão
água

Integrar uma Família envolve abdicar um pouco de si a favor do grupo. Pressupõe assumir um compromisso de permanência que emana uma dinâmica oposta à Liberação (40) e a independência que as obrigações familiares restringem.

O céu anterior é a Determinação (43) em que uma grande energia – contida nas cinco linhas yang – dá apoio e elucida de modo decidido, pronta para enfrentar qualquer desafio.

6

**O trabalho digno e sincero impõe respeito.
Ao final vem a boa fortuna.**

***A dignidade resulta em boa fortuna,
confia e só faz exigências a si mesmo.***

63

5 ○

**Como um rei ele se aproxima da sua Família.
Não se preocupe. Boa fortuna.**

***Como um rei ele se aproxima da sua Família.
Eles se unem entre si com amor.***

22

4

Esta é a riqueza da casa. Grande boa fortuna.

***Esta é a riqueza da casa. Grande boa fortuna
devido à devoção e por ocupar a posição adequada.***

13

人家

37

3

**Os ânimos familiares se inflamam, gritam e se arrependem.
Boa fortuna. Se as mulheres e as crianças brincam e riem
sem medida, ao final há humilhação.**

***Os ânimos familiares se inflamam e gritam, sem indulgência.
Se as mulheres e as crianças brincam e riem sem medida,
perde-se a disciplina da casa.***

42

2 ○

**Não seguir seus caprichos ou tomar decisões arbitrárias.
Encarregar-se de alimentar a Família.
A perseverança traz boa fortuna.**

***A boa fortuna da mutação da segunda posição
se deve à sua devoção e docilidade.***

09

1

**Tomar precauções dentro da Família.
Os arrependimentos desaparecem.**

***Tomar precauções dentro da Família,
antes que a vontade se altere.***

53

6. A linha luminosa ao alto reforça a ação do governante. Este é o sábio que, já afastado do tumulto do mundo, ainda contribui com o seu apoio e a sua experiência. O ser humano influi sobre o seu meio ambiente tanto pelo que faz, quanto pelo que é. A liderança ao alto não rivaliza com a do governante, porém, o apoia com a sua maior experiência.
Após a Conclusão (63) das tarefas familiares, o carinho pela sua descendência, fruto de tão longa convivência, o leva a aconselhá-los a trilhar caminhos acertados, completando a missão familiar de encaminhar os mais jovens.

5. A posição de liderança dentro do contexto familiar geralmente é ocupada pelo pai. Sua "realeza" decorre da sua influência positiva e da sua maturidade e força de coesão. A tarefa soberana-paterna é árdua: proteger a todos de modo equânime. Sua responsabilidade generosa a todos enaltece. Ele participa do universo também através das ações de cada um dos seus filhos. Não pode haver ruptura ou distância entre o governante-pai e os seus súditos-filhos, pois eles fazem parte constitutiva da sua própria existência.
A mutação para a Beleza (22) acionada pela luz do fogo no interior da montanha transmite uma imagem fidedigna da verdadeira realeza, pois distingue aquele que mantém o seu brilho aceso e o calor sempre disponível dentro da firme serenidade da sua elevação interna.

4. A quarta posição da Família é o portal para o mundo externo; regula o movimento de entrada e de saída. Representa o administrador leal que estabelece o equilíbrio entre as receitas e as despesas. Esta é uma função yin e geralmente cabe à esposa a organização da vida interna da sua família. A dedicação e a moderação são imprescindíveis para cumprir este cargo. Assim, a grande boa fortuna está assegurada.
A alternância dessa linha implica no florescer de uma Comunidade Humana (13) da qual participa um conjunto de seres que encontram a sua plenitude no equilíbrio harmônico, na cooperação e no respeito mútuo.

3. Entre pessoas unidas por laços íntimos e profundos, os ânimos às vezes se inflamam, discutem e gritam, mas o afeto os reconcilia, e logo se arrependem. Mas a desordem e a gritaria não podem continuar desordenadamente, é preciso impor certa disciplina para que a harmonia não seja perdida, resultando em situações constrangedoras.
Uma Família harmônica assimila as próprias discussões e discrepâncias, e até se enriquece através delas, como sugere justamente a mutação para o Aumento (42).

2. A devoção não pode ser arbitrária nem ter caprichos, pois todos devem ser igualmente acolhidos no seio da Família. A atitude yin ressalta a sua posição receptiva ao centro. O principal intuito, o de alimentar aos seus membros com generosidade em qualquer âmbito, inclui a comida, a educação e a evolução espiritual. Implica também em dar a cada qual, aquilo que corresponde à sua natureza. A constante nutrição mantém a Família viva.
A alternância para a Retenção através do Pequeno (9) destaca a importância dos pequenos gestos, dos detalhes acumulados no dia a dia, que tanto contribuem para a formação de um ser humano completo.

1. Os primeiros passos dentro do âmbito familiar devem ser precavidos. O ingresso numa Família exige cuidados e não se pode acelerar este processo de familiarização. Trata-se de um desdobrar paulatino em que todos aprendem juntos, no cotidiano. A chama deve começar a ser insuflada, preparando-se para brilhar e se disseminar no mundo.
A mutação para o Desenvolvimento Gradual (53) tem como imagem uma árvore que cresce acima de uma montanha. Este desenvolvimento lento, passo a passo, requer um tempo de incubação.

FOGO
LAGO

睽

38 KUI

J. BLOFELD **Os Separados (Opostos)**
W. DONGLIANG **A Discórdia (Isolado)**
A. HUANG **Diversidade**
C. JAVARY **Divergência**
R. WILHELM **Oposição**
R. WING **Contradição**

Nome e dinâmica.
O ideograma mostra um olho ao lado de mãos voltadas para direções opostas, sugerindo a contradição de opiniões e a capacidade de visualizar as oposições inerentes a uma situação tensa. A Discórdia trata dos antagonismos e da sua resolução. A dinâmica deste contexto privilegia o elemento yin, pois se trata de gestões complexas e da multiplicidade maleável e receptiva que suaviza as arestas. Todos os esforços devem ser concentrados no objetivo de transformar posicionamentos tensos e dissidentes em relações favoráveis.
As figuras do fogo que se eleva das águas do lago que se acumulam no fundo, se movimentam em direções opostas e conotam a mesma ideia de Discórdias que separam os seres. Mas se, por um lado, as Divergências afastam as pessoas entre si, as Oposições dinâmicas também podem gerar tensões fecundas. Estar em desacordo consiste em não abrir mão do próprio ponto de vista. O confronto e as discussões podem enriquecer e abrir horizontes. A dinâmica da conciliação decorre da clareza do fogo e da alegria comunicativa do lago.
A tensão entre contrários faz parte da ordem natural das coisas. As primeiras Oposições a serem trabalhadas são as internas, as tendências que se contradizem e que suscitam dúvidas. Enquanto subsistir Divergências, nada se pode produzir. Primeiro, é preciso assimilar as contradições, aplainar as oposições e aprender a usar os obstáculos como mola propulsora.

JULGAMENTO
Oposição. Em pequenas coisas, boa fortuna.

As Oposições geralmente brotam de pequenas divergências. Estes desentendimentos menores muitas vezes impedem levar a bom termo as grandes realizações. O texto sucinto mostra que saber lidar com os detalhes é de extrema importância para evitar Discórdias maiores. Portanto, já que as contradições impedem desenvolver projetos de maior porte, a atenção voltada para os assuntos menores abre vias alternativas.
As pequenas coisas constituem a dinâmica yin conciliadora e receptiva. Os caminhos da comunicação só se abrem quando as Divergências são compreendidas. Ao assimilar as Diversidades e aplainar Oposições, se aprende a utilizá-las como mola motivadora, pois as dualidades imprescindíveis para a vida devem ser aceitas como parte do outro complementar.
A Diversidade é natural e inevitável, denotando uma força centrífuga que segura a união familiar, assim como a reunião dos que compartilham interesses comuns, os membros de uma mesma profissão, empresa ou de um clube. As Divergências discutidas no seio da família evidenciam pontos de vista díspares que enriquecem o conjunto.
Durante as épocas de Oposições acentuadas, a pessoa encontra-se isolada, pois se afasta dos outros; este distanciamento pode levar a uma reflexão fecunda que, por sua vez, facilita as aberturas. Momentos de contradições internas implicam em esforços de entendimento e de aceitação. Se todos fossem similares, reinaria a mais absoluta monotonia.
A consciência das Contradições torna-se pré-requisito de uma união verdadeira, pois se evidencia a necessidade de superá-las. Todo o Livro das Mutações está impregnado dessa complementariedade dos opostos que é própria da vida.

COMENTÁRIO SOBRE O JULGAMENTO

Oposição. O fogo se move para o alto, o lago se move para baixo.
Duas filhas moram juntas,
mas suas mentes não se voltam para objetivos comuns.
A alegria adere ao brilho. O maleável avança e ascende,
alcança a posição central e responde ao firme.
Por isso a boa fortuna em pequenas coisas.
Céu e terra estão separados, mas atuam em conjunto.
O homem e a mulher são opostos, mas aspiram à união.
Todos os seres divergem e por isso
seus efeitos se estruturam ordenadamente.
Realmente grande é o efeito da época da Oposição.

IMAGEM

O fogo sobe, o lago desce: imagem da Oposição.
Assim, o ser superior mantém a sua individualidade
no meio da comunidade.

Os interesses contraditórios que ocasionam as cisões provêm muitas vezes de tendências opostas inatas. Divergências são naturais e inevitáveis, pois cada ser flui no sentido daquilo que o atrai. Porém, em vez de isolar-se, a tentativa de conciliar e de harmonizar comprova amadurecimento e sabedoria. As duas energias, se bem que díspares, apontam a direção deste entendimento: a luz do fogo esclarece as argumentações divergentes, ao passo que as águas do lago preenchem o vácuo, espelhando aqueles que se lhe aproximam. O fogo corresponde ao olho e o lago à boca, sugerindo ver com clareza e falar sobre as diferenças enquanto exigências de lograr a reconciliação. Os dois polos opostos são suscetíveis de evoluir de modo favorável, visando lograr a harmonia. A solução a ser encontrada suscita inventiva, pois nada permanece fixo e várias alternativas podem ser abordadas. Este pode ser também um momento de dúvida interna diante de uma escolha importante.

O ser superior busca o entendimento entre os membros da sua comunidade, respeitando a individualidade de cada um. Conscientizando-se das diferenças e tendo a mente aberta para aceitá-las, é possível vencer a tendência isolacionista. A integração das diversidades requer atenção, assim como tato e sensibilidade na escolha do momento adequado para abordá-las.

Nuances energéticas

nuclear 63

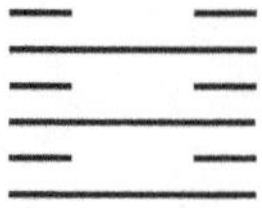

água
fogo

No núcleo das Oposições encontra-se a afirmação da diferença que tende a se integrar em Completude (63). O objetivo de aprender a assimilar as diferenças é justamente alcançar um equilíbrio, após se esgotarem as tensões internas.

oposto 39

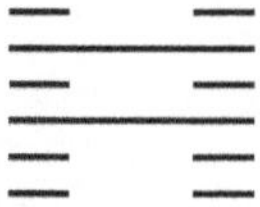

água
montanha

Se a dinâmica da Oposição é a de conciliar ideias, chegando a um acordo e à aceitação interna, todo o contexto da Obstrução (39), ao contrário, denota perigos externos irreconciliáveis, pois representam empecilhos objetivos.

O céu anterior é o Conflito (6), situação em que as dúvidas e a ameaça de um combate geram Discórdias e separações. Toda a dinâmica deste contexto aponta para resolver as contradições através de um arbítrio harmonioso.

6 — Isolado em sua Divergência, vê seu companheiro como um porco enlameado, como uma carroça cheia de fantasmas. Distende o arco, depois recolhe o arco. Não é um malfeitor, porém, um pretendente. Ao seguir adiante a chuva cai. Boa fortuna.

A boa fortuna da queda da chuva significa que todas as dúvidas se dissolvem.

54

5 — O arrependimento desaparece.O companheiro abre o caminho, rompendo o que o envolve. Como pode ser errôneo ir ao seu encontro?

O companheiro abre o caminho rompendo o que o envolve. Há motivo para comemorar.

10

4 — Isolado pela Oposição, encontra um semelhante. Estabelecem um relacionamento cordial. Perigo. Sem falhas.

Sua vontade se realiza.

41

睽 38

3 — Vê a carroça arrastada para trás, os bois detidos, os cabelos e o nariz cortados. Sem um começo, porém, um bom final.

Vê a carroça arrastada para trás porque não ocupa a posição correta. Sem um começo, porém, um bom final. Encontra uma pessoa firme.

14

2 — Ele encontra um mestre numa rua estreita. Nenhuma falha.

Ele encontra um mestre numa rua estreita. Isso comprova que não errou o caminho.

21

1 — O arrependimento desaparece. Se perde seu cavalo, não corra atrás dele. Voltará espontaneamente. Ao encontrar pessoas más, acautele-se contra erros.

Ao encontrar pessoas más, evite cometer erros.

64

6. O isolamento leva a ver o outro como um porco enlameado, sem conseguir decifrar a carga de fantasmas ameaçadores. Perturbado pelo que não compreende, primeiro estende o arco, – estabelece a tensão –, para eliminar a discórdia do suposto malfeitor, porém, o recolhe ao reconhecer as suas verdadeiras intenções. A queda da chuva representa a dissolução das tensões e o encontro fecundo.
A mutação para o Casamento da Caçula (54) envolve a integração da sombra ou do suposto inimigo, agora reconhecido como pretendente que chega para cortejar. A clareza dissolve os equívocos e logra consolidar a união com a sua contraparte complementar.

5. Aqui se dá finalmente o entendimento e o consequente desbloqueio da Oposição. Quando as resistências são vencidas, se pode comemorar. O encontro com o verdadeiro companheiro rompe o ciclo das Divergências. Consegue se afirmar no seu foro íntimo, sem se isolar, e a solidez interna logra se impor diante do seu meio. Esta Oposição fecunda anula os efeitos controversos.
Esta é sem dúvida a Conduta (10) acertada: quando o lago espelha o céu com a sua alegria, os companheiros se refletem mutuamente, abrindo todos os caminhos.

4. O encontro verdadeiro se dá a partir do isolamento, pois a tomada de consciência e a união consigo mesmo propicia a chegada do que lhe corresponde. O processo de diferenciação é lento e o perigo consiste no ímpeto de querer acelerá-lo, apelando para uma solução externa fácil. A solidão enriquece a busca e acaba encontrando o relacionamento sincero que deseja.
Ao alternar para a Diminuição (41), aflora a percepção de que o intercâmbio implica em ceder. Se abre mão com prazer quando quem se aproxima é sincero e verdadeiro.

3. Só aparecem impedimentos à sua volta, em todos os âmbitos. Há tantas oposições, que nada se pode fazer – os cabelos e nariz cortados expressam punições e sinais de desprestígio. Não há contato possível. Sem saber por onde começar e, portanto, sem nada fazer, recebe uma ajuda inesperada que reverte a situação, e tudo acaba bem. Imóvel entre tantas oposições, percebe que são elas que apontam finalmente uma direção.
A alternância para as Grandes Realizações (14) mostra que a imobilidade forçada pode ser a melhor saída. Se não há absolutamente nada a fazer, é melhor não insistir, porém, procurar um apoio firme para seguir adiante, em busca de uma outra alternativa.

2. Ao aceitar abrir mão do que não lhe corresponde, encontra a orientação adequada, como por acaso, no lugar menos esperado. Este encontro fundamental ocorre através de uma via estreita, ou seja, no cotidiano, e sem alarde. O encontro com o semelhante que o complementa acontece internamente, no próprio centro, - a segunda posição equivale ao comando interno, pois afirma e fortalece os propósitos verdadeiros.
Ao alternar para o Morder (21), evidencia que o encontro autêntico só se dá quando se dispensa aqueles que invadem e bloqueiam; estes elementos devem ser descartados com firmeza e sem hesitação.

1. A conscientização da perda é o primeiro passo. O cavalo – símbolo de riqueza e de impetuosidade – que se perde, assim como o remorso que desaparece, podem significar uma perda favorável. Aquilo que realmente corresponde a uma pessoa, volta de per si, e não precisa persegui-lo. Se não volta naturalmente, é sinal que não deve mesmo voltar. Diante de pessoas más, toda a precaução é pouca, pois tudo deturpam e ampliam as menores falhas.
Ao início das Divergências, nada ocupa o seu devido lugar, e essa incompletude confusa impede um discernimento claro. A perspectiva Antes da Conclusão (64) evidencia que essa falta de lucidez deve ser superada.

ÁGUA
MONTANHA

39 JIAN

J. BLOFELD **Problemas**
W. DONGLIANG **O Obstáculo (As Dificuldades)**
A. HUANG **Privação**
C. JAVARY **Obstrução**
R. WILHELM **Obstrução**
R. WING **Obstrução**

Nome e dinâmica.
O ideograma constituído de signos superpostos – acima, um teto encobre uma pessoa com dificuldades para andar, – mostra um par de muletas e o pé, abaixo. Uma outra interpretação desses traços complexos seriam treliças colocadas nas janelas das casas dos campesinos, tampadas durante o inverno com uma mistura de palha e terra, para proteção contra o frio. Ambas as imagens apontam para dificuldades, assim como a água acima da montanha indica Privações, já que atravessar um rio e subir uma montanha são tarefas árduas.
A montanha íngreme e o abismo acentuam a seriedade dos Obstáculos que impedem o livre caminhar. Porém, a solidez da montanha e a coragem da água diante dos sérios problemas a enfrentar garantem o êxito do empreendimento, pois ambos são compelidos a vencer os desafios de sair do difícil desfiladeiro. O perigo atribuído à água e a quietude da montanha alertam e, ao mesmo tempo, assinalam como sair do impasse: a firmeza e a tranquilidade da montanha continuam inabaláveis diante das privações e a água segue fluindo, por mais alto que seja o abismo. Sem a tenacidade de ambos os elementos, a travessia torna-se impossível.
Não se pode resignar diante de Obstáculos e objetivos palpáveis e não contornáveis. Mesmo se diz respeito a barreiras mentais ou afetivas, trata-se de uma impossibilidade temporária real. Todo o esforço é o de encará-las, pois esta é a chance de se desfazer daquilo que o retém, de um aleijamento que impede seguir adiante, e a oportunidade de livrar-se definitivamente das muletas. A obstrução temporária pode ser importante para o fortalecimento interno. Este é o valor da adversidade. Os Obstáculos são parte inalienável de todas as andanças.

JULGAMENTO
Obstrução. O sudoeste é favorável.
O nordeste não é favorável.
É favorável procurar o ser superior.
A perseverança traz boa fortuna.

A dinâmica deste contexto está voltada para a árdua tarefa de superar os Obstáculos. Todas as etapas têm este intuito, mesmo com a recomendação de retroceder. Quando as Obstruções não podem ser vencidas diretamente, é questão de fazer um contorno ou deixar-se levar pelas correntezas mais fortes por algum tempo para não exaurir as energias, tentando sempre tomar pé, encontrar um ponto de apoio.
O sudoeste representa a planície onde se encontram os amigos e os familiares que dão abrigo. Esta era a região habitada pela dinastia Zhou, que redigiu grande parte do I Ching, portanto, assinala a direção do lar, onde se acumulam forças. Não se pode enfrentar as Privações sozinho; é fundamental estar no seu próprio território, cercado de amigos. Em épocas difíceis, convém restringir os movimentos ao mínimo, para poupar energias. Qualquer iniciativa prematura aumenta os riscos. Ficar em casa, bem amparado, sem se aventurar em regiões desconhecidas, – o nordeste representa o espaço inóspito, íngreme e frio onde moram os inimigos, símbolo da solidão.
Quando bem posicionado e treinado para a luta, o desafio dos Obstáculos pode se converter em propulsão motivadora. Convém se colocar na posição mais favorável e, a

partir daí, persistir com tenacidade implacável, até conseguir encontrar soluções.
O ser superior a ser procurado sugere o apoio firme da montanha interna. Em épocas de Obstrução, a tranquilidade não pode ser perdida, pois só a reflexão calma consegue encontrar uma saída dentro do abismo escuro. Aprender a lidar com as Privações implica em disciplina e força de vontade.

COMENTÁRIO SOBRE O JULGAMENTO

Obstrução significa dificuldade. O perigo está adiante.
A sabedoria consiste em perceber o perigo, e parar a tempo.
Durante a Obstrução, o sudoeste é favorável,
pois segue adiante e alcança o meio.
O nordeste não é favorável, pois lá não há saída.
É favorável procurar o ser superior pois ele segue adiante e realiza algo.
Se está na posição correta, a perseverança traz boa fortuna
pois assim o país se disciplina.
Grande é o efeito da época da Obstrução!

IMAGEM

Água acima da montanha: imagem da Obstrução.
Assim, o ser superior faz uma introspecção
e cultiva o seu caráter.

Como o Obstáculo precisa impreterivelmente ser vencido, todo o empenho deve ser canalizado neste sentido. No âmbito interno, trata-se da escalada de uma montanha íngreme que tem diante de si um perigoso abismo. Se resulta impossível superar a dificuldade diretamente, planeje uma estratégia efetiva.
A introspecção recomendada envolve a busca das causas que originaram os bloqueios. Esta análise cuidadosa abre a compreensão e permite elevar-se até perceber o horizonte adiante. Um novo enfoque considera novas alternativas.
O ser superior detém a chave para vencer as circunstâncias adversas: ao cultivar o próprio caráter, fortalece a sua capacidade de resistência. Assim, os Obstáculos tornam-se oportunidades de enriquecimento e de aprendizagem. Este é um processo gradual de amadurecimento.

Nuances energéticas

nuclear 64

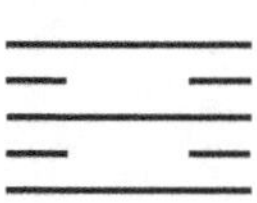

fogo
água

No cerne da Obstrução encontra-se Antes da Conclusão (64) onde nada foi concluído e tudo está por ser realizado. Mas a indeterminação caótica implica numa renovação total: tudo é possível quando nada está ainda estabelecido. Este é o grande desafio.

oposto 38

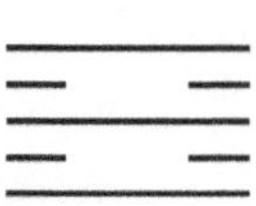

fogo
lago

As Divergências (38) representam uma dinâmica voltada para resoluções internas opostas aos Obstáculos provenientes do mundo externo, a serem enfrentados com tenacidade. A complementariedade dos dois contextos (38 e 39) que se seguem é evidente.

O céu anterior é o Retorno (24), que mostra uma linha luminosa lutando para abrir caminho diante das cinco escuras. Como o único traço yang está abaixo, é questão de buscar as origens dos bloqueios e encará-los a partir das bases, pois esta é a única maneira de vencê-los.

6 ▬ ▬

Prosseguir conduz a obstáculos.
Voltar conduz a grandes realizações.
É favorável procurar um ser superior.

Prosseguir conduz a obstáculos.
Voltar conduz a grandes realizações,
pois a vontade volta-se para o âmbito interno.
É favorável procurar um ser superior e seguir
a nobre eminência.

53

5 ▬▬▬ ○

No meio de grandes privações, chegam amigos.

No meio de grandes privações, chegam amigos.
Confie na retidão da posição central.

15

4 ▬ ▬

Prosseguir conduz a obstáculos. Voltar leva à união.

Prosseguir conduz a obstáculos. Voltar leva à união.
Encontra apoio no lugar certo.

31

蹇

39

3 ▬▬▬

Ao seguir, encontra obstáculos. Por isso ele volta.

Ao seguir, encontra obstáculos. Por isso ele volta
e os que estão no interior ficam contentes.

08

2 ▬ ▬

O servidor de um rei encontra obstrução sobre obstrução,
mas não por culpa sua.

O servidor de um rei encontra obstrução sobre obstrução,
mas ao final não se arrepende.

48

1 ▬ ▬

Seguir conduz a privações. Ao voltar, encontra louvor.

Seguir conduz a privações. Ao voltar, encontra louvor,
pois o correto espera o momento certo.

63

6. Mesmo ao passar pela culminância dos Obstáculos, volta-se para o âmbito interno, onde se encontra a sabedoria. A compreensão receptiva é a verdadeira superação de todos os bloqueios e a nobre eminência a que se refere o texto. A obstrução é finalmente superada pela sabedoria que leva à paz.
A perspectiva do Desenvolvimento Gradual (53) acentua a fidelidade – a si mesmo e aos companheiros que partilham dos obstáculos no caminho. A solução já vislumbra o próximo hexagrama, pois a Liberação não se realizaria se não voltasse às raízes em busca de orientação.

5. Apesar de encontrar-se no meio de privações e perigos, existem relações fraternais que aportam ajuda. Uma grande responsabilidade recai sobre o dirigente cuja inabalável firmeza repercute no seu meio e é correspondida. Quem sabe se manter na retidão de uma postura equilibrada, consegue coordenar os problemas e integrar os opostos, pois desperta a solidariedade e atrai ajuda.
A mutação para a Modéstia (15) aponta para a coesão oriunda de um trabalho firme, sem ostentação. Esta maneira humilde de agir, que passa quase desapercebida, é a que consegue vencer qualquer obstáculo.

4. Diante do umbral do mundo externo continua impedido de seguir, pois são muitos os obstáculos pela frente. Ao voltar, encontra apoio e consegue vislumbrar uma saída, mesmo se por enquanto ainda não pode alcançá-la. Evitar qualquer ação precipitada ou arriscada. O principal é se posicionar na direção correta, que pressupõe coerência e firmeza, e saber aguardar pacientemente o momento oportuno.
A mutação para a Mútua Atração (31) indica uma correspondência de relações que ajuda a esperar com carinho, por estar acompanhado. Quando se conta com apoio, é sinal de que a solução está a caminho.

3. Diante de circunstâncias difíceis, compreende que voltar é a melhor solução. No umbral do mundo, retorna para proteger a sua posição e a própria morada. Não convém incorrer em riscos que possam prejudicar a sua integridade. Ao completar o processo de elucidação interna, se viabiliza a solução externa. Por isso, os que compartilham os mesmos problemas o acolhem com alegria.
Ao alternar para a Solidariedade (8), esta etapa enfatiza a união com os que se encontram na mesma situação difícil. Deve permanecer junto aos companheiros, reunindo forças para poder superar os bloqueios, no momento devido.

2. Servir a um propósito elevado ou de grande escala – simbolizado pelo rei – por maiores que sejam os obstáculos, sempre recompensa. Ao colocar o seu dever acima do próprio interesse comprova a sua dignidade generosa, pois sabe que não responde só por si, mas por causas que afetam os outros. Ao final, esta coragem compensa, e não se arrepende.
Cumprir essa missão difícil implica em descer ao fundo do Poço (48), de modo a limpar as obstruções internas que contaminam as águas, ou seja, o bom fluxo dos acontecimentos. Por mais perigos que haja à sua frente, não hesite em enfrentá-los.

1. A tomada de consciência dos obstáculos em pauta se reveste de importância primordial. Só a compreensão das suas causas leva a soluções. Por mais que queira sair logo dessa situação difícil, primeiro deve voltar e se preparar da melhor maneira possível para o confronto. O recuo temporário é louvável, assim como a inteligência de aguardar o momento certo para agir.
A mutação para a Após a Conclusão (63) adverte para a necessidade de redobrar os cuidados, pois quando tudo se completa, a ordem pode se desfazer em qualquer momento.

TROVÃO

ÁGUA

解

40 JIE

J. BLOFELD **Libertação**
W. DONGLIANG **Liberar-se**
A. HUANG **Alívio**
C. JAVARY **Emancipação**
R. WILHELM **A Liberação**
R. WING **Liberação**

Nome e dinâmica.

O ideograma formado de duas partes tem, à esquerda, o signo de chifres; acima, à direita, uma faca sobre um boi. Tanto os chifres como a faca são elementos pontiagudos que servem para cortar ou desenredar. Desatar o que está amarrado implica na ideia de romper barreiras e dissolver sobrecargas que causam atrito. Outra interpretação seria a faca que corta os chifres de um animal, pois ao remover a arma de ataque se elimina a agressividade.

O trovão que eclode das águas assinala o ímpeto que permite sair dos perigos, pois desencadeia a tempestade e anuncia a queda das chuvas que apaziguam as tensões atmosféricas com o descarregar das pressões. Esta mesma dinâmica é a de um parto, quando uma contração forte rompe e libera os líquidos da placenta, permitindo o nascimento da criança. No sentido físico, significa descarregar líquidos, – chorar, transpirar ou urinar representam um alívio. No sentido figurado, este é o momento das explicações que eliminam as ansiedades e abrem caminho para o entendimento. A volta da compreensão concede de bom grado uma anistia.

Esta é a oportunidade de encarar a situação com outros olhos, de modo a desvencilhar-se dos pesos invasores e poder dedicar-se ao que realmente vale a pena. O passo importante é dado quando se deixa definitivamente para trás os rancores e medos opressores. Esta fase constitui a transição entre um bloqueio e o ingresso na nova perspectiva promissora.

Dissipam-se as barreiras e levantam-se as barragens – internas e externas – que impediam Liberar-se. Cortam-se finalmente os nós que retinham a ação espontânea e livre. Os impedimentos acumulados durante o longo bloqueio abrem finalmente o caminho da Libertação.

JULGAMENTO

Liberação. O sudoeste é favorável.
Se não há aonde se dirigir, o regresso traz boa fortuna.
Se há aonde se dirigir, agir depressa traz boa fortuna.

O Alívio das tensões termina a ameaça e o temor das perdas. O conselho desta dinâmica tão vigorosa que une o trovão ao fluxo das águas é agir depressa, terminar tudo o que ainda resta a fazer sem tardar.

As questões ainda pendentes devem ser acertadas sem demora, para que a retomada do caminho desejado possa logo começar. Convém colocar tudo em ordem agora. Se permanecem alguns núcleos duvidosos ou contradições mal resolvidas, podem retornar mais tarde; por isso, tudo deve ser perfeitamente esclarecido e eliminado o quanto antes. De nada adianta adiar as decisões, pois passou o tempo sofrido da sobrecarga, em que não se podia atuar livremente.

A ênfase na premência de tempo é lógica: a dinâmica do trovão é muito rápida e, quando chega o momento, convém liberar-se logo dos empecilhos.

A Libertação é um impacto! E, como todo impacto, encerra um risco: o extremo oposto, revolucionário em demasia e sem travas, pode dar vazão a um turbilhão. No momento em que se despede do elemento oprimido – ou da autorepressão –, não se deve permitir que o pêndulo oscile ao extremo oposto. Mesmo na ocasião desse grande Alívio, é fundamental saber neutralizar os excessos e manter o ponto da harmonia.

COMENTÁRIO SOBRE O JULGAMENTO

Liberação. O perigo gera o movimento.
Escapar do perigo através do movimento, nisso consiste a Liberação.
O sudoeste é favorável. Indo, conquista multidões.
O regresso traz boa fortuna, pois ocupa a posição central.
Se há aonde se dirigir, agir depressa traz boa fortuna
porque ao avançar, os seus méritos se evidenciam.
Quando céu e terra se liberam, surgem as chuvas e trovoadas.
Quando surgem as chuvas e trovoadas,
os germes das plantas e das árvores frutíferas começam a brotar.
Grande em verdade é a época da Liberação!

IMAGEM

Trovão e águas: imagem da Liberação.
Assim, o ser superior perdoa os erros
e desculpa as falhas.

Trovões e chuva estimulam a soltura. O movimento enérgico se desprende do vaivém turbulento das águas, das correntezas enganosas e dos redemoinhos cíclicos. A tensão acumulada eclode e dissipa os entraves constrangedores. Ao se descarregarem as tensões, realiza-se o desprendimento de tudo o que estava sendo detido ou coagido. Abrem-se as comportas, trazendo soluções.

O trovão que eclode das águas simboliza a sua capacidade de atravessar os perigos e de superá-los, desenredando confusões e mal-entendidos. As dissidências e motivações duvidosas são deixadas para trás, assim como as coações e imposições que já não fazem sentido.

Mas o trovão implica também no germinar; algo é estimulado para mover-se livremente. Este contexto traz o prenúncio de um despertar positivo: são as primeiras chuvas que dissolvem o gelo e fazem renascer a fertilidade da natureza. Volta a reinar o incentivo à vida! A Libertação ocorre de maneira surpreendente e inesperada, pois surge como um bálsamo, a remediar velhas feridas.

Este é o momento em que se abrem os portais que o mantinham prisioneiro dos seus próprios bloqueios. O perigo emocional interno é simbolizado pela água. As emoções podem tanto aprisionar, quanto expulsar impressões nocivas.

Nuances energéticas

nuclear 63

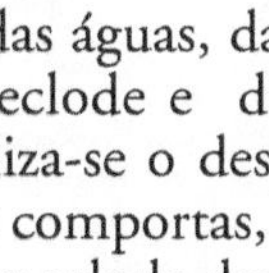

á g u a

f o g o

Após a Conclusão (63) no núcleo da Liberação exibe cada coisa no seu devido lugar: as posições ímpares são ocupadas por linhas yang, e as posições pares por linhas yin. A Liberação ocorre quando as coisas se completam e estão bem ordenadas.

oposto 37

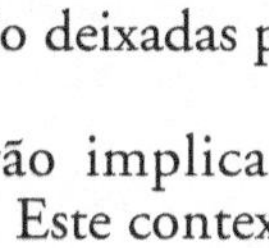

v e n t o

f o g o

A dinâmica oposta à Liberação é a da Família (37), com implicações de interdependência entre os seus membros. Quem assume a responsabilidade de integrar uma família se vê obrigado a abrir mão da liberdade individual para o bem da sua comunidade.

O céu anterior é o Progresso (35), a dinâmica do fogo subindo no horizonte, pois a lucidez e o esclarecimento cada vez maior é a condição primeira para liberar-se.

6 ▬ ▬

O príncipe atira num falcão pousado numa muralha elevada.
Ele o captura. Tudo é favorável.

O príncipe atira num falcão e assim libera os rebeldes.

64

5 ▬ ○ ▬

Só o ser superior se libera.
Boa fortuna. O ser inferior percebe sua seriedade.

Só o ser superior se libera; os inferiores se retiram.

47

4 ▬▬▬

Libertar-se do dedão do pé.
Chegam então os companheiros, e neles pode confiar.

Libertar-se do dedão do pé,
pois não ocupa a posição apropriada.

07

解

40

3 ▬ ▬

Viajar numa carruagem carregando um fardo
provoca a chegada de ladrões.
A perseverança conduz à humilhação.

Viajar numa carruagem carregando um fardo
é uma vergonha. Se eu mesmo atraio o ladrão,
a quem devo atribuir a culpa?

32

2 ▬▬▬ ○

Três raposas são capturadas nos campos.
Recebe uma flecha amarela.
A perseverança aporta boa fortuna.

A boa fortuna da perseverança na mutação da segunda posição
se deve ao fato de trilhar pelo caminho do meio.

16

1 ▬ ▬

Não há falhas.

Na junção do maleável com o firme
não deve haver falhas.

54

6. Pronta para atacar, a ave de rapina firmemente estabelecida numa posição elevada espreita para impedir o caminho da Liberação. Aqui, na derradeira etapa, se logra atingir o alvo, e captura definitivamente as pressões que o aprisionam.
A alternância para a incompletude latente Antes da Conclusão (64) indica que tudo se vai preparando para a nova etapa livre. Durante as seis etapas do hexagrama, o ser superior vai aniquilando, um a um, os bloqueios que impedem a sua liberação. A partir de agora o caminho se abre.

5. Esta é uma advertência de que em última instância só o ser superior realmente é capaz de liberar-se. As partes inferiores não podem se mover com autonomia. É suficiente que o ser superior dê um passo adiante e se libere para alcançar a boa fortuna. Essa linha sugere que os inferiores apenas reconhecem a seriedade e a integridade do superior, porém, não conseguem se desvencilhar dos próprios bloqueios.
A mutação para a Exaustão (47) mostra, de modo sutil, o esforço enorme para liberar-se definitivamente da sedução das motivações menores, extremamente cansativas.

4. O dedão do pé aponta a direção a ser tomada e se refere aos elementos menores que desejam se aproveitar do embalo da Liberação em benefício próprio. Caso não consiga se liberar destes entraves, a trajetória é prejudicada e os companheiros confiáveis não podem se aproximar para juntos trilharem um caminho maior, que realmente valha a pena.
Ao alternar para o Exército (7) se acentua a pertinência de lutar com afinco contra estas infiltrações perigosas e indesejadas.

3. Utilizar um veículo de luxo quando ainda está carregado de fardos incorre numa contradição perigosa. Entulhar um veículo nobre de resíduos menores constitui um desplante de bens tão inútil quanto arriscado, pois acaba atraindo os ladrões. Caso persista nessa atitude ambígua e ostentosa, passará sem dúvida por constrangimentos.
A Liberação enquanto elemento Duradouro (32) só poderia persistir dentro de uma coerência verdadeira. As alianças duradouras implicam em se abster do supérfluo, descartando as cargas desnecessárias.

2. No comando interno, esta linha dirige esta dinâmica de modo central e equilibrado, distinguindo as próprias motivações escusas, as espertezas e astúcias – simbolizadas pela raposa – e consegue liberar-se delas, assim como das adulações, das desculpas esfarrapadas e das indulgências consigo mesma. A flecha amarela é o prêmio pela "captura" das partes menores e as três raposas representam motivações egoístas ou mesquinhas.
A mutação para o Entusiasmo (16) ressoa como uma música harmoniosa. A devoção (terra) pode irromper (trovão) para onde quiser, anunciando a boa fortuna.

1. O alívio de tensões preparado durante um longo processo de desobstrução interna e externa pressupõe a maturidade. Apenas três palavras para dizer que este contexto não encerra nenhuma falha, pois já de entrada, o texto lacônico preconiza que a verdadeira Liberação decorre de uma compreensão profunda e da junção dos opostos complementares.
A perspectiva do Casamento da Caçula (54) constitui o protótipo da aliança frutífera, e ressalta a necessária aceitação do suposto "inimigo." Todos os impedimentos são superados no momento em que se reconhecem as falhas como parte inalienáveis e constitutivas de si mesmo.

MONTANHA

LAGO

損

41 SUN

J. BLOFELD **Perda (Redução)**
W. DONGLIANG **A Diminuição**
A. HUANG **Diminuindo**
C. JAVARY **Diminuir**
R. WILHELM **Diminuição**
R. WING **Declínio**

Nome e dinâmica.

O ideograma configurado por três elementos mostra, à esquerda, uma mão segurando a abertura de um vaso ritual – símbolos de ação – e, acima, uma boca aberta. A mão que segura o cálice para servir o seu conteúdo expressa o gesto de esvaziá-lo. A boca aberta sugere o dizer e, ao mesmo tempo, ingerir o seu conteúdo. A base do vaso ritual não é tocada, pressupondo que a Diminuição não ocorre nos fundamentos, porém, corta o excedente, acima. Este contexto consiste de uma aprendizagem de não deixar-se levar pelos voos ilusórios, porém, de desprender-se do supérfluo e sempre voltar à realidade.

A figura da montanha que se espelha no lago, abaixo, conota igualmente um intercâmbio ou uma troca fértil: a montanha protege o lago com a sua sombra e este a fertiliza com a sua névoa úmida. Não se trata de uma Diminuição forçada, mas de uma decantação bem regulada. Desfazer-se do que já não precisa torna-se regra prática de vida e denota inteligência.

O pensamento chinês sempre funciona em binômio. Perdas e ganhos estão intimamente interligados, em equilíbrio energético. Diz um adágio chinês que os idiotas acham que quando diminui, diminui, e quando aumenta, aumenta. Os sábios sabem que quando algo diminui, outro necessariamente aumenta e, ao contrário, quando há aumento, algo diminui.

JULGAMENTO

A Diminuição unida à veracidade aporta
suprema boa fortuna, livre de erros.
Nisso se pode perseverar.
É favorável empreender algo.
Como colocá-lo em prática?
Dois vasos podem ser utilizados para o ritual.

A Diminuição do supérfluo só pode ocorrer junto com a sinceridade: ao revelar-se a veracidade intrínseca, se desfaz de tudo o que já não necessita. Esta atitude de desprendimento exige uma reorganização constante, pois a cada dia surgem excessos descartáveis. O próprio organismo rejeita o que já não precisa.

Este balanceamento constante permeia todas as Mutações e, por isso, não incide em falha alguma, pois sempre promove suprema boa fortuna. As indicações vão no sentido de persistir nessa postura e colocar o princípio de Diminuição em prática, – os excessos devem ser afastados. A grande questão é: como levar este conselho a cabo?

À interrogação expressa, o I Ching responde com um enigma: os dois vasos constituem uma balança, ou seja, o segredo da suprema boa fortuna consiste em saber equilibrar as diminuições e os acréscimos dentro de si. Estas proporções bem harmonizadas abarcam também os ganhos e as perdas, a cada dia renovados. A menção do ritual enfatiza a seriedade que envolve este balanço: trata-se um ato solene, a ser realizado como um ritual. Além de uma sabedoria, esta é uma restauração de vida. Quem souber colocar este equilíbrio em prática, pode empreender qualquer coisa, e sempre será bem-sucedido.

COMENTÁRIO SOBRE O JULGAMENTO

Diminuir o que está abaixo, aumentar o que está acima.
O caminho é beneficiar o que está acima.
A Diminuição unida à veracidade promove suprema boa fortuna livre de erros.
Nisso se pode perseverar. É favorável empreender algo.
Como colocar o princípio da diminuição em prática?
Dois vasos podem ser utilizados para o ritual.
Mas a utilização dos vasos rituais se decide de acordo com o tempo.
Há um momento para diminuir o firme,
há um tempo para aumentar o maleável.
Diminuindo e aumentando, estar pleno ou vazio,
tudo deve corresponder às exigências do momento.

IMAGEM

O lago na base da montanha: imagem da Diminuição.
Assim, o ser superior controla a sua ira e modera as suas paixões.

O lago constitui uma reserva de água fértil ao pé da montanha, fecunda todo o seu meio justamente por diminuir constantemente os excessos: as águas estão sempre se renovando, diminuindo o seu caudal ao se evaporarem em nuvens. Os contornos da montanha a se refletirem no espelho d'água igualmente se alternam sem parar: ora nitidamente delineados ao brilho do sol, ora ocultos na penumbra da bruma espessa, ora desaparecem totalmente nas noites escuras de chuva, ora ressurgem prateadas, ao brilho do luar. Dependendo das estações, dos dias e das noites, espelhando nuances incessantes.
Do mesmo modo, o ser superior límpido em seus reflexos, percebe as suas motivações excessivas à medida que surgem e as descarta, sorrindo, livrando-se sem tardar das cargas e dos sentimentos nocivos. Sabe que só diminuindo o egocentrismo pode perceber o Outro. O ser superior já não se deixa dominar pelas próprias paixões, pelas raivas ou ambições desmedidas, pois tem consciência de uma dimensão maior que o perpassa e permeia.
Ao voltar-se às profundezas do seu próprio ser, – ao lago que a reflete e que se encontra aí disponível, a seus pés, nítido como um espelho claro –, a montanha se ergue, mais majestosa ainda.

Nuances energéticas

nuclear 24

No núcleo da Diminuição encontra-se o Retorno (24) da luz, do calor e do florescimento, ressaltando a continuidade dos fundamentos que, por mais que diminuam, sempre voltam com força renovada. No interior da terra jaz a semente que sempre retorna.

oposto 31

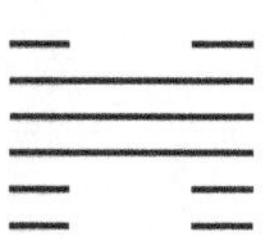

A dinâmica oposta à Diminuição é a Atração Mútua (31) que implica no cortejar e na união de pessoas e, por isso, representa acréscimos. As duas energias que configuram o cortejar são o mesmo lago e montanha, em posições inversas.

O céu anterior é a Liberação que propicia a expansão e abre caminhos. Só quem alcança a liberdade sabe diminuir o que for necessário para o bem de uma causa maior. O ser livre sabe que em vez de diminuir, a atitude generosa acaba beneficiando, – a si mesmo em primeiro lugar.

6

Sem Diminuir, logra o aumento. Nenhuma falha.
A perseverança traz boa fortuna. É favorável empreender algo.
Encontra auxiliares, porém, não dispõe de morada própria.

Sem Diminuir, logra o aumento.
Ele consegue tudo o que deseja em grande escala.

19

5

Alguém sem dúvida o aumenta. Dez pares de tartarugas não podem se opor a isso. Suprema boa fortuna.

A suprema boa fortuna da mutação da quinta linha se deve às bênçãos advindas do alto.

61

4

A Diminuição das falhas leva à rápida aproximação dos amigos e da alegria. Não há erros.

A Diminuição das falhas é, sem dúvida, motivo de alegria.

38

损

41

3

Se três pessoas caminham juntas, esse número diminui em um.
Se uma pessoa caminha sozinha, encontra um companheiro.

Deve caminhar sozinho.
Três pessoas juntas despertam desconfianças.

26

2

A perseverança é favorável.
Empreendimentos trazem infortúnios.
Sem diminuir, pode aumentar.

A mutação da segunda linha favorece através da perseverança porque sua posição central permite que a vontade persista.

27

1

Suspender as próprias tarefas e acudir com rapidez não implica em erros.
Refletir até que ponto pode Diminuir.

Suspender as próprias tarefas e acudir com rapidez não implica em erros.
Continuar trabalhando em plena cooperação com o de cima.

04

6. Ao chegar ao cume da montanha, se vislumbra todo o horizonte. Por isso, na última etapa de Diminuição se constata que na realidade nada diminuiu. Ao desbastar os excessos supérfluos e perturbadores, tudo aumenta. Por isso essa linha fala em aumentar, sem nada diminuir. Agora aparecem os verdadeiros amigos, com os quais se pode empreender o que se deseja. Quando todos o reverenciam, já não importa se dispõe de morada própria, pois o mundo inteiro se converte em seu lar.
A perseverança nessa atitude generosa leva a uma Aproximação (19) da luz: as duas linhas yang fortes e luminosas dão apoio às fragilidades que porventura possam surgir, liderando a senda do florescer.

5. Esta linha extremamente auspiciosa faz uma referência direta ao próprio símbolo do I Ching: os dez pares de tartarugas significam um grande número de oráculos. Ou seja, nenhum ritual pode desviar a suprema boa fortuna do esplendoroso enriquecimento de quem sabe repartir. No pleno comando do desapego, tudo se converte em acréscimo!
Ao alternar para a Verdade Interior (61) se evidencia ter alcançado o vazio supremo que articula a culminância de bênçãos e de sabedoria.

4. A superação das próprias deficiências atrai resultados positivos. À medida que as falhas diminuem, se constatam rapidamente os benefícios dessa depuração. Do mesmo modo, a rápida intervenção atenua os efeitos doentios. Trata-se de um equilíbiro de forças altamente recomendável, pois incide na recuperação. A chegada dos amigos e da alegria enfatiza os benefícios desta compensação.
A mutação para a Oposição (38) assinala tendências divergentes que, no entanto, podem chegar a um consenso integrado. Esta é a oportunidade para uma rápida recuperação das forças desgastadas.

3. Medir os passos e a quantidade de pessoas envolvidas em qualquer tarefa pressupõe encontrar uma boa proporção. Caminhar com muita gente pode levar a confusões ou a perdas. É preferível seguir sozinho, primeiro porque envolve o encontro consigo mesmo, permanecendo aberto para descobertas interessantes.
A perspectiva do Grande Acúmulo (26) mostra como lucrar na época da Diminuição: é só não almejar ir muito longe, nem tentar abranger demasiado. A criatividade absoluta do céu contida no interior da quietude firme da montanha sugere um trabalho de decantação e de aprimoramento.

2. O impulso de realizar algo agora deve ser contido, pois os empreendimentos podem malograr. É favorável apenas continuar aquilo que já está em andamento. A continuidade que pode parecer inoperante, é o que permite avançar. É possível acrescentar seus rendimentos sem necessariamente ter que diminuir a si mesmo. A maturidade consiste justamente em saber expandir tudo o que puder à sua volta, sem por isso diminuir a si mesmo.
A alternância para a Nutrição (27) indica que é preciso alimentar o trabalho no qual está inserido, o que incide ao mesmo tempo no enriquecimento da sua própria pessoa.

1. Se durante o seu trabalho é chamado para cumprir uma tarefa maior, aceite-o sem demora. Essa colaboração com um objetivo superior não incide em erro. Porém, o chamado suscita uma reflexão profunda: a linha encontra-se em etapa preparatória (no fundo do lago), até que ponto pode diminuir o trabalho que o ocupa para assumir uma responsabilidade maior, que exige plena dedicação? Seria inútil aceitar se ainda está apegado ao trabalho anterior.
A mutação para a Inexperiência (4) evidencia uma conexão delicada, que exige uma ponderação de ambas as partes. Avaliar bem antes de decidir aonde deseja se dirigir.

VENTO
TROVÃO

益

42 YI

J. BLOFELD **Ganho**
W. DONGLIANG **O Aumento**
A. HUANG **Acrescentando**
C. JAVARY **Aumentar**
R. WILHELM **O Aumento**
R. WING **Benefício**

Nome e dinâmica.
O ideograma formado por duas partes superpostas tem um recipiente pleno, no qual jorra água. Preencher e transbordar evoca a ideia de um Aumento, em todos os sentidos, – pode estar sendo despejada dentro do recipiente, acionando um Acréscimo ou, ao contrário, pode estar sendo vertida para fora, numa plenitude generosa doando o seu conteúdo. Na realidade, só a perspectiva muda, pois trata-se de uma balança em perene harmonia. Seja qual for a direção do fluxo, incide sempre em Aumento, pois transmite abundância.
Tanto os cântaros sendo preenchidos internamente como os que despejam, magnânimos, convertem-se em símbolo propagador de uma mesma dinâmica, – a de encher o próprio vaso e oferecê-lo ao próximo. A constante entrada e saída comprova um equilíbrio de forças e pressupõe um rico intercâmbio entre as partes envolvidas. As três linhas yin consecutivas formam um vazio interno que se enche e esvazia sem parar.
Vento e trovão em mútuo apoio duplicam as suas respectivas energias. A união de forças só acrescenta: o poderoso movimento do trovão denota uma firme decisão interna e incentiva a ação penetrante do vento que, assim apoiado, reparte os seus Benefícios, difundindo-os suavemente. O movimento aliado à penetração só acrescenta ao mundo. O Ganho maior consiste em sempre ter o que dar.

JULGAMENTO
Aumento. É favorável empreender algo.
É favorável atravessar as grandes águas.

A partir do poderoso impulso inicial, tudo decorre naturalmente. O embalo provém do fundo essencial de si mesmo. Ainda que invisível, esta poderosa iniciativa não deve ser desperdiçada, pois demarca o começo de épocas promissoras. Seus benefícios se espalham sobre os que se encontram no seu caminho. Este ponto de partida forma pontes, sempre a se desdobrarem. Por isso se pode empreender até as tarefas mais árduas e de amplo alcance, simbolizadas pela travessia das grandes águas.
Entre o embalo provocado pela primeira linha yang e as duas luminosas de cima, encontram-se três linhas yin em receptiva dedicação, a acolher todas as doações.
Quando o de cima segue espontaneamente as suas inclinações profundas, consegue diminuir as honrarias e os ganhos facilmente, para contribuir para o crescimento interno. Ouvir os próprios desejos e retornar periodicamente às raízes firmes, propicia o encontro das forças da sua inspiração inicial que sacodem, e despertam novas perspectivas.
Ter aonde ir equivale a almejar objetivos precisos, pois a excepcional energia disponível deve ser aproveitada em projetos que valem a pena, – a começar pelo autoaperfeiçoamento. As energias em Aumento exigem determinação para serem levadas a cabo. É questão de passar a atuar de modo efetivo, utilizando os bens de que dispõe e acrescendo o rico potencial a ser repartido.

Mas o Acréscimo de possibilidades pode provocar questionamentos e turbulências que suscitam transformações concretas. Esta efervescência transbordante precisa ser orientada para o máximo aproveitamento. Dar-lhe diretivas inteligentes torna-se prioridade neste contexto de generosa doação.

COMENTÁRIO SOBRE O JULGAMENTO

Aumento: diminuir o que está acima e aumentar o que está abaixo.
A alegria do povo é ilimitada.
O aumento do que está abaixo provém do que está acima.
Este é o caminho da grande luz.
É favorável empreender algo por ser central, correto e abençoado.
É favorável atravessar as grandes águas porque a madeira flutua
sobre a água, soprada pelo vento.
O Aumento se move com suavidade e gentileza, num avanço diário sem limites.
O céu doa, a terra aceita, assim as coisas aumentam em todas as direções.
As vias do Aumento sempre agem em harmonia com o tempo.

IMAGEM

Vento e trovão em mútuo apoio: imagem do Aumento.
Assim, o ser superior segue o bem quando o percebe
e corrige as falhas que encontra.

O ímpeto que aciona o movimento é imperceptível de fora, pois mexe com forças internas que operam na esfera do invisível. Mas os seus efeitos se sentem em qualquer parte e, impelidos por alicerces autênticos, se prolongam penetrando em todos os âmbitos, e aportando Benefícios na sua passagem. Quando se sabe dar apoio e incentivo aos companheiros, os caminhos se abrem, radiantes. À medida que o foro interno enriquece, tudo à sua volta resplandece.

A nível individual, o trovão interno impele generosidade, a repartir dádivas. Assim como a planta, para crescer e aumentar os benefícios ao seu redor, precisa estar bem enraizada no fundo da terra. Voltar às próprias bases e não perder a medida fomenta o florescer. Unidos, trovão e vento propiciam um Aumento ininterrupto celebrado em festa, a cada novo ressurgir.

Nuances energéticas

nuclear 23

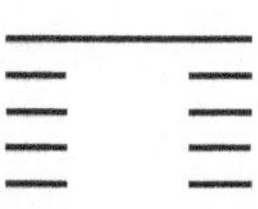

montanha
terra

No âmago do Aumento, a Desintegração (23) permite que transpareça o equilíbrio tão prezado nas Mutações. Estar sempre desbastando produz aumento. Se todo crescimento porta o germe do seu próprio declínio, a poda incentiva o crescimento.

oposto 32

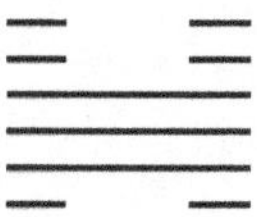

trovão
vento

As mesmas duas forças – trovão e vento – atuando em posições inversas ressaltam a dinâmica oposta da Duração (32), reflexo de uma cumplicidade que permanece estável durante um tempo prolongado, coesa dentro de si.

O céu anterior é a Revolução (49) que suscita mudanças radicais e renovadoras em contínua expansão de perspectivas. A adaptabilidade e a aceitação das transformações já consiste, em si, em um Aumento.

6

**Ele não traz aumento para ninguém. Sofre um ataque.
Quem não mantém seu coração estável e firme
incorre em infortúnio.**

***Ele não traz aumento para ninguém, pois se inclina
às coisas erradas. Alguém de fora o golpeia.***

03

5

**Quem tem realmente um coração bondoso,
não precisa perguntar. Suprema boa fortuna.
Sua bem-aventurança é reconhecida.**

***Quem tem realmente um coração bondoso,
não precisa perguntar. Alcança plenamente o seu
propósito ao ser reconhecida a sua bem-aventurança.***

27

4

**Se trilha o caminho do meio e se reporta ao superior,
este o segue.
É favorável ser encarregado de um cargo importante.**

***Reporta-se ao superior, e este o segue.
Seu propósito é aumentar os benefícios públicos.***

25

3

O Aumento vem através de assuntos desafortunados.
Não há falhas caso seja sincero e siga o caminho do meio,
anunciando as ordens ao príncipe e apresentando-lhe um selo.

*O Aumento vem através de assuntos desafortunados.
Assim deve ser.*

37

2

Alguém sem dúvida o aumenta. Dez pares de tartarugas não
podem impedi-lo. Contínua perseverança traz boa fortuna.
O rei realiza o ritual diante da Divindade Celeste.
Boa fortuna.

*Alguém sem dúvida o aumenta.
Aceite os benefícios vindos de fora.*

61

1

É favorável executar grandes obras.
Sublime boa fortuna. Não há falhas.

*Sublime boa fortuna. Não há falhas.
Mas o de baixo não deve ser usado nas grandes obras.*

20

6. Ao início deste contexto, uma linha forte e luminosa dá a partida ao Aumento de modo contundente. Se perde esta oportunidade, alcança a posição mais elevada imbuído de si e imaturo, sem nada acrescentar ao seu meio. O infortúnio decorre do fato de permanecer alheio aos apelos e insensível aos outros. Isolado, atrai ataques até sobre a sua própria pessoa.
Essa postura equivocada resulta numa perda total. Como não as reparte, as suas regalias não perduram. Por isso, é obrigado a começar tudo de novo, voltando a enfrentar as Dificuldades Iniciais (3) de um novo ciclo.

5. Quando a influência benéfica se estende, não pode deixar de ser reconhecida, pois a todos incentiva e aumenta. Aquele que desde uma posição privilegiada se volta aos menos afortunados, não precisa indagar coisa alguma. Sabe ouvir os apelos do seu coração e as próprias motivações mais profundas. Daí a suprema boa fortuna.
A perspectiva de Nutrir (27) efetivamente a todos os que se encontram à sua volta se evidencia. Bem sabe que se os inferiores não são devidamente alimentados, de nada adianta degustar os melhores manjares sozinho. Esta constatação, de tão evidente, sequer precisa ser questionada.

4. A intermediação entre o de cima e o de baixo pode ser interpretada como a cabeça pensante e o meio de realizar o projeto idealizado. Ao ser incumbido de um cargo importante, o mediador eficiente sabe equilibrar as esferas de cima e as de baixo. Esta mudança de prioridades ou de paradigma que anuncia uma nova era só é realizada por quem goza da total confiança dos dirigentes. Não pode ser forçada, pois deve emanar incontaminada, sem premeditações, segundas intenções ou desejos de vantagens ou regalias.
A mutação para o Inesperado (25) acentua mudanças súbitas ou promoções proporcionadas por um superior que lhe confia um cargo importante.

益 42

3. O inevitável Aumento advém até de dificuldades e tristezas, que podem servir de mola propulsora para acrescentar maturidade. Não deixar-se ofuscar em nenhum momento pelas circunstâncias adversas. Continue seguindo o seu caminho tranquilamente, deixando de lado as interferências e as agressões que, se respondidas, criam obstáculos.
Seu único compromisso é com algo maior – simbolizado pelo príncipe –, e só a ele deve satisfação. Este saberá reconhecê-lo e, assim, o acolhe na Família (37), a que realmente pertence. Só apresenta os projetos mediante a reconhecida autenticidade do seu valor.

2. O Aumento advém àquele que possuir as condições para realizá-lo. Absolutamente nada, nem dez pares de tartarugas, (símbolo de grande força) podem impedir de aceder ao que de direito é seu. A boa fortuna anunciada, na verdade, já é intrinsecamente sua. Quando uma oportunidade externa aparece, não deixe de aproveitá-la. Nela deposite todo o empenho, como um rei ao celebrar os ritos celestes, pois este é um dever inadiável.
Se este Acréscimo já lhe pertence, não pode mesmo deixar de ocorrer, já que nenhuma circunstância ocasional ou adversa poderia intervir na realização daquilo que constitui a Verdade Interior (61).

1. O impulso inicial vem desta primeira linha extremamente importante pois marca o portal de uma nova partida. Embora forte, vai desdobrando-se de modo suave, descortinando novos horizontes. Por isso é essencial ter aonde ir, ou seja, ter estrada pela frente. A flor volta às suas raízes, para dar um novo fruto. O soberano sai do seu trono para ir ao encontro do seu povo. Sua generosidade repercute em si mesmo. A sublime grande fortuna reside nessa dinâmica de embasamento sobre o ímpeto luminoso interno.
A mutação para o Olhar (20) capaz de perceber fatores invisíveis, marca o primeiro passo na trilha do Aumento: é preciso ver aonde se vai.

LAGO
CÉU

夬

43 GUAI

J. BLOFELD **Resolução**
W. DONGLIANG **A Determinação**
A. HUANG **Eliminando**
C. JAVARY **Mostrar-se Decidido**
R. WILHELM **Irromper (A Determinação)**
R. WING **Resolução**

Nome e dinâmica.

O ideograma mostra uma mão segurando uma ripa dividida ao meio, símbolo dos antigos contratos, – cada parte implicada ficava com um lado da ripa de madeira com a inscrição gravada. Em sua origem, o hexagrama Guai significava separar, uma espécie de canal que draga um rio impetuoso em épocas de enchentes, eliminando o excesso de águas, para evitar que o caudal habitualmente sereno suba a maiores alturas, inundando as margens. Ambas as conotações implicam em decretos, em resolução ou em um desfecho que soluciona uma questão. A hesitação é eliminada.

A figura simbólica do lago acima do céu sugere que as águas sobem e se juntam formando nuvens, o que certamente propicia um irromper, – significado implícito da ruptura da tensão acumulada. O ciclo da Resolução exprime uma força imbatível, pois as cinco linhas yang voltam-se decididamente para banir o último traço obscuro que ainda resta. Impossível perdurar nessa situação desbordante. Toda a trajetória torna-se muito clara e comprova uma extraordinária coesão. Quando existe muita força conglomerada, urge abrir brechas de escape, evitando que transbordem. As firmes erradicam naturalmente a única linha maleável restante. Aqui não se trata absolutamente de um desfecho duvidoso, pois tudo está nítido. É primordial se manifestar abertamente, tomar decisões e anunciá-las.

JULGAMENTO

Resolução. Deve informar a corte do rei com determinação.
A adversidade deve ser exposta com sinceridade.
Perigo. Notifique a própria cidade.
Não é favorável recorrer a armas. É favorável empreender algo.

A neblina que envolve o lago sobe até ao céu. Este é o símbolo de uma situação de exceção, de um momento que não se pode prolongar. Já não resta nenhuma dúvida, pois a força luminosa das cinco linhas yang esclarece qualquer questão.

As palavras devem ser a expressão de uma firme decisão interna: um poder crescente, impossível de ser contido deve manifestar-se contundente, para dissipar as negligências. A abertura do lago refere-se também às palavras que, estando agora imbuídas de grande força e nitidez, devem ser pronunciadas. Assim se dissolvem as tensões. A Resolução pode ser exposta de alto a baixo nos âmbitos onde atua, para que todos saibam. Este é o momento de falar e tudo dizer abertamente. A decisão já não pode ser adiada. A estratégia adequada é saber tomar resoluções sozinho e determinar a própria via. Porém, o texto adverte contra recorrer à violência. O acúmulo de forças yang não garante realizações e a grande energia presente neste contexto deve ser absorvida com inteligente prudência. Não há necessidade de um irromper intempestivo, pois o poder interno aniquila as críticas insatisfeitas com firmeza e harmonia. O sábio não precisa recorrer às armas para se impor. A Determinação não deve ser confundida com violência. Ao principal atributo do lago, a serena alegria de espelhar o que nele se reflete, não cabe uma postura agressiva. Basta refletir o que, de fato, ocorre.

COMENTÁRIO SOBRE O JULGAMENTO

Resolução equivale a uma decisão.
O elemento firme elimina o maleável.
Forte e alegre significa determinado e harmonioso.
Deve informar na corte do rei.
O maleável acima de cinco linhas firmes.
Expor com sinceridade envolve risco, porém, este perigo conduz à luz.
Notifique a própria cidade. Não é favorável recorrer a armas,
pois se nelas confia, não há saída.
É favorável empreender algo, pois ao crescer, o firme leva à conclusão.

IMAGEM

O lago eleva-se ao céu: imagem do Irromper.
Assim, o ser superior distribui riquezas aos de baixo
e evita considerar os próprios méritos.

A dinâmica das duas forças que compoem este hexagrama mostra como proceder neste momento decisivo, – de modo alegre e descontraído, porém, firme. As brumas que pairam sobre o lago devem se afastar, para haver esclarecimento. A clara firmeza erradica qualquer elemento obscuro que porventura ainda persista. Esta tremenda força atuante provém da capacidade de discernir os aspectos difíceis ou nebulosos envolvidos.
O ser superior anuncia abertamente a sua intenção de distribuir os meios disponíveis, sem levar em consideração o mérito dessa doação. Ele sabe formular as suas decisões de modo que todos as compreendam.
Esta abertura ocorre naturalmente, devido ao aumento de forças internas acumuladas. Quando o fluxo torna-se tão grande, que já nada o pode conter, resta abrir uma fresta no muro, para que as águas escorram. O ser superior reconhece esta necessidade e não permite que o acúmulo volte-se contra o muro que o contém, destruindo-o. Seguindo a dinâmica premente do momento, ele toma as decisões acertadas.

Nuances energéticas

nuclear 1

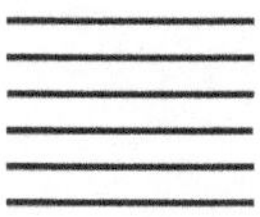

céu
céu

A força luminosa do Criativo (1) que se encontra no núcleo da Determinação indica que uma decisão só deve ser tomada quando a situação se apresenta totalmente clara e já não restam dúvidas. A resolução criativa ocorre então de per si.

oposto 23

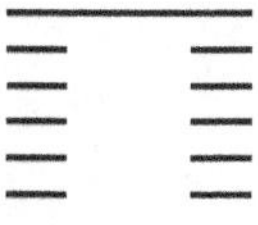

montanha
terra

A dinâmica oposta é a Desintegração (23) inevitável, decorrente da pressão das cinco linhas yin que derrubam a linha yang que ainda resiste acima. Se toda decisão pressupõe um corte, todo corte deve ser encarado com determinação. Assim os opostos se completam.

O céu anterior é o Obstáculo (39) a ser descartado por uma Resolução firme. Resta, porém, um problema a ser considerado: a eliminação abrupta poderia despertar uma reação excessiva, portanto, a firmeza deve se expressar com suavidade.

6 — — ☐

Nenhuma resposta ao chamado.
Ao final chega o infortúnio.

O chamado sem resposta gera infortúnio.
Já não se pode permanecer.

01

5 ——— ○

Eliminar a erva daninha requer uma Decisão firme.
Ao caminhar pelo meio, se permanece livre de erro.

Eliminar a erva daninha requer uma Decisão firme.
O centro ainda não possui suficiente luz.

34

4 ———

Não há pele nas coxas e torna-se difícil o caminhar.
Se a ovelha é contida, os remorsos desaparecem.
Ao ouvir essas palavras, não lhes dá crédito.

Torna-se difícil o caminhar pois a posição não é adequada.
Ao ouvir essas palavras, não lhes dá crédito
porque não há uma compreensão clara.

05

3 ———

Expressar sua força no rosto traz infortúnio.
O ser superior determinado caminha sozinho,
é surpreendido pela chuva. Ele se molha e provoca rancores.
Nenhuma falha.

O ser superior determinado não comete falhas.

58

2 ———

Um grito de alerta ao anoitecer. Recorrem às armas.
Não tema.

Recorrem às armas, mas não tema.
Encontra o caminho do meio.

49

1 ———

Reforçar os pés que avançam. Se seguir adiante
sem estar à altura da tarefa, comete um erro.

Se seguir adiante sem estar à altura da tarefa,
comete um erro.

28

6. A última etapa erradica Definitivamente o traço obscuro remanescente, mas não encontra resposta. A comunicação interrompida causa tensão. Pensa que já não restam influências perniciosas. Mas a razão do mais forte é sempre perigosa; pode esmagar os outros e, assim, levar tudo a perder. Ao encontrar-se sozinho, já não continua. Segundo a lei dinâmica subjacente a todas as Mutações, o elemento obscuro é a condição de existência do luminoso.
A mutação para o Criativo (1) adverte que o excesso de força pode abusar do seu poder. Se negligencia os fatores menores implicados, corre o risco de reverter rapidamente a situação contra si mesmo.

5. Este é o momento de eliminar definitivamente todo e qualquer resquício de erro ou hesitação possível. Ao centro do lago, a ação justa e perfeitamente centrada deve espelhar serenidade ao anunciar as medidas tomadas para erradicar o que poderia comprometer a situação. A advertência de não ter ainda luz suficiente enfatiza a recomendação de equilíbrio e ponderação.
A perspectiva do Poder do Grande (34) exibe uma enorme força de avanço e, para que seja bem encaminhada, deve eliminar os empecilhos que ainda porventura obstruam o caminho.

4. Quem se encontra numa posição inadequada denota instabilidade e falta de firmeza, por isso, tem dificuldade em seguir adiante. Estes sentimentos de suspeita que vacilam devem ser contidos. Porém, a pessoa desconfiada não escuta, não consegue compreender as motivações sinceras dos que se encontram à sua volta.
Ao alternar para a Espera (5), a mensagem torna-se bem clara: não convém seguir adiante enquanto ainda subsistem sentimentos ambíguos. Melhor esperar até lograr o equilíbrio e uma visão mais clara das coisas.

3. Apesar dos riscos envolvidos, o ser superior é suficientemente forte para tomar a resolução necessária sozinho. Ele se isola, aborrecido. Seu rosto expressa o seu repúdio e a sua determinação. Isso provoca inimizades e recriminações e sua postura é questionada. Porém, ele continua sem vacilar, sem cometer falhas e por isso as tensões vão se dissolvendo.
A mutação para o Duplo Lago (58) com seu límpido atributo de serena alegria reflete a atitude inabalável do ser superior diante das situações duvidosas. Determinado, ele segue seu caminho sozinho, sem se incomodar com os comentários. Só interessa não cometer erros.

2. Quando soa o alarme e se espera um ataque noturno – ou seja, proveniente de fontes não muito claras, – se recomenda uma vigilância particular. Porém, como está bem posicionado, não perde o autocontrole e consegue responder à agressão moldando a sua força com determinação. Em caso de ataque armado, deve revidar com firmeza, pois quem não perde o seu equilíbrio interno nada tem a temer.
A alternância para a Revolução (49) denota a necessidade de uma mudança de rumo radical. O sucesso depende de colocar de lado as motivações excusas, convertendo a energia agressiva em ação concreta, contra-atacando.

1. Nessa etapa inicial ainda não se dispõe de suficiente força para seguir adiante, por isso qualquer iniciativa seria precipitada e falha. Para poder avançar, é preciso reforçar os meios disponíveis. O avanço exige preparos, um bom treinamento e a orientação de alguém mais experiente e capacitado.
A mutação para o Grande Excesso (28) mostra uma carga interna que necessita ser esquivada rapidamente. Convém colocar-se à altura da situação antes de dar os primeiros passos.

C É U

VENTO-MADEIRA

姤

44 GON

J. BLOFELD **Contato (Encontros sexuais)**
W. DONGLIANG **O Encontro**
A. HUANG **Encontrando**
C. JAVARY **Ser Acolhedor**
R. WILHELM **Ir ao Encontro**
R. WING **Tentação**

Nome e dinâmica.
O ideograma tem à esquerda, o signo da mulher diante do soberano, que se inclina, tendo em baixo uma boca. O radical da mulher ao lado do soberano indica a soberania feminina, a própria soberana, ou ainda a escuta da voz feminina e o apelo dos afetos. Acentua a atitude yin de inclinar-se para nutrir os menos favorecidos. O ideograma da mulher tem as mãos cruzadas sobre os joelhos, sentada-ajoelhada à maneira oriental em sinal de devoção e de concentração. O desejo deste contato mais íntimo sugere também a Tentação de uma aproximação sexual.
As interpretações ambíguas deste contexto são próprias ao retorno do yin após a culminância da força luminosa yang. O soberano inclinado ao lado da mulher sugere a atenção devida ao subalterno ou aos desejos íntimos. Pode implicar em seguir uma via menor, ou ceder a uma Tentação potencial existente em germe e ainda não evidente. O Contato do elemento soberano com o feminino pode resultar fecundo. Do mesmo modo, aquele que vai ao Encontro do seu povo, respondendo ao seu apelo, reparte benefícios. Este é o momento de aceitar a sua contraparte complementar e a atitude suave e Acolhedora deve prevalecer.
Acolher o yang, a luz-calor do verão, não apresenta problema nenhum, porém, Ir ao Encontro do yin-inverno simbólico é sempre difícil: no final do verão, não se deseja necessariamente os dias mais curtos que anunciam a chegada do frio. Inclinar-se aos afazeres internos implica num aprimoramento que pode redundar numa soberania fecunda.
A figura do vento que sopra em direção ao céu evidencia um componente menor querendo penetrar em esferas mais altas. O elemento maleável que se apresenta diante de tantos firmes também assinala a vontade de Ir ao Encontro da luz, ou de aceder ao poder. O potencial yin ainda oculto pode tornar-se poderoso no desenrolar do seu ciclo.

JULGAMENTO

O Encontro. A força do potencial feminino.
Não agir. Casar-se com a mulher.

O grande potencial luminoso disponível neste hexagrama pode incorrer no erro de julgar-se a salvo de qualquer perigo, e justamente por isso não teme se expor. Enquanto detentor da plena força, o elemento yang percebe os primeiros sinais da ascensão do novo ciclo invernal que já se prenuncia. O potencial yin que está surgindo de modo tênue e quase imperceptível representa uma força interna oculta que, se negligenciada, pode culminar em risco.
Se uma intervenção ativa é desaconselhada, a expressão "casar-se com a mulher" sugere simbolicamente adotar uma atitude conciliadora, aceitando os elementos menores. Por isso não convém agir, a não ser para tomar as providências cabíveis nessa reviravolta de energias. A disposição receptiva deve imperar, dando prevalência à nutrição interna. Predestinados à união, ao "casar-se" com o yin, quem ocupa a posição yang de soberania aceita e ama o seu povo como um esposo a sua mulher.
Este Contato que também conota uma relação sexual poderia significar deixar-se dominar por um elemento yin, ou ceder diante de uma força poderosa ainda desconhecida.

Os primórdios da manifestação do componente obscuro já anunciam que este potencial feminino vai passar a prevalecer. Então é questão de saber ser acolhedor em relação a este potencial com vigilância redobrada. Esta recomendação encerra uma série de interpretações diversas e até contraditórias. Ainda há uma outra indicação velada: só ao vivenciar a plenitude do yang, pode-se ter a maturidade de saber curvar-se para acolher a sua contraparte yin como parcela constituinte de si mesmo. Assim, este Encontro pode ocorrer em harmonia.

COMENTÁRIO SOBRE O JULGAMENTO

O Encontro significa deparar-se com alguém.
O maleável encontra o firme.
Adotar uma atitude conciliadora sem assumir
compromissos que não podem perdurar.
Quando céu e terra se encontram, todas as criaturas se manifestam.
Quando o firme encontra o centro correto, suas aspirações são realizadas.
Grande em verdade é o significado da época do Encontro!

IMAGEM

O vento embaixo do céu: imagem do Encontro.
Assim, o soberano difunde as suas ordens
proclamando-as às quatro direções.

O vento soprando no céu simboliza alguém tomando consciência das condições vigentes como um todo. A suavidade que penetra nas alturas é capaz de disseminar as diretrizes a todas as direções da terra. É preferível inclinar-se, pois quem permanece no alto, afastado dos componentes internos, de baixo, não faz sentir o seu mandato.
O vento chega às alturas celestes enquanto mensageiro dos sonhos e desejos humanos. Ao mesmo tempo, dissemina as influências mais elevadas em todo o seu âmbito. Este intercâmbio ininterrupto expressa o Contato constante entre as esferas.
O ser superior tem a capacidade de ver além do visível, e perceber essa pequena voz que também clama por ele, desde o âmago. Sem neglicenciar parte alguma, a correção da sua postura penetra em tudo e deixa o seu lastro por onde quer que passe.
Com tantas interpretações possíveis, cabe perguntar se o diálogo com a contraparte yin seria realmente tão perigoso. Ao aceitar o oposto complementar com tolerância, podem se abrir novos caminhos para um florescer fecundo.

Nuances energéticas

nuclear 1

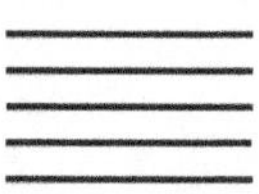

Ao centro do Encontro está o Criativo (1) no momento em que sua força começa a minguar. A escuta dos primeiros sinais do declínio e a acolhida do inevitável componente feminino comprovam a grande sabedoria luminosa do duplo céu.

oposto 24

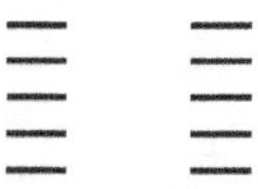

A dinâmica oposta é a do Retorno (24) da luz, ainda contida em germe embaixo da terra, preparando-se para irromper. Ao contrário do Ir ao Encontro, aqui não é questão de ir a parte alguma, porém, de concentrar todas as energias.

O céu anterior é a Diminuição (41) que sabe distribuir com inteligência os excessos que já não são de grande valia, preparando-se assim, para o Ir ao Encontro dos seus desejos profundos e do que realmente lhe corresponde.

6 Vai ao Encontro arremetendo com os chifres.
Humilhação. Não há falhas.

Vai ao Encontro arremetendo com os chifres.
Na posição mais elevada há motivo para arrependimento.

28

5 Melões encobertos em folhas de chorão
ocultam algo valioso. Então uma dádiva cai do céu.

A mutação da quinta posição oculta o seu brilho.
Encontra-se numa posição central e correta. Como não abandona o decreto celeste, uma dádiva lhe cai do céu.

50

4 Não há peixes no tanque. Isso leva ao infortúnio.

O infortúnio consiste em não ter peixes.
Ele se mantém afastado dos outros.

57

3 As coxas sem pele dificultam o caminhar.
Estar atento ao perigo para não cometer erros.

Avanço prejudicado por dificuldades.
Os passos não estão sendo bem conduzidos.

06

2 Há peixes no tanque. Nenhuma falha.
Não é favorável aceitar a hospitalidade.

Há peixes no tanque, mas é melhor não permitir que se aproximem dos hóspedes.

33

1 Detido por um freio de metal.
A perseverança traz boa fortuna.
Há aonde ir. Infortúnio visível.
O porco magro impetuoso quer avançar.

Detido por um freio de metal.
Deve ser conduzido, como é próprio ao yin.

01

6. Ao ocupar a posição mais elevada, encontra-se muito longe do elemento yin na primeira posição, com o qual já não mantém nenhum contato. Negar-se a descer ao seu encontro pressupõe um isolamento, e assim fica sozinho. Porém, Ir ao Encontro daquele de quem se estivera afastado de mau grado e de modo agressivo só piora a situação, pois sofre constrangimento.
A perspectiva do Excesso (28) denota um fardo demasiado pesado que denuncia uma situação precária e rígida que se nega a acolher o yin inicial.

5. Envolver o que possui de mais delicado (os melões) nas embalagens apropriadas a fim de guardá-los cuidadosamente ressalta um extremo cuidado. Do mesmo modo, a fecundidade (yin) deve ser resguardada com o maior esmero, assim como o verdadeiro soberano oculta as suas virtudes e preserva a sua boa reputação. Esta conduta atenta e obediente aos ditames faz com que a solução apareça quando menos se espera. Quem está atento aos desígnios celestes é recompensado.
A mutação para o Ting (50), o vaso cerimonial utilizado durante os rituais, que sela os momentos de grandes celebrações, acentua o grande cuidado e atenção.

4. A falta de peixes enfatiza a ausência de fertilidade e do elemento yin. Resta apenas a água e o tanque que os continha, ou seja, só as instalações ainda estão disponíveis, mas já não há colaboradores dispostos a ajudar. Nisso consiste justamente o infortúnio, pois quem se mantém afastado e sem auxiliares, está fadado ao insucesso.
A mutação para o Duplo Vento (57), cujo atributo é a suave penetração, assinala a maneira correta de proceder. Quem não conta com amigos ou colaboradores deve procurá-los. Se insiste em se manter distante não pode disseminar suas ideias.

3. A mobilidade que não está devidamente protegida dificulta toda atividade, e impede o avanço. Investir num poder de proporções tão maiores do que as capacidades de que se dispõe seria uma imprudência. Prosseguir sem estar em condições e sem ter como chegar ao objetivo, seria um risco inútil. Os sinais de perigo decorrem deste despreparo. Não convém se expor.
Porém ao ser detido, é obrigado a Resolver os Conflitos (6) que enfraquecem a sua posição. O fator que impede o avanço pode se converter em benefício, pois ao ser detido sem possibilidade de agir, evita cometer maiores erros.

2. Os peixes simbolizam a fertilidade; mas devem permanecer no seu próprio espaço, onde se sentem bem e sabem mover-se. Convém deixar as coisas como estão, sem aventurar-se adiante, nem aceitar favores. Evitar assumir compromissos que implicariam em abrir mão da sua autonomia. É preferível inclinar-se sobre as próprias reservas.
A mutação para a Retirada (33) mostra a estratégia a ser usada quando não há possibilidade de vencer as forças que avançam. No início do outono, o elemento yang deve retirar-se à sua própria morada, lá aonde é soberano. O recato e o recuo são recomendáveis.

1. A relação entre o freio interno e a atuação efetiva externa pode causar ansiedade. É necessário deter o veículo com um freio forte para que não avance, enquanto ainda é tempo. A falta de atenção diante de um perigo apenas visível pode causar estragos maiores. Precauções devem ser tomadas a respeito. O ímpeto ainda tênue deve ser orientado para não escapar ao controle.
A mutação para o Criativo (1) confirma que maior lucidez e firmeza são necessárias para conter o avanço de influências nocivas. Deve aceitar a diminuição do movimento e incluí-lo no processo criativo de longo prazo.

LAGO
TERRA

華

45 CUI

J. BLOFELD **Reunião**
W. DONGLIANG **Reunir**
A. HUANG **Juntando Pessoas**
C. JAVARY **Reunião**
R. WILHELM **Reunião**
R. WING **Congregando**

Nome e dinâmica.
O ideograma mostra uma profusão de plantas e ervas crescendo a partir de um alicerce firme. Transmite a ideia de pessoas ou propósitos que se associam com um mesmo objetivo. Este é um crescer bem enraizado. Os tufos de folhagens evocam também as colheitas, ou multidões reunidas, tudo aquilo que se associa sobre um fundamento comum: uma língua, uma tradição ou hábitos culturais. A base constitui a união e a força das famílias, das equipes e dos povos. Esta congregação se faz sentir na energia conjunta que emana do grupo.
Porém, as massas aglomeradas sobre um alicerce vigoroso conota também um aspecto de perigo potencial, pois pode fugir do controle. Todas as energias se juntam em volta das duas linhas yang, que devem orientá-las com pulso firme para não se descontrolarem e descambarem.
O lago acima da terra representa uma reserva de água acumulada, símbolo de um elo forte entre os seres. A água se amolda à terra onde repousa. A serena alegria do lago junto à devoção receptiva da terra ressaltam o poder da não violência que tantas vezes viabiliza aquilo que a resistência nunca conseguiria alcançar. A pretensão do domínio destrói a solidariedade. A junção das águas serenas evoca moderação. Esta Reunião madura propicia uma coesão fértil.
A figura evoca mundos internos abertos e disponíveis, o auscultar do silêncio interior receptivo próprio da terra. Sobre esta escuta atenta dá-se a abertura alegre do lago.

JULGAMENTO
A Reunião prospera. O rei se aproxima do seu templo.
É favorável ver um ser superior. Isso traz sucesso.
A perseverança é favorável.
Oferecer grandes sacrifícios traz boa fortuna.
É favorável empreender algo.

A Congregação tem uma dimensão profunda no tempo, pois liga o presente ao passado, e enfatiza o papel predominante das comemorações comunitárias. Na ótica chinesa, a herança ancestral celebrada em conjunto faz com que os seres prosperem, pois resulta ser fruto de uma aliança invisível entre céu e terra. A lembrança de todos aqueles que deixaram um legado na esfera visível da manifestação continua presente nos seus descendentes.
O dirigente que se aproxima do seu templo evoca a liderança-alicerce capaz de reunir as pessoas em volta do seu poder temporal. Diz um adágio chinês que o templo é do rei, se o rei souber se fazer do templo. O ser superior busca a sabedoria do mesmo modo que o homem se interioriza na sua morada, para melhor conhecê-la. Por isso, o grande potencial de sucesso contido neste contexto.
A aliança renovada no culto e no trabalho comum aporta sucesso e alegria, pois se apoia sobre bases concretas. A importância de vivências partilhadas contribui para ordenar os empreendimentos.
O poder catalizador da Reunião se enraíza nos alicerces profundos de si mesmo. O primeiro passo consiste em lograr a Reunião interna.
A capacidade de unir elementos diversos em volta de um organismo coerente comprova a habilidade da liderança. A necessidade de uma referência centralizadora de apoio

desperta adesão. A orientação inteligente exerce um poder de atração visando metas coletivas. Assim, formam-se elos afetivos, e as pessoas juntam-se de bom grado em volta dos pilares inamovíveis que lhes dão apoio e sustento.

COMENTÁRIO SOBRE O JULGAMENTO

Reunião significa juntar. Dedicado e alegre.
O firme encontra-se ao centro e é correspondido.
Por isso todos se juntam a ele.
O rei se aproxima do seu templo e apresenta as oferendas com devoção.
É favorável ver um ser superior. Isso traz sucesso.
A reunião se dá sobre bases corretas.
Oferecer grandes sacrifícios traz boa fortuna.
Ele segue os desígnios do Céu, observando como todos os seres se reúnem ao perceber a verdadeira relação entre céu e terra, e entre todos os seres.

IMAGEM

O lago acima da terra: imagem da Reunião.
Assim, o ser superior renova as suas armas
para enfrentar o imprevisto.

A concentração de águas que formam um lago requer atenção; é questão de se precaver contra inundações. A menção explícita de armas soa como um alerta. Estar pronto para corrigir qualquer falha, antes que aumente. Esta engrenagem de defesa deve ser renovada todos os dias, pois as concentrações de massas e as aglomerações constituem um perigo; podem degringolar rapidamente como o estouro de uma boiada. É muito importante não ser tomado de surpresa. O convívio confiante é a melhor arma para enfrentar os imprevistos.

O risco de rompimento devido ao acúmulo de águas é justamente a possibilidade latente na confluência de multidões incontroláveis. É arriscado abordá-las, por isso, os instrumentos hábeis de controle devem ser revistos sem cessar. O risco de uma infiltração indevida interrompe o bom desempenho de uma associação.

Quando o ser humano consegue guardar uma abertura interna e a alegria no trato externo, usufrui do convívio amistoso. Além de receptivo, ele torna-se comunicativo; o lago simboliza também a boca e a fala. A língua comum de um povo o une, possibilitando a compreensão. A junção de talentos dispersos em volta de uma ideia estabelece um eixo central poderoso. As verdadeiras reuniões só são plenamente realizadas quando se atinge um certo nível de maturidade.

Nuances energéticas

nuclear 53

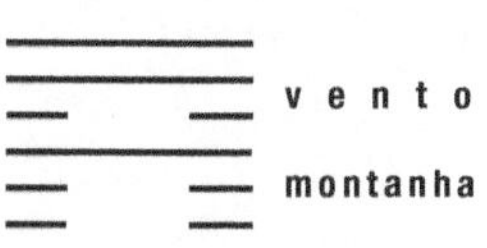

O Progresso Gradual (53) no cerne da Reunião assinala desenvolvimento lento, porém, constante, logrado do convívio diário. Uma união consolidada requer mútua fidelidade e, por isso, a verdadeira Reunião só se dá em total confiança.

oposto 26

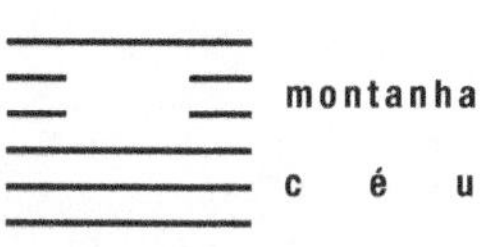

A dinâmica oposta, o Poder do Grande (26), denota um momento de criatividade que se prepara para entrar em ação com grande força. Ao contrário da Reunião que concentra, aqui se é chamado a realizações de porte, fora do âmbito habitual.

O céu anterior é o Poço (48) de onde brota a água necessária à vida, ressaltando o fato de que a fonte de Reunião entre os homens se encontra nas camadas mais profundas. Lagos só se formam sobre a terra aonde existe uma fonte a brotar.

6

Lamentos e suspiros, torrentes de lágrimas. Nenhuma falha.

Lamentos e suspiros, torrentes de lágrimas. Nenhuma falha. Não se sente tranquilo ao alto.

12

5

A Reunião realizada pela pessoa certa não implica em falhas. Se alguns ainda não confiam, será necessária uma elevada e constante perseverança. Os arrependimentos desaparecem.

Reunião realizada pela pessoa certa. Sua vontade ainda não brilha o suficiente.

16

4

Grande boa fortuna! Nenhuma falha.

Grande boa fortuna! Nenhuma falha, mesmo se a posição nada exige.

08

萃 45

3

Reunião entre suspiros. Nada que favoreça. Ir não envolve erro. Pequeno constrangimento.

Ir não envolve erro. Suavidade acima.

31

2

Deixar-se levar a uma Reunião traz boa fortuna. Não há falhas. Quando sincera, até uma pequena oferenda é bem recebida.

Deixar-se levar a uma Reunião traz boa fortuna. Não há falhas. O princípio centralizador não se modifica.

47

1

Se é sincero, mas não até ao fim, às vezes confuso, outras vezes se reunindo. Se você chama, as pessoas pensam que é brincadeira. Não lamente nada. Ir não envolve erro.

Às vezes confuso, outras vezes se reunindo denota confusão mental.

17

6. Quem não é capaz de se integrar ao grupo, sente-se desamparado e impotente, daí a tristeza do seu isolamento. Verte lágrimas por não ser compreendido, pois não se sente cômodo na alta posição que ocupa. Mas é justamente a tristeza pela Reunião perdida que possibilita a percepção dos erros cometidos. Esta conscientização não é falha mas, ao contrário, se converte numa oportunidade de aproveitar a solidão para interiorizar uma união consigo mesmo.
Ao alternar para a Estagnação (12), comprova que sozinho e triste, nada pode empreender a não ser voltar-se às próprias raízes e refletir sobre os seus fundamentos.

5. A pessoa certa para orientar a Reunião assume a posição de liderança. Só pode ocupar a posição central quem é capaz de atrair a adesão dos hesitantes com a sua dedicação. O dirigente deve dar provas da sua confiabilidade e dos seus propósitos elevados. Por isso, há tantos tronos vazios, sem ocupantes autênticos. A sacralidade da função só se espelha num líder quando ele se converte em fiel servidor de uma causa. A autoridade natural sempre acaba sendo reconhecida, mesmo se a princípio ainda não brilha o suficiente.
A mutação para o Entusiasmo (16) evidencia o ímpeto de adesão espontâneo e natural, o carisma atrativo do verdadeiro polo centralizador.

4. O poder catalizador da Reunião se manifesta, e tudo agrega à sua volta. Quando as condições para uma associação frutífera ocorrem, nada pode impedi-la. Aqueles que desejam se reunir participam voluntariamente e contribuem sem nenhuma exigência. Livrar-se dos aspectos menores que impediam a união é um sinal indiscutível de força que supera todas as possíveis falhas e propicia grande boa fortuna.
A mutação para a Solidariedade (8) ressalta uma aliança extremamente fértil, em que as águas caem sobre a terra, fecundando efetivamente tudo ao seu redor.

3. Os suspiros sugerem as dificuldades para realizar a Reunião, e exprimem a solidão em que se encontra. Mesmo se ainda não é aceito, deve tentar, pois a participação que tanto anseia ainda pode se dar. Insistir em entrar nessa associação talvez envolva constrangimentos; convém enfrentar estes inconvenientes sem pretensões e sem se impor. A suavidade acima pode implicar na intervenção de alguém que facilite a tão ansiada Reunião.
A alternância para a Atração (31) é eloquente: quando existe uma inclinação verdadeira e um grande desejo de união, não pode ser ignorado.

2. Quando a tendência à Reunião se manifesta cada vez mais clara, convém deixar-se levar por este apelo natural, pois supõe um chamado que lhe corresponde. Esta força de atração autêntica vai centrando o próprio ser. Se movido por um chamado sincero, não importa que a oferenda seja pequena, pois a intenção comprova o seu valor. Atender ao chamado intrínseco leva à realização plena.
A mutação para a Exaustão (47) adverte para o desânimo e o decorrente esgotamento que poderiam prevalecer caso insista em contrariar as tendências profundas.

1. A hesitação expressa uma divisão interna, causando atitudes ambíguas ou tendências duplas. A sinceridade que não persiste indica dúvidas. Quem hesita em reunir-se mostra que ainda desconhece o seu verdadeiro rumo. A resistência ao encontro e à integração faz com que não o levem a sério e, portanto, não respondam ao seu chamado.
A perspectiva do Seguir (17) assinala a busca do que lhe corresponde, a trajetória solitária que leva ao encontro consigo mesmo, no gradual aflorar da sua própria personalidade. O desafio consiste em estabelecer os vínculos essenciais.

TERRA

VENTO-MADEIRA

升

46 SHENG

J. BLOFELD **Ascensão (Promoção)**
W. DONGLIANG **Subir**
A. HUANG **Crescendo**
C. JAVARY **Crescimento**
R. WILHELM **Ascensão**
R. WING **Avanço**

Nome e dinâmica.
O ideograma original representa um alqueire, um medidor de cereais que sugere o processo de crescimento. A linha vertical firme à direita, que dá o impulso para erguer-se, evoca o desejo de ascender a um nível mais alto.
A dinâmica da madeira esforçando-se para varar a terra, de modo a desabrochar em ramagens ao alto, transmite o mesmo anseio de superação. Cabe fazer uma analogia com um grande desejo de conseguir vencer na vida.
O crescimento de todas as coisas exige primeiro, um enraizar em solo fértil, do qual retira a seiva para lograr sair do húmus escuro. Os alicerces profundos asseguram a estabilidade e, por isso, quanto mais alto se quer chegar, mais firmes devem ser os suportes. Trata-se de um crescimento orgânico, de ritmo lento que enfatiza a verticalidade; e esta exige um esforço a ser realizado em harmonia.
A subida sob pressão contínua pressupõe uma luta, pois só o estímulo perseverante consegue chegar à esfera superior. A vontade é a força condutora da Ascensão, associada à vitalidade inerente à natureza.
Aqui está em jogo uma férrea persistência intrínseca: a de um talo que, embora frágil, vai vencendo os obstáculos que encontra no seu caminho. Todo crescimento interno encerra numa luta árdua, ao se despojar das motivações mesquinhas que retardam o crescer.

JULGAMENTO

A Ascensão tem sublime sucesso.
É preciso ver o ser superior. Não tema!
A partida rumo ao sul traz boa fortuna.

A necessidade de procurar o ser superior quando uma força vital se manifesta sugere que este surgimento comprova capacidades reais e verdadeiras a serem incentivadas. A força de propulsão brota naturalmente; não pode ser simulada nem imitada, pois emana do conteúdo intrínseco do germe ali presente.
O sublime sucesso consiste do aflorar efetivo ao alto, culminando as suas raízes, ao atingir a maturação plena do seu próprio e mais íntimo ser. Ao amadurecer, a essência do fruto vai se abrindo. O sucesso da fonte é abrir caminho para que a água nela contida possa jorrar.
Para a China, o êxito não se refere unicamente a conquistas externas, porém, consiste muito mais em dar expressão aos próprios talentos inatos. Por isso, o sucesso é diferente para cada ser humano, pois cabe a cada um, a realização do cerne que é só seu.
Este ser superior tão preconizado em todos os textos do I Ching constitui o arquétipo do sábio presente na face mais nobre e harmoniosa de cada pessoa. Corresponde na realidade às profundezas imemoriais contidas em germe dentro de cada ser, e que ao mesmo tempo o transcendem. O conselho de buscar este ser superior interno se repete ao longo de quase todos os hexagramas, pois na realidade, ele tantas vezes jaz desapercebido, quase adormecido. E sem a cooperação vital dessa parcela maior não há evolução.`
Mais do que os obstáculos reais, deve-se livrar das preocupações infundadas que

prendem as iniciativas de crescer. Uma visão mais ampla obriga a dar forma objetiva às ambições coerentes que emanam das habilidades intrínsecas. O vislumbre de panoramas mais amplos ajuda o processo de consentimento em galgar novas alturas, sem temores. Crescer é des-cobrir a própria autonomia. Em última instância, a Ascensão seria o re-encontro consigo mesmo. E a partida rumo ao sul, da perspectiva chinesa, significa trilhar o caminho em direção ao sol, sair do obscuro e voltar ao calor e à luz. Este é exatamente o caminho buscado pelo pequeno talo ainda subterrâneo, ávido por crescer.

COMENTÁRIO SOBRE O JULGAMENTO

O maleável pressiona para ascender.
No devido momento, de modo suave e com devoção.
O firme encontra-se ao centro e é correspondido,
e alcança grande sucesso.
É preciso ver o ser superior. Não tema, pois aporta bênçãos.
A partida rumo ao sul traz boa fortuna.
Sua vontade é realizada.

IMAGEM

A madeira cresce no interior da terra: imagem do Ascender.
Assim, o ser superior, em sua abnegação,
acumula pequenas coisas para alcançar o elevado e sublime.

A constância no propósito de Ascender é a mola propulsora que incita o movimento deste contexto. Quem hesita no seu rumo não alcança grandes alturas. O processo de Crescimento implica em metabolizar todas as pequenas coisas, e os nutrientes ingeridos dia a dia, aportam, todos eles, a sua parcela de contribuição.

Quem não presta atenção às pequenas falhas, termina acumulando defeitos maiores, que às vezes redundam em catástrofes. As pequenas tarefas enaltecem, e preparam terreno para os voos de maior alcance. A verdadeira busca ocorre silenciosa e imperceptível de fora, em cada pequena curva do caminho. De passo em passo, vão se acumulando as práticas que estimulam essa jornada difícil de aprimoramento.

O grande carvalho à beira da estrada revela o sentido do verdadeiro Crescer: deitar raízes no interior da terra, pequeninas e múltiplas, para lograr elevar-se à altura dos céus.

Nuances energéticas

nuclear 54

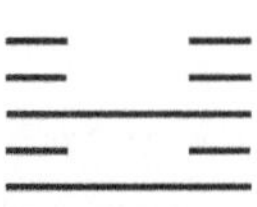

trovão
lago

No núcleo do crescimento encontra-se o Casamento com a Caçula (54) que representa uma aliança extremamente fértil, porém, que exige esforço. Os elos que se concretizam através da firmeza em suplantar barreiras encerram a promessa do florescer.

oposto 25

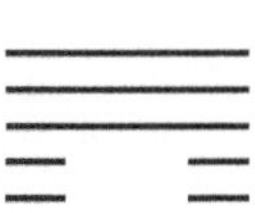

céu
trovão

A resposta imediata e Espontânea (25), que também encerra a conotação do inesperado, aponta para uma dinâmica diametralmente oposta ao crescimento pausado e consciente, que vai vencendo cada etapa com esforço.

O céu anterior é a Verdade Interior (61) cujo centro vazio denota uma grande abertura receptiva. Sem nada ocultar, a sinceridade e disponibilidade são absolutas. A verdade é a condição primeira dos impulsos intrínsecos.

6 — —

Ascensão no meio das trevas.
Uma perseverança tenaz é favorecida.

Ascensão no meio das trevas até à posição mais elevada.
Acima a sua riqueza diminui.

18

5 — ○ —

A perseverança conduz à boa fortuna.
O Crescimento se dá por etapas.

A perseverança conduz à boa fortuna.
O Crescimento se dá por etapas.
O que almeja é plenamente alcançado.

48

4 — —

O rei apresenta oferendas no monte Ji.
Boa fortuna. Nenhuma falta.

O rei apresenta oferendas no monte Ji.
Esta é a atitude da devoção real.

32

升

46

3 ——

Ascendendo no interior de uma cidade vazia.

Ascendendo no interior de uma cidade vazia.
Não há motivo para hesitar.

07

2 ——

Quando se é sincero,
é favorável trazer mesmo uma pequena oferenda.
Nenhuma falha.

A sinceridade da mutação da segunda linha traz alegria.

15

1 — □ —

O Crescimento confiante traz grande boa fortuna.

O Crescimento confiante traz grande boa fortuna,
pois os que estão acima concordam em suas metas.

11

6. Subir entre trevas patenteia a impossibilidade de ver um caminho claro. No momento em que se alcança a posição mais elevada, aparece um novo desafio: o caminho chega ao fim, sem perspectivas. Poder-se-ia fazer uma analogia com os picos das montanhas envoltos em neblina. A culminância de qualquer situação representa o momento crítico em que as forças começam a diminuir. A coragem permite que este confronto com o declínio seja positivo.
A perspectiva do Reparo (18) induz a uma reavaliação de todo o trajeto percorrido. Um trabalho regenerativo deve ser feito para não perder os benefícios alcançados. Prevendo a diminuição impreterível, é questão de tentar desobstruir o caminho após o apogeu.

5. A Ascensão tão ardentemente desejada e trabalhada passo a passo com tanta dedicação, alcança agora a sua mais elevada expressão. Por isso, sabe voltar-se à fonte de onde jorra o seu crescer. Essa conscientização profunda se traduz na calma perseverança que comanda o Avanço. O esforço contínuo garante o êxito do empreendimento.
A subida paulatina só foi possível graças à confiança depositada no conteúdo cristalino do Poço (48), ou seja, nas próprias reservas internas. Estas forças invisíveis alimentam a escalada, apoiando todas as etapas do crescimento.

4. A apresentação das oferendas na montanha sagrada do oeste chamada Ji simboliza ultrapassar as meras ambições pessoais para dedicar-se a desígnios elevados que também beneficiem aos companheiros. Este maior crescimento almejado consiste de uma tarefa digna da realeza. O mais sagrado legado é o dom da vida humana e das suas capacidades naturais. Por isso, é obrigação elevar a sua vocação intrínseca ao máximo aprimoramento.
Esta é uma tarefa de longa Duração (32), talvez de uma vida inteira. A analogia com a subida da montanha denota esta aliança inabalável que vai se desdobrando no decorrer do longo caminhar.

3. Portas abertas e acolhidas fáceis sinalizam um avanço sem tropeços. O símbolo da cidade vazia que não oferece resistência à sua chegada pode ser perturbador, mas na realidade não há motivo para desconfiança. O vazio interno denota pureza de intenções e possibilidades inéditas de crescimento. Os processos interiores estão sendo resgatados. Convém explorar a cidadela agora vazia nos seus recantos recônditos, para vislumbrar novas oportunidades.
A alternância para as Forças Coletivas (7) enfatiza a fertilidade invisível, porém, já presente nas águas subterrâneas contidas no âmago da terra. É questão de chamá-las à tona.

2. A sinceridade límpida e direta faz com que mesmo uma pequena oferenda seja bem recebida. O valor de um presente repousa na intenção carinhosa do doador, muito mais do que na sua mera riqueza material. Este é o momento para despreocupar-se com as sofisticações externas. A franqueza supera qualquer formalidade, o que realmente conta é a amizade e a alegria de dar.
A mutação para a Modéstia (15) mostra que até a mais simples oferta se reveste de valor e evidencia as boas intenções.

1. O ciclo da Ascensão se abre através de um trabalho humilde e lento, porém, já consciente das suas possibilidades. Apesar de não ser ainda percebida, – encontra-se oculta no seio da terra –, já traz em si o germe da boa fortuna futura. Imperceptícel, anônima e modesta, não faz alarde das suas intenções de subida, porém, confia na sua capacidade de penetração. Se a sua tenacidade ainda não se manifesta, nem por isso é menos forte.
A mutação para a Paz (11) confirma as possibilidades intrínsecas. Confiante, perseverante e silenciosa, já antevê o crescimento. Essa primeira etapa simboliza os sinais da primavera apenas perceptíveis para os mais atentos, prefigurando o novo florescer.

L A G O
Á G U A

47 K'UN

J. BLOFELD **Adversidade (Cansaço)**
W. DONGLIANG **Esgotamento**
A. HUANG **Exaustivo**
C. JAVARY **Exaustão**
R. WILHELM **Opressão (Exaustão)**
R. WING **Adversidade**

Nome e dinâmica.
O ideograma-título mostra uma árvore dentro de uma cerca, completamente impedida e sem saída. Imagem de uma tensão opressiva que esgota as forças e causa um cansaço extremo é análoga à árvore aprisionada, com o seu florescer vital bloqueado. Todo o movimento para. Este momento penoso exige um enorme esforço para escapar de riscos maiores como o ressecamento e até a finitude.
O vazamento das águas do lago transmite a mesma ideia de perda de energias. Se este consumo continua, tudo se esvazia e seca. Elemento vital, a água que se esvai inibe a possibilidade de vida. Toda a dinâmica deste contexto vai no sentido de estancar o esvaziamento.
Quando as quatro direções estão bloqueadas, só resta seguir as gretas das águas escoadas para o âmago da terra, e aprender a extrair das profundezas. Se é obrigado a enveredar pelas veias subterrâneas, seguindo as sendas aonde ainda restam traços de umidade. O encontro de uma fonte contendo essa preciosa água interna ocorre na próxima etapa, quando então a água é novamente trazida à tona.
As imposições exacerbadas restringem todos os movimentos. É essencial compreender o processo físico relativo à Opressão: não podendo transpor uma barreira, como fazer para contorná-la, ou para estancar a perda energética? A saída reside justamente numa perseverança tenaz aliada à coragem de enfrentar o problema. A condição difícil exige um esforço redobrado.

JULGAMENTO

Exaustão. Sucesso. Perseverança.
O ser superior promove a boa fortuna. Nenhuma falha.
Não dão crédito às suas palavras.

Apesar dos condicionamentos desfavoráveis extremos do momento, o ser superior não perde a coragem. O perigo maior consiste em deixar-se abater pelas opressões externas. Ao se exaurir, poderia drenar também a alegria que é o atributo principal da vida.
A barreira interna talvez seja a mais difícil de transpor, – não ceder à ansiedade nem ao desespero, mesmo quando sequer acreditam nas suas palavras. Incompreendido pelo seu meio, é melhor manter silêncio. Ter o valor de enfrentar as críticas, sustentando os seus pontos de vista. Diante de tão drástica adversidade, só resta fazer, em surdina, por onde seja possível mais tarde resgatar a credibilidade.
Estando bloqueados os caminhos externos, só resta a interiorização. Se as águas representam o perigo e o abismo, é questão de aprender a jorrar entre desfiladeiros sem se machucar, fecundando e trazendo vida. A única maneira de vencer o impasse é sair atrás do fluxo das águas, para recuperá-las. Todos os mitos de heróis apontam no mesmo sentido: enveredam pelas trevas ou pelas florestas escuras, em labirintos ou infernos, para resgatar algo de extremamente precioso.
A adversidade obriga a uma redescoberta, descortina valores aninhados e esquecidos. As crises desnudam, e desmascaram. Mas nunca cai sobre uma pessoa uma carga maior do que ela possa sustentar. O grande ensinamento deste contexto é que até

épocas de adversidade podem conduzir ao sucesso, quando recaem sobre um ser superior: converter a Opressão em sucesso pressupõe uma alquimia.

COMENTÁRIO SOBRE O JULGAMENTO

Exaustão. O firme está aprisionado.
Encare o perigo com alegria.
Só o ser superior é capaz de ser oprimido
sem perder a capacidade de alcançar o sucesso.
Perseverança. O ser superior promove a boa fortuna
pois ele é firme e ocupa a posição central.
Não dão crédito às suas palavras.
Quem atribui importância às palavras cai na exaustão.

IMAGEM

Não há água no lago: imagem da Exaustão.
Assim, o ser superior compromete a sua vida
para atingir o que aspira.

Sob o lago abre-se um abismo, e por ele a água escorre. Quando algo ocorre sem que possamos evitar, convém reconhecer que este é um bloqueio intransponível para não desgastar as poucas energias restantes batendo em portas fechadas. Uma vez aceita a inevitabilidade da opressão, é questão de não medir esforços para superá-la, permanecendo fiel aos seus princípios. Este compromisso não pode ser abandonado, em hipótese alguma.

A Opressão implica num teste de caráter. O único risco verdadeiro é o de desistir, pois se perde a motivação e os ideais, termina efetivamente no fundo de um fosso seco. Enquanto a vontade permanecer firme, evita o colapso de forças.

Os atributos dos dois trigramas que compoem este contexto mostram a atitude a ser tomada quando se é confrontado com um tal impasse: a água se amolda ao terreno e continua seu fluxo ininterrupto, até preencher todas as lacunas. E a alegria serena do lago não se deixa abalar, buscando no reflexo das suas profundezas as causas da opressão vigente. Ambos voltam-se para baixo, numa dinâmica de concentração que elucida e ensina, ao mesmo tempo em que restaura as forças enfraquecidas.

Nuances energéticas

nuclear 37

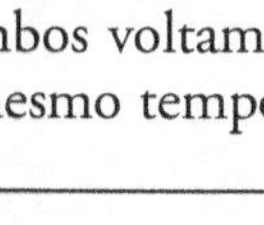

vento

fogo

A Família (37) encontra-se no cerne da Exaustão, pois a ela se recorre em épocas de ameaças e perigos. O núcleo familiar abriga e reconforta nos piores momentos. Aí se encontra a verdadeira morada, onde se é nutrido e se pode repousar em confiança.

oposto 22

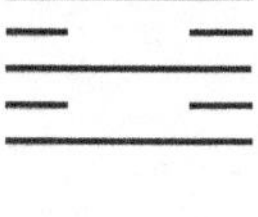

montanha

fogo

A dinâmica oposta é a Beleza (22) fruto de um aprimoramento interno luminoso. Sendo a Beleza a adequação do fundo à forma, durante as épocas de Exaustão esta harmonia é perdida, pois se trata da própria subsistência.

O céu anterior é a Solidariedade (8) pois a dificuldade extrema só pode ser superada mediante a união com os seus pares. As águas que caem sobre a terra, fertilizando-a, apontam para um alívio de tensões e, ao mesmo tempo, voltam a preencher o lago.

6

Detido por trepadeiras, movimenta-se com insegurança
e diz: "o movimento causa remorsos."
Caso se arrependa e comece a agir, boa fortuna.

Detido por trepadeiras, não atua da maneira adequada.
O movimento causa remorso.
O avanço promove a boa fortuna.

06

5

Nariz e pés amputados. A Opressão provém
das joelheiras púrpuras. A alegria chega lentamente.
É favorável oferecer dádivas cerimoniais.

Nariz e pés amputados. Ainda não alcança o que deseja.
A alegria chega lentamente, pois denota retitude e é central.
É favorável oferecer dádivas cerimoniais.

40

4

Ele vem muito lentamente, exausto,
numa carruagem dourada. Desconforto.
Ainda assim, a meta é atingida.

Ele vem muito lentamente, sua vontade voltada para baixo.
Conta com companheiros embora a posição não seja adequada.

29

3

Exaustão entre pedras, se apoia em cardos e espinhos.
Entra em sua casa e não vê a esposa. Infortúnio.

Apoia-se em cardos e espinhos, repousa sobre uma linha rígida.
Entrar em sua casa e não ver a esposa anuncia infortúnio.

28

2

Oprimido diante do vinho e da comida.
Eis que chega um funcionário de roupas vermelhas.
É favorável fazer oferendas.
Avançar traz infortúnio. Nenhuma falha.

Oprimido diante do vinho e da comida.
Ocupa a posição central e tem motivo para congratular-se.

45

1

Ele se senta, exaurido, debaixo de uma árvore seca
e mergulha num vale sombrio.
Durante três anos nada vê.

Ele mergulha num vale sombrio.
Encontra-se na escuridão e não na claridade.

58

6. Poderia desvencilhar-se da Opressão, pois os laços que ainda o detêm são fracos, como trepadeiras. Porém, hesita em movimentar-se com firmeza porque ainda está condicionado pelo peso opressivo que o manteve preso durante tanto tempo. Fala em remorso, mas enquanto não conseguir superá-lo, não pode avançar livremente.
A alternância para o Conflito (6) mostra que as dúvidas ainda persistem, e restringem os movimentos. Por isso, age de modo inseguro. Precisa vencer estas dúvidas dando passos decididos no sentido positivo.

5. Oprimido por altos funcionários de chefia (costumavam usar joelheiras púrpuras), impedido de caminhar e de agir, (símbolo do nariz e pés cortados), só pode recorrer à própria força. Mesmo sem ajuda, continua calmo e descontraído, como quem oferece cerimônias rituais. Esta atitude confiante e equilibrada é a que propicia a chegada da alegria.
Quem aprende que a saída das opressões se encontra na força interna, logra a Liberação (40) . Quando todos os recursos se exaurem, confia no próprio valor.

4. Utiliza um veículo impróprio, demasiado opulento para a posição que ocupa. Esta inadequação causa desconforto e cansaço, por isso seu avanço é tão lento. Mesmo assim, continua se preocupando com os subalternos e os companheiros. Como não os abandona, estes por sua vez retribuem a sua amizade, e o ajudam. Pode contar com esse apoio, por isso acaba alcançando os seus objetivos.
A mutação para a Dupla Água (29) assinala perigos internos e externos que o assolam ao mesmo tempo, numa marcha duplamente prejudicada. Só uma grande força de vontade consegue vencer tantos impedimentos juntos.

3. Por mais que queira sair da situação de risco na qual se encontra, ainda não é possível. Como não conta com apoios adequados, busca ajuda sobre falsos alicerces, simbolizados pelas pedras, cardos e espinhos perigosos que o cercam. Porém, mesmo sem nada poder empreender, já tem um vislumbre claro da situação em que se encontra. Não ver a esposa significa não encontrar a contraparte yin para suavizar a situação, e reconfortá-lo. Nem na própria casa acha amparo.
A mutação para o Grande Acúmulo (28) enfatiza uma tensão sufocante e um peso excessivo para as suas capacidades. Deve procurar um auxílio para essa situação tão opressiva.

2. Estar abatido diante do vinho e da comida significa que nada lhe falta, sendo a carência de ordem interna. A chegada inesperada de ajuda externa (os altos funcionários se vestiam de vermelho) indica um incentivo para começar a atuar. As oferendas, assim como a comida e o vinho, apontam para uma recuperação interna e esta é portanto uma etapa preparatória. Ainda não tem suficientes forças para avançar.
A alternância para a Reunião (45) em que as águas se juntam acima da terra, constituindo uma reserva, indica que a recuperação já está a caminho.

1. Durante um ciclo curto de tempo – simbólicos três anos –, sofre uma grande opressão. Abatido e sem forças, não consegue ver claro e continua vencido pela Exaustão, sem vontade de seguir caminho. Deve poupar as últimas energias restantes, pois não encontra ajuda à sua volta, onde também reina a desolação. A escuridão e o ambiente sombrio evidenciam cegueira interior.
A mutação para o Duplo Lago (58) conota a extrema dificuldade dessa posição: no fundo do segundo lago aonde agora se encontra, tudo está obscuro. A primeira providência a ser tomada é tratar de ver com maior clareza.

Á G U A

VENTO -MADEIRA

井

48 JING

J. BLOFELD **Um Poço**
W. DONGLIANG **O Poço**
A. HUANG **Reabastecendo**
C. JAVARY **Poço**
R. WILHELM **O Poço**
R. WING **A Fonte**

Nome e dinâmica.
O ideograma mostra uma repartição de terras em nove parcelas em volta de um Poço central. Essa imagem ideogramática é muito antiga na China, um legado das organizações tribais quando o terreno era repartido em nove partes. O lote central que continha o Poço era atribuído ao dirigente da comunidade, simbolicamente aquele que devia suprir a todos. Este ponto de reunião concentrava as famílias e os feudos à sua volta, enquanto centro de fertilidade.
A ideia central deste hexagrama é de uma inesgotável dádiva de vida e fertilidade. Poços são essenciais, pois permanecem sempre, enquanto os governantes e os povos passam. Essa continuidade que perdura enfatiza uma necessidade primordial, pivô da vida coletiva.
A figura da madeira que extrai a água das profundezas se aplica tanto aos baldes de madeira usados antanho para retirar água do Poço, assim como às árvores cujas raízes extraem a água do fundo da terra, o acesso a uma reserva intangível representa a fertilidade profunda e invisível.
A utilidade do Poço é inquestionável. Encontrar uma fonte implica na própria subsistência. Este lugar de Reabastecimento primordial não é obra humana, porém, dádiva da natureza, sendo por todos prezada, e preservada com esmero.
Depender do céu não é suficiente, mas deve-se também contar com a terra e com o aporte do próprio esforço. O Poço é sinal indubitável da presença humana e da sua atividade inventiva: as civilizações emanam do trabalho de interação criativa com a natureza. A Fonte que perdura, – através de todas as outras finitudes e apesar delas –, reflete aquilo que de mais profundo cada ser possui.

JULGAMENTO
O Poço. Pode-se mudar uma cidade, mas não um Poço.
Este não diminui, nem aumenta.
Todos vêm e vão, recolhendo do Poço.
Quando quase se chega à água, mas a corda não a atinge
e o balde quebra, infortúnio.

As Fontes inamovíveis são dádivas da natureza, e a sua existência independe do arbítrio humano. A ele cabe apenas descobrir onde se encontram as suas águas férteis e, uma vez descoberta a fonte de vida, mantê-la então sempre ativa. Também não se pode modificar o conteúdo de um Poço, porém, apenas extrair dele aquilo que espontaneamente oferece. Sua posição ao centro do espaço habitado faz alusão ao líder, reconhecido pela sua habilidade de inspirar aqueles que o seguem, pois sabe infundir coragem nos empreendimentos coletivos e promover a mútua cooperação. Só uma personalidade excepcional tem a capacidade de organizar empreendimentos em volta das predisposições naturais que tecem elos de união.
Gerações sucessivas se servem das águas da mesma Fonte, como um elo indissolúvel formando vínculos profundos. A profundidade do Poço é sinal evidente de que só no fundo de nós mesmos se encontra a essência verdadeira. Extrair dele não diminui o conteúdo, mas o renova.
As fontes denotam um acúmulo de atributos yin, – permanecem imóveis e receptivas,

atraindo a convergência dos seres e doando sem cessar. Perdas e ganhos não as afetam, pois continuam a emanar, generosas, saciando a sede de todos os que se lhe aproximam. Não basta ter acesso a uma fonte, mas também saber tirar proveito do que ela tem a oferecer, repartindo benefícios. De nada adianta possuir um bem escondido, sem comparti-lo com os companheiros.
O texto assinala, através de metáforas, as fraquezas que tantas vezes impedem o acesso às Fontes generosas. Os instrumentos que permitem essa disponibilidade devem ser muito cuidados e estar sempre em perfeito estado, prontos para serem usados. Uma corda curta ou manejada com impaciência não logra chegar ao fundo, nem os cântaros frágeis e indecisos, que tão facilmente se quebram. O Poço nasce da verdade coletiva da humanidade e implica na solidariedade entre os homens.

COMENTÁRIO SOBRE O JULGAMENTO

Penetrar na água e trazê-la à tona indica um Poço.
O Poço supre e abastece e não se esgota.
Pode-se mudar uma cidade, mas não um Poço,
pois está ao centro e denota firmeza.
Quando quase se chega à água, mas a corda não a atinge,
nada se alcança. Se o balde quebra, infortúnio.

IMAGEM

Água sobre a madeira: imagem de um Poço.
Assim, o ser superior incentiva o povo no seu trabalho
e o exorta ao mútuo auxílio.

A água do Poço enfocada como processo orgânico denota os caules das plantas extraindo umidade e levando-a às suas extremidades, sem que haja nenhuma interrupção no fluxo da seiva, – das raízes às ramagens e à maturação dos frutos.
A analogia com o incentivo ao trabalho comunitário aponta para a fertilidade que interliga os que usufruem de um mesmo Poço em bom funcionamento, a todos abastecendo, pois cada risco individual de seca pressupõe uma ameaça coletiva.
A descoberta da fonte enquanto função prioritária abre passagem para uma comunicação desobstruída. Seria árduo, se não impossível, cavar e manter um Poço sozinho, por isso, as famílias se unem num trabalho de extração conjunto. A ajuda recíproca é fundamental. Em última instância, um Poço em funcionamento significa união.

Nuances energéticas

nuclear 38

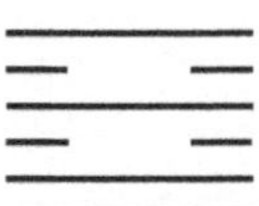

fogo
lago

Para chegar à fonte de água pura contida no cerne da natureza, é preciso integrar as Oposições (38) que porventura ainda subsistam. As tendências contrárias representam reservas de fertilidade para quem delas sabe extrair o conteúdo.

oposto 21

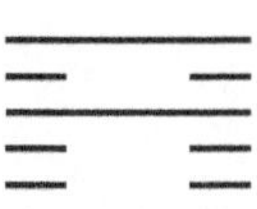

fogo
trovão

A dinâmica do Poço, voltado às fontes subterrâneas, representa o movimento oposto ao Morder (21) através dos empecilhos ou das agressões. Neste caso, é questão de voltar-se para fora, preparando-se para um enfrentamento necessário.

O céu anterior é a Aproximação (19), momento que demarca o ano novo chinês, nos festejos do início de cada ciclo de primavera. Duas linhas yang impulsionam um movimento vigoroso, espalhando a umidade subterrânea como seiva da vida, quando as plantas voltam a crescer.

6 — —

Retira-se a água do Poço sem impedimentos.
Pode-se confiar nele. Suprema boa fortuna!

A suprema boa fortuna na posição mais elevada significa uma grande realização.

57

5 ——— ○

No Poço há uma nascente límpida e fresca da qual se pode beber.

Bebe da nascente límpida e fresca, pois ocupa a posição central e correta.

46

4 — —

O Poço está sendo revestido. Nenhuma falha.

O Poço está sendo revestido. Nenhuma falha, pois esta sendo renovado.

28

井

48

3 ———

O Poço é limpo, mas não se bebe dele.
Meu coração fica triste, pois dele poderia usufruir.
Se o rei fosse lúcido, receberia bênçãos.

O Poço é limpo, mas não se bebe dele.
Esta é a tristeza dos que por ele passam.
Rogam para que o rei seja lúcido e reparta benefícios.

29

2 ———

Atira-se nos peixes no fundo do Poço.
O cântaro quebrado está vazando.

Atira-se nos peixes no fundo do Poço.
Ninguém o acompanha.

39

1 — —

Não se bebe a água barrenta do Poço.
Nem os animais vêm a um Poço velho.

Não se bebe a água barrenta do Poço, pois o nível das águas está baixo. Nem os animais vêm a um Poço velho, abandonado no decorrer do tempo.

05

6. As dificuldades de acesso e de comunicação desaparecem e agora, na culminância deste processo, todos podem se servir dessa fonte inesgotável sem restrições, segundo a sua necessidade. A confiança nessa fonte que supre aos que dela se aproximam é primordial para que continue sendo utilizada. Aí está, disponível para todos. O efeito da difusão dos seus benefícios se espalha livremente, em grandes realizações.
A perspectiva do Duplo Vento-Madeira (57) vem reforçar o sentido de difusão e de penetração em todos os recantos, até os mais recônditos. De modo suave e constante, alcança a suprema boa fortuna.

5. Finalmente se pode usufruir de uma revitalização saudável e vigorosa. A sede é plenamente saciada através da própria iniciativa. Esta é a coroação dos esforços de um trabalho perseverante. Chega ao comando dos recursos disponíveis e sabe utilizá-los corretamente, pois se posiciona de maneira equilibrada e centrada. Maturidade é a descoberta da sua própria autonomia, é saber aplicar os meios de que se dispõe com sabedoria.
Chega o momento de poder crescer em todos os âmbitos. Esta Ascensão (46) merecida, fruto de um lento e laborioso esforço, faz emergir enormes benefícios.

4. O revestimento do Poço representa uma fase de transição na qual seu funcionamento é suspenso para reformas, com o intuito de aprimorar suas atividades. O revestimento o fortalece. A restauração das paredes de um poço é um trabalho interno, de íntima constituição, um recolhimento temporário para avaliação e uma subsequente reformulação para melhor aproveitamento futuro.
Quando há um Grande Acúmulo (28), convém fortalecer toda a estrutura através de suportes eficientes, para dar início a um novo ciclo. Este trabalho de depuração interna é valioso, pois consolida a sua utilidade.

井

48

3. Tudo está pronto, mas mesmo assim não é utilizado; este é um grande desperdício. A insensatez se evidencia quando está preparado e capacitado para atuar, dispõe de todos os meios, mas fica parado, e nada faz. A tristeza provém desta oportunidade perdida. Só resta rogar para que a lucidez volte, e se comece logo a usufruir os benefícios que esta Fonte poderia proporcionar.
O Duplo Perigo (29) enfatiza o medo paralisante que impede de atuar de maneira eficaz, mesmo quando está perfeitamente apto. Deve enfrentar a situação sem temer mostrar a sua capacidade.

2. A fonte não está sendo usada para fins produtivos, ou cai em desuso, por isso o conteúdo é desperdiçado, ou se perde. Seria uma pena esbanjar talentos que poderiam estar sendo melhor aproveitados. Não está trabalhando todo o potencial. Ninguém acompanha aquele que negligencia as suas oportunidades e que não explora as próprias possibilidades.
A perspectiva do Obstáculo (39) acentua os impedimentos na utilização plena dos meios disponíveis. A falha deve ser descoberta e reparada sem tardar.

1. As águas se estagnam num poço não utilizado e tornam-se turvas. Essa advertência sugere um cuidado extremo em todas as facetas do nosso ser, sem negligenciar nenhuma delas. Não permitir que as carências tornem as águas opacas. Não só o trabalho de manutenção, mas a utilização constante é primordial para que as ideias se renovem em intercâmbios fecundos.
A mutação para a Espera (5) evidencia o acesso à fonte prejudicado, ao ser conservado latente, sem uso. Essa advertência sugere não adiar esta disponibilidade.

L A G O
F O G O

革

49 GE

J. BLOFELD **Revolução (Couro, Pele)**
W. DONGLIANG **A Revolução (O Couro)**
A. HUANG **Abolir o Antigo**
C. JAVARY **Revolução**
R. WILHELM **Revolução**
R. WING **Mudando**

Nome e estrutura.
O ideograma mostra o couro de um animal estendido sobre três estacas horizontais. O couro extraído indica uma renovação de pele, símbolo de transformação radical de atitude, pois esfolar a pele corresponde a trocar de função, a destituir uma pessoa de um cargo ou rejeitar velhos conceitos, apontando para uma mudança brusca. E essa modificação óbvia não passa desapercebida: todos a notam, pois constitui o início marcante de uma nova fase.
O fogo interno ilumina e incentiva essa renovação, no seu ardente anseio de prevalecer. Esta tendência vê-se contrariada pela serenidade conservadora do lago sedimentado em suas bases, cuja dinâmica se inclina a manter as coisas como estão. A oposição de forças mostra que a mudança radical não pode ser implantada sem grandes lutas. Velhos conceitos relutam em serem substituídos e se apegam às suas prerrogativas, tentando aniquilar o novo insurgente.
A revolução começa pelo nítido vislumbre de ideias acesas em chama ardente, na percepção de inovações possíveis. O anseio revolucionário vai ganhando forças, tornando-se cada vez mais nítido, até ser claramente reconhecido por todos, transparecendo até através do lago que o tenta abafar. Não se trata de tentativas arriscadas e temerárias, porém, de permanecer firme na posição de insurreição, até enraizar os consensos na necessidade premente de reforma. Saber gerenciar cada parcela de terreno adquirido contribui para o sucesso da revolução.
Por mais dolorosas que sejam, as reformas são necessárias no decorrer do tempo.

JULGAMENTO
A Revolução. No dia certo lhe darão crédito.
Supremo sucesso, favorecido pela perseverança.
O arrependimento desaparece.

No seu momento apropriado, e somente então, quando estiver bem preparado e se as condições forem propícias para enfrentar uma Revolução radical, – será possível realizá-la. Embora a lucidez interna afirme o desejo de reforma, o texto alerta para a adequação à condição oportuna, ressaltando algo que vai se tornando necessário no decorrer do tempo. Só então o seu clamor é ouvido e lhe dão crédito. Seria inútil agir antes do momento apropriado.
Quando a Revolução estoura, parece súbita, porém, na realidade a sublevação resulta de uma decantação que já vem se forjando há muito tempo. Só o sábio plenamente atento percebe os seus primeiros sinais, quando ainda não são evidentes; e sabe esperar a ocasião propícia para manifestá-la.
A hora da eclosão da revolta deve ser escolhida com extremo cuidado para que não fracasse. Este instante justo se evidencia de repente, e saber discerni-lo exige uma percepção aguçada, assim como habilidade oportuna para agir. O texto não dá nenhum indício de fortuna ou infortúnio, sugerindo portanto que tudo depende da adequação às exigências de cada momento.
A iniciativa de Abolir o Antigo resulta vitoriosa quando repercute o desejo das massas e vai ao encontro de reivindicações justas e inadiáveis, até então contrariadas. Revolução só termina em êxito quando apoiada sobre verdadeiras necessidades.

COMENTÁRIO SOBRE O JULGAMENTO

Revolução: água e fogo subjugam um ao outro.
Duas filhas moram juntas, mas não se entendem. Isso se chama revolução.
No dia certo lhe darão crédito.
Quando a revolução irrompe, encontra confiança.
A inteligência iluminada concede alegria.
Um grande sucesso chega através da justiça.
Como a revolução é correta, o arrependimento desaparece.
O céu e a terra geram a revolução e se renovam,
e assim as quatro estações se completam.
T'ang e Wu realizaram revoluções e incentivaram o novo.
Obedeceram aos desígnios do céu e ao desejo dos homens.
A época da Revolução é verdadeiramente grande!

IMAGEM

Fogo no meio do lago: imagem da Revolução.
Assim, o ser superior organiza o calendário
e marca com clareza a passagem das estações.

O fogo aceso abaixo sobe com grande poder e com lucidez suficiente para culminar o grito revolucionário proclamado pela boca, um outro símbolo da abertura do lago. O clamor veemente de vozes indignadas exige o fim de um estado de decadência, pois a Revolução só tem sucesso se corresponder a uma necessidade real.
Na antiga China a organização do calendário se revestia de importância primordial para detectar as exigências do tempo e, assim, o momento certo de tomar medidas prementes como uma insurreição. A precisão do calendário sempre foi considerada imprescindível para discernir a melhor hora de agir, pois cada nova partida indica uma ruptura. A data escolhida para o Ano Novo varia segundo os parâmetros vigentes e uma mudança importante pressupõe uma alteração de calendário, re-inaugurado a cada novo mandato.
Quando já não resta nenhuma dúvida, todos acolhem a Revolução de bom grado. Clareza e alegria são requisitos necessários para conquistar a confiança do povo, cujo apoio é indispensável para iniciar uma Revolução.

Nuances energéticas

nuclear 44  **céu / vento**

Ir ao Encontro(44) das inovações radicais condiz com a resolução corajosa de se aproximar das forças necessárias para lograr propósitos revolucionários. Só pode ir adiante na sua ousadia quando tudo está perfeitamente claro à sua frente, – alusão às cinco linhas yang.

oposto 4 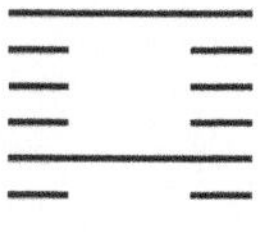 **montanha / água**

A dinâmica oposta à Revolução resoluta e segura das inovações desejadas é a Inexperiência (4), quando tudo está ainda nos primórdios e requer disciplina. Aqui é questão de aprender e de seguir com dedicação as diretrizes de uma orientação firme.

O céu anterior é o tempo de preparação e Espera (5) natural que alimenta e fortalece o desejo revolucionário. Em se tratando de transformações radicais, sempre convém dar um tempo de amadurecimento até que a ocasião seja propícia para efetivar a renovação.

6 — —

O ser superior muda como uma pantera.
O ser inferior muda na face. Partir traz infortúnio.
Permanecer perseverante traz boa fortuna.

O ser superior muda como uma pantera.
Suas marcas brilham com elegância.
O ser inferior muda na face e segue as diretrizes com devoção.

13

5 ——— ○

O ser superior muda como um tigre.
Mesmo antes de consultar o oráculo,
ele encontra confiança e sinceridade.

O ser superior muda como um tigre.
Suas marcas são nítidas.

55

4 ———

O arrependimento desaparece. Confiam nele.
A Mudança de mandato aporta boa fortuna.

A boa fortuna da Mudança de mandato provém
do fato de acreditarem nas suas convicções.

63

3 ———

Avançar traz infortúnio. A perseverança pode ser perigosa.
Ao ouvir se repetir três vezes o clamor da Revolução,
pode aderir, pois lhe darão crédito.

Ao ouvir se repetir três vezes o clamor da Revolução,
pode aderir. Caso contrário, até onde pode permitir
que cheguem as coisas?

17

2 — —

Quando chega o momento certo, pode fazer a Revolução.
Boa fortuna para os empreendimentos. Nenhuma falha.

Quando chega o momento certo, pode fazer a Revolução.
A ação traz um sucesso digno de elogios.

43

1 ———

Firmemente envolvido em couro de boi amarelo.

Firmemente envolvido em couro de boi amarelo.
Não deve agir em tais circunstâncias.

31

6. A atuação do ser superior, se comparável ao da pantera, suscita o respeito e a admiração devidos a ambos. Este é o signo do dirigente eficiente e realizado, que espreita, a cada passo, o terreno onde está pisando. Nada o pega desprevenido. Quando empreende uma revolução, muda nas profundezas, e não só nas aparências supérfluas. O ser inferior não é capaz de tal mudança essencial, e sua transformação consiste na aceitação das novas diretrizes impostas.
A perspectiva da Comunidade entre os Homens (13) ressalta a capacidade de efetuar a Revolução com vistas a estender os benefícios a todos os participantes. Esta é a obra de uma liderança eficiente.

5. O ser superior é aquele que, como o tigre, tem a força e a capacidade de saber adaptar-se a todas as Revoluções impostas pela vida. A analogia com o tigre, símbolo do oeste e dos cortes oportunos, enfatiza o bom planejamento da Revolução. O tigre sabe esperar oculto, e se prepara com todo o cuidado até o momento do ataque. Só se lança quando está confiante de que a chance de sucesso está praticamente assegurada.
A alternância para a Abundância (55) prescinde de qualquer questionamento, pois uma revolta bem preparada resulta em sucesso evidente.

4. A mudança de mandato ou da ordem vigente sugere que as reformas estão sendo bem encaminhadas. A nova direção toma as rédeas e leva a cabo as transformações necessárias. Por isso, todo arrependimento desaparece, as iniciativas são bem-vindas. A mútua confiança gera a boa fortuna. As convicções compartidas logram efetivar a renovação.
A mutação para Após a Conclusão (63) comprova o acerto das medidas renovadoras. Quando cada linha se encontra no seu devido lugar, cada qual se posiciona na função que lhe corresponde. Esta é a culminância de uma Revolução bem planejada.

3. As frases contraditórias acentuam o momento de transição. O estado de alerta e a advertência para não agir de modo precipitado evidenciam o perigo iminente, e o infortúnio caso se prossiga sem apoio. Mas apesar de toda cautela, não se pode admitir a continuação das ofensas. Só quando o clamor da Revolução se repete e se torna premente é que se tem condições de reunir forças para abolir os velhos parâmetros ultrapassados.
A transição para o Seguir (17) indica a necessidade de continuar a luta. Porém, sem um apoio firme, nada deve ser empreendido. Só uma força conjunta em ação coerente pode atingir a meta desejada.

2. É chegado o momento de agir energicamente, e esta oportunidade não deve ser perdida, mesmo se for preciso recorrer às armas. Uma percepção lúcida permite tomar as medidas drásticas que a situação requer, com todas as chances de sucesso.
A alternância para a Determinação (43) sugere algo que transborda, que passa das medidas e já não pode ser tolerado. Ao agir de maneira resoluta e firme no momento acertado, é possível levar a revolução a bom termo.

1. Nos primórdios de uma revolução, convém consolidar as forças de modo bem centrado, envolvendo-as com equilíbrio e flexibilidade, – símbolos do couro de boi amarelo. A prioridade deve ser o treinamento correto e a preparação das armas a serem utilizadas, contendo o ímpeto de qualquer ação agressiva. O momento ainda não está maduro para agir.
A mutação para a Mútua Atração (31) enfatiza a tendência revolucionária cada vez mais acentuada. Apesar dessa forte inclinação, por ora este desejo deve ser contido com firmeza, para não comprometer a ação futura.

FOGO
VENTO-MADEIRA

鼎

50 TING

J. BLOFELD **Um Vaso de Sacrifício**
W. DONGLIANG **O Caldeirão**
A. HUANG **Estabelecer o Novo**
C. JAVARY **Caldeirão**
R. WILHELM **Ting, o Caldeirão**
R. WING **Ordem Cósmica**

Nome e dinâmica.
O ideograma equivale à imagem do cálice ritual usado na China desde épocas imemoriais, emblema do soberano considerado como representante do céu sobre a terra. De simples marmita que transforma os alimentos crus em deliciosas iguarias, o Caldeirão passa a símbolo do poder e da espiritualidade, pois cada ocasião importante era celebrada com a fundição de um novo Vaso cerimonial.
As oferendas passam por uma transmutação durante o ritual, – de substância material corpórea a emanação em honra aos ancestrais, visando assegurar a proteção das esferas celestes. Assim, o sagrado enlaça a dimensão humana a algo maior que a permeia e perpassa, e as celebrações recaem em bênçãos sobre as gerações presentes e futuras.
A dinâmica do fogo sendo alimentado pela madeira e atiçado pelo vento aponta para uma chama sempre acesa e ardente, ligando o coração dos homens às energias daqueles que os geraram. Enquanto emblema de grande força tradicional, o Ting simboliza a união dos seres, das famílias e dos súditos em volta de um centro de poder.
O número cinquenta também merece uma atenção especial, pois representa o grande todo, produto dos cinco elementos em sua completude, assim como o ser humano em seu apogeu, elevado à sua décima e plena potência, tendo acesso ao nível mais alto que culmina na maturidade.

JULGAMENTO

O Cálice Cerimonial.
Suprema boa fortuna. Sucesso.

Sucinto e extremamente favorável, este texto não deixa margem a dúvida: este é o momento de colher os frutos da experiência, – em benefício próprio e coletivo. Símbolo de transmutação do sólido em sutil e da passagem do âmbito terrestre às esferas celestes, o Caldeirão realiza uma sublimação. Remete a dois emblemas de suma importância na civilização chinesa: o gosto de bem comer e o culto aos ancestrais.
Dá-se aqui um processo alquímico, no seu mais elevado significado: ideais transformados em concretudes, materiais transmutados em louvor. Proveniente dos ancestrais, este é o grande legado que o ser superior transmite às gerações futuras. O significado explícito de Estabelecer o Novo seria talvez a principal mensagem deste contexto: abraçar a nova dimensão que se abre a cada momento a partir da junção harmônica entre céu e terra. Quem é capaz de vislumbrar esta dimensão terá sem dúvida, boa fortuna e sucesso.
Em sua função oracular, o I Ching explicita essa mesma mudança de nível: se o conhecimento das Mutações eleva o homem a uma esfera superior, as cinquenta varetas utilizadas na consulta oracular significam a grande soma, o grande todo. Após a grande Revolução explícita na mutação total do hexagrama 49 (sete x sete), ocorre uma mudança profunda para uma esfera privilegiada onde se abre um portal de passagem a um outro âmbito. A interpenetração yin-yang se enfatiza na densificação a cada passo elaborada, ao ascender ao nível mais alto, numa tentativa de fusão com poderosas forças invisíveis.

Na antiga China, um novo Ting era fundido para inaugurar cada nova dinastia, e a inscrição gravada no seu fundo interno demarcava a passagem de poder. O ato de fundir o Vaso Ritual representava a materialização de um mandato anunciado concretamente.

COMENTÁRIO SOBRE O JULGAMENTO

Ting é a imagem de um instrumento cerimonial.
Quando a madeira é levada ao fogo, os alimentos cozinham.
O sábio virtuoso cozinha preparando oferendas ao Senhor do Céu.
Quando prepara um banquete, ele alimenta as pessoas de valor e as suas virtudes.
Através da suavidade, seus ouvidos e olhos tornam-se aguçados e claros.
O suave avança e ascende, alcança a posição central,
e o firme lhe responde. Encontra supremo sucesso.

IMAGEM

Fogo sobre a madeira: imagem do Caldeirão.
Assim, o ser superior, ratifica a sua posição
e consolida o seu mandato.

A interação entre os elementos que compõem este hexagrama implica num mandato a arder numa grande chama sendo espalhada pelo vento. A madeira atiça a visão clara do fogo e reverte em benefícios para o país inteiro. Essa imagem implica na interdependência do comando (o ser superior) em relação ao povo (ao corpo) que o sustenta. A função maior do soberano seria, portanto, ratificar a sua posição a cada passo, de acordo com as necessidades e os anseios do seu povo, e consolidar o seu mandato. Do mesmo modo, a função de cada ser humano é a de corrigir a sua postura a cada passo, de modo a cumprir a sua missão. Convém ressaltar que essas emendas ocorrem continuamente, pois as mutações ao longo da vida exigem reavaliações incessantes. Posicionar-se em harmonia com as exigências de cada momento patenteia o ápice da sabedoria.

Instrumento de comunicação com as esferas invisíveis, o Ting opera uma circulação de energias e um processo de refinamento qualitativo, inaugurando escopos cada vez mais amplos e abrangentes.

Nuances energéticas

nuclear 43

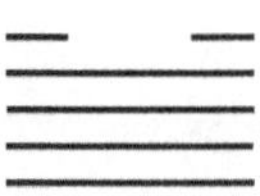

l a g o

c é u

No núcleo do Cálice Cerimonial encontra-se uma firme Determinação (43) que não pode ser adiada: celebrar os rituais aos antepassados. A garantia de bênçãos e de fertilidade se evidencia nas águas tranquilas do lago contendo a imagem do próprio céu.

oposto 3

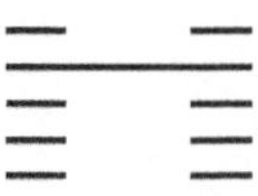

á g u a

t r o v ã o

A dinâmica oposta à maturação cultural representada pelo Caldeirão é a Dificuldade Inicial (3), ainda tateando para abrir caminho. O trovão que luta para irromper através das águas remete às primeiras resistências, ao nascer.

O céu anterior é a Conduta (10) acertada, em que a energia do lago reflete o céu que se encontra acima. Este espelho da postura correta evidencia o elo inquebrantável com uma dimensão maior que deve se refletir sobre a humanidade, guiando os seus passos.

6 O Ting tem argolas de jade. Grande boa fortuna!
Nada que não seja favorável.

As argolas de jade na posição mais elevada confirmam a complementariedade entre o firme e o maleável.

32

5 O Cálice tem alças amarelas e argolas de ouro.
A perseverança é favorável.

As alças amarelas do Ting estão ao centro para receber aquilo que é verdadeiro.

44

4 O Ting com as pernas quebradas.
A refeição do príncipe é derramada
e nódoas recaem sobre sua pessoa. Infortúnio.

A refeição do príncipe é derramada, como é possível ainda confiar nele?

18

鼎 50

3 As alças do Caldeirão estão sendo renovadas; as atividades estão impedidas. A gordura do faisão não é consumida.
A chuva cai e os remorsos se dissipam.
A boa fortuna vem ao final.

As alças do Caldeirão estão sendo renovadas e perde o seu verdadeiro objetivo.

64

2 O Caldeirão está cheio. Meu companheiro está doente
e não pode se aproximar. Boa fortuna.

O Caldeirão está cheio. Cautela quanto aonde se dirige. Meu companheiro está doente. Ao final, nenhuma falha.

56

1 O Caldeirão com os pés para o alto, emborcado.
É favorável remover o material desgastado.
Tomar concubina para ter um filho. Nenhuma falha.

O Caldeirão com os pés para o alto, emborcado. Isso ainda não está errado. É favorável remover o material desgastado para seguir um ser de valor.

14

6. As argolas de jade encerram uma verdadeira celebração da vida, no seu nível mais elevado. O despertar da aliança suprema da compreensão, vindo do infinito, estende-se a cada ato criativo de um corpo orgânico como um todo organizado. Na antiga China, o jade translúcido, considerado o material mais valioso, remete à seiva criativa vital que preconiza a eternidade e poder criativo do dragão. Emblema da virtude e da pureza incorruptível, o jade denota a imortalidade e, portanto, instaura a capacidade de perdurar.
A alternância para a Duração (32) confirma uma aliança eterna tão feliz, que não há nada que não lhe seja favorável. Este é o verdadeiro casamento entre céu e terra.

5. Alianças elaboradas com o metal mais refinado indicam elos duradouros e confiáveis. O brilho incorruptível do ouro denota solidariedade e vínculos valiosos. As alças e as argolas sugerem o círculo e o vazio central tão prezado como centro exemplar de equilíbrio e harmonia. Acolher o vazio simboliza a qualidade yin de acatar os desígnios do céu, em conformidade com o mandato daqueles que o cercam na terra.
A mutação confirma que se Vai ao Encontro (44) dessa realização maior. O Ting está sendo plenamente utilizado quando confirma alianças sólidas e reúne a todos em celebração.

4. Quem ocupa um cargo de responsabilidade durante épocas de reformas, deve ter muito cuidado a quem confia a tarefa de renovação. Quem não é qualificado pode piorar a situação, causando sérios prejuízos e impedindo todo avanço possível. O que deveria servir como alimento e incentivo é inutilizado e os ganhos, desperdiçados. Perde o prestígio. A difamação recai sobre quem desmerece o verdadeiro conteúdo da sua tarefa, e já ninguém confia nele.
Cabe questionar o que foi Corrompido (18), de modo a poder repará-lo o quanto antes e acabar com as manchas que o prejudicam, assim impedindo o decorrente infortúnio.

3. Não adianta possuir algo de valor se disso não se pode servir. Durante a reforma, o Caldeirão não pode ser usado, nem cumprir o seu objetivo. As alças para levá-lo ao fogo estão inutilizadas e não se tem acesso aos melhores componentes presentes, – a gordura do faisão considerada como a mais fina iguaria. Este inconveniente desvirtua o bom uso do seu instrumento. A queda da chuva assinala um alívio de tensões que supera a contrariedade e, ao final, alcança o objetivo.
A mutação para Antes da Conclusão (64) simboliza uma fase preparatória de reforma em que tudo se dissolve e volta à ordem natural, – a água flui para baixo e o fogo arde para cima.

2. Mesmo estando todos os meios disponíveis para uma celebração, aquilo que se deseja ainda está afastado. O empecilho sugere uma fraqueza do companheiro, que por isso não se aproxima. Convém atentar para onde ele se dirige, e ser cauteloso. A ausência de falha ao final preconiza que o problema está em vias de ser superado. Cada um deve buscar o alimento que lhe corresponde, pois nisso reside a boa fortuna.
Algo não funciona a nível do parceiro. A doença denota uma ruptura de comunicação ou um afastamento –, como indica a mutação para o Viajante (56) que se encontra longe da sua própria terra, e dos seus familiares.

1. Aquilo que já não preenche o seu papel com eficiência deve ser retirado, pois bloqueia o bom funcionamento dos novos requisitos. Esta remoção é a primeira medida a ser tomada. Enquanto o Caldeirão estiver emborcado, não pode ser usado. A concubina era geralmente uma moça simples, escolhida espontaneamente, não da nobreza, como a primeira que era negociada pelos pais. Representa, portanto, a parceria com o povo, ou a realização do verdadeiro desejo. O filho dessa união consolida a fertilidade do encontro.
Sem essa limpeza a fundo, seguida da união fértil com aquilo que realmente se deseja, nenhuma verdadeira Grande Realização (14) pode ser efetuada.

TROVÃO
TROVÃO

震

51 ZHEN

J. BLOFELD **Trovão**
W. DONGLIANG **A Tempestade (Abalo)**
A. HUANG **Entrar em Ação**
C. JAVARY **Abalar**
R. WILHELM **O Incitar (Comoção, Trovão)**
R. WING **Impacto**

Nome e dinâmica.
O ideograma do trovão provém das antigas inscrições sobre bronze da dinastia Zhou. A figura mostra raios e chuva caindo das nuvens, com galhos e troncos arrancados ou cortados, abaixo. Essa imagem dos troncos celestes e das ramas terrestres evoca também a passagem do tempo, – o raiar de um novo ciclo em que toda a natureza sofre abalos. O impacto violento anuncia a aurora de uma outra realidade.
A figura de dois trovões que se sucedem sugere o acúmulo de um grande poder, atuando no âmbito interno como também na periferia. Trata-se de dois detonadores que promovem mudanças radicais, pois as duas linhas yang que incitam o movimento provêm das profundezas. A veemência do estímulo propicia tomada de decisões.
Este novo despertar se impõe, imperativo. Já não se podem adiar as medidas a serem tomadas, e convém entrar em ação sem demora. Tudo ocorre com muita rapidez neste ciclo impactante, como uma vertigem agitada onde os acontecimentos se sobrepoem e as comoções se sucedem. É impossível ignorar este movimento, mesmo se consiste quase que numa abstração, pois o raio só é visto durante uma fração de segundo! Mas apesar disto, este instante passageiro faz vibrar toda a atmosfera, excita poderosamente e inspira medo. Os Abalos violentos mudam as vidas humanas inesperadamente.

JULGAMENTO

A Comoção traz sucesso. O choque eclode: oh! oh! oh!
Expressões de riso: ha, ha, ha.
O Impacto gera medo num raio de cem milhas.
Não deixar cair o cálice e a colher cerimoniais.

Os raios que precedem as trovoadas sacodem o ambiente violentamente e provocam reações em cadeia, inesperadas. Mas nem por isso se deve ceder a estes Abalos, ficando desarvorado. O choque passageiro não desestrutura o ser superior que continua os seus afazeres, irredutível e imperturbável.
Mesmo se tudo está abalado à sua volta, a essência de uma pessoa não deve ser alterada e as aparências devem ser guardadas em todas as circunstâncias: a oferenda cerimonial, ou seja, aquilo que de realmente válido e sagrado existe na sua natureza, não pode estar à mercê dos choques externos. Não deixar cair os objetos cerimoniais assinala que não se negligenciam as tarefas importantes devido a comoções passageiras. Aconteça o que acontecer, as tarefas e os valores internos não podem ser abalados, ou perdidos.
As expressões de choque e de risos são onomatopeias, marca de uma exteriorização, de um estado de ânimo impactante que vem à tona e se expande. A intensidade do choque provoca igualmente uma descarga afetiva, como mostram claramente as expressões de medo e de alegria.
Esta situação encerra a mensagem de controle e de calma externa, em qualquer situação. É justamente nos momentos dos imprevistos e crises que se pode medir o valor de um homem. Este poderoso irromper desperta e impulsiona o ser superior a um outro patamar, mais elevado, pois revela forças verdadeiras, repentinamente despertas. Quando bem gerenciadas, redundam em saldos positivos.

O choque de ocorrências inesperadas suscita cuidado extremo. Se a reação a este Abalo se evidencia numa reverência e atenção redobrada, a boa fortuna seguirá. As crises desnudam e revelam a essência. Após o Impacto, a tensão é dissolvida pelos risos e pela confiança de saber lidar com situações extremas. Este é um teste de caráter.

COMENTÁRIO SOBRE O JULGAMENTO

A Tempestade traz sucesso. O choque eclode: oh! oh! oh!
O medo traz boa fortuna.
Expressões de riso: ha, ha, ha.
Depois disso há uma norma a seguir.
O Impacto gera medo num raio de cem milhas.
Provoca apreensão ao longe e vela pelo que está próximo.
Ao surgir, é capaz de proteger o templo dos ancestrais
e também o estado, pois se encarrega dos rituais.

IMAGEM

Trovões repetidos: imagem da Tempestade.
Sob o efeito do temor e das inquietudes,
o ser superior retifica a sua vida e observa as suas ações.

Abalos repetidos despertam do torpor ou da indiferença, obrigando a agir e a tomar providências. Quando irrompem as grandes dificuldades, o ser inferior costuma culpar fatores externos, ao passo que o superior procura em si as raízes de tudo o que lhe advém. As pressões repetidas ocasionam um autoexame consciencioso. O texto fala do efeito salutar do medo, que pode suscitar uma reviravolta benéfica. Este aguçar dos sentidos mexe com a pessoa em profundidade e obriga a uma renovação.
A grande energia presente neste contexto evidencia um acúmulo de tensões que agora explode, em medo, ou em alegria. É importante ressaltar que o Irromper não implica numa escala de valores, mas apenas detona todos os processos da natureza.
A extrema rapidez com que tudo ocorre transparece o aspecto positivo que obriga a um questionamento. Este é o princípio motor de toda evolução. O irromper fulgurante sacode violentamente para novas realidades, provocando ecos sonoros e risos nervosos. Este vigoroso Impacto deve ser aproveitado para reordenar assuntos suspensos e erradicar os elementos indesejados. Os fatores inesperados tanto pressionam, como dissipam questões pendentes, abrindo caminho para a alegria.

震

51

Nuances energéticas

nuclear 39

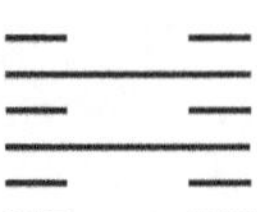

água

montanha

No âmago do Duplo Trovão estão as Obstruções (39) que não podem ser erradicadas, a não ser por medidas drásticas. São os perigos que caem sobre bases firmes, a água sobre a montanha – suscitando decisões severas e inadiáveis.

oposto 57

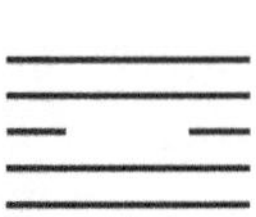

vento

vento

A dinâmica oposta ao Duplo Trovão é a suavidade e o poder de penetração do Duplo Vento ou Madeira (57) cujos efeitos vão se acumulando, imperceptíveis, inclinando as tendências dos seres com sutileza, até alcançar os objetivos desejados.

O céu anterior é o Duplo Fogo (30), princípio luminoso gerador de energia relacionado aos raios, precursores do movimento impactante que acorda e aquece a natureza. Desta chama primordial surgem todos os fenômenos.

6 — —

A Comoção provoca tremores e desperta olhares temerosos à sua volta. Avançar traz infortúnio. O abalo não o atinge, porém, ao seu vizinho. Nenhuma falha. As pessoas fazem intriga.

A Comoção provoca tremores e não se alcança o centro. Apesar do infortúnio, nenhuma culpa. Tomar conhecimento das advertências dos vizinhos.

21

5 — —

O Abalo vai e vem. Perigo. Porém, nada se perde, há apenas muito por realizar.

O Abalo vai e vem. Perigo. Assume riscos. O que há por realizar está ao centro e por isso nada se perde em absoluto.

17

4 ———

A Comoção chega ao pântano.

A Comoção chega ao pântano. Ainda falta lucidez.

24

震

51

3 — —

O Impacto chega provocando desânimo. Se o Trovão estimula a ação, não incide em falha.

O Impacto chega provocando desânimo. A posição não é apropriada.

55

2 — —

Chega o Trovão trazendo adversidade. A perda de fortuna obriga a subir nove colinas. Não o persiga. Após sete dias você o recupera.

Chega o Trovão trazendo adversidade. Repousa sobre uma linha firme.

54

1 ——— ○

Chega o Trovão: oh! oh! Expressões de riso: ha, ha. Boa fortuna.

Chega o Trovão: oh! oh! Ficar alerta traz boa fortuna. Expressões de riso: ha, ha. Depois há uma norma a seguir.

16

6. Ao cabo de comoções repetidas, se enfoca tudo ao seu redor com um novo olhar perscrutador e temeroso, avaliando as transformações destrutivas ocorridas durante as tempestades. Extremamente atento para reconhecer qualquer possível falha e detectar em que medida as comoções o afetaram, e aos seus vizinhos. Quando os abalos e as incertezas finalmente se acalmam, a nova situação deve ser encarada com determinação.
A alternância para o Morder (21) assinala a necessidade de reagir com firmeza, afastando os elementos prejudiciais à sua volta, a fim de estabelecer uma nova ordem.

5. O vaivém das comoções provoca incertezas e encerra perigo quando tudo oscila à sua volta. Parece que toda a estrutura está em processo de mutação. O fato de haver tanto por fazer e as tarefas estarem bem equilibradas impede as perdas. A grande obra a ser realizada e a insegurança dos abalos que se sucedem exigem uma concentração total.
A alternância para o Seguir (17) denota a necessidade de avançar, mesmo no meio de tantos impactos. A melhor maneira de livrar-se dos perigos inerentes a essa situação excepcional é continuar passo a passo, com extremo cuidado.

4. Se os movimentos são restringidos por abalos sucessivos, há o risco de ficar perdido, divagando no escuro sem encontrar uma saída, como se estivesse preso no lodo. As dúvidas e as contrariedades repetidas obrigam a reavaliar toda a situação em pauta. O terreno pantanoso não é propício e, se insistir em avançar, poderá escorregar.
A perspectiva do Retorno (24) encerra uma mensagem de esperança, pois mesmo se a única linha yang ainda se encontra submersa no fundo da terra, já contém um potencial oculto prestes a aparecer. Indica que deve voltar às origens em busca de apoios firmes.

3. O mesmo choque que provoca perplexidade e desânimo, também promove estímulos positivos. O momento de urgência suscita um estado de alerta que ocasiona um incentivo geral, pois os abalos obrigam a rever as atitudes habituais e abrem novos enfoques. O trovão desperta para algo até agora desapercebido. Este movimento arrebatador prenuncia o início de um novo ciclo.
No epicentro dos tumultos, a ação é estimulada. A urgência requer a plena atenção que, por sua vez, possibilita o advento de uma Abundância (55) de forças em que tudo é reanimado.

2. Embora a perda concreta de fortuna cause problemas, obriga a subir as nove colinas, ou seja, faz vivenciar as nove etapas simbólicas da obtenção da sabedoria. O fato de as riquezas serem restituídas após sete dias, – ao cabo de um ciclo completo –, ressalta a inutilidade de perseguir o que foi perdido. Não se angustie, pois o objeto extraviado não lhe corresponde. Perdas aparentes na realidade podem resultar em lucro ao serem substituídas por algo melhor.
A mutação para o Casamento da Caçula (54) é significativa, pois a aliança com a contraparte, em vez de ser calamitosa, pode inspirar um renascer de paz e prosperidade.

1. Ao eclodirem, os Trovões provocam gritos, – no início, de medo, depois de alegria. Na sua primeira manifestação, o trovão ainda se encontra abaixo e, por isso, suscita sentimentos contraditórios e hesitantes, como se a pessoa estivesse perdida. O movimento instantâneo do raio eclode com força, sacudindo toda a atmosfera, de modo a não deixar dúvidas das mudanças, e estabelecendo novas normas.
O Irromper concede um escopo novo e provoca mudanças repentinas. Mesmo se essas inovações ainda não estão totalmente implantadas, promovem um súbito Entusiasmo (16).

MONTANHA

MONTANHA

艮

52 GEN

J. BLOFELD **Desistência (Imobilidade)**
W. DONGLIANG **A Imobilização (A Maestria)**
A. HUANG **Aquietar**
C. JAVARY **Estabilizar**
R. WILHELM **A Quietude (Montanha)**
R. WING **Meditação**

Nome e dinâmica.
Um grande olho bem aberto, desproporcional, acima da figura de um ser humano com as pernas cruzadas enfatiza a visão e o Aquietar, como em Meditação. Porém, muito mais do que um mero olhar, conota a capacidade de percepção aguda. O movimento volta-se para dentro, e sugere um enraizamento ou uma reflexão. Esta Imobilização que inibe toda ação externa indica concentração e aprimoramento que redunda em Maestria. A figura da Dupla Montanha indica absoluta quietude, interna e externa. Representa também uma grande concretude visível, a transmitir solidez e equilíbrio, mas que ainda levanta barreiras. Uma solicitação de estabilidade vai se impondo, inibindo toda ação externa e incide na recusa de avançar. A dupla energia da Montanha centraliza o movimento e alcança o perfeito equilíbro.
Aquietar-se não concerne apenas parar o movimento corpóreo, mas também tranquilizar a mente e o espírito. Esta prática é relevante nas técnicas de meditação: a posição de lótus simula uma montanha em repouso. A disciplina enfatiza a interiorização e o desapego, pois logra acalmar a agitação.
A estrutura da Montanha mostra uma linha yang apoiada sobre duas yin. Tendo chegado ao cume, o movimento luminoso yang é obrigado a parar. E do seu repouso sobre a concretude da terra – simbolizada pelas duas linhas yin abaixo – surge a promessa de um novo ciclo.

JULGAMENTO

Quietude. Ao manter imóvel as costas,
já não sente seu corpo.
Ele circula no pátio sem ver a sua gente.
Nenhuma falha.

A Quietude se alastra até às origens do movimento, pois as fibras nervosas mediadoras da mobilidade encontram-se nas costas. Quando os golpes já não o atingem tão intensamente, pode circular pelo centro do seu mundo sem por ele ser diretamente afetado. Já não leva tão a sério as agitações à sua volta. O afastamento voluntário é a dinâmica própria deste momento em que se sente a necessidade de se retirar. Mergulhar na quietude e no silêncio enriquece e não implica em falhas. A partir dessa concentração pode expressar-se livremente.
Todo o ser é impregnado dos ares puros desse relevo que impõe a sua energia tranquilizadora. Quem do alto da montanha vê mais longe, começa a agir plenamente desperto, em harmonia com a sua essência, livre das pressões e das obrigações impostas. A montanha representa a solidez estável das coisas que perduram. A união de duas montanhas visa o grande equilíbrio harmônico emoção-razão que, quando desperto, repercute em benefícios. Ao atingir a serenidade, se é livre para expressar o que lhe é próprio, sem indecisões e sem temer as opiniões do próximo. Quem logra atingir a estabilidade, não procura dominar nem se impor aos outros. Passa a se posicionar de maneira independente e contenta-se na riqueza da própria interioridade, sem se desviar dos objetivos. O olhar volta-se para dentro.

A firmeza inabalável da Dupla Montanha permite encontrar o seu espaço e, desde as alturas, vislumbra panoramas insuspeitos para quem ainda não alcançou o cume. Descortina-se uma totalidade que até então não fora percebida.

COMENTÁRIO SOBRE O JULGAMENTO

A Montanha significa aquietar-se.
Parar quando é chegado o momento de parar.
Avançar quando é chegado o momento de avançar.
Quando a ação e o repouso não perdem o momento correto,
seu curso torna-se brilhante e claro.
Tranquilidade significa deter-se no lugar devido.
Os de cima e os de baixo se dão as costas, pois nada têm em comum.
Por isso já não sente seu corpo. Circula pelo pátio sem ver a sua gente.
Nenhuma falha.

IMAGEM

Montanhas reunidas estabilizam: imagem da Quietude.
Assim, o ser superior não deixa seus pensamentos vagarem
além da situação em que se encontra.

A completa Quietude enquanto alvo de um processo de reflexão implica no acalmar do coração, cujo sereno pulsar incentiva a mente, e aciona o corpo inteiro. Duas Montanhas que se sucedem juntam as suas forças no âmago mais profundo, estabilizando todos os movimentos. O corpo humano converte-se no referencial visível desta tranquilidade.

O repouso da Dupla Montanha encerra a plena atenção à vivência de cada momento, sem divagações ou quimeras. Esta é uma chamada para encarar a realidade presente de modo integral, sem vagar como um sonâmbulo tateando entre dúvidas e fantasias.

Em última instância, o texto assinala que o ser superior se mantém plenamente desperto, inserido na percepção instantânea focalizada apenas no aqui e agora. Esta plena atenção é o principal alvo das práticas de Meditação. A ausência de inquietudes e devaneios possibilita a vivência pura.

Nuances energéticas

nuclear 40

trovão
água

A Liberação (40) no núcleo da Dupla Montanha implica numa mudança de nível, pois deixa para trás as agitações perigosas. Ao alcançar a completa quietude, o ser humano torna-se livre para expressar o que lhe é próprio.

oposto 58

lago
lago

A dinâmica oposta à concentração da Dupla Montanha toda voltada para dentro é a abertura alegre do Duplo Lago (58), na sua acolhida de tudo o que se lhe aproxima. Aqui, a comunicação com o mundo externo se manifesta, desimpedida.

O céu anterior é o Duplo Trovão (51) que é também o hexagrama precedente. A correspondência de ambos vai além de uma mera oposição entre imobilidade e movimento, pois as duas energias são interdependentes: o potencial do incitar e o do aquietar estão implicitamente contidos como opostos complementares.

艮

52

Quietude magnânima. Boa fortuna!

6 *A boa fortuna da Quietude magnânima*
decorre de manter a harmonia até ao final.

15

Ao estabilizar as mandíbulas, as palavras são ordenadas.
Os arrependimentos desaparecem.

5 *Estabiliza as mandíbulas em decorrência*
da conduta centrada e correta.

53

Aquietar o tronco.
Nenhuma falha.

4 *Aquietar o tronco.*
Ele para os seus gestos negligentes.

56

Estabilizar o quadril.
Enrijecimento da coluna vertebral.
3 Perigo. O coração sufoca.

Estabilizar o quadril
encerra o perigo de que o coração sufoque.

23

Imobilizar as pernas.
Ele não pode salvar aquele a quem segue.
2 Seu coração não está alegre.

Não pode salvar aquele a quem segue,
pois ele não se volta para escutá-lo.

18

Aquietar os dedos dos pés.
Nenhuma falha.
É favorável uma constante perseverança.
1

Aquietar os dedos dos pés.
O correto ainda não está perdido.

22

6. Na última etapa da Quietude se chega a um perfeito equilíbrio de forças. Ao deter o comando absoluto, – de si mesmo e da situação na qual está inserido –, pode manifestar-se de modo generoso. Deste supremo núcleo de serenidade nascem as ações inteligentes. Dispõe da serenidade interna para poder viver e expressar as suas inquietações e problemas, sem por eles se deixar contaminar. Dá-se agora a perfeita integração com o meio em que vive. Sereno e magnânimo, capaz de aceitar as múltiplas facetas.
A transição para a Modéstia (15) revela a tranquilidade de aceitar a si mesmo e aos outros como são. Reconhecer as próprias falhas sem rejeitá-las, porém, como parte integrante do todo permite o acesso ao portal da sabedoria.

5. Ao aquietar as mandíbulas, dá-se o silêncio. Se o verdadeiro entendimento é aquele que dispensa palavras, pois não precisa ser dito, o aquietamento da fala tem várias implicações benéficas. Denota autocontrole, pois quem está no comando de si mesmo, não diz bobagens ou instiga a intrigas das quais possa se arrepender. Quando as palavras fluem ordenadas e bem pensadas, já não se sente remorsos, pois a ninguém se fere ou agride, mesmo sem querer.
A perspectiva do Progresso Gradual (53) revela um aprimoramento paulatino que vai se realizando etapa por etapa, depurando a fala até que possa emanar suave e tranquila, com a firmeza da expressão das verdadeiras convicções.

4. Quando chega ao nível do tronco, à região central do coração e dos pulmões – dos afetos, sentimentos e emoções –, o aquietamento vai se espraiando pelo corpo inteiro. Este equilíbrio resulta numa atenção redobrada que pondera, e detém os gestos precipitados ou impensados. Este aquietamento das emoções reavalia alguns aspectos negligenciados e, assim, impede de cometer falhas. Esta é a ocasião de desvendar as próprias motivações.
A mutação para o Viajante (56) enfatiza o maior cuidado ao agir quando se está num meio estranho, longe dos familiares e amigos. Neste caso, uma atitude prudente e reservada permite observações mais precisas.

3. Quando o aquietar se torna exagerado e perde o ponto de equilíbrio, resulta num enrijecimento prejudicial. O fato de dar-se simbolicamente na coluna vertebral assinala que o endurecimento se espalha pelo corpo inteiro. A postura dura encerra o perigo de sufocar os sentimentos. A Quietude verdadeira não pode ser forçada. Os problemas devem ser encarados, não aprisionados dentro de uma máscara de serenidade paralisadora. A repressão forçada não anula os impulsos negativos, só adia a sua expressão.
A mutação para a Desintegração (23) adverte para se precaver contra o risco de desabamento de todo o edifício construído, caso se persista na rigidez.

2. As pernas não têm autonomia, são obrigadas a obedecer as ordens do coração – ou seja, os subalternos são obrigados a seguir desígnios superiores. Essa observação indica a difícil tarefa de ceder um comando com o qual não concorda. A falta de comunicação incide num mau entendimento, pois não consegue se aquietar para ouvir as advertências de quem lhe quer bem. Seu coração não pode estar alegre, pois já antevê os resultados negativos resultantes da ação em curso, sem nada poder fazer para evitá-los.
Esta falha de percepção precisa ser corrigida através de um Trabalho sobre o que se Deteriorou (18). Quando não se pode impedir um movimento desastroso, só resta se preparar para consertá-lo.

1. A primeira recomendação é aquietar o movimento agitado dos pés, que correm atrás de várias coisas ao mesmo tempo, sem objetivos claros. Pois quem muda constantemente em seus afetos e em seu trabalho não tem condições de avançar. Deve buscar o lugar que lhe é próprio e, uma vez encontrado, permanecer perseverante no que almeja. Assim não incorre em falhas repetidas e desnecessárias.
A alternância para a Beleza (22) ressalta a necessidade de aprimorar os seus trabalhos e o seu espaço de vida, dando-lhes consistência. Na busca da morada intrinsecamente sua, torná-la bonita e agradável incita a nela perdurar.

VENTO-MADEIRA

MONTANHA

漸

53 JIAN

J. BLOFELD **Progresso Gradual**
W. DONGLIANG **Progredir**
A. HUANG **Desenvolvendo Gradualmente**
C. JAVARY **Progredir Passo a Passo**
R. WILHELM **Desenvolvimento (Progresso Gradual)**
R. WING **O Poder Criativo**

Nome e dinâmica.
O ideograma exibe o radical da água ao lado de uma carruagem e de um machado. A carruagem vai calcando o seu caminho pela estrada afora, do mesmo modo como as águas escavam o seu leito pelas encostas das montanhas. O machado serve para talhar lentamente algum objeto. Todas estas indicações vão no sentido de avançar passo a passo, num ritmo constante e concatenado, para chegar finalmente à aquisição de algo concreto.
Jian é o nome de um rio originário do oeste, que atravessa uma grande parte da China central, tornando-se cada vez mais amplo, até desembocar no oceano. Esta foi a imagem escolhida para descrever um desenvolvimento contínuo e cada vez maior.
As árvores que crescem ao alto das montanhas vão se enraizando firmemente entre as rochas até se erguerem, majestosas. Seu crescimento é bem mais lento do que o das árvores na areia, à beira-mar, que, porém, são derrubadas com muito maior facilidade. O trabalho progressivo para alcançar um objetivo implica numa gradual afirmação a cada nível, antes de dar o passo seguinte e, portanto, implica na fidelidade ao caminho escolhido. Esta trilha não está pronta, mas se vai configurando de a pouco, através do próprio esforço. Sabe aonde quer chegar, e essa fidelidade à sua opção e à do companheiro que o segue no mesmo anseio torna-se a mola propulsora que norteia o percurso. A insistência em trilhar um mesmo rumo vai forjando rotas duradouras.

JULGAMENTO
Desenvolvimento Gradual. A jovem é dada em casamento.
Boa fortuna! A perseverança é favorável.

Os constantes esforços numa mesma direção superam qualquer problema. Cada etapa vencida prepara para a próxima jornada. Avançar apesar dos contratempos comporta uma estratégia centrada nos atributos yin de aceitação e paciente coragem, sejam quais forem as circunstâncias. As fases de progresso e de pausa se alternam, como ocorre na realidade da vida. Trata-se de uma sequência de esforços prolongados. A capacidade de regeneração se acentua na persistência e na adaptabilidade aos tumultos que surgem no percurso, até chegar aonde quer.
Toda esta dinâmica está pautada numa precisão rítmica, – a cada avanço, uma parada, retomando fôlego para dar o próximo passo. Uma progressão harmônica está concatenada neste lento, porém, seguro caminhar.
O texto das linhas deste hexagrama se refere às aves migratórias, e especificamente aos gansos, enquanto símbolo deste contexto, por causa da sua notória fidelidade: sua conduta não se altera e sempre voam juntos, em revoadas, migrando de acordo a estações precisas. Fiéis à passagem do tempo, pode-se contar com o seu retorno regular, a cada ano renovado. A tenacidade confiante do ganso selvagem que procura incansavelmente as boas colheitas, também simboliza o casamento e a constância.
O pedido em casamento implica numa longa preparação. Ao ordenar os rituais e os itens de que necessita para fundar um novo lar, deve proceder com firmeza e persistência. O centro tão almejado da sua vida é a família que está por formar e, sabendo encaminhar os preparativos de modo correto e gentil, o progresso do seu casamento torna-se interminável, com as sucessivas gerações a emanarem dessa união bem planejada.

COMENTÁRIO SOBRE O JULGAMENTO

Progresso Gradual significa boa fortuna para a jovem por se casar.
Ao progredir, vai alcançando a posição correta.
Avançar promove o sucesso.
Ao avançar no que é correto, pode colocar ordem no seu país.
Sua posição é firme e alcança o centro.
Ao se manter tranquilo e cordial, torna o avanço interminável.

IMAGEM

Uma árvore sobre a montanha: imagem do Progresso Gradual.
Assim, o ser superior mantém uma conduta irrepreensível
e inspira a melhoria dos costumes cotidianos.

A firmeza da montanha e a continuidade suave do vento-madeira se unem num movimento de cumplicidade. A árvore sobre a montanha evoca as paisagens chinesas dos velhos pinheiros entre rochas nos altos relevos, resistindo a todas as intempéries, numa mistura de vigor e graça. Seu crescimento se estende ao longo do tempo. Este é uma progresso lento, porém, garantido, numa direção inamovível. Induz a uma coerência de pensamento e de ação que vence por cansaço, pois nada resiste à sua inabalável persistência.

No âmbito interno, este avanço gradual pode prolongar-se por uma vida inteira. Envolve a coerência e a habilidade para sedimentar equipes e afiliações, ou grupos de interesses comuns. A frase tão repetida ao longo de quase todas as Mutações – *a perseverança é favorável* – revela esta continuidade tão prezada, pois quem persiste sempre, acaba vencendo. De nada adianta apressar a evolução das coisas, nem queimar etapas. Este progredir regular pode se estender, interminavelmente, pois as convicções e ideais que o movem vão passando de geração em geração, guardando os valores tradicionais da família ou do país a que pertence.

Este contexto visa ascender a um outro nível, bem acima das agitações medíocres das camadas de baixo: no topo da montanha eleva-se ainda uma árvore, ou sopram os ventos. Aqui não se trata de adquirir pequenas coisas, porém, de metas elevadas, a repercutirem beneficamente sobre todo o meio ambiente.

Nuances energéticas

nuclear 64

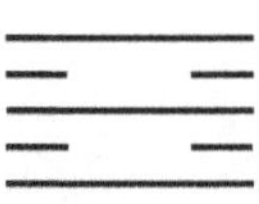

f o g o
á g u a

No núcleo do Progresso Gradual lento e esforçado, há o caos subjacente de Antes da Conclusão (64) que obriga a avançar por etapas, abrindo miríades de possibilidades. Essa passagem da desordem para um novo ciclo ocorre através de uma resolução constante.

oposto 54

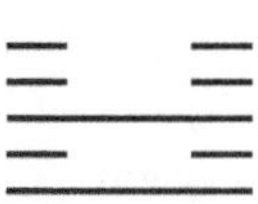

t r o v ã o
l a g o

Em vez de forjar o próprio caminho passo a passo, num ritmo regular e determinado, o Casamento da Caçula (54) acentua a aceitação de ingressar num contexto determinado rapidamente, submetendo-se de bom grado às regras vigentes.

O céu anterior é o Seguir (17) que instiga todo o avanço, incentivando à ação. Esta é a correspondência legítima entre o ímpeto do trovão que incita o lago, movendo-o desde as profundezas, cujo reflexo incondicional o segue.

6 O ganso selvagem avança rumo às alturas.
Suas penas podem ser usadas na dança sagrada.
Boa fortuna.

Suas penas podem ser usadas na cerimônia ritual.
A sequência do seu progresso não pode ser perturbada. 39

5 O ganso selvagem avança gradualmente até à colina.
Durante três anos a mulher não tem filhos.
Ao final nada pode impedi-la. Boa fortuna.

Ao final, nada pode derrotá-la. Boa fortuna.
O desejo é realizado. 52

4 O ganso selvagem avança gradualmente até à árvore.
Talvez encontre um galho plano. Nenhuma falha.

Talvez encontre um galho plano. Ele é dócil e suave. 33

漸

53

3 O ganso selvagem avança gradualmente até ao planalto.
O marido parte, e não regressa. A esposa está grávida,
mas não dá à luz. Infortúnio.
É favorável prevenir-se contra ladrões.

O marido parte, e não regressa. Abandona o grupo de companheiros.
A esposa está grávida, mas não dá à luz. Ela perde o caminho correto.
É favorável prevenir-se contra ladrões, com devoção e mútua proteção. 20

2 O ganso selvagem dirige-se gradualmente aos rochedos.
Beber e comer em grande festa. Boa fortuna.

Beber e comer em grande festa.
Ele não come apenas para se fartar. 57

1 O ganso selvagem se aproxima gradualmente da margem.
O jovem está em perigo.
Há comentários. Nenhuma falha.

O perigo que envolve o jovem não implica em culpa. 37

6. Ao alcançar a mais alta posição, abre mão do apoio indispensável para a subida e pode lançar-se a maiores voos. As danças sagradas representam ritos fundamentais e as penas-dádivas ressaltam os rastros deixados pelos gansos no decorrer do seu percurso exemplar, pautado pela fidelidade que diante de nada arrefece. Seus benefícios perduram até após o seu desaparecimento. As penas que ornamentam a dança sagrada manifestam uma maestria.
A mutação para a Obstrução (39) ressalta a capacidade de vencer barreiras, e mostra como proceder. Os abismos da montanha sugerem a capacidade de transformar as ameaças num florescer.

5. A situação de infertilidade temporária apresenta sérios problemas, mas como continua persistindo, ao final nada pode impedir o seu florescimento. A colina, – simbolicamente a solidez da proteção ancestral – exprime o poder do Desenvolvimento embasado sobre talentos e capacidades inegáveis. A longo prazo, nada pode conter este avanço promissor que diante de nada desiste. O seu desejo acaba sendo realizado, com a decorrente boa fortuna.
A mutação para a Dupla Montanha (52) comprova esta firmeza de propósitos inabalável. Saber preservar com tranquilidade tudo aquilo que vai conquistando em sua longa e trabalhosa travessia em busca da própria morada.

4. Progredindo na sua meta, alcança a possibilidade de um crescimento efetivo, simbolizado pela árvore. Encontra um abrigo ou uma ajuda sobre a qual pode repousar. O galho plano implica num apoio renovador: o ganso pousa sobre algo que está brotando, na primeira linha do elemento madeira. A maneira dócil de agir, sem pretender se impor, vai se infiltrando suavemente, apesar das dificuldades. Pouco a pouco, a árvore que cresce no topo da montanha modifica a paisagem através da perseverança das suas emanações benéficas.
A mutação para a Retirada (33) mostra que o recuo temporário para retomar fôlego não é um erro, pois faz parte do processo. A configuração de ofensiva a longo prazo se revigora regularmente para prosseguir.

3. O Progresso Gradual evolui até chegar a um consenso firme, e aí para. No topo da montanha ocorre uma ruptura. Perde-se a iniciativa, – o yang não volta, e já nada se pode produzir. O elemento menor, portanto de natureza yin, tenta prosseguir sozinho, mas não consegue levar o projeto adiante. A parceria está bloqueada. Esta esterilidade denota uma situação provisória, contra a qual se deve armar a tempo, tomando as devidas providências.
A mutação para a Contemplação (20) mostra a necessidade de ter uma visão clara para reavaliar a situação com esmero. Todos os ângulos devem ser levados em conta, para se proteger contra uma desistência definitiva. Não permitir que a sua ideia seja roubada, para poder realizá-la mais tarde.

2. Os rochedos significam o apoio firme buscado, onde tomar pé para lançar-se adiante. Esta base sólida nutre quem está enveredando por este caminho, e o fortalece em seu avanço. Esta é uma contribuição valorosa que alimenta o projeto em vigor; ocorre no meio da alegria, como uma celebração por ter encontrado ajuda. Estes são os alicerces sobre os quais se deve erigir toda a jornada pela frente.
O crescimento ocorre com grande Suavidade (57) como o Duplo Vento quase imperceptível, do mesmo modo como crescem as árvores, cujo fortalecimento gradual, de tão sutil, só se percebe no decorrer do tempo.

1. A margem é o limite entre as águas e a terra firme, portanto este é um passo importante que marca a chegada a um lugar amparado. Algo novo está sendo criado, mas ainda corre o risco de não alcançar a margem, perdendo-se nas correntes das águas. Este jovem em perigo é o embrião que talvez não consiga subsistir, mas que luta pelo sucesso do seu empreendimento, mesmo se a descendência da família está ameaçada em suas bases Os primórdios do que está sendo criado geram comentários maldosos, aos quais não se deve dar importância.
Para fixar as bases é preciso traçar uma estratégia clara, preservando o embrião, sem importar-se com os comentários. O importante é formar uma Família (37) capaz de alicerçar e proteger o seu progresso.

TROVÃO

LAGO

歸妹

54 GUEI MEI

J. BLOFELD **A Donzela Casadoura**
W. DONGLIANG **Casar a Moça**
A. HUANG **A Donzela Casadoura**
C. JAVARY **O Casamento da Caçula**
R. WILHELM **A Jovem que se Casa**
R. WING **Subordinada**

Nome e dinâmica.
O ideograma mostra dois conjuntos de traços complexos: à esquerda, um estandarte de festa e uma mão segurando a vassoura, ao lado de uma mulher e uma árvore florescida, – imagens que evocam a ideia de casamento. A árvore brotando ao lado da mulher sugere fertilidade.
A referência ao casamento da filha mais jovem remete a um episódio histórico: as núpcias do rei Wen com a filha do monarca Yi da dinastia Shang, até então inimiga, foram um marco relevante na história da China. Só uma circunstância especial permitiria que um hexagrama inteiro fosse consagrado a uma mulher e, mais ainda, à caçula. Pois foram os filhos desta esposa mais jovem que inauguraram um longo período de paz e prosperidade.
O movimento forte do trovão irrompe das profundezas do lago, assim como retira a moça do seu habitat. Para efetivar este casamento, a jovem sai da sua família original e do seu reino, para juntar-se ao seu prometido em terras longínquas. Este contexto complexo de múltiplas interpretações aponta para a validade das segundas opções que não ocupam o centro, mas que de súbito se convertem num fator da maior importância. As facetas secundárias de uma relação, se negligenciadas, podem derrubar toda a estrutura. Integrar os fatores aparentemente menores contribui para o encanto da vida.

JULGAMENTO

A Jovem que se Casa. Empreendimentos trazem infortúnio.
Nada é favorável.

O ímpeto externo do trovão surgindo do lago prefigura problemas. Porém, este ímpeto não pode ser negado e se impõe como realidade. É preciso lidar com ele. De maneira sutil, este hexagrama trata do despertar da paixão que tira a pessoa do seu eixo e a incita a atuar fora dos parâmetros usuais. Se alguém se subordina aos impactos passionais, pode incorrer em sérios riscos. Porém a relação passional suscita movimentos espontâneos inerentes à vida, e é necessária enquanto união dos opostos.
Este contexto extremamente ambíguo trata do importante papel do que aparenta ser acessório e responde a situações ilegítimas ou irracionais, fontes de inquietudes. Como não ocupa a posição central, acarreta problemas de diversas ordens e por isso os empreendimentos trazem infortúnio. Como esta situação não depende da vontade, porém, se impõe como algo mais forte que não pode ser ignorado, se é obrigado a aceitá-la.
O símbolo do acasalamento com uma jovem, num suposto segundo casamento, pode implicar em mais alegria e prazer do que a união formal. Quando o secundário torna-se cada vez mais importante e prolífero, harmoniza tendências antagônicas e pode tornar-se o elemento mais fecundo, com resultados palpáveis.
Submetido a fatores não esperados que confundem, se é levado pelo fluxo dos acontecimentos. A situação pode escapar do controle e, por isso, há tantas advertências e riscos no decorrer das seis etapas deste hexagrama.

As facetas aparentemente menores de toda relação, quando negligenciadas, podem causar grandes transtornos. Às vezes, o que à primeira vista se julga sem importância, com o tempo vai se estabelecendo como primordial. O papel do coadjuvante pode ser positivo quando integrado num contexto mais amplo, onde objetivos maiores estão implícitos.

COMENTÁRIO SOBRE O JULGAMENTO

A Jovem que se Casa expõe a relação entre céu e terra.
Se céu e terra não se unem, nenhum ser pode prosperar.
A Jovem que se Casa representa o fim e o começo da humanidade.
A alegria no movimento: quem se casa é a jovem.
Empreendimentos trazem infortúnio. As posições não estão corretas.
Nada é favorável. O maleável repousa sobre o rígido.

IMAGEM

Trovão acima do lago: imagem da Jovem que se Casa.
Assim, o ser superior toma consciência do transitório
à luz da harmonia durável.

A filha mais moça (o lago) segue ao homem mais velho (o trovão) e acata os termos da união. O incitar veemente do trovão induz a um fascínio irresistível, por ser passional, e este se reflete no lago que o espelha. Esta mútua atração, mesmo tendo uma conotação de união secundária, pode ser de grande valia para estabelecer a harmonia duradoura.

Tanto o transitório como o consistente desempenham papéis importantes. Saber avaliar a função dessas duas facetas é primordial para que não se anulem reciprocamente.

O ser superior logra estabelecer um equilíbrio, – acolhe o transitório sem por isso negligenciar o durável, ou seja, não descarta o permanente pelo fascínio do transitório. Consegue integrar a ambos em harmonia.

A jovem esposa anseia por um encontro fértil para procriar, – senão a sua união não seria fecunda. Esta alusão à importância de resultados concretos sela o bom andamento prolífero e muda o rumo das coisas. O fruto dessa união pode se converter, com o tempo, no fator predominante.

Nuances energéticas

nuclear 63

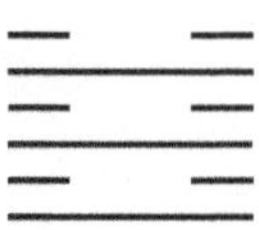

No núcleo deste contexto temos Após a Conclusão (63) acentuando o desejo implícito de levar a sua missão a cabo, reordenando as rivalidades e inimizades obstrutoras. Mas essa completude requer muita cautela, pois qualquer passo em falso pode alterar a harmonia.

oposto 53

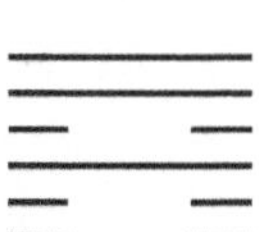

A dinâmica do forte impulso externo acatado pela Jovem que se Casa encerra paixão, e se opõe diametralmente à do Progresso Gradual (53) em que tudo se vai preparando num ritmo lento, etapa por etapa.

O céu anterior é o hexagrama Antes da Conclusão (64) em que tudo está por ser feito. Encerra múltiplas possibilidades. Atravessar o caos reinante permite a continuação da vida, representada a nível humano pelas pulsações passionais.

6 — □ —

A mulher segura uma cesta que não contém frutos.
O homem sacrifica uma ovelha, mas não corre sangue.
Nada é favorável.

A linha maleável acima não tem frutos
porque segura uma cesta vazia.

38

5 — ○ —

O soberano Yi concede a sua filha em casamento.
As vestes ornamentadas da princesa não são tão suntuosas
como as da segunda esposa. A lua, quase cheia, traz boa fortuna.

O soberano Yi concede sua filha em casamento.
As vestes da princesa não são tão suntuosas como as
da segunda esposa. Ela ocupa a posição central e dá
mais valor aos princípios do que aos ornamentos.

58

4 ———

A Jovem Casadoura prorroga o prazo.
e se casa mais tarde, no devido momento.

Prorroga o prazo do casamento,
pois espera pela pessoa acertada.

19

歸妹

54

3 — □ —

O Casamento da Caçula é a solução esperada.
Ela aceita a posição de segunda esposa.

O Casamento da Caçula é a solução esperada.
Ela ainda não ocupa a posição adequada.

34

2 ———

Alguém com uma só vista ainda pode ver.
A perseverança de um solitário é favorável.

A perseverança de um solitário é favorável.
O princípio permanente não se modifica.

51

1 ———

A Jovem se Casa como segunda esposa.
Um aleijado pode andar.
Empreendimentos trazem boa fortuna.

A Jovem se Casa como segunda esposa; isso confere união.
Um aleijado pode andar. Boa fortuna,
pois acolhem um ao outro.

40

6. A cesta e o sacrifício vazios são maus presságios que anunciam esforços inúteis e esterilidade. As relações perdem o sentido e o seu conteúdo verdadeiro. Porém, ainda se permanece envolvido na situação, continuando a mesma rotina. Quando a motivação – o amor ou o entusiasmo pela tarefa em pauta – é perdida, não adianta repetir gestos automáticos que, a esta altura, tornam-se improdutivos. Quando falta atração, nada é favorável.
A perspectiva da Oposição (38) desvela tendências contrárias ou ambíguas que provocam dúvidas e hesitações. Os parceiros já não concordam, pois se inclinam para objetivos divergentes.

5. A menção ao soberano pelo seu nome comprova de modo contundente a referência histórica deste hexagrama. As vestes mais ornamentadas, porém, improdutivas, perdem para o fator suntuoso – o filho – que advém da segunda esposa. A lua quase cheia conota implicações óbvias da plena realização prestes a se dar.
A mutação para o Duplo Lago (58) reforça a prevalência da filha mais moça – símbolo do lago, assim como a dupla alegria das duas dinastias com o nascimento do herdeiro – ou seja, o júbilo de todas as partes envolvidas quando a solução de um longo conflito é encontrada.

4. Aceitar a prorrogação da aliança resulta ser a decisão acertada. Em se tratando de uma decisão importante, a mensagem dessa etapa vai no sentido de considerar todas as possibilidades com atenção, antes de se pronunciar. A união tardia a que o texto se refere, – o segundo casamento –, remedia a longa espera. Essa prorrogação é justamente o que garante o sucesso do empreendimento, pois ao final aparece a pessoa certa.
A alternância para a Aproximação (19) mostra que ao se curvar aos ditames impostos, cumpre os requisitos preparatórios para uma aliança próspera e feliz.

3. O fato de a jovem dar o herdeiro esperado remete à fertilidade tão desejada. Quando a meta é de fundamental importância e não pode ser alcançada da maneira formal prevista, é válido tentar encontrar uma outra solução. Mesmo não ocupando a posição oficial adequada, a contribuição de um fator secundário aporta o desfecho feliz. O resultado é bem-vindo, mesmo quando encontrado pelo segundo escalão. O que conta é obter um desenlace feliz.
A perspectiva do Poder do Grande (34) denota uma força interna de grande alcance, capaz de fornecer soluções duradouras.

2. A limitação não impede a função que lhe é destinada; a sua força de vontade e determinação acabam rompendo as barreiras. Mesmo com uma só vista, ele insiste e consegue ver. A perseverança que não afrouxa em nenhum momento, diante dos obstáculos, e mesmo quando enfrenta a solidão permanece firme no seu propósito, acaba alcançando a meta desejada.
A mutação para o Duplo Trovão (51) reforça os ímpetos internos e externos que perseveram inalteráveis e fortes diante de qualquer bloqueio, abrindo caminhos.

1. Mesmo submetida a fatores inibidores e sendo impedida de avançar, a segunda esposa tem papel extremamente produtivo: dá à luz o herdeiro tão esperado, daí a boa fortuna da união. Ela começa com função secundária, mas, com o tempo, torna-se primordial. O mesmo ocorre quando um ramo menor de um empreendimento se transforma no mais lucrativo ou um subalterno consegue conciliar tendências opostas. Limitações não impedem o caminhar e propiciam um germinar fundamental que dispensa formalidades.
A segunda esposa é o veículo de Liberação (40) dos dois reinos. O fruto do seu ventre sela a paz duradoura, irmanada num mesmo objetivo fecundo.

TROVÃO

FOGO

55 FENG

J. BLOFELD **Abundância**
W. DONGLIANG **A Abundância**
A. HUANG **Abundância**
C. JAVARY **Abundância**
R. WILHELM **Plenitude (Abundância)**
R. WING **Zênite**

Nome e dinâmica.
O ideograma mostra um vaso ritual repleto, símbolo da opulência das colheitas, do viço dos vegetais e da fertilidade. As ramas nos vasos apontam para celebrações, – os cultos das estações e os festejos dos solstícios. Assinalam a inesgotável fecundidade da terra e a extraordinária abundância da natureza, que nunca é mesquinha ou avara. Todos os frutos brotam do seu seio, em espontânea oferenda aos seres.
O conselho de desbastar os ramos e colher os frutos das árvores implica em distribuir e dar espaço para a renovação. A gestão da Abundância passa sempre por uma sábia repartição. Várias conotações decorrem desta reorganização constante: não ser inundado por papéis ou documentos, pelo excesso de projetos ou discussões, ou até de divertimentos. Tudo o que está em demasia gera fatores negativos pelo próprio excesso.
A figura do fogo reforça a eclosão dos raios e estrondos do trovão, como a anunciar festejos, chamando a todos para participar. Se a chama ilumina desde o interior e se junta aos raios externos, provocando grandes clarões, no sentido figurado, denota visão clara a irromper como fogos de artifício. A luz interna não é resguardada, porém, se reparte em benefícios. Tudo o que é compartilhado tem o seu valor redobrado. A nitidez do enfoque resplandece ao ser difundida pelo trovão.

JULGAMENTO
Abundância. Sucesso.
O rei atinge a plenitude. Não fique triste.
Seja como o sol ao meio-dia.

No Zênite, há uma advertência para não ficar triste e seguir o exemplo do sol ao manifestar sua vitalidade plena do meio-dia e, mesmo sabendo que seu declínio já se inicia, nem por isso deixa de brilhar intensamente. Quando o esforço de atingir o ápice tem sucesso e já nada mais pode ser acrescentado a um estado de indiscutível Abundância, deve enfocar a rota crepuscular com o generoso ânimo de doação.
É impossível permanecer na culminância por muito tempo. Atingir a Plenitude implica de per si, na inversão deste movimento. Saber gerenciar essa transição de modo magnânimo incide em prolongá-la de fato, ao máximo. Reduzir os excessos quando estes já não produzem os efeitos desejados permite o surgimento de novos ciclos igualmente benéficos em ondulações sucessivas. Vivenciar os ciclos da vida em Plenitude significa não se apegar a uma etapa particularmente auspiciosa, porém, desfrutar de todas as facetas. Mas esta é uma tarefa soberana, e só o ser superior sabe realizá-la. Ciente de que a luz excessiva anuvia, sabe compensar o brilho demasiado forte com discrição e parcimônia. Esclarecer, sem se deslumbrar. Os momentos de proliferação fecunda estabelecem vínculos com o invisível. Assim como o rei, convocado para aparecer em plena luz, mantém uma postura justa e centrada semelhante à estrela Polar, cujo eixo imutável sustém o perfeito equilíbrio ao centro da constelação da Grande Ursa.
Sendo impossível reter para sempre o que se obtém em determinado momento, saber empregá-lo de modo equânime revela inteligência. Manter a opulência e, ao mesmo

tempo, controlar essa gestão difícil. Ao encontrar-se no pico mais alto, poder descortinar a paisagem iluminada até o atardecer.

COMENTÁRIO SOBRE O JULGAMENTO

Abundância denota grandeza.
Clareza no movimento, por isso a abundância.
O rei atinge a plenitude, e isso enfatiza a sua grandeza.
Seja como o sol ao meio-dia, irradiando luz sobre a terra.
Quando se encontra no zênite, começa a se pôr.
Quando a lua está cheia, começa o minguante.
A plenitude e o vazio do céu e da terra crescem e decrescem no decorrer do tempo. Quanto mais verdadeiro é isto quanto aos homens, aos espíritos e às divindades!

IMAGEM

Trovão e relâmpago surgem juntos: imagem da Abundância.
Assim, o ser superior decide os processos e executa as penas.

Fogo e trovão movem-se na mesma direção ascendente e, juntos, dispoem de uma força extraordinária. Este momento excepcional de florescimento em várias áreas favorece projetos e empreendimentos. Nada pode obstruir o movimento firme que emana da clareza interna. Por isso, é tão apropriado para esclarecer assuntos ou processos pendentes. Agora é questão de agir!

A prosperidade já alcançada redunda em frutos a serem distribuídos. Os cuidados devem ser redobrados: a Abundância só pode perdurar se círculos cada vez maiores são chamados a compartilhá-la. Não permitir que a proliferação embace a visão.

Gerenciar Abundância é uma tarefa que requer excepcional equilíbrio e inteligência. A esta altura, as restrições se impoem, para não passar das medidas. É questão de concentrar os objetivos para impedir a dissociação dispersiva, eliminando supérfluos. Talhar e doar para que os lucros não se tornem excessivos, evitando que o florescer desordenado bloqueie o próprio florescimento. A extraordinária fecundidade da natureza, nunca avara, vai distribuindo sua fartura entre todos os seres.

豐 55

Nuances energéticas

nuclear 28

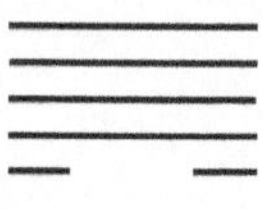

lago
vento

No núcleo da Abundância há um Acúmulo (28). Se os excessos não são geridos com inteligência, redundam em prejuízos. As árvores que crescem em demasia não são as que dão os melhores frutos. A Plenitude deve ser fortalecida com novos alicerces, a cada passo.

oposto 59

vento
água

A dinâmica contrária ao Acúmulo que gera Abundância é a Dispersão (59) do vento soprando sobre as águas, formando ondas. Esta energia assinala a dissolução de blocos enrijecidos, de núcleos afetivos ou projetos ultrapassados.

O céu anterior deste contexto tão fulgurante são as Grandes Realizações (14), quando o fogo interno passa para fora e ilumina dádivas ensolaradas no alto do céu, resplandecendo sobre todas as iniciativas e empreendimentos.

6 **Abundância na sua casa. Ele resguarda a sua família e espreita pelo portão interno e percebe que está deserto. Infortúnio.**

Abundância na sua casa, como flutuando no céu. Espreita pelo portão interno silencioso e deserto. Ele se mantém afastado.

30

5 **A luz volta a brilhar gerando felicitações e bênçãos. Boa fortuna.**

A boa fortuna da mutação da quinta posição provém do fato de distribuir bênçãos.

49

4 **O sol encoberto permite ver a estrela polar ao meio-dia. Ele encontra casualmente o seu mestre, de natureza semelhante à sua. Boa fortuna.**

Uma cortina o encobre, não está na posição apropriada. O sol encoberto permite ver a estrela polar ao meio-dia. Encontra seu mestre, de natureza semelhante à sua, mesmo quando a luz se atenua. Agir traz boa fortuna.

36

豐

55

3 **O sol encoberto permite ver estrelas no zênite. Ele quebra seu braço direito. Nenhuma culpa.**

O sol encoberto impede realizar grandes coisas. Ele quebra seu braço direito e, ao final, nada tenta fazer.

51

2 **A luz do sol encoberto permite ver a estrela polar ao meio-dia. Seguir adiante provoca dúvidas e dores. Despertar confiança e sinceridade permite a cura. Boa fortuna.**

Despertar confiança e sinceridade permite a cura, pois a lealdade surge da boa vontade.

34

1 **Quando se encontra o mestre que lhe é destinado, podem permanecer juntos dez dias sem incorrer em falhas. Ir provoca o reconhecimento.**

Podem permanecer juntos dez dias sem incorrer em falhas. Excedendo este prazo, seria prejudicial.

62

6. Aquele que, tendo alcançado a Abundância, teme perdê-la, e a esconde, pensando que assim a preserva, reverte a situação e alcança o efeito contrário: sua casa fica vazia e já ninguém o procura.
A fartura egoísta e desconfiada que nada doa e, ao contrário tenta se ocultar, sequer ousa olhar pelo grande portão do mundo externo, e permanece confinada, espreitando de modo subreptício pelo portão interno. Fechado no seu pequeno cerco.
A mutação para o Duplo Fogo (30) cujo principal atributo é o aderir, ilustra os efeitos de uma chama que se consome sozinha, sem levar os seus benefícios adiante. Este fogo excessivo é pernicioso, pois ninguém se lhe aproxima.

5. Finalmente se logra sair das luzes encobertas e dos valores mascarados e a luz volta a brilhar. A Abundância já não é envolvida por motivações egoístas ou desejos de lucros ambiciosos, porém, agora pode direcionar a Plenitude para causas proveitosas. Quem sabe distribuir a sua fartura, compartilhando-a entre os companheiros e investindo com sabedoria, merece realmente ser felicitado, pois passar por este teste de caráter não é fácil. Aprender a gerenciar e distribuir as próprias riquezas redunda em ganhos redobrados.
A volta da luz provoca uma verdadeira Revolução (49) cujos enormes alcances são imprevisíveis. Agora se passa ao comando equânime de toda a situação, totalmente clara.

4. A dúvida que ainda paira no ar deve ser esclarecida o quanto antes, pois se a Abundância turva a visão, é preciso manter os pés no chão e aprender a perceber a realidade. Entre tantas possibilidades e tal plenitude de opções, é natural vacilar. É preciso não negligenciar os verdadeiros princípios, fundamentais em épocas de fartura. Quem consegue manter a retidão encontra uma orientação segura, alguém com ideais semelhantes e, ao se complementarem, podem empreender obras de valor, com a decorrente boa fortuna.
A transição para a Luz Obscurecida (36) ressalta o perigo latente e mostra como preservar o brilho e os valores acesos, mesmo no meio de aduladores que tentam obter vantagens.

3. Quando o obscurecimento (do sol) se acentua, convém permitir que o eixo centrado (da estrela polar) transpareça, e não se deixar manipular. O enfoque confuso atinge o seu principal instrumento de trabalho: quebrar o braço direito equivale a não poder agir. Assim ferido e sem discernir bem as coisas, só pode manter o equilíbrio, sem nada empreender enquanto prevalecem as motivações obtusas.
A perspectiva do Duplo Trovão (51) incita ao movimento, porém, não pode agir às cegas. O empecilho contundente evidencia que ceder a este desafio incidiria em desestabilizar a Abundância.

2. A cortina que encobre o sol turva a visão, e os alcances da Abundância não ficam claros. Refere-se também à inteligência sendo obscurecida pela ignorância ou por atitudes hipócritas que prevalecem. Assim não se pode avançar, pois seguir com dúvidas provoca sofrimento e suscita desconfianças. Mas a posição central que esta linha ocupa permite perceber as manobras suspeitas que visam desprestigiá-lo. Se mantém a lealdade a seus princípios, essa sinceridade vence as incertezas e conduz à boa fortuna.
A alternância para o Poder do Grande (34) ressalta a necessidade de saber direcionar o forte potencial disponível, para não desperdiçá-lo numa meta ou pessoa que não vale a pena.

1. O encontro com o que lhe corresponde e a atuação conjunta criam a Abundância. A colaboração particularmente ativa entre bases complementares em mútuo apoio confiante constitui o sustentáculo da prosperidade. O que lhe é destinado está chegando e a ajuda da pessoa competente incita a agir. Estar cercado de ajudantes cuja índole e anseios correspondem às necessidades da tarefa em pauta estimula a iniciar obras relevantes.
A mutação para a Preponderância do Pequeno (62) incentiva à prudência e à atenção focalizada nos detalhes, antes de iniciar o ofício planejado.

FOGO
MONTANHA

旅

56 LU

J. BLOFELD **O Peregrino**
W. DONGLIANG **A Viagem**
A. HUANG **Viajando**
C. JAVARY **Viajante**
R. WILHELM **O Viajante**
R. WING **Viajando**

Nome e dinâmica.
O ideograma mostra ramos longos e flexíveis ao lado de um grupo de pessoas em marcha, sugerindo corpos flutuantes em movimento que chegam mais longe. Andanças que se estendem significam distâncias percorridas, ou mobilização em lugares inabituais. O peregrino que sai da sua casa nunca sabe ao certo o que o espera em territórios desconhecidos. As flutuações se sucedem durante as trajetórias. Os caprichos do acaso vão mudando os rumos do andar sem que ele o perceba. Pessoas em marcha também sugerem tropas militares em andamento, muitas vezes percorrendo terreno inimigo. Todo Viajante está à mercê da intempérie, pois não dispõe de abrigo seguro. Por mais que planeje o seu percurso, sempre surgem fatores inesperados.
O fogo acima da montanha ilumina mais longe, porém, está de passagem. Viajar incide em descobertas internas e externas que se refletem reciprocamente, perspectivas novas abertas em cada itinerário.
Como precaução, convém resguardar a estabilidade, – através de todos os fogos que alumiam os muitos caminhos. Se as chamas são passageiras, efêmeras e rápidas, presas ao combustível que as propicia, a solidez da montanha interna – dos princípios de apoio – em contrapartida, deve permanecer firme no decorrer de todas as andanças.
Viajar implica numa busca. De certa forma, somos todos Viajantes. Vagamos em nossa própria interioridade.

JULGAMENTO

O Viajante. Sucesso através de pequenas coisas.
A perseverança traz boa fortuna ao Viajante.

O êxito da viagem está nos detalhes. Quem deixa para trás os apoios firmes da própria morada, deve se voltar com atenção redobrada para as pequenas imposições imprevistas que surgem no caminho. O caminhante precisa ter os olhos bem abertos ao percorrer territórios desconhecidos e manter a discrição flexível, sabendo se amoldar às exigências, a cada passo. Para seguir a sua rota, é imprescindível atender às particularidades que lhe advêm. Os pormenores podem dificultar ou ajudar a abrir caminho.
O fogo está de passagem sobre a montanha e não ilumina durante muito tempo. Desconectado de seu solo familiar, desconhece as pessoas e as regras do estrangeiro, podendo facilmente incorrer em risco. Os códigos sociais são outros. Tem autonomia, porém, falta apoio. Sua liberdade é proporcional à falta de alicerces firmes. A emancipação decorrente das andanças abre novas perspectivas e oportunidades.
Toda Viagem incide em gastos, até de energias e, por isso, antes de partir, é pertinente questionar se dispõe de cobertura, e quais são as expectativas de verdadeiros aportes. Deve ir sedimentando o caminho para encontros e negócios fecundos.
Mas as andanças que abrem possibilidades enriquecedoras também despertam apreensões inebriantes. Às vezes descortinam entraves ocultos ou desatinos. O caminho abriga incertezas e reticências e nas passagens inseguras é preciso saber se proteger.

Quando em viagem, a prioridade passa ao âmbito externo e quem não possui alicerces firmes pode perder o equilíbrio. Corre o risco de já não saber então aonde realmente pertence. Quem viaja em quimeras ou sonhos impossíveis, se extravia e não encontra o caminho de volta à sua verdadeira morada.

COMENTÁRIO SOBRE O JULGAMENTO

O Viajante. Sucesso através de pequenas coisas.
O maleável alcança o centro no exterior e submete-se ao firme.
Mantendo a quietude e aderindo à clareza aporta sucesso nas pequenas coisas.
A perseverança traz boa fortuna ao Viajante.
O significado da época da Viagem é realmente grande!

IMAGEM

Fogo acima da montanha: imagem da Viagem.
Assim, o ser superior é claro e cauteloso ao aplicar castigos
e não prolonga os litígios.

Se os fogos são passageiros e efêmeros e dependem dos combustíveis que os mantêm acesos, os princípios de apoio, simbolizados pela solidez da montanha interna, devem permanecer firmes através de todas as andanças. A natureza das duas energias que formam este hexagrama é completamente díspare: a concentração, a imobilidade e a interiorização da montanha contrastam com o olhar que se dispersa pelo mundo e a inconstância de um movimento que depende do combustível disponível.
O fogo que se espraia acima da montanha pode ser visto ao longe, esclarecendo dúvidas e conflitos. A montanha que eleva a visão também confere firmeza. Quem sai de casa, se embrenha em caminhos desconhecidos muitas vezes justamente para adquirir um panorama mais amplo, e vislumbrar mais longe.
Circunstâncias inabituais requerem esforços de adaptação. Toda viagem – interna ou externa – resulta numa aprendizagem. E por isso, elucida enriquecimentos a repercutirem na morada natal. Este é o momento de estar muito atento, de escutar. Novas perspectivas convidam a uma reflexão, a brotarem em ideias inesperadas. Velhos conceitos são revistos sob outra luz. Acima de tudo, ter em conta que a meta final da Viagem é o retorno.

Nuances energéticas

nuclear 28

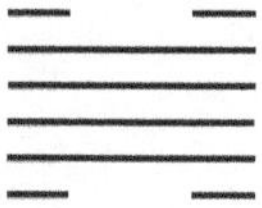

l a g o
v e n t o

O Grande Acúmulo (28) no âmago do Viajante indica um desequilíbrio perigoso, pois obriga a filtrar o tumulto de impressões acumuladas durante a errância. As paisagens que desfilam, incessantes, causam cansaço e pressões que devem ser canalizadas.

oposto 60

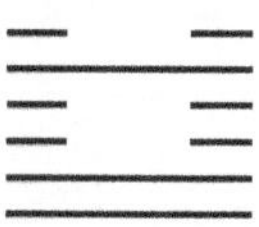

á g u a
l a g o

Durante a errância prevalece uma dinâmica diametralmente oposta às Limitações (60) pautadas sobre o ritmo regular do cotidiano, com todas as obrigações inerentes ao trabalho, à família, aos costumes e a horários fixos. Viagens, ao contrário, abrem possibilidades inauditas.

O céu anterior é o Espontâneo (25) que surge, de fato inesperado, a cada curva do caminho. O Viajante deve estar preparado para enfrentar surpresas e fatores imprevisíveis, amoldando-se a cada nova circunstância com flexibilidade.

6

O ninho do pássaro é incendiado.
Primeiro o Viajante ri, depois ele lamenta e chora.
Por um descuido, perde seus bois. Infortúnio!

Na posição mais alta do Viajante há um incêndio.
Por um descuido, perde seus bois.
Ao final, ele já nada escuta.

62

5

Atira num faisão. Ele cai à primeira flechada.
Ao final recebe elogios, e um cargo.

Ao final recebe elogios e um cargo proveniente do alto.

33

4

O Viajante descansa num abrigo. Ele obtém bens
e um machado. Seu coração não está contente.

O Viajante descansa num abrigo. Ainda não atingiu
a posição que lhe corresponde.
Ele obtém bens e um machado,
mas em seu coração não está contente.

52

3

A hospedaria onde se encontra o Viajante é incendiada.
Perde o seu jovem servidor leal. Perigo.

A hospedaria onde se encontra o Viajante é incendiada.
A perda pessoal o entristece. Se ele trata o seu servidor
com arrogância, certamente o perde.

35

2

O Viajante chega a uma hospedaria.
Traz consigo seus pertences.
Obtém a adesão de um jovem servidor leal.

O Viajante chega a uma hospedaria.
Finalmente, não está descontente.

50

1

Se o Viajante se dispersa em coisas banais,
atrai sobre si a desgraça.

Se o Viajante se dispersa em coisas banais,
esgota sua vontade e causa infortúnio.

30

6. Ao término da Viagem, é necessário voltar à própria casa, para preservá-la. Se insiste em continuar, perde tudo aquilo que adquiriu durante a sua trajetória. A sua indiferença resulta no descuido que leva à destruição de tudo o que aprendera a caminho. Primeiro ele não se importa, e só mais tarde se lamenta, quando se dá conta do que realmente foi perdido.
A transição para a Preponderância do Pequeno (62) que mostra a imagem de um pássaro em voo, ressalta o sentido de ter de voltar ao ninho, para enriquecê-lo com os ganhos obtidos ao longe. Quem ultrapassa o tempo próprio à viagem põe tudo a perder.

5. O faisão, pássaro-símbolo do fogo, é o alvo central atingido: no comando da situação, chega à excelência da condição de Viajante. As labaredas se espalham pelo mundo, a todos iluminando durante a sua trajetória. Os esforços que pareciam perdidos, os riscos enfrentados e o cansaço da longa jornada, foram necessários para chegar ao cargo que lhe corresponde.
A culminância da Viagem é saber Retirar-se (33) e se recolher no seu centro. Pois toda viagem é antes de tudo, uma exploração interna. O que se aprende através de errâncias, e por tantos e diversos caminhos, é o enriquecimento guardado no seu foro interno.

4. O poder e os bens obtidos – o machado demarca poder – permitem consolidar as aquisições durante a Viagem. Entretanto, não está contente em seu coração – ou seja, no fundo, não está satisfeito. Algo está faltando, pois apesar de todos os ganhos, ainda não ocupa a posição que realmente quer ocupar.
A alternância para a Dupla Montanha (52) reforça a estabilidade e consolida os lucros alcançados. Porém, se a parada forçada o desagrada é sinal de que, apesar das honrarias recebidas, gostaria de continuar a jornada.

旅

56

3. A repetição da perda enfatiza a situação de penúria em que se encontra. Ao perder o abrigo e a ajuda com a qual contava, encontra-se só. Corre perigo ao chegar ao topo da montanha, de onde vislumbra um outro panorama, bem maior do que imaginara. Resta-lhe agora passar pelo fogo à sua frente. Esta passagem difícil só pode ser empreendida sozinho e enfrentá-la envolve sempre em risco.
A transição para o Progresso (35) implica na decisão de encarar o desafio e de dar o pulo à frente, ciente das enormes dificuldades que encerra. Pois só lhe resta este caminho, – a não ser a desistência e o retrocesso.

2. Quando o Viajante se recolhe num lugar de repouso com os seus pertences, ocorre uma distensão favorável. Consegue adaptar-se ao novo meio. Ao se recolher na sua centralidade, no pouso que o abriga no meio da escalada, – encontra-se no meio da montanha –, consegue uma colaboração valiosa.
A perspectiva do Vaso Ritual (50), símbolo de um legado de sabedoria, aponta para o vislumbre de novos conhecimentos acrescentados à sua bagagem. O Ting convida a acolher o novo e também diz respeito a transformações internas profundas.

1. Quem volta a sua atenção para trivialidades, sem uma tarefa ou metas precisas, só enxerga coisas banais na sua jornada. Não consegue ver além da própria mediocridade. O fato de ocupar-se de insignificâncias chama a perdas e sinistros. A oportunidade de ampliar horizontes e de obter uma visão mais profunda das coisas é perdida.
A transição para o Duplo Fogo (30) reforça essa tendência de dispersão e, uma vez queimado o combustível que o move, já não resta vontade de ir a parte alguma. Ao queimar etapas de modo precipitado em coisas menores, desperdiça energias à toa e não consegue atingir o que vale a pena.

VENTO-MADEIRA

VENTO-MADEIRA

巽

57 XUN

J. BLOFELD **Submissão (Suavidade, Penetração)**
W. DONGLIANG **O Cálculo (Mântico)**
A. HUANG **Prosseguir com humildade**
C. JAVARY **Modelar-se**
R. WILHELM **Suavidade (o Penetrante, Vento)**
R. WING **Influência Penetrante**

Nome e dinâmica.

O ideograma mostra duas tábuas sobre um altar, símbolo de um contrato sendo selado, pois cada parte guarda uma metade onde a obrigação é anotada. Duas mãos se elevam deste pedestal, em gesto respeitoso diante de insígnias de poder. A ordem era colocada sobre a mesa-altar ritual e o funcionário só detém o comando na medida em que segue a orientação do governante. A docilidade do agente transmissor que se incumbe da tarefa de veicular o poder deve ser suave como as brisas que inclinam as folhagens num sentido determinado, no seu passar.

Ventos repetidos – acima e abaixo – exaltam esta capacidade de dobrar-se, condescendente e flexível, assim penetrando em todos os espaços. Do mesmo modo, os ensinamentos se repetem para se enraizarem. Trata-se de gestos imateriais que não podem ser agarrados: a ação invisível do vento e da madeira é extremamente eficaz.

A dinâmica deste hexagrama vai no sentido do imaterial que exerce grande influência, repercutindo sobre o mundo sem nada forçar. Denota algo inacessível à razão. O vento se espalha em todas as direções, assim como as ramas das árvores balançam livremente. Não se pode aprisionar o vento justamente por ser impalpável, – mas nem por isso os seus efeitos são menos contundentes.

O agente penetrante vai além de significados limitados, pois persevera oculto, sem jamais se expor a conflitos. Maleável como a madeira, vai se infiltrando em todos os espaços, de modo tão suave e sutil que seus efeitos só são percebidos bem mais tarde.

JULGAMENTO

Suavidade. Sucesso através do pequeno.
É favorável ter aonde ir.
É favorável ver o grande homem.

Neste contexto, o sucesso só pode ser obtido num ritmo de avanço consistente, através de meios dóceis e convincentes. Os pequenos gestos, assim como as palavras suaves que vão se amoldando às circunstâncias sem levantar resistências, acabam conseguindo resultados surpreendentes. Como não se impoem com pretensões agressivas, são facilmente aceitas. Todos os efeitos da dupla atuação do vento-madeira operam a longo prazo, pois este procedimento requer paciência e perseverança. Mesmo se às vezes é difícil manter a rota, a atitude yin de consentimento e disponibilidade, com sua repetição paciente, logra milagres.

A advertência contra os elementos que desnorteiam ou fazem perder o rumo é pertinente, pois a extrema flexibilidade pode ser dispersiva. Convém erigir abrigos seguros contra turbulências e persistir na meta entre as rajadas de vento que podem surgir, inesperadas. Ao inclinar-se, penetra no interior de motivações ocultas. Encontrar o caminho que realmente corresponde implica numa dosagem requintada entre o indistinto e o evidente. A cada passo aparecem sinais manifestos e outros sutis, apenas perceptíveis.

Saber conjugar ação e reflexão, ao enfocar as contradições inerentes aos sopros provenientes de múltiplas direções, resulta em obras fecundas. As noções de origem e de culminância estão interligadas na sabedoria das grandes árvores que se enraízam para florescer em amplas ramagens.

Se os ventos vão esculpindo as formas da natureza, a madeira implica em crescimento constante, no elo inteligente de obstinação e tolerância que vai contornando todas as eventuais barreiras do caminho. Denota a qualidade indestrutível do que persevera sem jamais se expor diretamente. A parcela superior contida em cada ser humano deve estar sempre na popa, a orientar.

COMENTÁRIO SOBRE O JULGAMENTO

Ventos penetrantes repetidos, para retransmitir ordens.
O firme prossegue, penetrando no que é correto,
para que a sua vontade se cumpra.
As linhas maleáveis se submetem às firmes,
por isso o sucesso através do que é pequeno.
É favorável ter aonde ir.
É favorável ver o grande homem.

IMAGEM

Ventos que se sucedem: imagem da Influência Penetrante.
Assim, o ser superior repete as suas ordens a todos
e realiza seus empreendimentos.

Dois ventos atuantes – um interno e outro externo – produzem tal efeito, que não há como não se inclinar. Nessa configuração, a submissão aceita docilmente e com brandura é sinal de força. Saber curvar-se às exigências e se submeter aos parâmetros de cada momento, eis a melhor maneira de avançar.
O sopro constante vai moldando através da sua força dócil. Quando é instável, pode ocasionar indecisões e hesitações, daí a necessidade de repetir sempre, como dois ventos a soprar. As aprendizagens repetidas vão se gravando com eficiência. Para disseminar diretivas e fazê-las chegar a todos os espaços, até aos confins mais distantes e resistentes, é preciso que se repitam várias vezes.
De tão constantes, os influxos dos ventos acabam se inculcando como parte intrínseca do próprio ser. As influências reiteradas obtêm efeitos profundos, pois a chave do sucesso é a condescendência flexível. Metas claramente definidas, mantidas com perseverança na contínua lealdade a certos princípios. O sucesso vai aprimorando as arestas e criando harmonia.

Nuances energéticas

nuclear 38

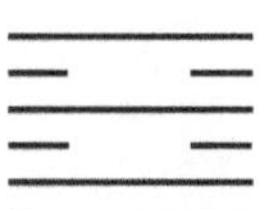

fogo
lago

A Oposição (38) no núcleo da Suavidade implica na gestão do contraditório, pois vai conciliando divergências no seu passar. A tensão fecunda entre contrários cria o movimento contínuo do princípio de evolução. Os ventos sopram, insistentes e dóceis, inclinando-se sobre o terreno que percorrem.

oposto 51

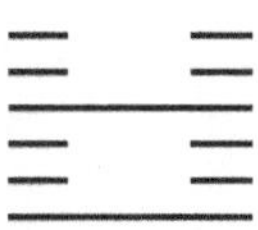

trovão
trovão

A dinâmica oposta do Duplo Trovão (51) representa o movimento brusco que eclode súbito. Os resultados são imediatos, e bem visíveis: causam impacto a grandes distâncias e as mudanças ocorrem intempestivas e contundentes.

O céu anterior é o Duplo Lago (58) cujas águas cristalinas espelham a índole e as intenções nitidamente, assim como as circunstâncias à sua volta. E por refletir a verdade, se manifesta na alegria profunda que, embora intangível, é tão importante na vida humana.

6

Suavidade embaixo da cama.
Ele perde seus bens e seu machado.
A perseverança traz infortúnio.

Suavidade embaixo da cama.
Acima, o fim chega. Ele perde seus bens e seu machado.
Este é o significado do infortúnio!

48

5

A perseverança traz boa fortuna.
Os arrependimentos desaparecem.
Nada que não seja favorável. Nenhum começo, porém, um fim. Antes da mudança, três dias.
Após a mudança, três dias. Boa fortuna!

A boa fortuna da mutação da quinta linha decorre de ocupar a posição correta e central.

18

4

O remorso desaparece.
Três espécies são capturadas durante a caçada.

Três espécies são capturadas durante a caçada.
Isso é meritório.

44

3

A Influência Penetrante se repete.
Humilhação.

A humilhação da Influência Penetrante repetida decorre de esgotar a vontade e a sinceridade.

59

2

Suave Penetração embaixo da cama.
Sacerdotes e xamãs são utilizados em grande número.
Boa fortuna! Nenhuma falha.

A boa fortuna de serem utilizados em grande número decorre do fato de ter alcançado a posição central.

53

1

Avanços e retrocessos.
A perseverança de um guerreiro é favorável.

Entre avanços e retrocessos, a vontade vacila.
A perseverança de um guerreiro é favorável.
A vontade é controlada.

09

6. Quando os ventos deixam de soprar, perdem-se os bens e o poder, – simbolizado pelo machado. A indicação é de buscar no fundo de si mesmo – embaixo da cama –, o motivo da perda. A principal advertência dessa linha seria de não se deixar embalar apenas pelos ventos externos, que poderiam levá-lo bem longe dos seus objetivos e daquilo que realmente lhe corresponde. Como já não há mais espaço nem tempo para avaliar aonde está a falha, o infortúnio resulta inevitável.
Perdida esta oportunidade, é preciso mergulhar no fundo do Poço (48) para re-encontrar a si mesmo, e os objetivos verdadeiros.

5. O grande sucesso da suavidade que penetra em todos os recantos decorre da precaução e da escolha do momento certo de agir. À preparação antes de atuar deve seguir a implantação correta de medidas. A reflexão posterior é fundamental para avaliar as consequências e o alcance dos próprios atos. Esta atitude pausada e bem pensada, vai se infiltrando na situação e, assim, conserta as falhas anteriores. Daí a boa fortuna.
A transição para a Reparação (18) ressalta esta reavaliação criteriosa, mostrando que com sua docilidade e persistência o duplo vento é capaz de varrer todas as incertezas e de remover tudo o que foi deteriorado.

4. As três espécies de caça capturadas representam a fartura e o domínio da situação. Pode seguir inabalável rumo ao objetivo desejado, pois agora tem ao seu dispor todos os elementos necessários para lograr uma influência estável e duradoura. Todo remorso desaparece e a atuação é particularmente bem-sucedida, revertendo em benefícios reconhecidos.
Pode Ir ao Encontro (44) daquilo que o motiva e inspira, sem hesitar, mesmo se isso representa uma grande força a ser enfrentada.

3. A Influência Penetrante desprovida de uma orientação firme e de uma meta precisa corre o risco de perder o rumo, e pode causar constrangimentos humilhantes. Não pode ter penetração quem não é receptivo. Esta etapa requer grandes cuidados, pois se encontra no meio de influências contraditórias. Por isso, vacila e tem dificuldade em se situar.
A mutação para a Dispersão (59) confirma a perda dos parâmetros, pois faltam apoios firmes. Aponta também para a necessidade de dissolver as próprias dúvidas a fim de reencontrar o rumo perdido.

2. A penetração embaixo da cama sugere o aflorar do inconsciente, o mundo dos sonhos e da magia, tudo o que está oculto nos recantos obscuros da mente e da fantasia. Tomar ciência destas forças e apelar para a sua ajuda implica em estar bem centrado, conferindo particular atenção aos sinais sutis da intuição mais profunda.
A mutação para o Progresso Gradual (53) vai se descortinando passo a passo, na fidelidade às próprias convicções. A boa fortuna decorre do fato de avançar de modo coerente e de acordo com a própria essência, superando eventuais obstáculos ocultos.

1. Apesar das turbulências dos ventos que avançam e retrocedem sem parar, a direção contínua deve ser mantida. Guerreiro é aquele que acata ordens sem hesitar, pois confia no seu superior. Guarda seus princípios internos, sejam quais forem as circunstâncias externas. Ele avança e recua seguindo diretrizes elevadas e sabe submeter sua vontade a um ideal. A força interna se manifesta sempre em docilidade.
A transição para o Poder de Domar do Pequeno (9) sugere moldar a sua ação segundo exigências menores. Porém, são os detalhes e as ocorrências do dia a dia que forjam os grandes caminhos.

LAGO
LAGO

兌

58 DUI

J. BLOFELD **Alegria**
W. DONGLIANG **O Encanto**
A. HUANG **Alegre**
C. JAVARY **Trocar**
R. WILHELM **Alegria (Lago)**
R. WING **Encorajar**

Nome e dinâmica.
O ideograma mostra traços acima da boca de alguém dançando, acentuando os pés. Palavras ou sorrisos saindo de uma grande boca com dois pés abaixo formam a imagem de uma pessoa dançando alegremente. A grande boca, símbolo do lago, também significa os intercâmbios: a comunicação pessoal, dar e receber com espontaneidade. Tudo o que passa pela boca significa abertura, comida e bebida, conversas prazerosas. Esta expressão de comunicação por excelência facilita as permutas gratificantes – internas e externas. Incidem num duplo espelhar e na faculdade de perceber a si mesmo e aos outros. Este é um contexto de relaxamento que a todos reúne, em alegria.
O Duplo Lago propicia a convergência de energias, – a alegria interna se manifesta no sorriso acolhedor. A harmonia decorrente dessa mútua aceitação reflete desígnios benéficos para todos os implicados. Se a alegria passa pelo alimento e pelas palavras, as águas que se reúnem nas profundezas para formar um lago se condensam em esferas profundas e arquétipos que permitem este aflorar. As brumas que emanam dos lagos promovem a fertilidade. A interação alegre entre companheiros que formam um grupo e se alimentam em conjunto relaxa as tensões e favorece as Trocas.
A estrutura deste hexagrama se articula a partir das duas linhas abertas yin que promovem diálogos e facilitam a compreensão entre os seres, viabilizando a concordância e os acordos selados com gentileza e diplomacia. Tudo neste contexto suaviza e propicia o entendimento.

JULGAMENTO
Alegria. Sucesso.
A perseverança é favorável.

A verdadeira alegria existe independentemente de fatores circunstanciais, pois emana do âmago, espontânea. Diz respeito à força e à plenitude internas.
Duas bocas unidas se apoiam, num mútuo Encorajar: o prazer da reunião se dá por meio de debates em tom de amizade e cooperação. Os dois lagos superpostos expressam a silenciosa confiança de amigos reunidos no decorrer de longos percursos. A comunicação eficiente sabe se expressar e, ao mesmo tempo, escuta atentamente. As relações humanas são extremamente delicadas e exigem muito cuidado para preservar moldes harmônicos.
A ambivalência da alegria decorre do fato de responder a situações diversas, utilizando as mesmas cordas sensíveis. Este é um processo único, e as duas partes envolvidas, simbolizadas pelos dois lagos integrados, se remetem a volumes mais profundos que enriquecem as suas vivências em Encanto.
Quem cultiva em si um ânimo alegre tem efeito contagiante sobre o seu meio e todos procuram a sua companhia. No contexto sereno deste hexagrama tão favorável não há muito o que dizer, por isso o texto é tão curto. O sentimento que rege este momento, a Alegria serena, tem o poder de abrir caminhos. Ao dissolver a tensão e a agressividade

entre os seres, a convivência torna-se prazerosa e pacífica.
Essa conjuntura propicia as conversas inteligentes e as trocas enriquecedoras. O sucesso deste contexto vem do equilíbrio interno que se manifesta com o Encanto da sinceridade de quem nada tem a esconder.

COMENTÁRIO SOBRE O JULGAMENTO

Alegria significa prazer. O firme está ao meio, o maleável está no exterior.
É favorável ser Alegre e nisso perseverar.
Assim, se atua de acordo ao céu e se corresponde ao desejo das pessoas.
Quando se conduz as pessoas de modo Alegre, elas esquecem suas dificuldades.
Quando se enfrenta o perigo de modo Alegre, se esquece do medo da morte.
O mais importante quando se confere alegria às pessoas
é o mútuo estímulo que torna tudo possível.

IMAGEM

Lagos repousam um sobre o outro: imagem da Alegria.
Assim, o ser superior reúne-se a seus amigos
para deliberar e praticar em grupo.

Os dois lagos intercomunicando-se refletem reações sinceras e confiantes perante a vida. Duas aberturas sobrepostas relaxam, conferem sossego e afrouxam tensões. Quando as almas estão plenas, aproximam-se serenas e firmes, na certeza de uma harmonia que desperta ânimos sorridentes.
A alegria tranquila do duplo lago se assemelha a sábios em meditação. Este é um estado de ânimo interno, independente das ocorrências no mundo, pois a satisfação esporádica é ilusória e se atrela a circunstâncias passageiras. A Alegria tem um efeito de transformar e suavizar o mundo. Para a China, estados mentais são forças energéticas. A pessoa Alegre contagia o seu meio de modo silencioso e sutil, e diz muito mais do que pronuncia.
Cada ser comunica, antes de tudo, o que ele é. Este Encanto deve se revelar, se manifestar e se consolidar como forma autêntica de vida. Quem perde a Alegria, destrói a semente da vida. A verdadeira Alegria tem um poder regenerador, e um alcance imensurável. Jorra como uma fonte, doando livremente, sem pedir nada em troca, por ser autossuficiente.

Nuances energéticas

nuclear 37

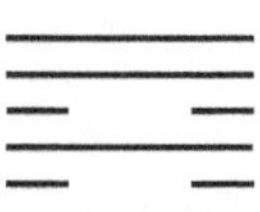

vento
fogo

No âmago da Dupla Alegria de dois lagos reunidos encontra-se a Família (37), berço da convivência e da comunicação entre os seres. Na essência das origens, o núcleo familiar emite a luz e o calor que mantêm seus membros reunidos numa solidariedade confiante e alegre.

oposto 52

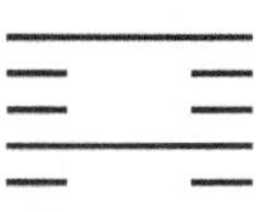

montanha
montanha

A dinâmica oposta da Dupla Montanha (52) aquieta e fecha as passagens. Sua concentração propicia o silêncio e a reflexão, um voltar-se para dentro de si mesmo. Elevar-se pelas encostas das montanhas exige firmeza e solidez, além de um esforço solitário.

O céu anterior é a Dupla Água (29), os abismos insondáveis onde as águas dos lagos mergulham. Os fossos acolhem a passagem dos fluxos em movimento e as correntezas vão se aquietando ao se amoldarem no espaço que as acolhe. À medida que as agitações perigosas se vão serenando, convertem-se em fecundidade e alegria.

兑

58

6

Alegria sedutora.

A linha maleável acima seduz porque carece de luz.

10

5

Ser sincero diante de influências destrutivas encerra perigo.

Sincero diante de influências destrutivas porque ocupa uma posição correta e apropriada.

54

4

A Alegria avalia, e não está tranquila. Ao livrar-se de erros doentios, encontra a alegria de viver.

A Alegria da mutação da quarta linha tem motivo para felicitações.

60

3

Alegria que chega. Infortúnio.

O infortúnio da alegria que chega decorre do fato de não se encontrar na posição correta.

43

2

Alegria sincera. Boa fortuna. O arrependimento desaparece.

A boa fortuna da alegria sincera consiste em ter confiança na própria vontade.

17

1

Alegria e harmonia internas. Boa fortuna.

A boa fortuna da alegria dotada de harmonia interna decorre de não agir de maneira dúbia.

47

6. A derradeira etapa da Alegria é uma linha receptiva que exprime o sentido de dissipação às vezes atribuído aos elementos prazerosos. Corre o risco de perseguir os atrativos sedutores mais por hábito do que pela espontânea convicção de um prazer verdadeiro. Não há nada de mal, a não ser um desperdício inútil de energias. Se tivesse mais inteligência e valor, não se comportaria dessa maneira.
A alternância para a Conduta (10) contém uma advertência velada: revestir as atitudes apenas de superficialidades alegres consiste de uma inconsequência que não leva a nada. Impede de dar os passos firmes, necessários para um avanço real.

5. A sinceridade expansiva e otimista está sujeita a influências negativas, pois age sem pensar nos perigos decorrentes do excesso de confiança. A boa vontade tende a julgar os outros pelos parâmetros da sua própria sinceridade e, portanto, sem desconfianças. Isto pode levar a uma situação delicada e constrangedora.
A transição para a Jovem que se Casa (54) assinala o perigo de ser seduzido por prazeres e dependências. Porém, como ocupa uma posição central, é capaz de superar este risco sem perder o suporte e a direção correta.

4. A Alegria ponderada não flui espontânea e desimpedida, porém, hesita e avalia, e age com cuidado. Não sabe se deve dar vazão à satisfação ou reprimi-la, sem expressá-la abertamente. O ideal seria livrar-se dessas tendências contraditórias que não cabem neste contexto, – nem os ímpetos sôfregos e apressados, nem as tensões acumuladas que levam à passividade. Deve se felicitar por superar essas falhas.
A pausa para deliberar representa uma Limitação (60) que interrompe a comunicação alegre. Mas, ao mesmo tempo, o equilíbrio dessa dinâmica ajuda a encontrar o ponto de apoio. Ao colocar tudo nos eixos, a alegria retorna.

兑

58

3. As Alegrias que chegam de fora às vezes não correspondem aos anseios verdadeiros. As atrações do mundo e as ofertas tentadoras suscitam dúvidas, e não se sabe bem se os convites devem ser aceitos. Talvez seja melhor continuar batalhando por aquilo que realmente lhe proporciona alegria, mesmo que esta via seja mais difícil. Os atrativos externos acentuam a vulnerabilidade da sua posição. Não espere de fora o que não supre internamente. Este pode ser um desvio do verdadeiro júbilo.
Diante de uma Decisão (43) de tal envergadura, convém não tomar resoluções imediatas, pois mesmo se aparece sob um manto Alegre, quando algo suscita indecisão é sinal de que pode involucrar infortúnio.

2. A sinceridade bem centrada – a linha encontra-se no meio do primeiro lago –, apaga qualquer arrependimento, e deixa fluir os sentimentos verdadeiros. Nada pode ser oculto entre amigos ou bons companheiros e a comunicação deve se dar plena. A Alegria sincera abre todos os caminhos e facilita o andar.
A transição para o Seguir (17) confirma o avanço visível e bem claro que se deixa conduzir sem questionamentos. Quando tudo é motivo de Alegria, pode seguir sem temer falhar, pois trata-se de ímpetos profundos que não podem ser ignorados.

1. A alegria que se manifesta espontânea, sem motivos precisos a não ser a própria harmonia interna, ainda está incontaminada por hesitações ou temores. A boa vontade dessa primeira etapa que encara a vida com confiança e satisfação não acalenta dúvidas e não esconde as suas intenções. Já sente as influências benéficas do contexto no qual está por entrar com entusiasmo e satisfação.
A mutação para a Exaustão (47) alerta para o perigo da inexperiência que pode levar a entrar numa situação difícil e opressiva sem se dar conta. Cuidado para que as suas forças não se esgotem.

VENTO-MADEIRA

Á G U A

渙

59 HUAN

J. BLOFELD **Espalhamento, Desintegração**
W. DONGLIANG **A Dispersão (A Subida das Águas)**
A. HUANG **Dispersando**
C. JAVARY **Desenredar**
R. WILHELM **Dispersão (Dissolução)**
R. WING **Reunindo**

Nome e dinâmica.

O ideograma composto de dois elementos enlaçados mostra à esquerda, o signo da água, ao lado de uma mão retendo o vaso ritual. Transmite a ideia de preservar o mais precioso legado no momento da dispersão. Quando tudo se dissolve, é preciso conter com firmeza, e mais do que nunca, os valores fundamentais, simbolizados pelo vaso ritual.

A madeira sobre a água conota uma embarcação que navega afastando as pessoas ou trazendo-as de volta. Do mesmo modo como as grandes extensões de água separam e dispersam, também podem reaproximar. A ambiguidade do sentido duplo é extremamente enriquecedora: aquilo que separa também pode unir.

Este contexto encerra o perigo de uma dissolução de laços afetivos, de trabalhos e de negócios ou, ao contrário, o desbloqueio dos entraves que impedem uma união verdadeira. A Dispersão pode ser perniciosa, em se tratando de algo de valor que termina ou da separação entre seres queridos. E pode ter efeitos muito positivos – a dissolução das toxinas e do suor – e até regenerativos. Ao se desintegrarem as barreiras internas, os preconceitos e as idiossincracias que separam os seres voltam a se reunir sobre outras bases.

A energia interna, a água, cujo atributo é o perigo, simboliza a vitalidade bloqueada. A penetração das brisas da primavera vai suavizando a rigidez invernal em que a natureza estivera adormecida. São os bloqueios internos que impedem aceder à reunião. Quando este abismo separador termina, dá-se o vislumbre de um outro panorama, conciliador e pleno.

JULGAMENTO

Dissolução. Sucesso.
O rei se aproxima do seu templo.
A perseverança é favorável.

O sucesso anunciado logo de entrada qualifica o momento importante da chegada da faceta mais valiosa de uma pessoa, símbolo da sua realeza, no espaço que verdadeiramente deve ocupar. Esta aproximação requer uma preparação. É preciso limpar as impurezas, dissolver as motivações menores e mesquinhas e afastar as influências interesseiras, para poder entrar como um verdadeiro rei nessa etapa da vida. As velhas estruturas tornadas rígidas devem ser dispersas para garantir o novo ciclo e um novo florescer.

Os momentos importantes na antiga China sempre eram marcados por cerimônias celebradas nos templos, pedindo as bênçãos dos ancestrais. Esta volta às origens é primordial para afirmar as bases, antes de poder dar qualquer passo decisivo. O centro deve sempre ser mantido, ou seja, o contato com a essência confere o equilíbrio de ação e garante os bons efeitos.

Uma vez assegurados os fundamentos, – de seja lá o que for o que se tem em mente –, se dispõe da força necessária para agir, e se pode então vencer quaisquer problemas para atingir a meta desejada. A travessia favorável das águas remete novamente à imagem da madeira sobre a água, o veículo que permite flutuar sobre os abismos que separam os seres, dissolvendo intrigas ou mal-entendidos e aproximando-os novamente. Durante o processo de Dissolução deve-se proceder com suavidade ao ir ao encontro do seu similar, na posição que lhe corresponde ocupar no mundo.

COMENTÁRIO SOBRE O JULGAMENTO

Dispersão. Sucesso. O firme chega e não se esgota.
O maleável encontra-se no devido lugar
e sai para encontrar-se com o seu similar, acima.
O rei se aproxima do seu templo. Ele está ao centro.
É favorável atravessar as grandes águas.
Confiar na madeira aporta méritos.

IMAGEM

O vento sopra sobre as águas: a imagem da Dispersão.
Assim, os reis da antiguidade ofereciam sacrifícios
ao Senhor dos Céus, e construíam templos.

A Dispersão propicia uma ação unificadora. Qualquer isolamento paralisante, causador de bloqueios, deve ser definitivamente posto de lado neste momento, para poder realizar obras de envergadura. O Desenredar de dúvidas ou questionamentos conflitantes sempre abre caminho para a paz. Ao soprar sobre a água, o vento prenuncia a primavera. Do mesmo modo, ao se dissolver a rigidez do inverno, as pessoas voltam a empreender tarefas em comum, sedimentando a sua união.
Desenredar os impasses implica em buscar as suas causas. O egoísmo e o isolamento seriam erros de perspectiva. Ao encontrar a falha que origina o distanciamento entre os seres, a sua manifestação se desintegra automaticamente. A questão se resume em encontrar a natureza da barreira que o prende.
Todas as medidas necessárias devem ser tomadas para voltar a participar do meio social, familiar ou profissional a que pertence. A imagem do vento-madeira sobre as águas é muito rica. Na sua passagem os ventos ou os barcos separam os que não devem permanecer juntos, ao passo que aproximam os que são escolhidos para seguirem trajetórias conjuntas.

渙

59

Nuances energéticas

nuclear 27

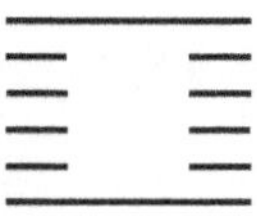

montanha

trovão

A estrutura da Nutrição (27) representa uma grande boca aberta e um vácuo a ser preenchido. Ao se encontrar no núcleo da Dispersão indica que algum bloqueio precisa ser resolvido para que a comunicação possa voltar a fluir.

oposto 55

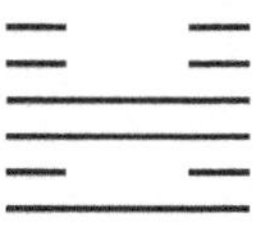

trovão

fogo

A Abundância (55) enquanto energia oposta à Dispersão ocasiona uma convergência de esforços coerentes para gerenciar recursos fartos, assim como uma concentração de forças para aproveitar as colheitas abundantes da melhor maneira.

O céu anterior é a Reunião (45) que aproxima os seres na realização de objetivos comuns e na convivência diária. A reaproximação entre os seres pode ocorrer a nível interno ou coletivo, mas sempre dissolve barreiras separatistas.

6

Dissolve a sua angústia. Sair, manter-se distante e ir embora não encerra falha.

Dissolve a sua angústia e se mantém afastado dos danos.

29

5

Dispersão no suor, entre gritos. O soberano permanece sem falhas.

O soberano permanece sem falhas, pois continua ocupando a posição correta.

04

4

Dissolução do seu grupo. Sublime boa fortuna! A dispersão ocasiona a reunião na colina ancestral. Isto está além do alcance dos homens comuns.

Dissolução do seu grupo. Sublime boa fortuna! Pois leva ao brilho e à grandeza.

06

3

Desenredar o seu ego. Nenhum arrependimento.

Desenredar o seu ego. A vontade está dirigida aos outros.

57

2

Desenredar. Ele corre em direção do que lhe dá apoio. O arrependimento desaparece.

Desenredar. Ele corre em direção do que lhe dá apoio e assim alcança o que deseja.

20

1

Ele traz ajuda com a força de um cavalo. Boa fortuna.

A boa fortuna da mutação da primeira linha se fundamenta na sua devoção.

61

渙 59

6. Toda a mensagem desta última etapa da Dispersão vai na direção de acabar com quaisquer resquícios prejudiciais que porventura ainda subsistam. Desenredar os receios e as angústias representa a saída definitiva do impasse. Para não haver dúvidas, o texto repete três indicações neste sentido: sair, manter-se distante e ir embora.
A mutação para a Dupla Água (29) que flui entre abismos adverte para o perigo de todos os excessos de dispersão. Deve prestar a necessária ajuda aos que estão retidos por dúvidas ou ainda presos a angústias subsequentes à dissolução. A melhor maneira de se manter afastado destes danos é logo se inserir numa nova tarefa.

5. A transpiração e os gritos que dissolvem as tensões apontam para a efetiva dispersão dos males, – sejam eles intrigas, doenças ou outras calamidades. Como se encontra na posição soberana, o centro permanece firme e não se deixa afetar, mesmo se tudo à sua volta se dispersa. O momento em que a Dissolução realmente ocorre e que se constata impreterível, pode causar pânico. A ligação àquilo que agora se afasta ainda o afeta e pressiona.
A alternância para a Inexperiência (4) assinala que este é o fim de um processo, a etapa precursora de um novo despertar. E nesse novo ciclo que agora inicia, se há de buscar uma orientação segura, semelhante à fonte que flui ao pé da montanha.

4. A Dissolução do grupo do qual se afasta leva a uma reunião com aquilo que corresponde à sua realidade intrínseca, simbolizada pela colina ancestral. Este lugar de apoio constitui um emblema de firmeza e sabedoria que só acrescenta. Mas os homens comuns não conseguem se desvencilhar dos grupos em que estão inseridos para seguir o caminho da realização própria.
Esta busca que leva sem dúvida ao brilho e à grandeza é uma maneira de Resolver Conflitos (6). Mesmo se incide em dificuldades dolorosas, é melhor resolvê-las agora, pois este é o momento favorável para efetivar dissoluções.

3. Desenredar a rigidez interna que ocasiona tantos erros de avaliação, resultando em egoísmos e ambições desmedidas, sinaliza um avanço contundente. Esta é uma etapa necessária para a evolução, mesmo que seja dolorosa. Ao se afastar das motivações mesquinhas, abre espaço para perspectivas maiores, que valem realmente a pena. Ao dirigir a atenção e cuidado aos outros, enriquece todo o percurso.
A transição para o Duplo Vento (57) acentua o poder de varrer os empecilhos internos e externos, com suavidade e gentileza, sem causar danos.

2. Quando algo se dissolve, é natural que, ficando meio perdido, se procure um outro ponto de apoio. Deseja encontrar rapidamente um outro alicerce. Como esta segunda linha – de per si central – se encontra no meio da água, corre o risco de afundar. Daí a pressa. Urge, portanto, correr em direção de um outro suporte para iniciar um novo ciclo, ao encontro daquilo que realmente deseja.
A mutação para a Contemplação (20) descortina um outro panorama, abrindo a possibilidade de visualizar novas perspectivas. Porém, também encerra a necessidade de uma reflexão profunda, para não reincidir no mesmo erro de apoiar-se em suportes fracos.

1. Ao se comprometer a ajudar com a máxima força de que dispõe, opera a Dissolução do elemento rígido que impede o bom andamento das coisas. Este esforço concentrado, levado a cabo com dedicação e esmero, consegue abrir caminho para as etapas subsequentes e incide na possibilidade de alcançar a boa fortuna.
O ímpeto decidido tem sucesso, pois corresponde à Verdade Interior (61) intrínseca que emana de modo natural. O grande vazio formado pelas duas linhas yin ao centro ressalta a integração com a própria essência. Por isso, tanto se empenha em realizá-la.

ÁGUA
LAGO

節

60 JIE

J. BLOFELD **Contenção**
W. DONGLIANG **Economizar (Os Talos)**
A. HUANG **Restringindo**
C. JAVARY **Medida**
R. WILHELM **Limitação**
R. WING **Limitações**

Nome e dinâmica.
O ideograma mostra o bambu com uma foice à direita, denotando o sentido original de colocar limites. O talo do bambu expressa retitude, maleabilidade e resistência, é oco e dividido em partes visivelmente delimitadas. O espaço entre os seus nós implica num ritmo concatenado; a estrutura do talo organizado em parcelas regulares remete ao desenvolvimento linear em cadências. As diversas variedades de bambu crescem muito rápido e precisam ser contidas; o seu diâmetro já sai da terra com certa espessura. Se não for regularmente cortado – a foice enquanto símbolo do corte – invade todo o terreno. É preciso moderar a sua exuberância.
A figura da água sobre o lago implica também no perigo de um desbordar. O espaço ocupado por um lago deve conter uma quantidade limitada de água, – nem demais, para não inundar as redondezas, nem de menos, pois seria um desperdício, só utilizar parte do seu potencial. A Contenção inteligente contém o segredo desta dinâmica que configura a chave para o sucesso. A Medida entre o vazio e o pleno simboliza também a retidão do caminhar, – ao mesmo tempo suave e firme.
As águas do lago demarcam a linha do horizonte. Em todos os âmbitos é preciso saber instaurar a justa Medida, pois há um excesso possível, ao menos em potencial. Não são dados aos seres humanos horizontes sem restrições. Reconhecer os próprios limites constitui um grande passo na trilha da sabedoria.

JULGAMENTO
Limitação. Sucesso.
Não persevere ao exercer uma delimitação amarga.

Certas Medidas não podem ser ultrapassadas e, mesmo se implicam em Limitações penosas, são referências úteis de efeitos práticos. Ninguém pode desrespeitar os próprios limites, ou aqueles que a vida, a cada dia, impõe. As Restrições devem ser utilizadas de modo construtivo. Um planejamento eficiente, dividido em etapas, resulta ser a chave para o sucesso de um empreendimento.
Este é o momento de colocar balizas, estabelecer prioridades e objetivos realizáveis. A duração de uma vida, o alcance físico de uma pessoa, os limites dos seus conhecimentos. Aceitar não só os próprios, mas também os limites dos outros, não pedir mais do que eles possam dar. A única contenção negativa é a exagerada ou amarga, que tolhe as possibilidades criativas, cortando todos os esforços pelo excesso do seu rigor. Se não podemos viver sem limites, também não podemos viver dentro de limites sufocantes. Assim, é preciso limitar até as Limitações.
As restrições não apontam somente para asceses, mas também para parcerias eficazes e moderação no agir. Estabelecem cadências e um ritmo de vida. De nada adiantam regras demasiado rigorosas ou barreiras estreitas. Deve-se permitir que cada ser atue na medida das suas capacidades. O equilíbrio entre firmeza e suavidade integra cadeias harmoniosas e comporta uma dosagem sutil serena e inteligente.
As etapas bem delineadas das estações permitem extrair da natureza o seu pleno potencial criativo. A divisão acertada na administração do trabalho repercute em bom resultado. Dentro do plano da manifestação, a cada ser humano é dado um leque de

possibilidades; só o ser superior sabe conduzir o seu talento potencial ao apogeu. Aperfeiçoa a maneira de tocar o seu instrumento bem afinado. A Medida intrínseca à natureza de cada pessoa deve ser convertida em dádiva aprimorada em realização plena, no decorrer de uma vida.

COMENTÁRIO SOBRE O JULGAMENTO

Limitação. Sucesso.
O firme e o maleável são divididos em partes iguais,
e o firme alcança as posições centrais.
Não persevere ao exercer uma delimitação amarga,
pois este caminho leva ao fim.
Passar pelo perigo com alegria e restringir a área apropriada
a partir da posição central e correta.
Seu avanço dispensa Limitações,
na medida que céu e terra regulam os limites e
as quatro estações completam as suas funções.
Quando as Medidas são reguladas, os recursos não se exaurem
e as pessoas não são prejudicadas.

IMAGEM

Água sobre o lago: imagem da Limitação.
Assim, o ser superior cria número e medida
e um código moral para regulamentar a conduta social.

A cavidade do lago só pode conter uma quantidade limitada de água. Medidas justas são imprescindíveis até para preservar as civilizações e as culturas. Em todas as circunstâncias, há limites internos e externos que regulam os nossos passos. Os modelos externos refletem no interior, e vice-versa. Não ser capaz de colocar seus próprios limites equivale a tornar-se vítima dos limites impostos de fora. Quem não sabe se conter, acaba sendo contido pelo outro. Sábio é aquele que reconhece até onde pode aprimorar-se, utilizando toda a sua capacidade, reconhecendo o momento exato em que deve parar.
Quem conhece os seus limites, percebe as suas possibilidades. Assim, não desperdiça energias – nem por Restrições sufocantes, tirânicas ou arbitrárias, nem por excessos. Saber colocar limites é uma habilidade – em se tratando de finanças, trabalhos, de atividades físicas, e até de emoções.

Nuances energéticas

nuclear 27

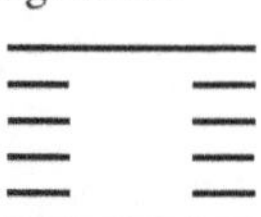

montanha
trovão

A Nutrição (27) no cerne da Limitação evidencia um ritmo regular e concatenado, na justa Medida de cada organismo. A alimentação (saudável), assim como a aprendizagem, exigem limites bem sincronizados, assim como a obtenção de qualquer resultado duradouro.

oposto 56

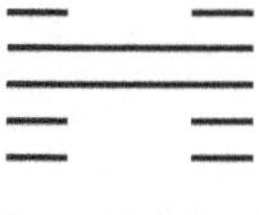

fogo
montanha

O Viajante (56) cujo fogo passa pelo cume da montanha em chama passageira, contém a dinâmica oposta ao ritmo regular da Limitação. Ao viajar por terra estranha, se transita fora dos parâmetros usuais, onde os limites ficam pouco claros.

O céu anterior é a Força Coletiva (7) cuja disciplina forma os exércitos e as equipes em luta para atingir um objetivo. Só pode vencer quem se submete às restrições de um árduo treinamento e, principalmente, quem conhece a Medida das próprias capacidades, assim como a do adversário.

6 ⚋

Limitação amarga. A perseverança traz infortúnio. Os remorsos desaparecem.

Limitação amarga. A perseverança traz infortúnio. O caminho termina.

61

5 ⚊ ○

Dócil Contenção aporta boa fortuna. Ir adiante traz estima.

A boa fortuna da Contenção dócil decorre de permanecer centrado no lugar que lhe corresponde.

19

4 ⚋

Contenção tranquila. Sucesso.

O sucesso da Contenção tranquila decorre do fato de aceitar o caminho de quem está acima.

58

節

60

3 ⚋

Aquele que não conhece Limitação alguma terá motivos para lamentar-se. Nenhuma falha.

Lamentos por ter negligenciado a Limitação, de quem é a culpa?

05

2 ⚊

Não ir além do portão e do pátio interno traz infortúnio.

Não ir além do portão e do pátio traz infortúnio, pois perde o momento oportuno.

03

1 ⚊

Não ir além do portão e do pátio interno não implica em erro.

Não ir além do portão e do pátio interno é sinal de saber o que está aberto e o que está fechado.

29

6. Ao final do contexto da Contenção, qualquer Restrição amarga ou excessiva seria extremamente prejudicial. A severidade estaria fora de lugar e, além disso, seria inútil, pois só desencadearia reações desfavoráveis. Não convém ser intransigente. Agora, qualquer limitação forçada ou imposta só produziria efeitos amargos.
O que se deve fazer neste contexto, ao contrário, é deixar fluir, abrir-se ao vazio que se dá naturalmente. A perspectiva da Verdade Interior (61) compreende as próprias limitações, e as dos outros. Quando um caminho termina, convém aceitar com serenidade o novo rumo que está se configurando.

5. Não é preciso que os limites sejam impostos de modo agressivo ou ofensivo. Ao contrário, a doçura ao impor os limites necessários conduz ao êxito e à estima de todos aqueles que o cercam. A sugestão oferecida de modo suave, e aceita com o consentimento de ambas as partes, não causa atritos. E ao mesmo tempo, coloca cada coisa no seu devido lugar.
A alternância para a Aproximação (19) encerra possibilidades de encontros benéficos. Posicionar-se no seu cargo e desempenhar o papel que lhe cabe atrai a boa fortuna e as amizades.

4. Ao seguir com prazer os limites impostos pelos superiores, estas restrições são aceitas tranquilamente, sem causar maiores problemas. Saber seguir as diretivas e as exigências de quem está no comando da situação promove o sucesso, pois não levanta resistências inúteis. A suavidade com que se inclina perante as contenções representa uma economia de energias e, ao mesmo tempo, ocasiona satisfação e alegria.
A transição para o Duplo Lago (58) que espelha nas suas águas o que se encontra nas profundezas, e também acima, comprova que sabe adaptar-se naturalmente às Limitações.

3. Não atender aos limites – próprios, ou da situação em pauta – implica em aborrecimentos e decepções, que só podem ser atribuídos à própria hesitação ansiosa. Uma observação criteriosa se impõe, para medir até onde pode avançar. Convém levar as restrições a sério, esperando para agir somente no momento devido.
A mutação para a Espera (5) ressalta o tempo necessário para perceber os próprios limites: as nuvens que se vão acumulando no céu, até que desçam como chuvas benéficas dissolvendo tensões. Esta reserva encerra a promessa de uma evolução favorável, se for capaz de esperar preparando o terreno.

2. Quando a oportunidade aparece, deve-se proceder rapidamente. Logo que os obstáculos são removidos, já não cabe hesitar, mas, agir com presteza e decisão para não perder a chance. Aproveitar este momento favorável para avançar, sem permanecer na retaguarda, bem preparado, com as provisões acumuladas sem saber o que fazer com elas.
A perspectiva das Dificuldades Iniciais (3) indica uma hesitação que não se decide na procura de um caminho, talvez porque só dispõe de meios limitados. Todos os começos são difíceis, mas é preciso tentar sair de onde está confinado.

1. O primeiro passo na conscientização das próprias Limitações é discernir quais as possibilidades abertas e quais os caminhos que não se é capaz de trilhar. Esta é uma questão de inteligência. Não adianta tentar se impor, seguindo em frente de qualquer maneira, sem antes avaliar as chances reais de sucesso. Aprender a não ceder perante ilusões ou falsas esperanças afirma as verdadeiras expectativas. Convém ser discreto e medir em silêncio as providências passíveis de serem tomadas neste momento.
A transição para o Duplo Abismo (29) indica que há perigos pela frente e que estes devem ser corretamente avaliados antes de dar o salto para superá-los.

VENTO
LAGO

中孚

61 ZHONG FU

J. BLOFELD **Confiança e Sinceridade**
W. DONGLIANG **Sinceridade Interior**
A. HUANG **Sinceridade Profunda**
C. JAVARY **Justa Confiança**
R. WILHELM **Verdade Interior**
R. WING **Insight**

Nome e dinâmica.

O ideograma mostra, à esquerda, uma flecha que atinge o centro do alvo, transmitindo a ideia fundamental de precisão e harmonia perfeita. À direita, uma mão sobre o signo da criança representa o gesto de acolhida confiante. Se o tiro ao arco simboliza a retitude das relações humanas, a Confiança plena acentua o absoluto sucesso de propósitos. O germe sendo nutrido e protegido até alcançar a maturidade.

A própria configuração do hexagrama simboliza a obtenção de uma sintonia perfeita que envolve o centro duplamente protegido. A verdade brota do próprio âmago e, por isso, em nada precisa se apoiar, – a não ser em si mesma. A estrutura das linhas ilustra uma simetria: as duas linhas yin na posição da humanidade denota uma sensibilidade centrada, receptiva ao fluxo de cada momento. Este centro aberto está apoiado pela força das quatro linhas yang que envolvem o cerne, – as duas de baixo aludem ao apoio firme da terra e as duas de cima evocam a criatividade do céu. A abertura humana atrai a perfeita confluência de céu e terra.

A Verdade Interior é o momento em que o mundo externo cala, assim como esvanecem todas as pretensões e superficialidades. Quando o centro vazio prevalece, surge a confiança de um desenvolvimento seguro. A força confiante do coração aberto permite um brotar verdadeiro do qual emana uma sólida fidelidade.

JULGAMENTO

Verdade Interior. Porcos e peixes.
Boa fortuna!
É favorável atravessar as grandes águas.
A perseverança é favorável.

A força da Verdade Interior chega a todos os recantos, até aos menos dotados de inteligência – como porcos e peixes. Por ser tão evidente, é impossível não aceitá-la. A Sinceridade Interior do vazio central atrai o que lhe corresponde intrinsecamente. O porco constituía a oferenda básica do culto aos ancestrais, e os peixes remetem à fertilidade, portanto, às gerações futuras. O vazio central seria o momento presente como elo a entrelaçar o tempo.

Só as alianças fundamentadas sobre o que é verdadeiro permanecem sólidas, superando qualquer adversidade. Apoiado nessa essência inquebrantável, todos os perigos podem ser atravessados sem receio. No contexto da plena Confiança e Sinceridade, nada deve ser forçado nem imposto. Só é questão de manter os olhos bem abertos, permitindo que a Verdade Interior supere as dependências e as imposições.

Este hexagrama condensa valores fundamentais da espiritualidade chinesa, pois do vazio central emanou toda a sua concepção de vida. Deste vazio absolutamente pleno de inspirações formam-se os elos que unem os seres. A Confiança é da maior importância neste contexto, pois constitui o vínculo da alegria (lago) com a suavidade (vento), uma dupla imbatível.

A Sinceridade Profunda exerce uma influência natural e produz ressonâncias recíprocas, pois diz respeito à simplicidade: as coisas são como são. O vazio central descomplica e evidencia a realidade tal como ela é. A visão clara age de modo direto, sem desculpas ou distorções. Livre de obstruções, o cosmos inteiro se reflete no vazio interno, em todas as sutilezas de suas nuances. Quem é capaz de vislumbrar estes sopros efêmeros espelhados dentro de si, detém a chave para um universo imensurável.

COMENTÁRIO SOBRE O JULGAMENTO

Verdade Interior. Os maleáveis estão no interior,
porém os fortes detêm o centro.
A alegria e a suavidade junto com uma sinceridade profunda
logram transformar o país.
O poder da confiança se estende até aos porcos e peixes.
Boa fortuna!

IMAGEM

Vento sobre o lago: imagem da Verdade Interior.
Assim, o ser superior debate questões penais com cuidado
e retarda as execuções.

O vento ou a madeira sobre a água sugerem veículos de comunicação ou transporte para chegar ao centro da sua morada, àquela que é intrinsecamente sua. A Verdade Interior revela-se portadora confiável, por garantir o rumo acertado.

Se o vento agita as águas do lago criando ondas, este é o momento de debater todas as questões, de procurar os fundamentos e a verdade intrínseca dos questionamentos e motivações. Buscar as causas dos julgamentos apressados, a origem dos afastamentos. Se o lago é capaz de espelhar todos os movimentos, a Verdade deve ser discutida até no seu nítido aflorar, antes de chegar a conclusões apressadas. Convém ponderar os julgamentos e retardar as execuções das penas e os distanciamentos forçados, dando tempo para uma análise criteriosa, livre de quaisquer pressões.

A grande abertura central ajuda a visualizar as questões nas suas devidas proporções e de todos os ângulos, de modo calmo e suave, e com muita sensibilidade. A compreensão deve penetrar nas esferas mais profundas, por isso R.Wing chama este hexagrama de *insight*. A perspicácia lúcida desnuda as áreas obscuras. Este é um momento em que as máscaras caem. Abaixo, o lago-cálice retém o conteúdo-essência e acima, o vento-madeira dissemina essa alegria serena suavemente, em todas as direções.

Nuances energéticas

nuclear 27

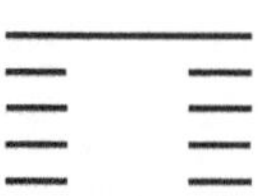

montanha
trovão

A Nutrição (27) no cerne da Verdade Interior indica o alimento vital que preenche a essência de cada ser. Abrir-se à tendência natural que realmente o alimenta, livre dos preconceitos impostos pelo mundo, encerra uma sabedoria profunda.

oposto 62

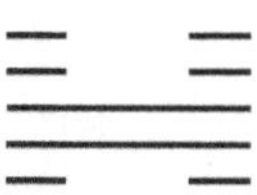

trovão
montanha

A dinâmica oposta, quando as Pequenas Coisas (62) prevalecem, se refere aos assuntos menos importantes, porém, que precisam ser atendidos, pois ao contrário do centro vazio primordial, mantêm o contato com a realidade dos detalhes do cotidiano.

O céu anterior é a Exaustão (47), revelando que a experiência da adversidade, quando realmente compreendida, favorece a autenticidade e um aprofundamento sincero. No momento mais difícil e opressivo em que todas as máscaras caem, resplandece a Verdade Interior.

6

O canto do galo eleva-se até ao céu.
A perseverança leva ao infortúnio.

O canto do galo eleva-se até ao céu.
Como poderia durar muito tempo?

60

5

Verdade Interior enlaçada à confiança. Nenhuma falha.

Verdade Interior enlaçada à confiança.
A posição é correta e apropriada.

41

4

A lua está quase cheia. O cavalo da parelha se extravia.
Nenhuma falha.

O cavalo da parelha se extravia.
Ele se separa dos que são da sua espécie e dirige-se ao alto.

10

中孚

61

3

Encontra seu companheiro.
Às vezes toca o tambor, às vezes para.
Às vezes chora em silêncio, às vezes canta alto.

Às vezes toca o tambor, às vezes para.
A posição não é adequada.

09

2

Um grou canta na sombra. Sua cria responde.
Tenho uma boa taça. Quero compartilhá-la com você.

Sua cria responde com o afeto do seu coração.

42

1

Estar preparado e confiante traz boa fortuna.
Quem nutre desígnios secretos perde a quietude.

Estar preparado e confiante traz boa fortuna.
A vontade não se altera.

59

6. Na última fase do aflorar da Verdade Interior, essa influência se exterioriza e perde seu conteúdo. O galo acorda a todos, no irromper de mais uma etapa. Porém, seu canto é passageiro. Cuidado para não cantar vantagens alto demais, o que poderia acarretar na perda da sua Verdade. Anunciar com prepotência o que foi atingido acarreta infortúnio. Esta linha encontra-se fora do alcance da aliança confiante que permeia todo este contexto. Essa etapa alude à Limitação (60) necessária e à humildade de reconhecer até onde vão os alcances da sua influência. Fazer alarde nada acrescenta, ao contrário, quanto mais se jactar, mais rapidamente perde prestígio.

5. A suprema Verdade se entrelaça à Confiança formando um elo indissolúvel. Esta aliança só pode se dar mediante a plena atenção aos que o rodeiam, – emblema da atitude do governante ideal, equânime e inteligente, que sabe repartir as tarefas com sabedoria. Por isso, inspira segurança no seu meio. Quando se confia, formam-se correntes inquebrantáveis. A postura íntegra e verdadeira torna-se polo de atração ao qual todos aderem, pois suscita credibilidade.
A perspectiva da Diminuição (41) descreve este ser magnânimo que, na culminância deste contexto de autêntica veracidade em que tudo aflora com limpidez, abre mão das suas prerrogativas com prazer para repartir alegria.

4. A lua quase cheia remete à luz solar que a ilumina e a decorrente tendência a segui-la, o que poderia implicar na perda do companheiro. Esta não é uma falha sua, porém, está diante de uma opção: para empreender o caminho rumo a um patamar mais elevado, talvez seja preciso separar-se do que o mantém abaixo, em outro nível. A separação da parelha talvez seja inevitável se realmente deseja enveredar pelo caminho ascendente.
A alternância para a Conduta (10) enfatiza a prioridade da postura rumo ao alto, pois o lago, abaixo, reflete o que há de mais elevado, que é o próprio céu.

3. Ao encontrar um companheiro, as reações ambíguas ou excessivas denotam que seu estado de ânimo depende dos outros. Esta falta de confiança interna gera descontrole e instabilidade. Estados de ânimo que dependem do envolvimento externo acentuam a agitação. Quem chora ou ri dependendo do que o cerca denota desconhecimento do seu cerne; não está apoiado sobre a sua natureza intrínseca. Só o que realmente lhe corresponde proporciona estabilidade e harmonia.
A depuração ocasionada pelo Poder de Domar do Pequeno (9) obriga a se ater ao aprimoramento dos detalhes, permitindo o encontro consigo mesmo, que logo conduz ao companheiro.

2. A natureza intrínseca possui uma tal força, que os de índoles semelhantes se reconhecem até no escuro. Aquele que você procura é quem lhe responde. É no próprio ser que jazem as raízes da atração que exerce. O chamado provém das sombras e ecoa ao longe. O convite para partilhar a bebida exorta à amizade. Os efeitos são apenas reflexos da emanação interna. A cria responde ao chamado da matriz a que pertence, pois o afeto mútuo brota naturalmente e as envolve em elos invisíveis.
A mutação para o Aumento (42) reflete um acréscimo em todos os níveis, ao encontrar a afinidade com a qual deseja tudo compartilhar.

1. Um bom preparo infunde confiança e, por isso, abre oportunidades para quem sabe criar as condições para um encontro válido. Quando a vontade firme não se desvia da meta traçada, já é meio caminho andado. Estar interiormente bem preparado promove o surgimento espontâneo das possibilidades. Assim, pode atuar com tranquilidade e atitudes coerentes. A Justa Confiança aparece naturalmente.
A Dissolução (59) das motivações ocultas é o requisito para enfrentar esta etapa de grande clareza. Qualquer intenção duvidosa seria prejudicial, pois não há espaço para desconfianças. Ações secretas resultam na perda da força da Verdade Interna.

TROVÃO

MONTANHA

小過

62 XIAO GUO

J. BLOFELD **O Pequeno Sucesso**
W. DONGLIANG **O Pequeno Excesso (Os Erros)**
A. HUANG **O Pequeno Excede**
C. JAVARY **Pequeno Excesso**
R. WILHELM **A Preponderância do Pequeno**
R. WING **Conscientização**

Nome e dinâmica.
O ideograma mostra, à esquerda, o signo do pequeno, ao lado de uma linha trajetória que evoca movimento e a ideia de ir adiante com pequenas coisas, cujo peso vai aumentando. Ao se acumularem, os Pequenos Excessos vão ultrapassando barreiras; como também podem se exceder em suas funções. Pequenos Excessos acabam acrescentando cargas desnecessárias. Se por um lado, o acúmulo de pequenos gestos positivos causa grandes efeitos, do mesmo modo, pode levar à ruína ao se aglomerarem em prejuízos.
A figura do trovão sobre a montanha induz a alçar voo e ao mesmo tempo a manter contato direto com a realidade. Suas energias puxam para direções opostas. O contraste entre o trovão retumbante e a montanha serena induz a uma reflexão sobre o equilíbrio dos excessos e das insuficiências.
A estrutura do hexagrama – um corpo de duas linhas yang ao meio, cercadas por duas linhas yin acima, e outras duas yin abaixo, abertas como asas, – sugere a imagem de um pássaro voando. Ao se afastar do seu ninho, já não tem apoios e corre o risco de seguir voos ilusórios ou quimeras. Se negligenciar a sua essência, perde-se em objetivos fortuitos e se extravia em excessos. Todo voo tem como objetivo trazer benefícios de volta ao ninho.
Ao excesso de pequenas coisas pode faltar consistência. Os Pequenos Excessos parecem insignificantes, porém, quando se acumulam podem ter efeitos surpreendentes.

JULGAMENTO

O Pequeno Prepondera e tem sucesso.
A perseverança é favorável.
Pequenas coisas podem ser realizadas,
grandes coisas devem ser evitadas.
O pássaro, voando, traz a mensagem:
grande boa fortuna!

A figura do pássaro explicitamente mencionada – o corpo sólido interno, movido por asas flutuantes no exterior – denota o extremo cuidado necessário quando se empreende um avanço a alturas às quais não se está acostumado. Toda a estrutura deste hexagrama aponta para a prioridade de ir preparando o terreno, realizando tarefas menores. Ao alçar voo, deve manter a serenidade interna, não perdendo de vista os alicerces firmes com os quais pode contar. Precisa estabilizar a sua própria interioridade. Quanto maior a posição alcançada, mais deve voltar a atenção aos detalhes. Se os objetivos se atêm à realidade, pode-se atravessar riscos indene.
Dada a possibilidade de excessos, qualquer extravagância implica no desperdício de ganhos reais. Convém evitar as pretensões de grandeza, e se restringir ao acúmulo de esforços menores, pois estes viabilizam vencer obstáculos até então intransponíveis.
Esta Conscientização, que é também um dos títulos escolhidos para este hexagrama, deve ser aprofundada, à medida que se avança em altura. Ao desenvolver o potencial disponível com persistência, vão se acumulando pequenos ganhos que, somados, vão

aumentando em força. Quanto maior for a capacidade de voo, maior a atenção ao excesso de peso. Quando os pássaros voam alto demais, suas canções se perdem.

COMENTÁRIO SOBRE O JULGAMENTO

A Preponderância do Pequeno tem sucesso.
É favorável ser perseverante e agir de acordo com o momento.
O maleável alcança o centro. Lidar com assuntos menores traz boa fortuna.
O rígido perde sua posição central e não é correto,
por isso não deve realizar grandes empreendimentos.
Este hexagrama tem a imagem de um pássaro voando.
O pássaro, voando, traz a mensagem: não é aconselhável esforço
em direção ao alto, é aconselhável permanecer embaixo.
Grande boa fortuna. Subir contraria a situação,
descer corresponde às exigências do momento.

IMAGEM

Trovão sobre a montanha: imagem do Pequeno que se Excede.
Assim, o ser superior prefere o excesso de humildade à arrogância.
Em caso de luto, prefere que a tristeza prepondere.
Em suas despesas, prefere a frugalidade ao luxo excessivo.

O trovão eclode a partir da montanha, – da sua própria elevação interna –, permitindo observar todo o espaço que o circunda. Os lampejos do trovão sobre a montanha representam uma oportunidade única. Esta tomada de consciência mais ampla deve se ater às pequenas coisas. Os detalhes revelam facetas desapercebidas do próprio entorno. O autocontrole e a plena atenção permitem se aprimorar, não deixando nada escapar sem lhe dar a devida atenção. Pequenos excessos não permitem embarcar em meros sonhos ilusórios.

A parcimônia e a moderação são recomendadas como exemplo – a atitude do ser superior sempre é a mais inteligente – em três frases citadas no texto da Imagem – incidindo em todos os aspectos da vida. Esta pode ser a oportunidade de construir modestamente o seu patrimônio. Não se deixar enganar por projetos de grande porte, porém, atender aos detalhes que possam melhorar os seus empreendimentos. As alturas do topo da montanha, onde o trovão ressoa e ilumina uma vasta extensão, abrem a grande oportunidade de melhor reconhecer o próprio território.

Nuances energéticas

nuclear 28

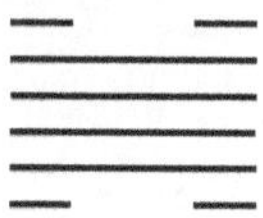

lago
vento

O Grande que Prepondera (28) com seu peso excessivo no interior do Pequeno Excesso revela uma dupla posição dialética. Se acumulados, os detalhes resultam em expectativas excessivas. Grandes voos podem impedir contato com a própria realidade.

oposto 61

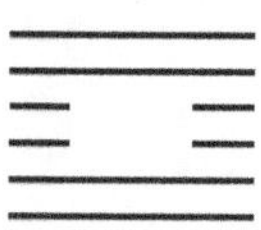

vento
lago

Quando os Pequenos Excessos dominam, prejudicam a visão clara da Verdade Interior (61), cuja abertura, ao contrário, transparece o vislumbre da essência das coisas. Sua importância primordial abrange todos os setores.

O céu anterior é o Morder (21) energicamente através dos entraves que impedem a união. Os pequenos excessos, embora de aspecto inofensivo, obstruem e desgastam as estruturas e, por isso, devem ser eliminados com meticulosa atenção.

6 — —

Se voar longe demais, perde o encontro.
O pássaro em voo encontra adversidade. Infortúnio.

Se voar longe demais, perde o encontro.
Ele é demasiado arrogante.

56

5 — ○ —

Nuvens se condensam. Nenhuma chuva vem da nossa região oeste. O príncipe atira, e o atinge na caverna.

As nuvens se condensam, mas a chuva ainda não cai.
Ele já se encontra acima.

31

4 ——

Nenhuma falha. Sem ir muito longe, dá-se o encontro.
Avançar encerra perigo. Ficar alerta e não atuar.
Manter a constante perseverança.

Sem ir muito longe, dá-se o encontro.
A posição não é adequada. Avançar encerra perigo.
Ficar alerta. Esta situação não pode durar.

15

小過

62

3 ——

Muita cautela e não dar nenhum passo,
senão alguém pode feri-lo. Infortúnio.

Muita cautela, senão alguém pode feri-lo.
Que sério infortúnio!

16

2 — ○ —

Ele passa pelos ancestrais e encontra a sua avó.
Sem chegar aos superiores, ele encontra o funcionário.
Não há falhas.

Não consegue chegar até ao seu dirigente.
O funcionário não deve pretender superar o dirigente.

32

1 — —

Ao levantar voo o pássaro encontra o infortúnio.

Ao levantar voo o pássaro encontra o infortúnio.
Aqui nada há a fazer.

55

6. Quem não se atém às pequenas coisas que devem preponderar neste contexto, corre o risco de aventurar-se longe demais, influenciado por uma ambição desmedida. Ao alcançar a posição mais elevada, perde as medidas e não consegue frear as pretensões. Isto acarreta adversidade e infortúnio. Se proceder desta maneira prepotente, perde o verdadeiro encontro, aquilo que seria importante seguir.
A mutação para o Viajante (56) enfatiza o afã de percorrer grandes distâncias, que poderiam levar a se extraviar por caminhos desconhecidos.

5. Ao chegar a uma posição elevada e central, mesmo se ainda há tensões e se encontra no escuro, é capaz de acertar o objetivo. Quem é realmente soberano no seu ramo, não se desvia do alvo, e o atinge, mesmo quando está cortado do seu apoio. Quem já se encontra acima, ou seja, já superou as fraquezas que o mantinham no escuro, espera confiante.
A alternância para a Mútua Atração (31) ressalta a força que o leva àquilo que lhe corresponde, mesmo nas condições mais adversas. Assim recupera o que tem de mais precioso: o que está oculto na caverna é a sua própria energia, proveniente da sabedoria ancestral.

4. Qualquer tentativa de ir adiante é enfaticamente desaconselhada, mesmo se o impulso da primeira linha do trovão é o de avançar. Mas não é necessário correr este risco nem se sujeitar a sofrer golpes desnecessários, pois o encontro importante está próximo. É preferível esperar que este encontro ocorra; qualquer iniciativa precipitada poderia retardá-lo.
A perspectiva da Modéstia (15) mostra que esta é uma posição de transição. É favorável simplesmente permanecer em guarda contra qualquer ameaça, mantendo a sua posição ... e mais nada.

3. Ao alcançar o cume da montanha, há a tentação de levantar voo, como se a sólida prudência da montanha desaparecesse aos seus pés. Mas este passo à frente seria um erro crucial. A tendência de buscar gratificação e deixar-se levar pelas circunstâncias, dando um passo maior que as pernas, seria desastrosa.
A alternância para o Entusiasmo (16) poderia ser desmedido neste contexto que exalta as metas moderadas. Deve controlar a audácia de tentar enveredar por um caminho demasiado ambicioso.

2. Apesar de ainda não alcançar a posição elevada que ambiciona, se acomoda numa situação subalterna. A avó sugere o yin ancestral, ou seja, o apoio das matrizes que permite conformar-se em seguir com dedicação um talento ou uma tarefa menor. Esta atitude correta o faz ascender. O neto obtém ajuda dos avós durante os ritos ancestrais: a avó é a guardiã da devoção, da concentração e firmeza de que ainda precisa.
A transição para a aliança de longa Duração (32) assinala que, apesar de modesta, esta é uma função que promete recompensas a longo prazo. É só questão de perseverar com afinco.

1. Ao tentar alcançar alturas inusitadas, a que não está acostumado, com muita rapidez, não pode evitar o infortúnio. A dinâmica deste contexto, toda voltada para as pequenas tarefas, e ainda mais encontrando-se na primeira etapa, quando ainda não tem nenhum preparo, só pode mesmo acarretar problemas. Neste momento, a vontade excessiva de ir adiante bloqueia a ação. Não convém aceitar este desafio. Quanto mais alto voa, maior o risco da queda.
A mutação para a Abundância (55) é significativa, pois ensina o extremo cuidado ao lidar com situações de altos voos. O texto do Julgamento da Abundância recomenda ser como o sol ao meio-dia, sabendo do seu próximo declínio.

ÁGUA
FOGO

既濟

63 JI JI

J. BLOFELD **Depois do Fim**
W. DONGLIANG **Travessia Completa**
A. HUANG **Já Preenchido**
C. JAVARY **Travessia Realizada**
R. WILHELM **Após a Conclusão**
R. WING **Após a Conclusão**

Nome e dinâmica.
O título do ideograma formado de duas partes tem à direita, a representação do arroz cozido – considerado como o alimento por excelência na China – ao lado da água fluindo como numa travessia realizada. Evoca as colheitas bem-sucedidas e a refeição terminada, a fome ou o desejo saciados.
A figura da água sobre o fogo – dois elementos antagônicos que se confrontam – indica um perigo intrínseco que requer o máximo cuidado: se muito ardentes, as chamas do fogo podem evaporar a água, que assim terminaria; e, por sua vez, se a água se derramar sobre o fogo, o apaga. O símbolo dessa interação tão delicada mostra como é difícil suster o apogeu. Para prorrogar a culminância, é preciso manter controle da água (os perigos) e o fogo brando, pois qualquer ebulição exagerada leva à perda da plenitude.
Portanto, quando se dá um equilíbrio perfeito, tendo completado um curso de ação ou preenchido um objetivo específico, qualquer desatenção pode alterá-lo. A época de apogeu exige extrema cautela. Tudo parece estar completo, porém, as regras inelutáveis da mutação indicam que essa situação dificilmente perdura. Todo cuidado é pouco, pois um movimento em falso pode ser fatídico, provocando uma reviravolta.
Só o sábio reconhece o perigo em seus primeiros sinais sutis, quase imperceptíveis –, e sabe como evitá-lo. Sua lucidez e empenho (o fogo interno) é capaz de afrontar o perigo externo (a água).

JULGAMENTO

Sucesso em pequenas coisas.
A perseverança é favorável.
Ao começo, boa fortuna; ao final, desordem.

O sucesso já anunciado de entrada é eloquente, mas, a partir da terceira linha há uma grande probabilidade de desagregação. O equilíbrio resultante de haver concluído algo importante elimina as tensões, porém, termina o dinamismo de ir adiante. Essa falta de propulsão poderia acarretar em comodismo, – já que tudo está tão perfeito, por que esforçar-se ainda? Esta é a raiz da dissolução. É agora, mais do que nunca, que se deve estar atento aos menores detalhes, de modo a armar-se a tempo contra os primeiros sinais de uma possível reviravolta.
Os cuidados devem ser redobrados. Não tenha a ilusão de que tudo se mantém por si mesmo para sempre neste final feliz. Se acredita nisso, só estará enganando a si mesmo, e entrando em terreno perigoso. Preservar o apogeu exige um enorme esforço. E as precauções devem ser tomadas a tempo, enquanto reina a boa ordem. As providências para que o declínio se prorrogue o mais possível devem ser tomadas rapidamente.
Toda culminância prefigura uma decadência. Porém, essa não é uma lei inexorável imediata, pois é possível tomar as medidas pertinentes para que a realização completa se prolongue durante muito tempo. O texto deste hexagrama vai no sentido de estar atento aos sinais sutis de qualquer desordem. A perspicácia da pessoa inteligente vislumbra o invisível nas entrelinhas ainda não abertamente reveladas.

COMENTÁRIO SOBRE O JULGAMENTO

Após a Conclusão. Sucesso em pequenas coisas.
A perseverança é favorável.
O firme e o maleável ocupam posições corretas e se correspondem.
Ao começo, boa fortuna, pois o maleável está ao centro.
Ao final, desordem, pois o caminho chega ao fim.

IMAGEM

Água sobre o fogo: imagem da condição Após a Conclusão.
Assim, o ser superior reflete sobre o minguante e o crescente
e previne-se antecipadamente contra o possível declínio.

Todo este contexto é composto somente de água e fogo, numa estabilidade delicada – os polos contrários constituem os trigramas básicos e nucleares. A interação ocorre em vários níveis. O texto recomenda uma reflexão sobre os fluxos de crescimento e de declínio inerentes a todas as coisas, frisando que só o ser superior sabe se prevenir a tempo contra a decadência, quando se encontra no auge do seu poder. Assim, ele é capaz de prolongá-lo por tempo indeterminado.

A dinâmica aqui presente é a de olhar para adiante, sem se deslumbrar ou deixar-se inebriar pela obra perfeita realizada, tendo em conta que a exaltação da primavera é apenas o prelúdio do outono.

O par de energias água e fogo entrelaçado nos dois últimos hexagramas também se define como eixo do tempo, pois são estes os únicos títulos temporais explicitamente mencionados. Essa demarcação temporal remete às grandes celebrações da primavera e do outono, símbolos do encontro yin-yang desde tempos imemoriais, quando grupos tribais errantes percorriam o território que seria a futura China. Nessas grandes festas, os jovens se encontravam e iniciavam relacionamentos que culminavam no casamento e na procriação.

A total interpenetração do feminino e do masculino evoca uma relação sexual realizada, também simbolizada pela travessia das grandes águas, que remete ao desejo aplacado ou à fome saciada. O encontro de extrema importância evidencia o fim e simultaneamente o começo de todas as coisas, o brotar e o fenecer da própria vida.

Nuances energéticas

nuclear e oposto 64

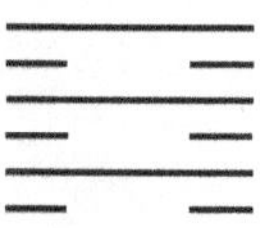

fogo
água

A presença da indeterminação no núcleo daquilo que está perfeitamente definido impede um estado estático e garante o fluir ininterrupto das Mutações. Água e fogo em posições inversas evidenciam a oposição complementar entre ordem e desordem que constitui a própria vida.

O par denominado Travessia Completa e Incompleta tem o recíproco nuclear e oposto, sinal de íntima interação entre ambos. A menor pendência para um lado ou para outro arrisca a perda do equilíbrio. A natureza oposta de água e fogo os impele ao mútuo encontro e, ao mesmo tempo, ao mútuo distanciamento.

A estrutura deste hexagrama (63) também é perfeita, pelo fato de todas as linhas estarem corretamente posicionadas: as três yang ocupam as posições ímpares (primeira, terceira e quinta) e as três yin ocupam as posições pares (segunda, quarta e sexta). No hexagrama seguinte (64) ocorre o inverso.

É interesante ressaltar que este hexagrama "perfeito" (63) não menciona a boa fortuna, ao passo que a sua contraparte complementar, o próximo hexagrama "imperfeito" (64) onde tudo está ainda por ser feito, – contém quatro menções de boa fortuna.

O céu anterior é a Paz (11), o encontro harmonioso entre céu e terra. O florescer em paz resulta do perfeito equilíbrio entre tendências opostas que se complementam.

6 **Mergulha a cabeça na água. Perigo.**

Mergulha a cabeça na água. Perigo.
Como se pode suportar isso por muito tempo?

37

5 **O vizinho do leste sacrifica um boi, mas não obtém tantas bênçãos quanto o vizinho do oeste com a sua simples oferenda.**

O vizinho do leste sacrifica um boi, mas não está tão em harmonia com o momento como o vizinho do oeste, que alcança grandes bênçãos.
A boa fortuna chega em grandes proporções.

36

4 **As vestes de seda viram farrapos.**
Seja cauteloso durante todo o dia.

Seja cauteloso durante todo o dia.
Há motivo para dúvida.

49

既濟

63

3 **O Ilustre Ancestral invade e submete a região Gui.**
Após três anos ele a conquista.
Não deve empregar homens inferiores.

Após três anos ele a conquista, uma tarefa exaustiva.

03

2 **A mulher perde a cortina de sua carruagem.**
Não corra atrás dela; ao sétimo dia você a receberá de volta.

Ao sétimo dia você a receberá de volta, pois encontra-se na posição central.

05

1 **Ele freia suas rodas e molha sua cauda.**
Nenhuma falha.

Se freia suas rodas com cuidado, isso não encerra culpa.

39

6. Após concluir uma tarefa com sucesso, esta é perdida. A cabeça submersa na água define a liderança desaparecida e o decorrente mergulho no caos ou no perigo. Incapaz de tomar qualquer medida, esta etapa sugere que a pessoa se nega a perceber a realidade à sua volta. Seduzido pelo sucesso alcançado, pode perder a visão correta das coisas. Esta situação constrangedora deve ser superada o quanto antes.
A mutação para a Família (37) ressalta duas possibilidades conclusivas: na emergência, deve procurar refúgio no seio da sua família, ou pode significar a desintegração do próprio núcleo de trabalho, da equipe ou dos laços familiares.

5. Ao término de um empreendimento bem-sucedido se costuma celebrar. A essência de uma oferenda é a intenção verdadeira, não o seu valor material. Dádivas ou celebrações maiores ou mais pomposas, quando oferecidas fora de ocasião por pessoas distantes, não operam os mesmos benefícios que os presentes simples, porém, sinceros e afetuosos dos que são mais próximos.
Mesmo quando a Luz ou a ação dos seres superiores é Obscurecida (36), aquilo que eles produzem tem efeitos de longo alcance e encerra bênçãos em grandes proporções.

4. O que se possui de mais precioso (as vestes de seda) corre o risco de se deteriorar (virarem farrapos) se permitir o acesso de pessoas despreparadas. O estado de alerta constante encerra a única possibilidade de preservar o objetivo que foi alcançado com tanto esforço. Quando se compreende os riscos de desestabilização inerentes a uma realização já completa, urge proteger os seus valores para que não se percam em mãos impróprias.
A alternância para a Revolução (49) assinala a necessidade de tomar medidas drásticas e talvez até de impacto para preservar a integridade dos bens adquiridos.

既濟

63

3. A região Gui era ocupada pelos hunos, ao norte, considerados como bárbaros. Ao resolver enfrentar uma situação ofensiva perigosa, não deve permitir a participação de homens de menos valia nesse empreendimento, pois não estão à altura da situação. Só se pode sair à conquista de algo com pessoas da mais absoluta confiança. A tarefa pode se tornar mais árdua do que parece a princípio e uma colaboração eficiente e leal é imprescindível.
As Dificuldades Iniciais (3) subjacentes sugerem grandes problemas a serem vencidos em terreno inimigo desconhecido, nessa trajetória de curta duração (simbolicamente três anos). Mesmo saindo vitorioso, as pressões à frente causam cansaço.

2. Quando o elemento yin 'perde a cortina de sua carruagem', não recebe das autoridades a confiança necessária para sua defesa pessoal. Esta falta de proteção por parte daqueles que deveriam confiar na sua dedicação gera problemas. Nessas circunstâncias, deve tentar por todos os meios restabelecer a confiança perdida. Porém, sem se autopromover nem chamar a atenção, pois a perda do véu o expõe.
A perspectiva da Espera (5) até que as defesas sejam reestabelecidas ocorre ao sétimo dia, ou seja, após um ciclo completo. A mensagem de não forçar a situação é bem clara: o que realmente lhe pertence, não pode lhe ser tirado para sempre e retorna naturalmente, no momento devido.

1. Dois símbolos mostram o impedimento de avançar: frear as rodas e ficar retido por trás, – a cauda que mergulha na água causa constrangimentos. Aquilo que impede a sua atuação produtiva atinge o seu veículo de ação e patenteia a possibilidade de não conseguir completar a travessia.
A transição para as Obstruções (39) aciona a necessidade de superá-las para entrar neste contexto de aperfeiçoamento. As águas em cima da montanha revelam bloqueios que só devem ser enfrentados quando se está bem preparado.

FOGO
ÁGUA

未濟

64 WEI JI

J. BLOFELD **Antes do Fim**
W. DONGLIANG **Travessia Incompleta**
A. HUANG **Ainda não Completo**
C. JAVARY **Travessia ainda não Realizada**
R. WILHELM **Antes da Conclusão**
R. WING **Antes da Conclusão**

Nome e dinâmica.
O ideograma tem à direita, o mesmo conjunto de traços que vimos no hexagrama anterior, emblema do arroz cozido que sugere as colheitas bem-sucedidas; ao lado, uma árvore florescendo, é prenúncio de um novo ciclo. Cada linha ocupa a posição que *não* lhe corresponde ressaltando uma tarefa ainda não realizada.
O fato de os dois trigramas constitutivos – água e fogo – estarem posicionados encarando lados opostos incide no esforço concentrado para superar os fatores da desordem, preparando terreno para trilhar um novo percurso. Tudo está ainda por ser feito neste ciclo que ora desponta. A mola propulsora consiste em saber o que deseja, e manter fidelidade ao objetivo e ao companheiro que transitam ao seu lado neste mesmo anseio.
A associação da Travessia Completa (63) com o outono, – o percurso do verão ao inverno – inclui a noção de armazenar os frutos e os bens já produzidos e colhidos. Aqui, na Travessia Incompleta (64), as energias estão se encaminhando para um novo ciclo,– do inverno rumo ao verão – e apresentam a infinitude de possibilidades abertas a cada primavera, quando a potencialidade latente na natureza ressurge. O momento de declínio Após a Conclusão deve ser ultrapassado, pois o outono é a garantia da próxima primavera.
Esta nova abertura prestes a se dar, na realidade, está em preparação e é questão de encarar esta ordenação frutífera prestes a irromper. O Livro das Mutações termina com esta promessa auspiciosa de um novo ciclo de florescimento.

JULGAMENTO
Antes da Conclusão. Sucesso.
Porém, se a pequena raposa, quase ao completar a travessia,
molha a sua cauda, nada é favorável.

De nada adianta todo o cuidado e atenção no decorrer da trajetória se, nos derradeiros estágios, se precipita. Os últimos passos de uma realização são extremamente importantes para o êxito do empreendimento como um todo. Por isso, quando se está quase completando a tarefa, é preciso aumentar a paciência e redobrar o cuidado, esmerando-se ao máximo.
Na China a raposa simboliza a astúcia – o ensejo de queimar etapas ou de lançar mão de espertezas em proveito próprio, – e também a prudência. Para levar a Travessia a bom termo, é preciso ter a astúcia e a agilidade prudente da raposa, atenta aos menores sinais. A cauda molhada remete a comprometer todo o esforço na última etapa, quando o corpo da raposa já alcança a margem, e só falta o último embalo.
A importância dos detalhes mais uma vez enfatizada, e o cuidado de cada gesto, de cada pisar. A maior sutileza deve acompanhar os últimos passos, pois é justamente quando se está mais cansado e, portanto, mais propício a tropeçar. A dificuldade consiste em fazer uma dosagem delicada que inclui a intuição depurada e o discernimento nítido.
A perspectiva da meta tão próxima aumenta o risco de deixar-se embalar pela euforia, tendo assim um momento de desatenção, – que poderia levar tudo a perder. Como se está diante de um renascer, surge um imenso leque de possibilidades. A opção deve

brotar da essência verdadeira, de quem realmente somos, mais do que de qualquer circunstância na periferia. Essa liberdade de escolha pode ser desorientadora, incidindo em relutância, ao encontar-se diante de alternativas: qual passagem abrir?

COMENTÁRIO SOBRE O JULGAMENTO

Antes da Conclusão. Sucesso,
pois o maleável alcança o centro.
A pequena raposa, quase ao completar a travessia,
ainda não ultrapassou o meio.
Se molha a sua cauda, nada é favorável,
pois ao final não há continuação.
Apesar de as linhas não estarem em suas posições devidas,
o firme e o maleável ainda assim se correspondem.

IMAGEM

Fogo sobre a água: imagem das condições em Antes da Conclusão.
Assim, o ser superior é cauteloso ao diferenciar as coisas
para que cada uma ocupe o lugar que lhe é próprio.

O movimento dinâmico das duas energias que compoem este hexagrama está corretamente posicionado, apesar de as linhas não o estarem: o fogo arde para o alto iluminando o céu, a água flui para baixo fertilizando a terra, cada qual cumprindo perfeitamente a sua função.

Na estação que vai do outono à primavera a primazia yin é inquestionável: o repouso da hibernação, a concentração dedicada, a flexibilidade que se amolda às exigências do novo ciclo prestes a surgir. Porém, esta aparente inércia contém a maior de todas as ações, – o germinar do fruto. Quando o supérfluo cai por terra, apenas a semente é guardada no seio escuro do húmus fértil, para renascer com força, uma vez que a essência está nela contida.

Após Concluir todas as tarefas, se ingressa na maturidade plena. E, a partir dessa culminância, dá-se o vislumbre das miríades de energias em interação caótica por trás das ocorrências. E o desejo intrínseco de recomeçar, a cada término, no fascinante caleidoscópio da vida, Antes de Concluir coisa alguma pois, na realidade, nada é definitivamente concluído nos ciclos de eternos retornos.

Nuances energéticas

nuclear e oposto 63

água
fogo

A presença da realização completa no núcleo e na oposição do indeterminado incompleto enfatiza a perfeita interação de ordem e desordem: cada completar remete a uma incompletude e vice-versa. Esta é a beleza envolvente da dinâmica ininterrupta de todos os fenômenos entrelaçados entre céu e terra.

O céu anterior é a Estagnação (12), momento em que céu e terra se distanciam, assim como fogo e água aqui. Porém, como mostra toda a dinâmica energética das Mutações, os pares opostos nunca podem se afastar totalmente, pois estão unidos por uma atração intrínseca. O distanciamento temporário incita a uma reflexão profunda sobre o novo ciclo em germinação potencial. Esta mensagem de esperança "termina" mais um ciclo das intermináveis Mutações.

6 **Bebendo vinho em plena confiança. Nenhum erro.**
Mas se molha sua cabeça, perde essa confiança.

Se molha a cabeça bebendo vinho é porque
não conhece a moderação.

40

5 **A perseverança traz boa fortuna. Nenhum remorso.**
A luz do ser superior é verdadeira. Boa fortuna.

A luz do ser superior é verdadeira.
A boa fortuna decorre da difusão do seu brilho.

06

4 **A perseverança traz boa fortuna. Nenhum remorso.**
Atacar a terra dos bárbaros como um trovão.
Recompensas de um grande reino durante três anos.

A perseverança traz boa fortuna. Nenhum remorso,
Sua vontade se realiza.

04

未濟

64

3 **Avançar Antes da Conclusão traz infortúnio.**
É favorável atravessar grandes rios.

Avançar Antes da Conclusão traz infortúnio.
A posição ainda não é adequada.

50

2 **Frear suas rodas.**
A perseverança traz boa fortuna.

A boa fortuna da mutação da segunda linha
decorre da sua atitude correta e centrada.

35

1 **A cauda é molhada. Humilhação.**

A cauda é molhada porque
não percebe as próprias limitações.

38

6. A celebração feliz inaugura uma nova era e, por isso, pode desfrutar dessa transição com toda confiança. Porém, ao se exceder nos festejos sem se ater às possibilidades reais, corre o risco de perder a confiança ao encarar o ciclo que se inicia. A única recomendação dessa derradeira etapa é a moderação.
A alternância para a Liberação (40) anuncia o fim de um período de dúvida e declínio e exprime igualmente o significado conjunto deste último hexagrama: estar diante de uma conclusão prenuncia a liberdade de escolha da nova trajetória. Esta é a expressão de uma reconstrução que recupera todas as energias aqui novamente presentes em potencial. A última Mutação libera dos elos do antigo ciclo que termina, anunciando uma nova jornada a raiar.

5. Este é o momento de transição determinante em que a lucidez e os benefícios até agora ocultos começam a aparecer. Dá-se aqui uma verdadeira abertura em que toda a realidade transparece. Deve perseverar na expressão da verdade que começa a brotar naturalmente. A lucidez de uma avaliação correta possibilita a percepção das dificuldades inerentes a este novo começo e consegue orientar esta luz emergente no melhor sentido.
Quando a resolução torna-se clara e se difunde, já não se pode adiar a Resolução dos Conflitos (6). Convém buscar uma arbitragem imparcial que possa desembaraçar os rastros obscuros porventura ainda existentes, para que resplandeça finalmente a boa fortuna da opção acertada.

4. Mesmo se dar continuidade ao empreendimento encerra riscos, só uma perseverança decidida é capaz de atacar o mal pela raiz. A 'terra dos bárbaros' a que se refere o texto evoca as tribos vizinhas ameaçadoras. Simbolicamente, uma agressão latente que precisa ser desfeita com rapidez e sem titubear, – como um raio fulgurante. Vale a pena fazer este esforço, pois o apoio às diretrizes incide em recompensas durante um bom tempo.
A perspectiva da Inexperiência (4) ressalta a disciplina exigida nessa aprendizagem fundamental. O ataque à ofensiva inimiga resulta numa experiência de formação que se converte num fortalecimento interno.

未濟

64

3. Há o risco de se enganar, querendo seguir adiante sem estar bem preparado. A aparente contradição – avançar traz infortúnio e, ao mesmo tempo é favorável fazer a travessia – se resolve ao proceder com extremo cuidado e devagar, sem incorrer em riscos. Existe efetivamente uma promessa de evolução mas, para alcançá-la, muitos problemas ainda devem ser resolvidos. Se insistir em queimar etapas, compromete todo o empreendimento.
A mutação para o Vaso Cerimonial (50) aciona uma transformação interior que concede particular importância a esta etapa. Ao compreender que a ação imediata é prejudicial, pode reverter a situação através da postura correta.

2. O texto se refere a dificuldades a serem vencidas antes de alcançar o objetivo. Se não conta com nenhum apoio, só pode confiar em si mesmo e nos próprios esforços. Por isso, se vê obrigado a frear o avanço, prosseguindo lentamente e abrindo caminho sozinho. Como está bem centrado e ciente da sua autonomia, é questão de se concentrar sem fazer alarde dos seus sucessos. Se continuar batalhando com afinco, tem todas as chances de alcançar a boa fortuna.
A autoconfiança perseverante na meta traçada é a melhor arma para chegar ao Progresso (35) bem merecido. Esta é uma conquista pessoal e, portanto, duplamente meritória.

1. Assim como a cauda ao final do corpo dos animais, encontra-se aqui numa posição fraca e inexpressiva. Ainda é muito cedo para fazer opções. Ao iniciar um empreendimento sem reconhecer as próprias limitações e insistir em seguir adiante, corre o risco de se colocar em situação constrangedora, podendo até sofrer humilhações. Há uma grande diferença entre um avanço corajoso quando existem chances de triunfo, e um precipitar bobo e inconsequente, sem perspectivas reais de sucesso.
A mutação para a Oposição (38) comprova a presença de dúvidas latentes e intenções cruzadas que geram tensões e mal-entendidos, enfraquecendo a posição.

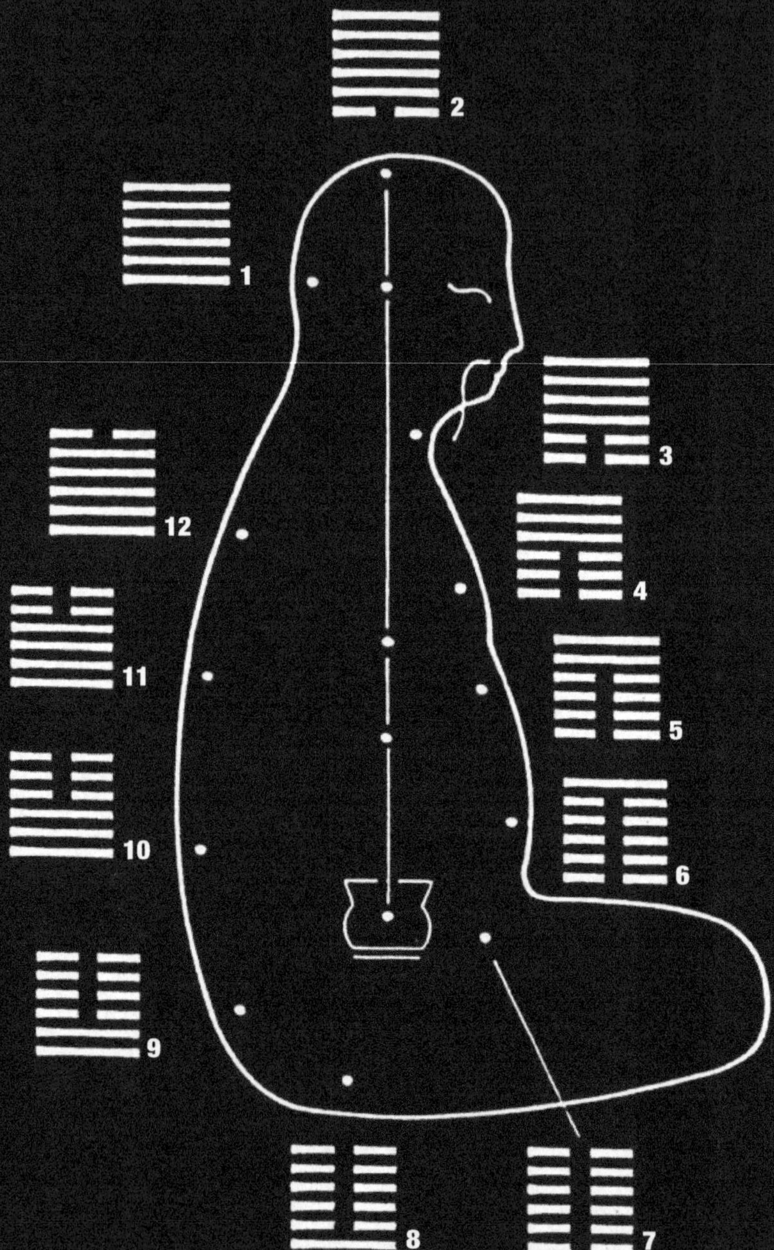
1
2
3
4
5
6
7
8
9
10
11
12

CALENDÁRIO CÍCLICO DOS HEXAGRAMAS

Doze hexagramas particularmente relacionados às variações entre luz e sombra formam o calendário cíclico, assinalando a gradativa ascensão e descida das energias. Cada qual corresponde a um mês no decorrer do ano:

1. O pleno verão é demarcado pelo todo yang, o hexagrama do Criativo (1) no auge da luz e do calor. Associado ao solstício de verão, representa a maturação dos frutos e a plenitude em todos os âmbitos, agora resplandecentes.

2. No momento do zênite luminoso aparece uma linha yin abaixo, desejando Ir ao Encontro (44) do calor luminoso que começa a desvanecer, indicando os primeiros sinais ainda muito tênues do declínio.

3. A Retirada (33) assinala o recuo da luz e do calor, cujos indícios sutis já se fazem notar na atmosfera. Mas a natureza ainda esconde a reviravolta que se opera nas suas profundezas.

4. Um equilíbrio perfeito de energias configura a Estagnação (12), quando as tendências de céu e terra se distanciam, após a colheita. O recuo no foro interno opera uma inversão de forças. Associado ao equinócio do outono, o perfeito equilíbrio yin-yang em mútuo distanciamento manifesta a dinâmica que se inclina ao inverno.

5. O movimento de retrospecção da natureza se evidencia na Contemplação (20) voltada para a interioridade, para a preservação associada ao período do pleno outono, em que se colhem os frutos a serem armazenados e ingeridos durante o inverno.

6. A última linha yang ao alto, prestes a ser derrubada, demarca a etapa final do ciclo de luz, que agora se Desintegra (23). O elemento yin ocupa quase a totalidade da figura neste momento de concentração que se inclina ao resguardo do potencial preparando a chegada iminente do inverno.

7. O pleno inverno se recolhe no pleno yin, no repouso Receptivo (2), que sabe preservar o calor e a vida no âmago dos seres. Associado ao solstício do inverno, quando o frio e o obscuro estão no seu apogeu, toda a energia se abriga no seio da terra.

8. No auge das trevas e do frio desponta uma primeira linha yang, prenúncio do Retorno (24) da luz. Após a culminância da noite, reinicia um tênue movimento de crescimento ainda imperceptível de fora.

9. Uma segunda linha yang reforça o surgimento inicial dos primeiros sinais da primavera, ao se Aproximar (19) da estação dos dias mais longos. Apesar da persistência da temperatura fresca, em seu seio a terra começa a se aquecer.

10. A dinâmica da primavera agora se anuncia plena, nos sinais visíveis do Florescer (11) da natureza, ao brotarem as primeiras flores nos campos verdejantes. Associado ao equinócio da primavera, o perfeito equilíbrio yin-yang em mútua atração, na dinâmica que prenuncia o verão.

11. O movimento de ascensão de toda a natureza transparece na dinâmica avassaladora de um Grande Poder (34) que agora se manifesta muito nítido, na passagem da floração plena para o brotar dos frutos.

12. A última linha yin ao alto, prestes a ser vencida com Determinação (43), assinala o derradeiro marco obscuro antes de voltar a prevalecer a luminosidade absoluta do Criativo. Este é o momento da expansão da energia quando a seiva vital sobe com força incontida na natureza.

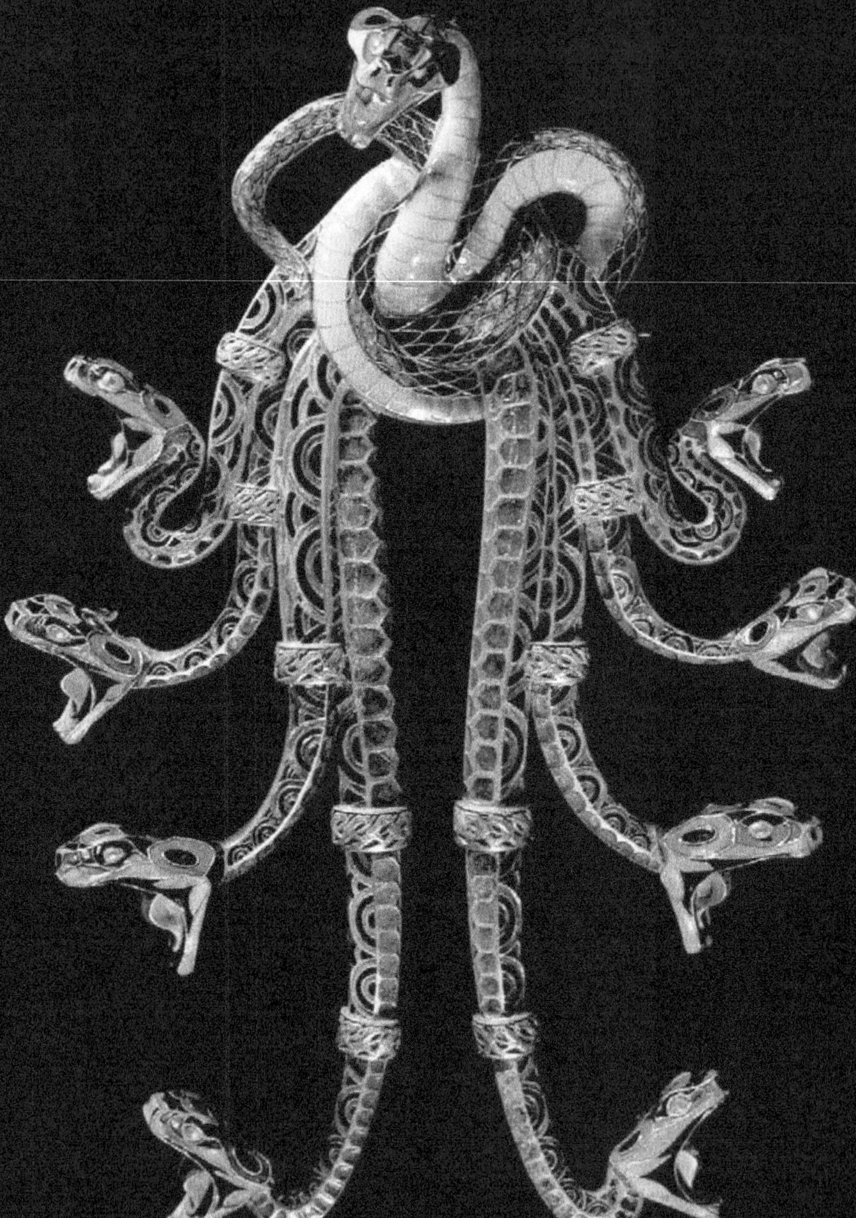

o dragão de nove cabeças simboliza a sabedoria

EM BAIXO \ EM CIMA	☰	☴	☲	☱	☷	☳	☵	☶
☰	1	9	14	43	11	34	5	26
☴	44	57	50	28	46	32	48	18
☲	13	37	30	49	36	55	63	22
☱	10	61	38	58	19	54	60	41
☷	12	20	35	45	2	16	8	23
☳	25	42	21	17	24	51	3	27
☵	6	59	64	47	7	40	29	4
☶	33	53	56	31	15	62	39	52

Este livro foi composto na tipologia Garamond, em corpo 8/11
e impresso pela gráfica Edelbra em papel offset 75g.
no segundo semestre de 2010